教育部人文社会科学研究一般项目资助
(2012年度教育部人文社会科学研究规划基金项目，项目编号：12YJA820080)

中国当下刑法解释论问题研究

以论证刑法解释的保守性为中心

主　编：魏　东
副主编：胡东飞　莫晓宇

撰稿人：(以撰写内容先后为顺序)
魏　东　钟　凯　成　凯　田　维
莫晓宇　胡东飞　李　侠　李　凯
蔡　鹤　陈自强　邓君韬　李运才

法律出版社
LAW PRESS·CHINA

主编简介

魏　东（1966年1月—），男，重庆市人，四川大学法学院刑法教研室主任、教授、博士生导师、博士后合作导师，四川大学刑事政策研究中心主任，中国刑法学研究会理事，国际刑法学协会中国分会理事，四川省刑法学研究会副秘书长，国家社科基金项目法学类评审专家，司法部部级课题评审专家，四川省学术带头人后备人选，四川省犯罪防控研究中心学术委员会委员，国家重点基地中国人民大学刑事法律科学研究中心、北京师范大学刑事法律科学研究院、西南政法大学毒品犯罪与对策研究中心、国家检察官学院(四川分院)等高校、科研机构兼职研究员与兼职教授。兼任四川省公安厅特聘法律专家、四川省人民检察院专家评审委员、四川省高级人民法院特邀调解员、成都市人民检察院专家咨询委员、眉山市人民检察院专家咨询委员、雅安市政法委专家咨询委员、达州市政法委案件质量评审专家，中国人民大学四川校友会法律分会副会长，中华全国律师协会刑事专业委员会委员。出版学术专著50余部、公开发表学术论文160余篇，其中个人独著8部、主编16部，参加编写法学教材10余部，在CSSCI等级以上国家级核心期刊上发表学术论文50余篇，被《新华文摘》、《高等学校文科学术文摘》、《刑事法学》等3种权威刊物转载论文20余篇。个人论著获奖20余次，其中获省部级以上奖励6次。主持国家社科基金项目重点课题《刑法解释原理与实证问题研究》（批准号：12AFX009）、教育部人文社会科学研究规划基金项目《中国当下刑法解释论问题研究》（项目编号：12YJA820080）等省部级以上课题5项。

主要研究领域：刑法哲学、刑法解释学、刑事政策、国际刑法。

代表作：独著《教唆犯诠释与适用》（2012年）、《保守的实质刑法观与现代刑事政策立场》（2011年）、《当代刑法重要问题研究》（2008年）、《刑法各论若干前沿问题要论》（2005年）、《现代刑法的犯罪化根据》（2004年）、《教唆犯研究》（2002年）、《证券及相关犯罪认定处理》（1999年）等；主编《中国当下刑法解释论问题研究》（2014年）、《非法集资犯罪司法审判与刑法解释》（2013年）、《刑法观与解释论立场》（2011年）、《刑事政策学》（2011年）、《经济犯罪认定与侦查丛书》（1999～2001年）等。

写在前面的话

本书是2012年度教育部人文社会科学研究规划基金项目《中国当下刑法解释论问题研究》(项目编号:12YJA820080)的最终研究成果。本项目由四川大学法学院魏东教授担任项目责任人并主持完成,在课题组成员历经一年多时间精心写作成稿和集体定稿后,现正式出版,奉献给亲爱的读者审阅。

参与本项目主体内容初稿写作的作者有:魏东,撰写第一章、第二章、第六章;钟凯,撰写第三章;成凯、田维,合作撰写第四章;莫晓宇,撰写第五章;胡东飞,撰写第七章;李侠,撰写第八章。

本项目在研期间,课题组分别于2013年1月18日、7月18日在成都举行了两次刑法解释学术研讨会,共有近50名刑法专家学者和法律实务界人士应邀参加了会议,尤其是一些在学术界具有重要影响的刑法学者,如黄京平教授、邓子滨研究员、李晓明教授、高维俭教授、冯亚东教授、向朝阳教授、唐稷尧教授、李运才教授、蔡鹤教授、胡东飞副教授、莫晓宇教授、文海林副教授、吴念胜副教授、陈自强副教授、李凯副教授、刘启正副教授等,亲临会议担任主旨发言人、嘉宾点评人,有的还专门为研讨会撰写高水平学术论文(详见附录),极大地提升了研讨会学术水准,使研讨会收获了累累成果,研讨活动取得了巨大成功。在此，我作为本项目课题主持人，谨向全体参会专家学者和法律实务界人士，表示最诚挚的谢意！

本课题结题前形成了部分阶段性成果，已分别公开发表于有关学术期刊上，本书亦将这些阶段性成果的部分内容附录于后。

最后还要特别提及并表示衷心感谢的良师益友是：恩师高铭暄教授和赵秉志教授，在本项目的选题和写作上直接进行学术指导，并为我提供了出访韩国、香港等地著名大学并参加高端学术会议深入学习和研讨刑法解释论问题的难得机会；恩师陈兴良教授，挚友周光权教授和劳东燕教授，具体关注本项目提出的“刑法解释的保守性”命题并予以严肃的学术批评（详见本书“后记”）；挚友梅传强教授和王政勋教授，为我提供了站在母校西南政法大学的名家讲坛上深度讨论刑法解释论问题的学术平台；师长龙宗智教授，在本项目课题开题报告会上提出了添加副标题的绝佳建议；挚友万毅教授、张斌教授和王竹副教授，在“川大法解释三人谈”活动中针对刑法解释的保守性问题展开部门法学科间学术交流。

魏　东

2014 年 1 月 1 日

目 录

写在前面的话 1

第一章 法律解释的基本理性与刑法解释的保守性 1

一、法律解释的基本理性 1

二、刑法解释保守性的正当性 4

第二章 近现代社会转型与刑法解释的保守性 11

一、古代农业社会向近现代工业社会转型与传统刑法解释论 12

二、近现代工业社会向后现代社会转型与现代刑法解释论 15

第三章 当下中国刑法规范体系与刑法解释的保守性 20

一、当下我国社会转型的特殊性 20

二、我国“刑法规范体系”的新发现与新诠释 33

第四章　当下中国刑法基本原则与刑法解释的保守性 76

一、罪刑法定原则与刑法解释的保守性 76

二、罪责刑相适应原则与刑法解释的保守性 93

三、适用刑法人人平等原则与刑法解释的保守性 101

第五章　当下中国刑事政策体系与刑法解释的保守性 103

一、中国刑事政策体系之争 103

二、宽严相济刑事政策适用与刑法解释的保守性 111

第六章　当下中国刑法解释论之争与刑法解释的保守性 120

一、当下中国刑法解释论之争的外观与内核 120

二、刑法解释的保守性立场 125

第七章　当下中国犯罪论体系之争与刑法解释的保守性 131

一、中国犯罪论体系的完善论与重构论之争 132

二、两大犯罪论体系的刑法解释论审查 141

三、中国传统犯罪论体系的完善与刑法解释的保守性构建立场 153

第八章 当下中国刑罚论体系之争与刑法解释的保守性 161

一、中国刑罚论体系的生刑轻重之争与死刑存废之争 161

二、中国刑罚适用与刑法解释的保守性 168

附录 阶段性成果与“刑法解释学术研讨会”论文成果 180

立法原意对刑法解释的意义 魏 东 田 维 / 180

刑法修正案观察与检讨 魏 东 / 193

以刑法目的制约刑法解释方向 胡东飞 / 205

刑法解释方法的体系建构——以目的论解释之限定为视角 李 凯 / 221

“刑法解释的保守性”论评析 蔡 鹤 / 235

合理性原则是刑法解释的根本原则 陈自强 / 246

关于刑法解释问题的思考——兼评魏东教授“刑法解释保守性”学术见解 邓君韬 / 253

刑法目的解释三论 钟 凯 / 261

刑法目的解释之“目的”探析 田 维 / 268

片面的刑法形式解释论与实质解释论之纠偏 李运才 / 285

后 记 301

对中国当下刑法解释论问题应如何认识？这是展开本课题研究必须首先予以思考和回应的内容。对此，笔者认为需要从两个方面来认识：一是“发现问题”，即中国当下刑法解释论问题到底可以归纳为哪些方面，这是问题意识和问题研究的基本要求；二是“遴选问题”，即中国当下刑法解释论问题可能很多，但有些不宜在本课题中予以全面展开研究，那么本课题研究中到底需要遴选出哪些重要的关键的问题，这是问题意识和问题研究的基本策略（技术侧面）。当然，接下来需要做的工作就是“解决问题”，即针对我们所发现并遴选出的中国当下刑法解释论问题展开理论研究，给出答案并论证法理，这是问题意识和问题研究的基本归宿，也是本课题研究的宗旨所在。

基于以上认识，本课题研究在全面关注中国当下刑法解释论基本问题的前提下，重点研究论证刑法解释的保守性问题并以此为中心展开相应内容的阐释论述。具体研究内容包括以下八个方面：(1)刑法解释的保守性之法理基础，包括法律解释的基本理性（基本维度和法治理性）、刑法解释保守性的正当性依据等；(2)近现代社会转型与刑法解释的保守性，主要研究宏观社会转型与刑法解释论的对应演变规律，包括古代农业社会向近现代工业社会转型与传统刑法解释论、近现代工业社会向后现代社会转型与现代刑法解释论等问题；(3)当下中国刑法规范体系与刑法解释的保守性，包括当下我国社会转型的特殊性、我国硬法—软法—民间法“刑法三层次规范体系”的新发现、新诠释以及刑法解释的保守性等问题；(4)当下中国刑法基本原则与刑法解释的保守性，具体包括罪刑法定原则、罪责刑相适应原则、适用刑法人人平等原则与刑法解释的保守性等问题；(5)当下中国刑事政策体系与刑法解释的保守性，具体包括中国刑事政策体系之争、中国刑事政策适用与刑法解释的保守性等问题；(6)当下中国刑法解释论之争与刑法解释的保守性，具体包括当下中国刑法解释论之争的外观与内核、刑法解释的保守性立场等问题；(7)当下中国犯罪论体系之争与刑法解释的保守性，具体包括中国犯罪论体系的改善论与重构论之争、两大犯罪论体系的刑法解释论审查、中国传统犯罪构成论体系的完善与刑法解释的保守性构建立场等问题；(8)当下中国刑罚论体系之争与刑法解释的保守性，具体包括中国刑罚论体系的生刑轻重之争与死刑存废之争、中国刑罚适用与刑法解释的保守性等问题。

第一章　法律解释的基本理性与刑法解释的保守性

当下法律解释论问题在基本层面上都关涉法治理性问题,刑法解释论问题当然不能例外。那么,法治理性对于刑法解释而言有何关切呢?这是本课题研究需要论证的首要问题。

一、法律解释的基本理性

法律解释的基本理性主要关涉三个问题:一是为什么解释(法律解释的价值理性问题)?二是解释什么(法律解释的对象理性问题)?三是怎么解释(法律解释的方法理性问题)?因此,法律解释的基本理性归纳起来有三个基本维度:价值理性维度、对象理性维度、方法理性维度。

(一)价值理性维度

法律解释的价值理性在于实现法治(法治理性),一般认为具体包括"三性":合法性、客观性、正当性。法治理性对于法律解释而言无疑具有法治价值上的评判作用,我们可以笼统地讲:只有符合法治理性的法律解释才是真正理性的,才能得以尊崇!

法律解释的法治理性,在法理学(法解释学)之中是以"法治原则"、"法律解释的原则"来阐释的。法解释学原理认为，法律解释的原则很多，如维护法治、维护正义、宪法至上、合法性、合理性、客观性等，而客观性与合法性原则不但具有根本法治意义而且它们之间易发生冲突，因而客观性与合法性需要得到特别强调。①不过还有必要说明，法律解释的合法性与客观性在法解释学上还存在一些特别阐释。有学者认为："总的来说，合法性是法律解释的最基本原则，客观性与合理性都是为合法性进行论证的原则。广义上的合法性能涵盖这两个原则。当然这里的合法性之法不应包括那种'不法'之法，而是包括了法律规范、法律精神、法律价值和正当程序之法。"②同时，随着实质法治理性的逐步彰显，许多法律解释者认为还应强调法律解释的正当性。

1. 合法性

法律解释的合法性，包括形式意义上的合法性与实质意义上的合法性两个方面。

形式意义上的合法性，即法律解释限于实在法规范形式之下，因而能够获得规范有效性与形式合理性。正如有学者指出，刑法解释第一位的价值目标理所应当是形式合理性，即"刑法解释的价值目标在于尊重、实现实定法所规制的形式及其内容"，且"刑法解释在实现形式合理性价值目标时，应当在等于成文法文义范围内或小于成文法文义范围内进行解释，但不可以超越成文法范围，这也是刑法解释尊重、遵循罪刑法定原则最好的体现"。③

实质意义上的合法性，即法律解释内容有效契合特定社会价值和社会期望，因而具有在社会上或事实上的有效性，能够有效获得公众普遍接受。有学者指出，刑法解释必须"在形式合理性框架下实现实质合理性的目标。以刑事法律规范为载体的刑法解释，自然应在法规范的价值目标内进行正确的法律阐释，以保证法律的正确适用"；必须尊重法益并保护法益目标，是"对犯罪实质违法性的一种判定和揭示，也是对法益保护理

---

① 陈金钊、焦宝乾、桑本谦、吴丙新、杨建军：《法律解释学》，中国政法大学出版社 2006 年版，第 13～15 页。

② 陈金钊、焦宝乾、桑本谦、吴丙新、杨建军：《法律解释学》，中国政法大学出版社 2006 年版，第 13～15 页。

③ 徐岱：《刑法解释学基础理论建构》，法律出版社 2010 年版，第 115 页。

念的一种弘扬”。①

2. 客观性

法律解释的客观性,又叫确定性、客观确定性。法理学认为,法律解释的客观性有两层意思:一是法官解释法律应探寻法律字里行间的原意,对法律的意思进行客观的而不是任意的解释;二是假如法官不能在法律文本中发现法律,也不能随意曲解法律,应在法律文本外发现法律,“法律文本外的因素主要是指法律的非正式渊源,如公平、正义观念,善良风俗、法理学说、事物本质等。这些非正式法源在立法者看来不是法律,但它对阻扼法官的任意裁判有重要意义,因而被视为解释法律的客观因素”。②

3. 正当性

法律解释的正当性,意指法律解释的内容和结论本身必须是合理的、正当的。为此,法律解释必须恰当权衡各个基本维度之间的关系,并强调社会效果与法律效果的统一。

(二)对象理性维度

一般认为,法律解释的对象包括法律文本(规范文本)与案情事实。其中,法律文本是法律解释的首要对象、基础对象,对于法律解释研究具有更为基础的意义,因而,法律文本通常是法解释学研究的重点。同时,案情事实也是法解释学必须关注和解释的对象,由此才能将法律文本与案情事实对接,将文本意义上的“死法”变成现实意义上的“活法”,并对现实社会生活发生实际作用。

而作为法律解释对象的法律文本又有三个具体维度,即立法本意、客观意思、规范实质。(1)立法本意,又叫立法原意,是指立法文本及其具体的法律条文所表现出的立法者的本意。在逻辑上,立法本意可以划分为:立法者本意、文本原意、解释者领悟之意;而解释者领悟之意还可以进一步区分为解释者领悟之本意、解释者领悟之新意(客观新意)。(2)客观意思,是指法律文本所可能表现出来的各种客观含义,尤其强调在解释者解释文本的“当下”其所包含的各种客观含义。(3)规范实质,是指法

---

① 徐岱:《刑法解释学基础理论建构》,法律出版社2010年版,第114~116页。

② 陈金钊、焦宝乾、桑本谦、吴丙新、杨建军:《法律解释学》,中国政法大学出版社2006年版,第14页。

律文本规范(形式)所包含的实质内容。

法律文本的三个具体维度之间的关系,是既有一致性也有差异性,并且这种一致性和差异性并存的特性往往成为法律解释之争的重要方面。立法本意、客观意思、规范实质三者,在相当多的场合都是一致的,这时一般就不存在疑议;但是,此三者在不少场合存在较大差异,难免产生解释结论上的重大分歧。一般而言,立法本意通常比客观意思、规范实质更狭窄一些,也更确定一些;反过来,客观意思与规范实质通常比立法本意更宽泛一些、易变一些。而三者之间差异性产生的基本原因,可能是立法漏洞,即立法不周全、不明确、不科学,这是产生差异性的主要原因,因此,减少差异性的治本之道在于制定良法、杜绝立法漏洞,最大限度地解决刑法解释之间的分歧;也可能是解释者个体及其刑法观的差异,即不同的解释者个体(如法官等),由于其自身的阅历与"前见"不同,自身的身份、地位、利益诉求不同,自身坚持的刑法观不同,导致其对刑法文本的看法(法律解释结论)不同,从而使解释者个体及其法律观的差异成为增添或者扩大三者差异性的原因,因而减少差异性的重要方面还在于有效培养解释者的法律素养,尤其是塑造共通的法治理性。

(三)方法理性维度

法律解释方法既是法律解释的重要理性维度之一,又是法律解释理性整体的集中体现,因为法律解释的全部理由和最终结论均可以体现在法律解释方法上。法理学认为,法律解释方法不但涉及方法论意义上的文意解释方法与目的解释方法之间的冲突,还涉及法律解释过程论意义上的封闭方式与开放方式之间的冲突。①

二、刑法解释保守性的正当性

我们所说刑法解释的特殊性,是指刑法解释不同于民法、行政法等其他部门法解释的特别规定性,即刑法解释的保守性。这一特殊性值得我们刑法解释学特别关注和深入探讨。表面上看,刑法解释学的特殊性在

---

① 陈金钊、焦宝乾、桑本谦、吴丙新、杨建军:《法律解释学》,中国政法大学出版社2006年版,第11~13、16~18页。

于其解释对象，即刑法规范与刑案事实（案情事实）具有特殊性；但从深层次看，刑法解释学的特殊性在于其价值追求、法理意蕴具有特殊性，也就是刑法解释学应特别强调人权保障，尤其是犯罪人的人权保障。而刑法解释保守性的正当性，源于刑事法治理性的保守性。

（一）刑事法治理性的保守性

刑事法治理性有无区别于一般法治理性的特殊性？如果有，那么刑事法治理性的这种特殊性何在？其对于刑法解释论的意义是什么？这些问题是值得刑法解释论特别关注和考量的问题。

如果说法治理性对于刑法解释之争提出了法治风险问题，那么可以说，刑法法治理性的特殊性就进一步强化和细化了这种法治风险，这就是人权保障风险。换句话讲，法治风险在刑法领域的集中体现就是人权保障风险。

为了有效防范人权保障风险（即刑法领域的特殊法治风险），刑法从法理到实践（主要是立法实践）对此均作了合理应对：一方面，在刑法理论上强调刑法必须坚持罪刑法定主义以及谦抑性、不得已性、最后手段性（有的学者表述为谦抑性原则）；另一方面，在立法上明确规定罪刑法定原则，有的国家将罪刑法定原则上升为宪法原则，我国则分别在《立法法》第 8 条和《刑法》第 3 条之中明确规定了罪刑法定原则条款（规范形式）与罪刑法定理性即刑事法治理性（规范实质）。因此可以说，罪刑法定理性就是强调刑事法治理性区别于一般法治理性的特殊性，其目的就在于有效防范人权保障风险。

《刑法》第 3 条特别规定："法律明文规定为犯罪行为的，依照法律定罪处刑；法律没有明文规定为犯罪行为的，不得定罪处刑。"这个法条从正反两个方面规定了罪刑法定原则，尽管存在一些理论上的争议，但是，它不容置疑地宣示了"法律没有明文规定为犯罪行为的，不得定罪处刑"这样一种刑法解释（刑事司法）的保守性意蕴。

而《立法法》第 8 条特别规定："下列事项只能制定法律：……（四）犯罪和刑罚；（五）对公民政治权利的剥夺、限制人身自由的强制措施和处罚；……"这个法条使"刑法立法漏洞由立法填补原则"成为一个基本的刑事法治原则；换句话讲，这个法条实质上就是"禁止刑法立法漏洞司法（解释）填补原则"，它同样也宣示了刑法解释（刑事司法）的保守性意蕴。

综上,作为刑事法治理性的罪刑法定理性,其所具有的十分重要的刑法解释论意义,就是它宣示了刑法解释的保守立场(保守性),或者说刑事法治理性可以成为刑法解释的保守立场的法理基础。

(二)刑法解释保守性的正当性

正是由于刑事法治理性所具有的保守性,笔者认为,在遵从法律解释的一般理性(合法性、客观性和正当性)的基础上,刑法解释理性应当增添保守性。可以说,刑法解释的保守性正是刑法解释的特殊性,只有遵从了刑法解释的保守性才能够获得刑法解释的正当性;换言之,刑法解释的正当性理性必须体现保守性并接受保守性的限制,此即刑法解释保守性的正当性。

刑法解释保守性获得了法理学上的充分确认,具备法律解释学意义上的正当性。法理学一般认为,法学总体上看是一门比较保守的学科,保守性是法学的一种重要性质。[①] 尽管法学、法律解释学本身是一个开放的知识领域,而不是一个封闭的知识盒子,且“法律解释学是一个综合性学科,虽然主调是规范法学,但不是封闭性学科,而是主动吸收来自价值法学、法律社会学、语言学、哲学解释学的营养”,但是,“由于法律解释对法律文本意义的安全性存在着威胁,所以在司法实践中必须运用解释的原则与技术”,因而“法律解释学是一种带有保守主义倾向的学科。这种保守表现在政治上维护现有秩序;文化上保守传统思想;思维方式上倾向于日常思维模式,主张有限、稳健、渐进地进行社会的改良;行为目标上追求法制,捍卫传统的法律价值,主张和谐、中庸地处理人与人之间的关系。在法律解释的思维中,按照法治与法律职业的基本规范,解释主体没有太大的创新空间,奉行的是典型的保守主义信念”,“法律解释不在于提出新的见解,而是在规范中发现针对案件的解决方案。法律解释学的基本倾向是维护已经明确的行为规范”。[②] 法理学者姜福东更是进一步明确强调:“尤其是在刑法这种非常强调封闭型体系的部门法领域,如果依据传统法律解释方法(准则)无法作出具有充分说服力的解释时,就不可贸

---

① 参见苏力:《反思法学的特点》,载《读书》1998 年第 1 期。

② 陈金钊:《法律解释学——权利(权力)的张扬与方法的制约》,中国人民公安大学出版社 2011 年版,第 1 ~6 页。

然越过该种界限，而作进一步的类推思考。否则就有可能陷入读者决定论的、‘造法’的境地。”[①]

刑法解释保守性有效契合了罪刑法定原则和刑法谦抑性的基本目标，获得了较多刑法学者的认同，具备刑法解释学意义上的正当性。因为如前所述，罪刑法定原则的基本目标就是适当限制国家刑罚权以充分保障人权，其基本要求当然是刑法解释必须保守和内敛，反对过度解释和国家刑罚权的过度张扬。而“刑法谦抑性究其实质，无非是限制刑法的扩张，使其保持在一个合理的范围之内，其可以通过刑事立法上的犯罪圈的划定、刑罚处罚范围、处罚程度和非刑罚处罚方式的适用、刑法解释等方面加以体现，其中刑法解释因是动态的刑法适用第一层次的问题，最能够体现刑法谦抑的精义”。[②] 为此，部分刑法学者强调了刑法解释的从属性、严格性等特征。例如，赵秉志教授明确指出，刑法解释的特征之一是“解释性质的从属性”，刑法解释具有从属于刑法立法的性质，刑法解释的任务只是对已有刑法规范的含义进行阐明，不能突破刑法立法所确立的刑法规范，否则罪刑法定主义和刑法的人权保障机能必将成为空谈。[③]又如有学者指出，刑法解释具有从属性和严格性特征，刑法解释的从属性是指刑法解释必须充分尊重和严格遵从刑事立法的内容、精神和权威，并且严格遵从刑法规定的字面含义、刑法立法的目的、刑法的效力等；刑法解释的严格性是指刑法解释必须格外慎重，当然需要严格操作、严格解释。[④]

发现并提出刑法解释保守性的正当性具有十分重大的刑法解释论意义。法治理性中的合法性原则存在抽象化现象，且正是由于合法性判断标准本身被抽象化，几乎所有的刑法解释立场都可以为自己进行合法性辩护（无论其本身是否具有合法性），使合法性成为一个难以言说的“公说公有理婆说婆有理”的问题，因而在表面上，合法性原则不足以成为否

---

① 姜福东：《法律解释的范式批判》，山东人民出版社2010年版，第107页。

② 徐岱：《刑法解释学基础理论建构》，法律出版社2010年版，第75页。

③ 参见赵秉志、陈志军：《论越权刑法解释》，载《法学家》2004年第2期。

④ 参见王季秋：《论刑法解释的若干问题》，武汉大学硕士学位论文，武汉大学2004年印制，第9～18页；杨艳霞：《刑法解释的理论与方法：以哈贝马斯的沟通行为理论为视角》，法律出版社2007年版，第182～186页。

定任意解释的充足理由，其既不能成为否定任何意义上的刑法的客观解释与实质解释的依据，也不足以成为拒绝任何意义上的刑法的主观解释与形式解释的理由。法治理性中的客观性原则，反过来又很容易在客观解释与实质解释之中被消解、被突破，因为客观解释与实质解释通常具有脱离客观性的倾向，从而存在突出的法治风险，而这种法治风险无法依据合法性原则予以有效防范。如前所述，合法性原则本身存在抽象化现象而无法有效杜绝任意解释现象的发生；同时，主观解释与形式解释尽管在相对意义上有利于实现客观性，但又难以充分自证其实质合法性与正当性。但是，刑法解释保守性的正当性却能够在相当意义上有效防范刑法解释的合法性之抽象化与客观性被消解的现象，从而有助于恰当限定刑法解释的合法性与客观性的合理限度，有助于更加理性地权衡和评判刑法解释论上出现的主观解释与客观解释之争、形式解释与实质解释之争。因而，刑法解释保守性的正当性成为一个具有特别重大的刑法解释论意义的全新命题。

刑法解释的保守性主要体现在以下三方面：

1. 刑法解释的法治理性维度的保守性

解释价值理性维度的保守性，是指刑法解释目标与解释结论的保守性，即应当倾向于保障人权机能的价值目标权衡的解释结论。尽管我们可以笼统讲，刑法解释目标在于正确适用刑法，以确保人权自由和社会秩序两大价值机能的同时实现。但是，我们必须牢记，刑法解释的核心、出发点和归宿点均在于保障人权，因为我们维护社会秩序价值本身的终极目标恰恰也在于保障人权。“人权自由最大化与必要社会秩序最低限度化”是一对紧张关系，在相当意义上是终极目标与必要手段的关系，应当以终极目标为核心、出发点和归宿点。因此，在具体个案中，不同的解释立场和解释方法可能会得出不同结论，这时就必须注意解释结论的保守性，即寻求倾向于保障人权机能的价值目标权衡的结论。刑罚的最后手段性、不得已性、谦抑性，正是这种解释结论的保守性的深刻表达，即可定罪可不定罪时，解释结论应当是不定罪（不逮捕、不定罪、不判刑）；可免除处罚可不免除处罚时，解释结论应当是免除处罚；可缓刑可不缓刑时，解释结论应当是缓刑；可杀可不杀时，解释结论应当是不杀等。

2. 刑法解释的对象理性维度的保守性

刑法解释对象维度的保守性,是指刑法解释对象及其存在状态的保守性,即解释文本与对象事实的保守性:作为刑法解释对象的文本仅限于刑法规范文本,作为刑法解释对象的事实仅限于确实、充分之刑案事实。

作为刑法解释对象的文本,只能是刑法,即刑法典以及刑法修正案、单行刑法、附属刑法。因而,"刑法"以外的其他法律文本以及全部"软法"①文本,其中当然包括我国最高司法机关出台的各种"司法解释"规范文本,均不属于作为刑法解释对象的文本。但是,"软法"对于刑法解释具有极其重要的意义,尤其是对于解释者"前见"以及"效果历史、视域融合、对话、事物的本质、诠释学循环"之形成,对于"常识、常情、常理"之确证等诸方面,均具有刑法解释论价值;这种刑法解释论价值仅限于针对"刑法规范文本"进行解释时予以审查,而不是将"软法"自身也等同于"作为刑法解释对象的文本"(尽管"软法"客观上也需要进行解释)。举例说,《刑法》第359条"引诱、容留、介绍他人卖淫的"之"卖淫",是刑法解释对象,那么在解释"卖淫"这一对象时,我们可以借助作为"软法"的公安部的"卖淫规定文本"(其中强调不特定的异性之间或者同性之间以金钱、财物为媒介发生的口淫、手淫、鸡奸行为属于卖淫);但是应注意,《刑法》第359条之"卖淫"规范文本属于"作为刑法解释对象的文本",而公安部"卖淫规定文本"本身尽管可以说具有一定的刑法解释论价值(即有助于解释《刑法》第359条之"卖淫"规范文本),但其并不能成为"作为刑法解释对象的文本"。因此,我们在解释《刑法》第359条"卖淫"之规范文本时,借助公安部"卖淫规定文本",基于刑法解释的保守性立场,可以得出以下结论:女性对于男性生殖器的口交以及男性对于男性肛门的鸡奸,因其具有性器官上的性侵入特征,就可以解释为性行为并进而可以解释为卖淫;而手淫(俗称"打飞机")由于其难说有性侵入特征而不宜被

---

① 目前学界关于"软法"的界定还不统一,详见本课题第三章的相关论述。有学者认为,"软法"是指与国家权力机关依法制定的"硬法"相对的、原则上没有法律约束力但有实际效力的行为准则,既包括政策、章程、内部通知、指导性规则、官场潜规则,又包括那些"没有法律约束力,但有实际效力"的道德、伦理、风俗、习惯等社会行为规则。参见罗豪才、宋功德:《软法亦法——公共治理呼唤软法之治》,法律出版社2009年版,第358页。

解释为卖淫。[①] 这个解释过程表明,《刑法》第359条"卖淫"之规范文本是刑法解释对象,而公安部"卖淫规定文本"并不属于刑法解释对象,只不过其作为"软法"具有一定的刑法解释论价值,有助于我们将《刑法》第359条中规定的"卖淫"解释为包括女性对于男性生殖器的口交以及男性对于男性肛门的鸡奸(以及正常的男性生殖器插入女性生殖器的传统性行为),但不得解释为包括手淫(尽管公安部"卖淫规定文本"明确规定包括手淫)。尽管作为"软法"的公安部"卖淫规定文本"客观上也需要解释,即诸如其中出现的"口淫、手淫、鸡奸"等术语需要解释,因而其可以成为某种意义上的刑法解释过程的解释对象,但是其不属于严格意义上的刑法解释对象,或者说其不属于"作为刑法解释对象的文本"。

作为刑法解释对象的刑案事实,只能是"证据确实、充分"能够予以证实的案情事实,而不能是诸如民事领域之中所要求的"优势证据"予以证实的案情事实。关于刑法解释对象事实与其他部门法之法解释对象事实的这一简单对比其实也表明,作为刑法解释对象的"事实"远比作为其他部门法之法解释对象的"事实"要严格得多、保守得多,其从刑法解释对象的角度十分鲜明地彰显了刑法解释的保守性。本课题重点研究作为刑法解释对象的文本之解释原理,因而对于作为刑法解释对象的刑案事实之解释问题暂不展开深入论述。

3. 刑法解释的方法理性维度的保守性

刑法解释方法维度的保守性,是指解释方法及其限度的保守性,即应当仅限于刑法文本立法本意并允许倾向于保障人权之限度。在刑法解释的解释方法与解释限度上必须坚持保守性,刑法解释应当承认刑法规范原文本身文字含义的相对确定性,以解释刑法文本立法本义并倾向于保障被告人人权为限;除有利于被告人以外,刑法解释应当反对超规范解释、过度的目的解释、过度的客观解释、过度的实质解释、过度的扩张解释,坚决禁止类推解释。

---

① 魏东:《从首例"男男强奸案"司法裁判看刑法解释的保守性》,载《当代法学》2014年第2期。

第二章　近现代社会转型与刑法解释的保守性

社会转型与刑法解释的立场方法之间具有一定的内在关联。这种内在关联关系同法理学关于社会发展变迁与法律解释（广狭义的）之间的内在关联关系原理相一致，在法理学上获得了特别重视和深入研究，尤其是其中法律史学与法律史解释学的一些大家巨擘，如庞德等，在这方面的研究成果为我们提出了许多真知灼见。邓正来以“社会”神来概括庞德的法律史解释之核心观点，庞德认为法律的发展史大致经历（已经经历或者将要经历）“原始法”、“严格法”、“衡平法和自然法”、“成熟法”、“法律的社会化”（此后还有可能出现“世界法”）诸阶段；当下“法律的社会化”正是指19世纪末以降西方国家的法律发展阶段，此阶段法律的重点乃是从个人利益逐步向社会利益的转化，法律的目的就是以最低限度的阻碍和浪费尽可能地满足各种社会利益，但基于法律既不是相同的又不是完全不同的或者既有传统成分又有创新成分的螺旋式发展、法律必须稳定但又不能静止不变、法律秩序必须既稳定又灵活的特点，主张可以据法司法也可以无法司法（后者指根据某个在审判时拥有广泛自由裁量权且不受任何既定的一般性规则约束的个人的意志或直觉进行的一种行政性的司法），法律人的理性(内含着传统性经验的理性和当下即时性的理性)可以在法官发现法律规则、解释法律规则并将法律规则适用于具体案件的时候为他们提供指导。① 针对法律必须稳定但又不能静止不变的论断,庞德指出:所有的法律思想都力图协调稳定必要性与变化必要性这两种彼此冲突的要求,此种协调问题从某个方面来看变成了一个在规则与自由裁量权之间、在根据确定的规则(或至多根据从严密确定的前提所做出的严格的推论)执行法律与根据多少受过训练的有经验的司法人员的直觉进行司法之间以及在一般安全与人类个体生活之间进行调适的问题;关于法律史的众多解释当中,"有四类解释对我们理解 19 世纪的法律思想有着特别重要的意义,而且对今天的法律科学还有着重大影响:(1)唯心主义的伦理学解释,以及它所具有的一种特殊的被称之为宗教解释的形式;(2)政治解释;(3)根据生物学或者人种学所做的实证主义解释;(4)各种经济解释,无论是唯心主义的经济解释或机械实证主义的经济解释,还是分析社会学形式的经济解释。上述每一种解释都确立了自己的法律之神,作为支撑法律律令的不容置疑的权威和法律发展中的终极动因"。②

那么,社会转型与刑法解释的立场方法之间这种内在关联何在?二者之间具体的对应演变规律是什么?这些问题的考察和慎思,对于我们研讨刑法解释的保守性论题具有重要意义。

一、古代农业社会向近现代工业社会转型与传统刑法解释论

古代农业社会经历了漫长的历史发展,其间,刑法解释活动已经呈现出某种由蒙昧、神秘、激进走向科学、公开、保守的发展迹象,而这种迹象在古代农业社会向近现代工业社会转型的过程中获得了哲学确证和实践体认,从而实现了人类刑法解释的保守性转变。

(一)古代农业社会孕育出的刑法解释论形态

刑法史学发现,古代农业社会由于大量出现了刑法规范文本(其整体内容相当于刑法典、单行刑法和附属刑法之文本总和),因而在刑法实践

---

① 参见邓正来:《社会学法理学中的"社会"神》,载《中外法学》2003 年第 2 期。

② 庞德:《法律史解释》,邓正来译,中国法制出版社 2002 年版,第 2 ~ 3、29 页。

活动中逐渐出现了较为普遍的刑法解释现象,包括针对个案的刑法解释适用活动、针对文本的刑法解释文本制作以及针对前两者的学术研究活动;后者即形成了古代刑法解释理论,如我国古代的律学。

学界认为,自公元前536年郑国执政子产"铸刑书"开始,中国古代成文刑法即正式诞生,中国古代的刑法解释活动也相机而生。在学理上可以从中国古代刑法的立法解释、司法解释、学理解释以及解释方法四个方面进行考察总结。中国古代刑法立法解释与司法解释的特点之一是国家没有设立专司立法解释与司法解释的机构,仅由皇帝诏令国家官吏进行刑法解释活动或者直接采用民间达人的刑法解释意见,如湖北云梦《秦简》中的《法律问答》即是由高级官员所作的刑法解释;西晋张斐、杜预应皇帝诏令对《晋律》进行注解;唐朝长孙无忌等15人应唐高宗诏令解释《永徽律》而作《永徽律疏》,其后经唐末、五代、两宋直至元朝不断充实完善而最终形成代表中国古代刑法解释最高成就的集大成者《唐律疏议》;而东汉末年郑玄对《汉律》所作的章句解释是在皇帝下旨认可后而获得权威性的。特点之二则是刑法的立法解释文本可以独立颁行也可以附录于律文之中颁行。而中国古代对民间达人进行的刑法解释活动大致经历了秦朝被禁锢到秦朝之后逐步开放的过程,逐步形成了中国古代蔚为壮观的律学,其运用的刑法解释方法包括了文理解释与论理解释,且论理解释中较多地运用了扩张解释、缩小解释、比较解释、历史解释与类推解释等。[①] 同时,中国古代律学的发达也是与中国古代儒学和经学的发达相得益彰的。有学者指出,中国古代律学的精髓是以经注律(以儒家经义注释律学),因此,"律学是中国古代特有的一门学问,是秦汉时期随着成文法典的出现,统治阶级为了使法典得以贯彻实施对其进行注释诠释因而形成的一个学术研究领域,它是中国法学的一个重要组成部分"。[②] 而由于中国古代法律的主体内容是刑法,因而也可以说,中国古代律学不但是法律注释学,而且就是中国古代的刑法解释学。

可见,律学是我国古代封建社会法律解释理论的最高峰,其已具有反思以往的和当时的法律解释现象并且逐渐呈现出追求某种科学合理性的

---

① 参见李希慧:《刑法解释论》,中国人民公安大学出版社1995年版,第1~11页。

② 何勤华:《秦汉律学考》,载何勤华主编:《律学考》,商务印书馆2004年版,第37页。

特点,尽管其中还明显存在欠缺现代法治要旨之不足。正如有学者指出的那样,“中国古代以经注律的注释活动,不是单纯的、机械的注释法学,而是带有浓厚的论理、说理和学理的成分和色彩,为达到注释的结论能够被人接受特别是能够上升为官方判案的依据的目的,注释学家采用了多种形式进行解释”,从而使中国古代律学“成为中国法文化最具特色的标签与识别标识”;同时,中国古代以经注律活动及律学,因无近代意义上的罪刑法定原则的限定而在很大程度上仍然是皇权和吏权的一种恣意适用,并导致法外用法、因人而异的恶果。[①] 尽管如此,我们还是应当看到,中国古代律学“以经注律”的文化传承,有助于避免天马行空式地随意阐释法律规范实质,表明其对于刑法规范的法律解释(刑法解释)已经具有某种意义上的保守性趋向。

(二)近现代工业社会转型中发生的哲学转变与传统刑法解释学的成熟完善

随着古代农业社会向近现代工业社会转型,哲学发展史上出现了相应的哲学转变,相应地,古代律学逐步演变为近现代意义上的传统法律解释学,传统刑法解释学获得了新生。这种传统刑法解释学(统摄于传统法律解释学)的哲学基础,在于神学解释学哲学、人权哲学、方法论和学科体系化等内容。

中国古代律学“以经注律”的传统与西方《圣经》解释的传统具有相通之处,但是从解释对象维度的理性而言,西方《圣经》解释传统更加有利于契合古代农业社会向近现代工业社会转型过程中的哲学转变与法律解释理性。在这种社会转型中,神学解释学哲学、人权哲学、政治哲学和方法论解释学逐渐融合,传统法律解释学应运而生。

法理学者认为,法律解释与《圣经》解释一样,都要求有特定的权威主体,都强调解释主体的权威性与独断性,正如后者的解释主体只能由牧师担当一样,前者的解释主体只能由法官担任,两者的解释结论均获得了充分的权威性。[②] 这种将法律解释与《圣经》解释相提并论的主张,实际上指明了法律解释者妥当安置其主体性的一条大体正确的路径,规定了

---

① 徐岱:《刑法解释学基础理论建构》,法律出版社 2010 年版,第 5 ~ 8 页。

② 参见陈金钊:《法治与法律方法》,山东人民出版社 2003 年版,第 246 页。

法律解释的大体路径以及必须遵循的某些原则与规则，亦即，“法律解释者应该借鉴圣经解释学扎实的解经与适当的释经两过程法，遵循解经与释经相应的规则与原则”。[①]

而在近现代工业社会转型中的传统解释学知识积累的基础上，建立独立而完备的法律解释学之学科体系的条件已经具备，刑法解释学之学科独立所需的基石范畴、逻辑中介和逻辑学科终点等三个条件已经成熟：“刑法解释权是刑法解释学的基石范畴，刑法解释行为是刑法解释学的逻辑中介，而刑法解释结论及其运用则是刑法解释学的逻辑终点”，[②]刑法解释学的学科体系从而逐步走向成熟和完善。

同时，在近现代工业社会转型中的政治文明与人权哲学之发展，主张民主、法治、人权的政治诉求被整体地提上了人类政治文明发展日程，要求严格规范适用刑法以有力保障人权。在此背景下，传统刑法解释学获得了极力推崇和昌盛发展，尽管严格的罪刑法定原则在原初立场上“反对解释”，但由于刑法适用，其中包括罪刑法定原则的贯彻执行本身在实质意义上根本离不开刑法解释，文本的刑法必须转化成为生活的刑法，因而实质意义上的刑法解释的保守性获得了普世确认。权力制衡和三权分立的政治理论与实践，强调司法权（解释适用刑法）不得侵蚀立法权；反对罪刑擅断与坚持保障人权，同样也只能在保守地解释适用刑法之中获得成功，因此客观上均要求必须坚守刑法解释的保守性。

综上，正是顺应近现代工业社会转型和政治文明发展的需要，传统刑法解释的保守性问题被提上议事日程，成为刑法解释学的一个重大理论问题和实践课题。

二、近现代工业社会向后现代社会转型与现代刑法解释论

近现代工业社会向后现代社会转型，哲学史上相应地发生了一系列重大的哲学转型，其中哲学解释学的异军突起给刑法解释学带来了深刻的革命性的发展，现代刑法解释论上的一系列命题引起了广泛和深刻的

---

① 姜福东：《法律解释的范式批判》，山东人民出版社2010年版，第123～129页。

② 徐岱：《刑法解释学基础理论建构》，法律出版社2010年版，第15～20页。

讨论,其中刑法解释的保守性问题面临着前所未有的挑战并成为一个重大的理论与实践问题。

(一)近现代工业社会向后现代社会转型之哲学与解释学转向

关于近现代工业社会向后现代社会转型,学术上存在不同的哲学观察和结论,突出的表现是哲学解释学(哲学诠释学)与分析哲学的异军突起。

一般认为,在海德格尔和伽达默尔的有力推动下,哲学解释学完成了从认识论和方法论性质的传统解释学向本体论和存在论性质的后现代哲学解释学的转变,而解释学的此种"本体论转向"在本质上即是试图颠覆传统解释学的认识论、方法论固有范式,建立起一门关于理解(解释)乃是人的自身存在方式的学问。自20世纪中叶开始,西方法学界因应哲学解释学之"本体论转向",不少学者针对传统法律解释方法论进行批判和解构,力图重新建构起本体论意义上的法律解释学。正如有学者指出的那样:"在德语世界,许多法学家把哲学解释学的基本概念、立场和原理运用到法律解释问题的研究当中。而在英语世界,伴随着英美分析哲学和大陆哲学解释学的交汇融合,不少法学家也在其研究中引入了伽达默尔本体论解释学的理论资源。由此,西方人拓展出了一种不同于传统科学主义范式下的、认识论和方法论意义上的法律解释学(理论)。上述这种解释学的本体论转向在法学领域不断影响、日益渗透的结果,引发了本体论意义上的法律解释学与方法论意义上的法律解释学二者之间的紧张关系。"[①]对此,有学者进一步总结说,在法学领域,当今西方法学界对传统法律方法的批判,从哲学诠释学层面上就是本体论对方法论的批判和颠覆,从而在新的哲学基础上建构本体论上的法律解释理论。例如,德国法学家拉伦茨在以"法学方法论"之名讨论法律解释问题时,其所谓法学方法论却颇不同于法教义学在科学传统影响下的方法论概念,而更多地使用了哲学诠释学(尤其是伽达默尔)的知识资源。[②] 可见,伴随着哲学解释学的出现与发展,传统的法律解释学和法学方法论均出现了吸纳和借

① 姜福东:《法律解释的范式批判》,山东人民出版社2010年版,第1~2页。

② 参见陈金钊、焦宝乾、桑本谦、吴丙新、杨建军:《法律解释学》,中国政法大学出版社2006年版,第43页。

鉴本体论解释学知识资源的后现代的法律解释学和法学方法论的理论转型。

哲学解释学对法律解释学具有怎样的意义？这是法学家和法律人最为关心、最为纠结的一个问题。作为哲学解释学创立者的伽达默尔认为，哲学解释学与法律解释学具有统一性，“而在这种统一性中，法学家、神学家都与语文学家结合了起来”。[①] 西方当代一些著名法学家如哈特、德沃金、哈贝马斯、波斯纳、费希、拉伦茨等，针对法律解释的重要观念、规则、方法等问题展开了深入探讨，试图给出某种科学合理的答案。有学者指出，哲学解释学运用于法律解释学的主要纠结之处在于，哲学解释学在下列两个方面形成了对法治理论的重大挑战：一是深刻拷问法治命题成立的理由；二是法治遭遇“理解”。法律的客观性以及由此引申出来的法律的确定性，是法治理论能够成立的主要前提，因此推翻法律的客观性、确定性的信念，否认在法律问题上有唯一的正确答案，法治大厦的逻辑体系就会坍塌。而伽达默尔所创设的哲学诠释学对法治理论提出了严峻的挑战，这一挑战主要集中在伽达默尔关于“理解”的一组命题上。“理解”是传统诠释学和当代诠释学的核心概念，而“伽达默尔谈的理解有如下几个方面的意思：第一，理解同时是人的自我理解；第二，理解是一个事件、遭遇，是你——我，它是互动关系中的理解；第三，理解不是任意的言说，传统通过语言自有进入理解的途径；第四，最后的结论是：只要有理解，理解便会不同。只要存在理解，人们就总是在使用不同的方式进行理解。理解包含着一种丧失自身的因素。这样，他实际上等于放弃了正确诠释的标准，他要求诠释者在规范性问题的理解中，思考多种理解世界的差异。理解不是对对象的客观性的理解。对这种丧失对象客观性的不同理解，即放弃理解的正确标准的理解，法学家们表现出很大的忧虑。因为这种观点等于否定了法学家们千百年来所锻造出的法律体系的自足性，意义的确定性，以及法律诠释者追求的法律的客观性”。[②]

法学家们所表现出的担忧，在刑法解释领域可能更为突出，因为刑法

---

① 伽达默尔：《真理与方法》（上卷），洪汉鼎译，上海译文出版社 1999 年版，第 422 页。

② 谢晖、陈金钊：《法律：诠释与应用——法律诠释学》，上海译文出版社 2002 年版，第 67～78 页。

解释直接关涉公民自由和生杀予夺等重大法益，稍有不慎就可能滑入随意出入人罪和罪刑擅断的历史窠臼。尤其是哲学解释学所揭示的“只要有理解，理解便会不同”之真谛，不但给刑法解释的确定性带来了根本挑战，而且引发了导致刑法解释的保守性荡然无存的巨大风险。

（二）现代方法论法律解释学的回归与刑法解释的保守性问题

深受哲学解释学与本体论解释学的相对主义、主观主义和多样性解释立场影响的后现代法学之法律解释学（后现代法律解释论），过度强调了“法律及法律解释的不确定性、差异性、无标准性和不可预测性的游戏特质”，由于其与近现代方法论意义上的法律解释学所主张的“捍卫法律及法律解释客观性、确定性、普遍性、公正性等理性主义价值观念”之法治特质背道而驰，因而引发了法学界广泛深刻的反思检讨，学者主张正确对待哲学解释学并适当吸纳其合理成分，甚至主张从后现代法律解释学回归现代法律解释学。正如有学者指出：“解释学从前现代的特殊方法论（如神学解释学、法律注释学等）发展为现代一般解释学（施莱尔马赫、狄尔泰的客观主义方法论解释学），再从一般解释学‘转向’当代哲学解释学（海德格尔和伽达默尔的存在论、本体论解释学），随之又出现了从本体论解释学向方法论解释学的‘回归’（如赫希、利科、贝蒂等对本体论解释学的反思或批判，对方法论解释学的维护或发展），这种运行轨迹背后所蕴含的规律，对于法律解释学的发展范式的确定，具有十分重要的启示意义。”①这种认识和判断是很有道理的，尤其是对于刑法解释而言，坚持现代方法论法律解释学的基本立场十分有利于贯彻罪刑法定原则和刑法谦抑主义精神，从而使刑法解释的保守性获得确认和保证。

需要指出的是，坚持现代方法论法律解释学立场的刑法解释学，同样可以适当吸纳哲学解释学之中的一些“科学的”与“合理的”成分，以有效实现刑法解释的保守性。有学者指出：“哲学诠释学这种本体论性质的解释学在传到中国之后，在国内学界的影响迅速扩大。近些年甚至出现了这样一种日趋繁荣的景象：无论是法学理论界还是法律实务界的人士，在研究法律解释学和探讨法律解释问题的时候，常常自觉、不自觉地以哲学解释学的观点或原理作为其理论的依据。法学界越来越多的人包括各个

---

① 姜福东：《法律解释的范式批判》，山东人民出版社2010年版，第2～17页。

部门法学界的人士，纷纷将前理解（前见、前有、前概念）、效果历史、视域融合、对话、事物的本质、诠释学循环、解释的普遍性等哲学解释学的理论资源，积极地引入自己的理论建构和思想渊源（体系）之中。这种多少有些‘趋之若鹜’的现象，更引起我们对于本体论意义上的法律解释学与方法论意义上的法律解释学二者之间关系究竟应该如何处理的思考。”①而笔者恰恰认为，在坚持现代方法论意义上的法律解释学立场的基本前提下，适当承认并重视哲学解释学之前理解（前见、前有、前概念）、效果历史、视域融合、对话、事物的本质、诠释学循环、解释的普遍性以及“只要有理解、理解便会不同”等哲学解释学的理论资源是十分必要且有益的。关键是我们必须在理论上深刻阐释哲学解释学所提供的知识资源对于我们开展法律解释的意义及其应对，而不是采取自欺欺人地视而不见、听而不闻或者避而不谈等消极的抵制态度。例如，在刑法解释中，正因为我们适当承认并重视哲学解释学之前理解（前见、前有、前概念）、效果历史、视域融合、对话、事物的本质、诠释学循环、解释的普遍性以及“只要有理解、理解便会不同”等哲学解释学的理论资源，我们才有更为充分的“理论根据”要求任何一位刑法解释者不得仅以“我的理解”进行独断解释，而必须充分听取、谨慎审查、理性权衡“他的理解（非我的理解）”，以沟通理论、对话理论、交换理论、法律论证理论等对最终的解释结论进行充分说理，有效去除那些通过超规范解释、过度解释所得出的极端的解释结论，从而达致刑事法治理性之形式合理性与实质合理性。当然，为了达致刑事法治理性，刑法解释的保守性必须得到有力坚守。

---

① 姜福东：《法律解释的范式批判》，山东人民出版社 2010 年版，第 2 页。

第三章 当下中国刑法规范体系与刑法解释的保守性

一、当下我国社会转型的特殊性

所谓社会转型，是指社会制度变迁以及由这种变迁所标识的社会文明历史形态的跃迁。[①] 美国学者布莱克将现代化的一般过程归纳为现代性的挑战、现代化领导的稳固、经济与社会的转型和社会整合四个阶段。[②] 我国作为一个后发的现代化国家，在步入现代化的进程中，社会生活的范型也正从农业文明社会向工业文明社会转变，新的社会秩序与价值规范体系正在建立。人们在经验生活中体验到当代中国正发生的深刻变化的同时，也感觉到某种社会秩序的失落，某种紊乱的存在，感觉到社会价值意义系统的缺失。[③] 对于“中国语境”中的“中国特色”和“社会主义”，其发展逻辑自有其特殊性。本书无意于就我国社会转型中的所有问题依次进行概括，仅就社会治理尤其是法律治理层面中的一些特殊问题进行罗列、分析。

---

① 俞可平：《治理与善治》，社会科学文献出版社 2000 年版，第 4～6 页。

② ［美］C. E. 布莱克：《现代化的动力：一个比较史的研究》，景跃进、张静译，浙江人民出版社 1989 年版，第 60 页。

③ 宫志刚：《社会转型与秩序重建》，中国人民公安大学出版社 2004 年版，第 2 页。

（一）社会转型时期的社会失序

当代中国经历了三次转型："其中第一次是以辛亥革命为契机的政治领域的革命，它推翻了中国'皇权国家'与'宗法社会'两分的局面，建立了一个由'政治国家'统揽全局的政治结构体系。第二次是中华人民共和国的成立，它进一步强化了国家与社会在中国合一的情形。第三次就是'改革开放'以来，在很大程度上讲，其使命是为了使统揽一切的'国家主义'有所改变，实现'政治国家'与'市民社会'的分野。"①就我国目前所处的第三次社会转型而言，伴随着社会生活方式、社会生活条件的变迁，原初既有的社会规范体系及其内部会衍生出各类冲突与矛盾，过往的社会规范已然不能满足其对秩序的维持需要，甚至可能会对建构新的规范方式形成阻碍。与此同时，国民既有的行为模式与价值观念也会受到冲击，规则与秩序对于社会的约束力相应弱化。这就要求我们在维持社会根本制度的前提下对社会转型时期的社会失序或失范问题进行剖析，并以此为基础，发展出一套有利于对社会秩序进行有效调控的法结构。

1. 法秩序的混沌——规则、制度之间的冲突与混乱

美国学者克莱德·克鲁克洪认为，文化包含有形的内容，也包含无形的内容，有形的内容是显型文化，无形的内容是隐型文化。② 与此相对应，法律文化也可划分为显型与隐型两类，显型的法律文化以宪法为基础，按民事、刑事、诉讼、行政、经济等不同的法律部门，依不同层级的立法权限结构而成；而隐型的法律文化，则是法律规范、制度、组织得以存在、运行的深层文化精神，是一定社会法律规范制度系统的深层文化品格，是显型法律文化的内在价值基础。③ 其意义正如卢梭所言："一切法律之中最重要的法律既不是铭刻在大理石上，也不是铭刻在铜表上，而是铭刻在公民们的心里，它形成了国家的真正宪法，它每天都在获得新的力量，当其他法律衰老或消亡的时候，它可以复活那些法律或代替那些法律，它可保持为一个民族的精神。"④

---

① 谢晖：《当代中国的乡民社会、乡规民约及其遭遇》，载《东岳论丛》2004 年第 4 期。

② ［美］克莱德·克鲁克洪：《文化与个人》，高佳等译，浙江人民出版社 1986 年版，第 8 页。

③ 赵占臣：《当代中国法律文化内在的冲突初探》，载《学术交流》2010 年第 10 期。

④ ［法］卢梭：《社会契约论》，何兆武译，商务印书馆 1980 年版，第 271 页。

在当下中国社会转型的特殊时期，笔者所描述的法秩序的混沌，主要是指显型层面的冲突，当然，这种冲突的存在，很大程度上根植于隐型的法律心理、法律意识和法律思想之间的冲突。当代中国的法律文化，实质上是多元混合、百花齐放的法律文化，尤其是在西方法律文化不断地被移植、引进、吸收到中国本土过后，不同的观念直接或间接地影响到法律的制定、适用与解释等各个层面，并由此引发外来文化与传统文化、新传统与旧传统的冲突与矛盾。于是，在同一社会关系下，不同的法律乃至于同一法律内部都可能发生规则、制度间的冲突与矛盾。也正是基于此，在法秩序的维持过程中，便必然会形成“上位法优于下位法”、“特别法优于普通法”和“新法优于旧法”的冲突解决机制。应该说，这一法律冲突的解决范式本身在数个法律同时主张对某一社会关系的管辖效力的情形下具有存在的合理性，但对于立法空白所致的消极冲突以及人为因素所致的虚假冲突则又显得捉襟见肘。

就立法空白所致的消极冲突而言，近年来我国的刑事立法、修法活动频繁，危险驾驶、恶意欠薪等行为相继入刑可谓其最为典型之写照。受社会物质生活条件的影响，曾经的民事侵权、行政违法行为顷刻间被披上犯罪的外衣，而罔顾由此可能产生的刑民界限等问题，以至于《刑法》第13条但书的“情节显著轻微、危害不大”成为了区分罪与非罪的最佳标准。就人为因素所致的虚假冲突而言，由于法律条文的客观性，对条文的解释自有其必要性。然而，“法律文字可以这样问题化，因为法律文字是以日常语言或借助日常语言而发展出来的术语写成的，这些用语除了数字、姓名及特定技术性用语外都具有意义的选择空间，因此有多种不同的说明可能。正因为有此种多样的说明可能性，语言才具有丰富的表达力及配合该情势的适应力。假使以为，只有在法律文字特别‘模糊’、‘不明确’或‘相互矛盾’时，才需要解释，那就是一种误解，全部的法律文字原则上都可以，并且也需要解释。需要解释本身并不是一种——最后应借助尽可能精确的措辞来排除的——‘缺陷’，只要法律、法院的判决、决议或契约不能全然以象征性的符号语言来表达，解释就始终必要”。[①] 然而，对条文的理解和解释并不总是有利于厘清争执与矛盾，相反，有时更可能成

---

① [德]卡尔·拉伦茨：《法学方法论》，陈爱娥译，商务印书馆2003年版，第85~86页。

为冲突发生的导火索。以《刑法》第 17 条第 2 款中的“抢劫”是否包括第 269 条规定的“准抢劫”和第 267 条第 2 款规定的“拟制性抢劫”为例，最高人民法院和最高人民检察院的司法解释便产生了冲突。最高人民法院 2006 年 1 月 11 日《关于审理未成年人刑事案件具体应用法律若干问题的解释》第 10 条第 1 款指出：“已满十四周岁不满十六周岁的人盗窃、诈骗、抢夺他人财物，为窝藏赃物、抗拒抓捕或者毁灭罪证，当场使用暴力，故意伤害致人重伤或者死亡，或者故意杀人的，应当分别以故意伤害罪或者故意杀人罪定罪处罚。”但是此前，最高人民检察院法律政策研究室 2003 年 4 月 18 日《关于相对刑事责任年龄的人承担刑事责任范围有关问题的答复》指出：“相对刑事责任年龄的人实施了刑法第二百六十九条规定的行为的，应当依照刑法第二百六十三条的规定，以抢劫罪追究刑事责任。但对情节显著轻微，危害不大的，可根据刑法第十三条的规定，不予追究刑事责任。”可见，即便刑事立法本身不存在冲突，但基于不同的解释立场，也会导致司法实践中的冲突与矛盾，并引发不同的法律后果。

2. 规则意识的淡化与法律控制的乏力

公民的规则意识有广义与狭义之分，广义的公民规则意识是公民对各种社会规则（规范），如法律、道德、宗教、风俗习惯等规则的认同、自觉服从与遵守所形成的自主自律意识。狭义的公民规则意识则是指公民在法治状态下通过对法律规范内在价值的认同，进而把法律有效地内化为其自觉的价值尺度和行为准则，形成一种自觉的程序规则意识和自觉服从于法律的自主自律意识。[①] 本书中所描述的公民规则意识的淡化主要是指狭义的公民规则意识，当然，在笔者看来，广义的规则意识的形成，其前提便在于狭义规则意识的塑造与形成。应该说，在公民社会里，不同的利益主张和权利要求在此间互动交融及冲突，而且日益呈现一种应得权利和供给、政治和经济、公民权利和经济增长的对抗。而要达至一种公民认同、社会整合合理性规则秩序，就需要对公民个人及机构的多样化目标以及由此衍生出来的各类冲突予以合理控制，也就必然导致对完备的法律制度体系的需求。[②] 所以，确立公民的规则意识，理所应当地成为建立

---

① 蒋传光：《公民的规则意识与法治秩序的构建》，载《社会科学研究》2008 年第 1 期。

② 马长山：《国家、市民社会与法治》，商务印书馆 2002 年版，第 170～174 页。

法治社会理性规则秩序的要求。正如亚里士多德所言:“法治应包含两重意义:已成立的法律获得普遍的服从,而大家所服从的法律又应该本身是制定的良好的法律。”①然而在制度的变迁过程中,公民的生活并不总是受正式的规则(如政治、经济规则)约束,大量的非正式规则的存在必然会导致公民规则意识的淡化。例如,中国自古以来形成的“德性论”传统,便为突破规则,为寻求所谓的“门道”留下了空间;在改革开放过后,我国的政治生活虽然已经逐步迈入民主化的进程,但“官本位”的思想在一定程度上却仍然存在,当然,权力阶层的权力滥用在当下的中国并非鲜见的新闻;此外,我国加入 WTO 以后,市场经济秩序中的一些混乱现象也为机会主义的泛滥、不正当竞争的存活缔造了生存的土壤,这也必然会影响社会公正和公众的心态,甚至会导致社会各阶层之间的利益摩擦和冲突加剧。在刑事司法实践中,规则意识的淡化不仅会冲击规则的形成,在规则的适用过程中,也会导致解释活动的随意。典型的表现包括在司法过程中的滥用职权,以及在无法可依的情况下,借口“法不禁止”而肆意妄为。例如,2012 年 5 月 13 日,陕西洛南县金店被抢案告破,犯罪嫌疑人杨龙飞、杨柯被绑游街示众,引来法学界一片哗然,这恰恰是权力者规则意识淡化的真实写照。

显然,在规则意识淡化的今天,为了实现对有害行为的监控与惩罚,能履行公共威慑职能的法律控制便自然而然地成为实现公共治理的根本手段。然而,过度地扩展法律控制的范围,不仅无法补偿由此产生的对社会资源耗费的成本,也会使法律控制的预期效果大打折扣。以从入罪之初便争议不断的危险驾驶罪为例,2011 年 5 月 1 日至 12 月 30 日,整整 8 个月的时间,全国因酒后驾驶造成交通事故死亡 716 人,较上年同期减少 205 人,下降 22.3%。其中,醉酒驾驶造成交通事故死亡 708 人,较上年同期仅减少 25 人,下降 3.4%。而反观由此产生的治理成本,仅 12 月一个月的三次集中统一行动,全国便出动警力 52.9 万人次,②这不能不说是“用大炮打蚊子”一般的举动。除此之外,对危险驾驶这类犯罪行为的揭

---

① [古希腊]亚里士多德:《政治学》,吴寿彭译,商务印书馆 1995 年版,第 199 页。

② 《醉驾入刑 8 月,全国查处酒驾下降近五成》,载新华网,http://news.xinhuanet.com/legal/2011-12/31/c_111350177.htm,2011 年 12 月 31 日访问。

露也主要依赖于侦查机关的随机抽查结果，这种随机性在笔者看来，也存在以下三个明显的问题：一是因为司法人力、物力和财力的不足导致侦查机关的查案、办案能力受限，从而产生大量的“犯罪黑数”现象；二是因为这类行为的普遍性导致侦查机关的办案能力超负荷，最终导致条文仅能适用于个别情节特别严重的情况，从而导致刑法条文的“虚置”；三是因为大量的危险驾驶行为未能被及时予以发现，事后的倒查行为又由于缺乏证据支撑，从而出现大量的犯罪被放纵，并进而产生同罪不同果的后果，违反适用刑法人人平等原则。即便我们能够产生一种假设，认为对该类犯罪能够予以有效侦破，也不代表这样的罪刑规范就符合效益原则。因为当立法机关过多的适用刑罚时，也就意味着越来越多的国民会被贴上“犯罪标签”，而犯罪人的数量越多，社会的离心力也就越大，相应的，社会的不稳定性反而越强。

3. 司法权威的弱化

福柯认为，国家主权只是权力的终极形式，所有权力都表现为多种多样的“力量”关系，他们内在于他们运作的领域之中，构成了他们的组织。多种多样的力量永不停止地相互斗争和冲撞，改变了权力，增强了权力，同时也颠覆了权力。① 在社会转型前，国人的政治人格特征普遍地受数千年的社会等级制度、中央集权的专制制度以及封建生产方式的影响，在政治人格的定位上，多以“臣民”自居，对政治权威具有极强的依附性，无法将自己视为独立存在的政治主体，对政治参与的主动性和自觉性也较弱，更多地惯性地受臣服型政治文化的支配。然而，伴随着改革开放的深入，国民的政治人格特征在这些年间也悄然发生着变化，他们的政治认知开始逐步趋于理性，对政治体系的期望值不断提升，并会凭借自身在现实社会生活中的实际感受以及个人的利益需求来对党和国家的执政理论、路线、方针与政策进行评价。他们拒绝唯命是从，又敢于维护自身正当权益，甚至在法律框架内对政治权威进行挑战，运用法律武器来实现自我防护。此时的中国，已然迈入了一个“政治民主”的时代，曾经的“臣民”凭借自身政治人格特征上的独立、自由与平等，推动整个社会向“公民社

---

① 李肖：《论社会转型期的权力制约与利益表达——福柯权力谱系学的现代启示》，载《北方工业大学学报》2011 年第 4 期。

会”转变。应该承认,现代化的进程在一定程度上就是市民社会不断发育并逐渐摆脱政治国家的超常干预的过程。但在肯定市民社会所具备的张扬公民个体权利和自主性的正面功能的同时,我们也不能忽略由此产生的无政府主义趋向等弊端;同样的,在否定政治国家对国家权力的过度扩张倾向的同时,也不能忽略其所具备的保障公共权利和维护社会稳定的功能。因此,在建构中国的市民社会过程中,转型的中国尚需在政治国家和市民社会的良性互动方面多做努力,一方面,要学会对权力进行适当制约;另一方面,正如《人民日报》的评论,“表达权已成为一项基本的政治权利,重视这些声音,是协调利益关系、理顺社会心态的起点……发出声音,是主张利益的基础”,①这也就对拓宽国民的利益表达渠道,协调好政治国家和市民社会之间的关系提出了要求。

但是,当我们立足于司法实践来匹配政治国家与市民社会的协调互动效果时,我们却惊讶地发现转型中的中国司法正陷入一场“司法信任危机”之中。一方面,司法机关通过解决纠纷、化解冲突的职能过程将国家意志施加于诉讼参与人和社会公众的权威正被弱化;另一方面,诉讼参与人及其他社会公众对司法机关所代表的国家意志也开始出现质疑甚至是否定。2012 年 5 月云南省巧家县“5・10”爆炸案,赵登用从犯罪嫌疑人到被害人身份的奇妙转变,激起包括“光明网”等媒体以及社会大众的不满与愤怒。2012 年 4 月,河南省三门峡市陕县人民法院法官水涛对一起造成三死两伤的交通肇事案件,在受害人家属没有得到赔偿的情况下,以被告人“积极赔偿”为重要依据,对肇事司机作出减轻处罚的判决,在面对质疑时,竟然给出了“眼睛花”的荒诞解释。2010 年 5 月,被错误羁押 11 年的赵作海在“被害人”赵振晌“死而复生”后经历了从死缓到无罪释放的荒唐结局。凡此种种,不胜枚举。在一个强调服从的“臣民”社会,司法的荒诞与不羁尚不会构成对司法权威的绝对冲击,因为此时的权力行使总是伴随着强制力的保障,而在一个以维护个人合法权利为目标的“公民”社会,权力的合法性基础就必然会被削弱,甚至构成对司法权威的冲击。于是,现实中媒体与国民对司法权威的各种蔑视、怀疑甚至公然抗拒便骤然间成为了中国司法权威弱化的真实写照。

---

① 《执政者要在众声喧哗中倾听“沉没的声音”》,载《人民日报》2011 年 5 月 26 日。

(二)社会转型过程中法秩序的价值分析

"我们社会的大多数成年者,一般都倾向于安全的、有序的、可预见的、合法的和有组织的世界;这种世界是他所能依赖的,而且在他所倾向的这种世界里出乎意料的、难以控制的、混乱的以及诸如此类的危险事情都不会发生。"①应当注意到,要建立、维护和调节一个和谐、有序的人类社群生活,起最主要作用的就是法,其产生便是源于社会秩序的失调,其目的则是通过一种强制性的规则避免各类潜在或现实的冲突,保障人类和谐的社会秩序。当下中国,正面临法的现代化和后现代化的双重压力,在这一特殊的历史社会转型时期,法的外在要求应是维护社会的秩序,与之相匹配的内在要求则应是作为人和谐生存的指向。在市场经济中,独立的主体依靠法律所赋予的相关权利而生存,权利是以交换的方式取得的,因此,契约成为人生存的基本条件,而公平也是由契约来体现和规范的,这种契约就是规范意义上的法,它所体现出来的自由、平等、博爱是商品经济条件下人的生存原则,也是法对人的生存关怀。② 基于此,法秩序的存在既有利于保障和维护"公民权利",也有助于约束和监督"公权力",它已然成为了现代工业社会经济成功发展的必备基本要件。

1. 维护社会公正的必要手段

所谓社会公正,主要指对一定社会结构、社会关系和社会现象的一种伦理认定和道德评价,具体表现为一定社会的性质、制度以及相应的法律、法则、章程、管理制度等的合理性和合理程度的要求和判断。③ 这就要求国家的政治、经济、文化结构及其运行本身都能够体现公正这一主题。然而,在我国社会主义市场经济建设的各个领域,或多或少都存在影响社会公正实现的因子,如经济领域中存在的收入分配不公、消费不公,政治生活领域中的权利不公,社会生活领域中的机会不公等。因此,对于转型期的中国而言,规则便成为了实现社会公正的可行路径。因为规则是一种可以从正当与否的角度来加以评价的有关人类行动的普遍的规范性命题,或者更简单一些说,规则是一种我们可以追问是否正当的普遍的

---

① [美]E. 博登海默:《法理学:法律哲学与法律方法》,邓正来译,中国政法大学出版社1999年版,第227页。

② 王永强、王双金:《中国社会转型时期法的价值建构》,载《理论探讨》2005年第4期。

③ 谢洪恩:《论公正及其实现》,载《道德与文明》1999年第6期。

人类行动规范。[1] 我们会发现,规则作为国民共有理念的规范表达,基于其普遍性和制约性的效果,能够得到国民的普遍遵守。因为“人是自由的,尽管屈服于法律之下,这并不指服从某个个人,因为在那种情况下我所服从的就是另一个人的意志了;而是指服从法律,因为这时候我们服从的就只不过是既属于我自己所有,也属于任何别人所有的公共意志”。[2] 同时,规则作为平衡社会生活中各种利益冲突的工具,也能够通过其效益价值的实现,保证规则实施的效果。因为“当我们说法律的目的是正义时,正义……意味着一种制度。我们以为它意味着那样一种关系的调整和行为的安排,它能使生活物资和满足人类对享有某些东西和做某些事情的各种要求的手段,能在最少阻碍和消费的条件下尽可能多地给以满足”。[3]

或许我们会提出这样的疑问,转型前的中国同样存在一个相对完整的制度和规范体系,为何社会公正的实现仍未达致国民所期待的状态?在笔者看来,问题的关键在于社会转型带来的权力结构与经济结构的解构与转轨并未能及时地建立起一套与之相对应的社会规范体系,此时的中国社会,一方面旧的社会规范丧失了必要的维护社会公正的能力;另一方面新的社会规范又尚未形成,也就无法对人们的思想和行动予以有效的规范。因此,社会公正的实现,关键就在于建立起一个具有可操作性的规则,也即一个与新的生活方式相适应的制度体系,从而完成对社会成员的权利义务关系的分配与安排,而最为公正、稳定和客观的制度便是法律制度。正如卡尔·波普尔所言:“我们需要的与其说是好的人,还不如说是好的制度,我们渴望得到好的统治者,但历史的经验向我们表明,我们不可能找到这样的人。正因为这样,设计使甚至坏的统治者也不会造成太大损害的制度是十分重要的。”[4]

2. 保证权利持续行使与有效监控的根本措施

洛克认为,人们为了克服自然状态下保障自身权利存在的缺陷才成

---

① 童世骏、周武:《现代社会与规则意识》,书店出版社 2001 年版,第 132 页。

② [法]卢梭:《社会契约论》,何兆武译,商务印书馆 1980 年版,第 24 页。

③ [美]罗斯科·庞德:《通过法律的社会控制》,沈宗灵译,商务印书馆 1981 年版,第 52 页。

④ [英]卡尔·波普尔:《猜想与反驳——科学知识的增长》,傅季重等译,上海译文出版社 1987 年版,第 495～496 页。

立国家或政府，而国家或政府存在的目的就在于实现人民的和平、安全和公共福利。① 这里的“公共福利”，即是国民所享有的平等、自由及其他基于自然法所享有的权利。作为一个立宪主义的国家的公民，国家基于社会契约需要保障公民的各项权利，也必然会通过明示或推定等形式赋予公民以各种基本权利。权利的实质在于利益，人性的各种需求构成了所有权利的来源，其存在就意味着对权利主体某种利益需求的满足。然而，正如犹太教义《旧约全书》所言：人是上帝的造物，有着不可侵犯的灵魂与尊严；但人又生而有罪，有着与生俱来的罪恶潜能与堕落趋势。人是一种可上可下的“居间动物”，但其中“可上”是有限度的，人可以得救，但却永远不可能变得像神一般完美。因此，作为权利的拥有者，出于对个人利益最大化的需要，总是有着滥用权利的天然倾向，这一点，可以普遍地适用于全体权利主体，因为，“作为人，我们都是平等的——平等的人并且具有平等的人性。在人性上，没有一个人比另外一个人多或少”。②

回到现实，转型的中国社会，城乡之间、区域之间、阶层之间的利益逐步开始分化，不同的人群、经济主体和社会角色之间基于利益需求而产生的矛盾也日益激烈。所以，出于平衡各种利益主体的权利的需要，权利主体对自身权利的行使需要受到规范与约束，因为任何主体都不是孤立存在的，他存在于社会关系之中，就决定了他的选择不可能完全自由，而需要受到来自法律、道德和社会公共利益等方面的监控，监控的目的就在于维持权利行使的正当性，保障权利行使过程中合理的价值和道德追求。也正是因为如此，在任何一个国家，“只要条件允许，就应及时把公民的应有权利奉为法律权利”，③当权利主体的行为脱离了法律所监控的疆域时，就意味着可能与其他权利主体的权利发生冲突，又或者是对社会秩序或国家目标，如公共福利等产生妨害，此时也就必然会对应性地产生对行为的否定性评价以及对其他受侵害权利的救济，从而维系社会的和谐与稳定。例如，2010 年 4 月南京马尧海“换偶”一案，即便争议不断，即便马尧海始终以未能妨碍他人为由主张个人权利与自由，仍可基于社会公共

---

① ［英］洛克：《政府论》（下编），叶启芳、翟菊农译，商务印书馆 1964 年版，第 77 ~ 80 页。

② ［美］摩狄曼 · J. 阿德勒：《六大观念：真、善、美、自由、平等、正义》，陈珠泉、杨建国译，团结出版社 1989 年版，第 171 页。

③ 张文显：《法学基本范畴研究》，中国政法大学出版社 1993 年版，第 107 页。

管理秩序之需要给予否定性的法律评价。

3. 填补传统指导机制空白的核心要素

风尚、习惯、道德、宗教和法律等都是社会控制的工具和达到社会和谐稳定的手段,对于风尚、习惯、道德和宗教等这些主要依赖于信仰式的内心确信来实现社会控制效果的手段,笔者将其归纳为一种传统的指导机制。这种传统的指导机制存在的正当性源于他人或社会的承认,由于它能够对社会上各种冲突的利益产生调节效果,故能在社会生活的各个方面产生一定的约束效果,也有助于确立与维护社会秩序,使其符合社会稳定和发展的需要。但是传统的指导机制却又极易导致过度的弹性,其自觉自律的特性限制了约束机制的普遍有效性,而其非普遍性又易导致标准多元化。相比较而言,以制定法的形式存在的法秩序基于其确定性、普遍性、价值的一元化和公正的理性,就更能满足社会教化的需要了。在社会管理活动中,法律具有社会导向、社会调节和社会整合的功能,能够根据不同层次和领域的需要,提供相应的行为准则和发展目标,并通过协调和平衡各种社会关系,消除社会中的各种离散因素,将社会的同质性与异质性保持在一定的张力范围内,维持大体的动态平衡,保持社会的和谐与稳定。故而荀子在其《礼论》篇中说道:“人生而有欲,欲而不得则不能无求,求而无度量分界,则不能不争,争则乱,乱则穷。先王恶其乱也,故制礼义以分之,以养人之欲,给人以求,使欲必不穷乎物,物必不屈于欲,两者相持而长,是礼之所起也。”而一旦礼不能发挥其应有的社会控制机能时,主张“人性恶”的荀子便强调要在“隆礼”的基础上“重法”,以法律手段施以禁制,这便是笔者所主张的法秩序所具有的对传统指导机制空白的填补功能。

现代法秩序是现代社会存在与发展的基本条件,在法律秩序环境中,权利与权利、权利与权力的关系得以明确,每个人都可以根据一个一直遵守、相互信任的行为规则来行动,而无须认同他人的价值观。同时,在这一环境中,由于存在防止权力滥用的救济机制,个人也可以自由平等地与他人进行竞争,最大限度地发挥个人能力,降低交易成本、保证交易安全。所以说,“法律是现代工业社会中具有显著作用的终极要素,在多元价值观的现代社会里,其他所有传统的引导机制都注定会削弱并最终失败,如适用于传统宗教、古老部落社会的习惯,以及在多元社会中始终由某个团体施行和认可的个别道德规范……人类在进化过程中获得生物装备的才能限制了单独强调带有无私道德援助的社会行为,这便是为什么国家与法从来不会走向灭亡的原因。相反,国家与法在现代工业社会中的作用比以往更加重要”。[①]

（三）社会秩序结构的模式选择——多元混合法结构的形成

美国学者埃里克森将社会控制体系分为五种:第一种是由自我制裁予以实施的个人伦理;第二种是基于对方制裁的合约;第三种是由社会力量予以执行的社会规范;第四种是由组织实施的组织规则;第五种是为国家执行的法律。[②] 在这一体系内部,各种行为规则并非泾渭分明,而可能存在相互交叉,并通过一种综合作用实现社会有效治理。在过去的计划经济时代乃至于改革开放后的相当长一段时间内,我国实行的主要是全能国家下的统治型社会管理模式,也即是上述第五种规则模式,在这一模式下,整个国家管理中高权行政占据了核心地位,管理强度很大,但公法不发达,整个社会主要通过“命令—服从”的模式进行管理,表现形式是刚性的法令,即经济领域的指令性计划和行政领域的法规命令。[③] 此时,国家权力,以单位为载体,控制了社会中每一个人,国家通过控制一切资源、机会、信息,把它分配到每一个单位而控制了每一个单位,单位又通过控制资源、机会、信息,把它分配到每一个人而控制了每一个人。在这样的体制下,人人都是不自由的,也是不需要自由的;同时,在这样的体制下,社会处在呈金字塔之等级状态中,每一个等级中,人人都是平等的,但人人又什么也不是。[④] 然而,随着改革开放的深入和中国市民社会的成长,传统的社会管理模式所存有的官僚主义倾向、公众对政府决策的疏离感和异己感以及政府的管理绩效不明显,使转型期的中国也开始面临着诸如制度的变迁、规则意识的淡化和社会权威的弱化等问题。于是,就社会管理模式来看,我国也开始从极端的国家统制向自由市场转轨,从全能国家向有限政府转型,国家不断从经济、社会等领域淡出,留给公民、社会

---

① ［德］伯恩特·许乃曼:《法与法学在现代工业社会的作用》,载《法学家》2003 年第 2 期。

② ［美］罗伯特·C. 埃里克森:《无需法律的秩序——邻人如何解决纠纷》,苏力译,中国政法大学出版社 2003 年版,第 158～159 页。

③ 李志强:《转型社会治理中的法律结构——兼论一元多样的混合法结构之现实必要性》,载罗豪才主编:《软法的理论与实践》,北京大学出版社 2010 年版,第 39 页。

④ 戚渊:《也论法治》,载浙江大学公法与比较法研究所编:《公法研究》(第 1 辑),商务印书馆 2002 年版,第 286 页。

组织越来越多的自由和空间,国家与社会之间的良性互动加剧,对民主诉求的反映也更为及时、全面。

与此相对应的法治现代化进程中,传统的唯国家法之治的法律文化也必然要涉及一个转型的问题,特别是在经济体制和社会结构的转变过程中,社会利益格局开始调整、社会矛盾也日益激烈,原有的司法资源和模式已经不能满足社会管理之需要。单一的国家法治理模式,"抽去了法治的道德基础和情理因素,容易走向泛法治主义,使社会控制缺乏深度。把法律作为人们行为的唯一准则,排斥了社会生活中最基本、最朴素的生活情理的作用,造成许多合法而不合情、不合理的现象,社会对一般的道德生活丧失了干预能力。另外把法律作为人们行为的唯一依据与价值取向,带来了社会成本的增加、烦琐和对自身的束缚"。① 单靠运用政治权威,通过制定法律来对社会实行一种单向度的强制管理,即便承认其是西方法治发达国家的一种成熟治理模式,但在转型期的中国社会治理活动中,却未必有效。由此,我们便应该思考在原有的国家法之外、之下寻求其他能够调整社会关系的法源,以填补国家法遗留的空隙,并进而构建起一种多元混合法结构。这种法结构意味着在法文化体系和秩序中,不仅应有国家法,还应有政策、习惯法、宗教法、民间组织法和村规民约等多种规范形式存在。当然,这与维持法秩序在社会管理中的根本作用本身并无冲突,因为法秩序本身就不意味着法律只能表现为官方制定的规则这一种形式。即便是在中国古代社会,"国家法不但不是全部社会秩序的基础,甚至也不包括当时和后来其他一些社会的法律中最重要的部分……即使是在当代最发达的国家,国家法也不是唯一的法律,在所谓正式的法律之外还存在大量的非正式法律"。②

事实上,法治也不可能仅仅依靠国家来制造,法治的唯一源泉和真正基础只能是社会生活本身而不是国家,法律既要服务于国家,更要服务于社会。在法律的制定、修改、补充的过程中,真正由立法者创造的只是很小的一部分,绝大多数法律的更新是通过吸收、借鉴已有的社会规则的方式实现的。③ 国家制定的法在任何社会里都不可能是构成法律体系中的

① 李传良:《我国民间法重构途径探索》,载《山东社会科学》2007 年第 9 期。

② 梁治平:《清代习惯法:社会与国家》,中国政法大学出版社 1996 年版,第 31 ~ 32 页。

③ 张德美:《探索与抉择——晚清法律移植研究》,清华大学出版社 2003 年版,第 79 页。

唯一或全部，而只可能成为整个法律秩序中的一部分。因为“法律绝不可能既约束所有人同时又对每一个人都真正最有利的命令人类个性的差异，人们行为的多样性，所有人类事务无休止的变化，使得无论什么艺术在任何时候都不可能制定出可以绝对适用所有问题的规范”。[①] 所以，“只要对社会生活简单地观察一下就可使我们相信，除了由政权强加的法律规则外，还存在着某些法律规定，或至少具有法律效力的规定。过去存在，现在仍然存在着一些并非从总体社会的组织权限中产生的法律。既有超国家法，也有亚国家法”。[②] 基于这样一种思路，将我国的社会管理结构中的法律治理结构概括为一种多元混合的法结构就具有了理论和实践上的合理性。在这一结构中，国家法律仍然是调整社会关系最为重要的工具。与此同时，正如前文所述，我们也要警惕在社会转型期国家法可能存在的不足或失效所致的社会失序，过分倚重国家法律这种一元的控制手段，社会控制的机能就可能会失衡。

因此，我们可以形成这样的结论：法律存在多元的表现形式，其“可以是平面式的，即各亚文化群或次要制度具有同等地位或合法性；可以是垂直式的，即按等级安排，有‘较高’和‘较低’级法律制度或文化”。[③] 在国家法之外，我们还需要通过民间法等规范形式的存在和良性运作，在一定时期和空间范围内丰富和弥补国家制定法的不足，并将之作为一种必要的救济手段和协同方式。而这也就成为了硬法—软法—民间法的“刑法三层次规范体系”的存在基础。

二、我国“刑法规范体系”的新发现与新诠释

（一）硬法—软法—民间法“刑法三层次规范体系”之新发现

1. 法概念的解构与刑事硬法、软法、民间法概念的提倡

在正式讨论硬法—软法—民间法的“刑法三层次规范体系”之前，有

---

① ［美］E. 博登海默：《法理学：法律哲学与法律方法》，邓正来译，中国政法大学出版社1999年版，第8页。

② ［美］昂格尔：《现代社会中的法律》，吴玉章译，译林出版社2001年版，第22页。

③ ［美］劳伦斯·M. 弗里德曼：《法律制度——从社会科学角度观察》，李琼英、林欣译，中国政法大学出版社1994年版，第229页。

必要先行厘清一个最为基本的概念——法。所谓法,传统的定义认为,其是由国家制定或认可,并以国家强制力保证实施的,反映统治阶级意志(或国家意志)的规范体系或制度体系。按照这一定义所设定的外延,在我国能够纳入刑事法律治理框架的就只有刑法典和1998年12月29日颁布的《关于惩治骗购外汇、逃汇和非法买卖外汇犯罪的决定》这一单行刑法,其他的能在社会管理活动中发挥行为规制、法益保护及人权保障机能的规范则应排除在外。然而,正如前文所述,社会的转型呼唤着社会管理模式的转型,传统的依靠"国家—控制"的法范式所能产生的社会控制机能并不能满足社会治理的需要,一种多元混合的法结构正在成为实现现代法律治理的一种有效治理机制。因此,可以说,传统的法的概念由于过度迷信国家强制力和"命令—服从"的高权关系,在转型期的中国已经不能满足破解公共治理难题的需要,也未能对法的社会调整功能予以完整概括。基于此,也就有必要对法的概念进行再次的梳理,从而为硬法—软法—民间法的"刑法三层次规范体系"寻求理论上的合理性。

从法所体现的公意来看,一个得到普遍认同的观念认为,"法律是公意的正式表示","是公意的宣告",①那么,公意是否就等同于国家意志呢?"公意",它在本质上无非是每个人的"共同利益",②法律的目的并不在于宣告国家对于社会所具有的主权者意志,而只是"一种保证公共机构满足成员公共利益诉求(最终是私益诉求)的手段,它与神圣的主权与高高在上的国家就只存在着或然性而非必然性的联系;我们既需要国家意志转化成的那种法来实现公共性更强的公共利益(其典型形态是国家安全和发展等国家利益),同时也需要将公共自治组织的公共意志转化为诸如自治章程之类的'法',据此保证国家与社会提供各类公共物品符合形式理性与实质理性的要求,符合效益原则且可以预期"。③ 据此,国家意志这种公意应该理解为公共意志的上层形态,它设定了国家权力的运行机制,实现了国家管理的规范化、程序化和制度化。但仅仅将国家意志上升为法所指涉的公意则尚嫌不足,因为公共利益的诉求具有多样化的特

---

① [法]卢梭:《社会契约论》,何兆武译,商务印书馆1980年版,第118页。

② 崔之元:《彻底的自由主义者必须关心人民民主和卢梭的"公意"》,载《读书》1996年第7期。

③ 罗豪才、宋功德:《软法亦法:公共治理呼唤软法之治》,法律出版社2009年版,第136页。

性,各类公共自治组织同样需要基于其自我管理、自我教育和自我服务的特性对国家意志施以辅助,从而完成对国民的财产、安全和自由的全面保障。当然,当公共自治组织的公意与法相联系时,要赋予其法的地位仍取决于国家的认可,更不得违背国家意志的要求,但国家认可这种程序性的安排所反映的并非是规范所体现的国家意志,事实上,它在国家认可之前就已然存在,所谓的国家认可,更多的只是一种制度性的安排而已。因此,法所体现的公意,必然包含国家意志和其他公共自治组织的意志等多种形态。所以,"强调国家必然是法律的,并非意味着法律就只能是国家的……法的创制主体可以是多样化的——既可以是国家共同体,也可以是公共自治组织(包括政治组织和社会共同体等具体形态)——例如社团正是因为创制了社团章程而成为一个共同体,这同时也就表明了它在创制一种'法'"。①

而后,我们再从法的实施方式来进行分析,为了说明法的权威性,我们总是本能地将"国家强制"与法的概念联系在一起,并认为"法是这样一种社会规范,当它被忽视或违犯时,享有社会公认的特许权的个人或团体,通常会对违犯者威胁使用或事实上使用人身强制"。② 因此,法作为"一种社会规范,违反这种规范,就要由拥有为社会所公认的执行制裁特权的人通过威胁适用或实施适用物理力量(physical force)的方法对之进行制裁"。③ 然而,保证法实施的强制力,并不必然以国家强制的存在为前提,事实上,法的实施与国家的强制力之间存在多种可能性。就特定法律规范的实施而言,一则,权利主体通常无须强制即能自愿遵从法的规定,但义务主体既有可能遵从,也有可能选择违反,对于那些因为从众而习惯性服从或者出于认可义务规定而自愿服从的行为,也无须运用强制。二则,对于那些因不理解、不认可或者即使认可但仍不愿服从的行为选择,并非只能强制服从,还可以运用行政奖励、行政指导等非强制性方式激励其遵从。三则,对于剩下的不便运用激励机制,或者激励机制不能奏

---

① 罗豪才、宋功德:《软法亦法:公共治理呼唤软法之治》,法律出版社 2009 年版,第 130 ~ 131 页。

② [美]霍贝尔:《原则人的法》;转引自梁治平:《清代习惯法:社会与国家》,中国政法大学出版社 1996 年版,第 145 页。

③ [美]E. 博登海默:《法理学:法律哲学与法律方法》,邓正来译,中国政法大学出版社 1999 年版,第 341 页。

效的、不履行义务规定的行为选择，并非只能运用有组织的强制力，还可以依靠社会舆论等分散的社会压力来促成其守法或者矫正其违法行为。四则，对于施以分散的社会压力后不履行义务规定的行为选择，还可以依靠有组织的社会压力来迫使其服从，这主要是一种政治组织或者社会共同体的自治力。五则，对于剩下的有碍法的实施的行为选择，才通过使用或者威胁使用国家强制力这种方式来解决。① 即便是作为刑事法律的公法，其实施也不是以国家强制为前提，而是以公众对一个正当的制度安排的自愿服从为前提的，单纯依靠国家意志作为规则适用的保障，是一种压制，而非强制。此时的刑法，基于国家的惩罚和制裁行为，法益保护机能尚能部分得以维持，但无法实现对国民行为的规范、引导、激励和教育等功能。综上，一个经过修正后的法的定义应当是指体现公共意志的，由国家制定或认可、依靠公共强制或自律机制保证实施的规范体系。②

在完成对法的重新界定后，我们会发现法所指涉的范围已然突破了国家意志和国家强制的范畴，其所呈现的形式也就不再是传统的硬法，还可能包括软法、民间法等形式。事实上，笔者所提倡的硬法—软法—民间法的三层次规范体系也并非一种独辟蹊径的创造。笔者之所以选择使用"发现"一词，是因为这种多元混合的格局在中国古代社会就早已有之，并能够以一种综合治理的形式延续民族传统、促进社会和谐。从法的类型而言，中国古代社会形成了"王朝统一的法令"以及以血缘为基础的家族法、宗族法，以地缘为基础的地方习惯法、少数民族习惯法，以业缘为基础的行业法、行会法、帮会法等法律多元局面，然而这些法律却是一体的，"礼"作为一根红线将这些看似杂乱无章的法律贯穿起来，使中国古代法律的发展模式表现为"和而不同"。③ 由此，我们也应当承认，硬法—软法—民间法的逻辑结构本身是存在事实上的合理性的。笔者这里先就硬法、软法、民间法的概念进行界定，而后再就该三类法规范的关系、效力以及与刑事法律规范的契合分部分于下文进行讨论。

所谓硬法，应是指国家立法意义上的法律、法规和规章，即只能是国

① 罗豪才、宋功德：《软法亦法：公共治理呼唤软法之治》，法律出版社2009年版，第188页。

② 宋功德：《行政裁量法律规制的模式转换——从单一的硬法或软法模式转向软硬并举的混合法模式》，载《法学论坛》2009年第5期。

③ 马小红：《礼与法：法的历史连接》，北京大学出版社2004年版，第3～8页。

家立法中的那些具有“命令—服从”行为模式、能够运用国家强制力保证实施的规范。[①] 而软法，则应是指不依靠国家强制力保证实施的法规范（内涵），他们由部分国家法规范与全部社会法规范共同构成（外延），[②]主要是法规范当中描述法律事实或者具有宣示性、号召性、鼓励性、促进性、协商性和指导性的条款。民间法则是指相对于国家法的，形成于民间，为一定范围内的人们所普遍认同，以内心确信、社会舆论以及一定的经济制裁和人身强制为保障，调整民间社会主体之间的权利义务关系的非正式社会规范。[③]

回到刑事规范体系，我们会发现，公众针对刑事法律规范所提出的自由、秩序、安全和平等等公共需求，都属于公意表示，而但凡能够代表这种公意、回应这些公共需求的规范形式，就具备形式上的合理性与正当性。正如马克思所言：“法律应该以社会为基础。法律应该是社会共同的、由一定物质生产方式所产生的利益和需要的表现。”[④]因此，在刑事法律规范体系中，根据公共需求的大小与强弱不同，按照刑事法律规范的创制、运行和法律效力等级的不同，也存在硬法、软法和民间法的区分。据此，由国家制定与认可，并由国家强制力保证实施，禁止人们实施犯罪行为、命令人们履行义务以免犯罪以及指示司法人员如何认定犯罪和科处刑罚（包括免除刑罚处罚）的刑法典与单行刑法，符合我们对硬法的描述，应界定为硬法。而那些同犯罪防控相关的所有社会公共政策，包括以刑事法律为表现形式、以刑事类措施为手段特征的社会公共政策以及不具有刑事法律的表现形式或者不具有刑事类措施的手段特征，但是具有防控犯罪价值内容的所有社会公共政策，[⑤]也即刑事政策，可界定为软法。至于那些仅在特定区域或特定群体中发生效力的，如少数民族的习惯法、普通公民之间形成的纠纷解决机制等，虽不具有一个成文的刑法外观，但藉由历史的传承与延续，在相应的群体和范围内其已经得到了民众的普遍

---

① 罗豪才：《直面软法》，载罗豪才主编：《软法的理论与实践》，北京大学出版社 2010 年版，第 101 页。

② 罗豪才：《公共治理的兴起呼唤软法之治》，载《法制日报》2008 年 12 月 14 日。

③ 陈文华、孙日华：《规范法学视野下的民间法》，载《广西社会科学》2010 年第 7 期。

④ 《马克思恩格斯全集》（第 6 卷），人民出版社 1961 年版，第 291 页。

⑤ 魏东：《论广义刑事政策的基本内涵》，载《清华法学》2011 年第 2 期。

认同,并能对民众形成相应的行为规制效果,完成刑事法律所特有的制裁、救济等功能,故可以将之界定为民间法。

2. 关于刑事硬法之治

作为硬法的刑法典与单行刑法是刑事法律治理最为基本的形态,其创制和运作的程序以及规范所具有的拘束力在等级上较软法和民间法要高,是实现实体正义的最高形式。从刑法的创制主体来看,由于刑法所体现的是最强程度的公意,这决定了其创制主体只能是由民选代表所组成的全国人民代表大会及其常务委员会。从创制程序来看,其产生也较软法和民间法复杂许多,包括立法动议的提起、起草、立项、审议、听取意见与征求意见、草案公布、表决与通过、公布等。可以说,经由该种形式产生的刑事法律规范,在公开性、透明性、开放性和协商性等方面都是软法和民间法所不能比拟的,而这也就决定了硬法在整个刑事法律规范体系中的最高位阶。在刑法的内容方面,通过在法律条文中设置罪刑规范,国家完成了对社会主体行为模式的设定,明确了行为主体、权限、条件、方式、法律后果及责任追究等要素,表达了当为、不当为等行为选择信息,从而向全体国民清晰传达了国家在维护公益、保障人权、管理社会等方面的具体要求。正如日本学者大塚仁所言:"刑法的规范,是裁判规范,同时也是强制规范,即在发生了具体地、充足抽象地、假言地规定的刑法的法律要件的事态时,通过裁判,实现地发动与之相对的刑罚,拘束犯人。作为这些规范的前提,就预定着诸如'不得杀人'这种要求行为人实施一定合法行为的行为规范。"①在刑法的运作方面,其实施、适用与遵守都得力于国家强制力的保障,并以特定的公、检、法机关按法定程序在全国范围内一体遵行,因此,其适用的效力等级和效力范围以及对公民守法的强制性要求都更为强大,社会的理性交往秩序也由此得以建构。

作为硬法的刑法典和单行刑法在刑事法律治理过程中,基于其"硬"的属性,也就彰显出了不同于软法和民间法的治理效果。正如我国《刑法》第2条的规定:"中华人民共和国刑法的任务,是用刑罚同一切犯罪行为作斗争,以保卫国家安全,保卫人民民主专政的政权和社会主义制度,保护国有财产和劳动群众集体所有的财产,保护公民私人所有的财

① [日]大塚仁:《刑罚概说(总论)》,冯军译,中国人民大学出版社2003年版,第21~22页。

产,保护公民的人身权利、民主权利和其他权利,维护社会秩序、经济秩序,保障社会主义建设事业的顺利进行。”由此可见,在维护刑法谦抑性的前提下,刑法所保护的法益涵盖人身、经济秩序、财产、婚姻家庭、社会秩序等各个方面,同时,基于其制裁手段的严厉性,其所能发挥出来的行为规制、法益保护和人权保障等机能也都是软法和民间法所不能比拟的。因此,当我们将刑法作为一个整体来评价其对社会系统所具有的效用时,我们会发现,作为硬法的刑法典和单行刑法在社会治理中至少具有如下积极效能:

第一,行为规制功能。刑法借助禁止性或命令性的罪刑规范,明确设置了国民行动的基本框架,使国民能够清楚地认识自身行为的性质,明确行为的界限,从而形成守法意识。同时,刑法也通过明确犯罪认定和刑罚适用的标准,为司法人员的司法行为提供行动指南,使之能够完成罪与非罪、此罪与彼罪、轻罪与重罪的区分。正如日本学者木村龟二所言:“国家用法律规定犯罪与刑罚的关系,也是向公民发布保护法益的命令,要求公民的意志不能背离国家保护法益的意志,反映保护法益的要求,不可侵害或者威胁法益,也就是说,不应产生实施违法行为的犯意。要求公民的意志抑制犯罪的决定,就是意思决定机能。”①

第二,法益保护功能。刑法在社会管理活动中之所以有效,最为基础的条件在于其能借助最为严厉的刑罚手段对犯罪直接施以打击,从而完成对社会经济基础与上层建筑所体现的重要法益的保护,恢复被犯罪所侵害的社会秩序。正如日本学者大塚仁所言:“刑法规范并非是像其他法律规范一样仅仅保护社会伦理的、道德的、宗教的秩序。刑法规范对于我们作为独立的人格者进行社会生活和社会活动所不可缺少的重要的生活利益予以保护。例如,将侵害人的生命的行为类型化并规定为犯罪,并对这些行为规定一定的刑罚。换言之,通过对违法行为作出以国家的消极的评价为内容的规范的、明确的评价,以达到保护这种法益的目的。”②

第三,人权保障功能。刑罚权作为一个国家最具暴力性和工具性的权力,必须给予慎重的对待,以免其沦为侵犯人权之武器。因此,成文的

---

① ［日］木村龟二:《刑法学词典》,顾肖荣等译,上海翻译出版公司1992年版,第10页。

② ［日］大塚仁:《刑罚概说(总论)》,冯军译,中国人民大学出版社2003年版,第39页。

刑法典与单行刑法总是预先在其文本中完成罪刑规范的设置，国家的刑罚权基于罪刑法定原则之要求，也仅能在这一范围内发动，但凡未能预先制定的国家规范评价之外的否定评价都不能适用于国民，由此既能有效避免国家刑罚权的滥用，也能有效保障善良国民包括犯罪人的自由。正如日本学者西原春夫所言："刑法还有保障机能，即行使保护犯罪行为者的权利及利益，避免因国家权力的滥用而使其受害的机能。对司法有关者来说，刑法作为一种制裁的规范是妥当的，这就意味着当一定的条件具备时，才可命令实施科刑，同时当其条件不具备时，就禁止科刑。从这一点看，可以说刑法是无用的，是一种为不处罚人而设立的规范。人们之所以把刑法称为犯人的大宪章，其原因就在此。"①

3. 关于刑事软法之治

在讨论软法在社会管理尤其是刑事法律治理中的效能之前，有必要先对硬法和软法进行区分，从而进一步细化软法之治的范围。理论上一般认为硬法与软法之间的区别有以下几点：其一，硬法由国家强制力保证实施；软法的实施主要依靠利益引导、自我规制、舆论压力、道德力量等，不能直接运用国家强制力。其二，硬法的制定要遵循法定程序，刚性十足；软法的创制则富有弹性、渠道多元，不同类型的软法规范可以源于约定、协商、确认、认可等方式。其三，硬法的法律位阶很明显，以宪法为基准形成一个效力递减的位阶体系，如法律、法规、规章等；软法的法律位阶则不明显，如不同行业协会针对同一事项规定的行业标准的位阶就不相上下。其四，在硬法制定和实施过程中，公众参与的程度有限，在参与中也难以做到与行政机关在法律地位上的真正平等；而在软法的形成过程中，行政机关与社会组织乃至公民个体在同等的地位上进行沟通和协商，共同形成规则，具有更高程度的民主协商性。其五，硬法集中体现为对国家意志的反映；软法虽然也要反映国家意志，但是不限于国家意志，而更为侧重于反映广泛的其他共同体的共同意志。②

通过区分硬法与软法，我们会发现，软法作为法规范体系中的一个特定部分，其并不具有相异于法规范体系的效力，它同样是被社会成员认同

---

① ［日］西原春夫：《刑法的根基与哲学》，顾肖荣等译，法律出版社2004年版，第45～46页。

② 罗豪才等：《软法与公共治理》，北京大学出版社2006年版，第7～9页。

与肯定并作为行为指南的一种利益导向机制，只是“其实施不依赖于国家的强制力保障，而是主要依靠成员自觉、共同体的制度约束、社会舆论、利益驱动”。[①] 所以，软法与硬法一样都能够满足社会管理中规范和调整社会关系的需要，但由于硬法受制于程序的繁复性、反应的滞后性和文字的明确性，因此并不总是能及时回应社会发展的需要，加之一些领域不能也不宜通过制定硬法进行调整，故需要一种既能代表公意，又能兼具灵活性的软法规范来填补社会管理中的空白与模糊地带。在刑事法律治理中还应考虑到，由于硬法本身所具有的绝对强制性和严厉性，其并未提供一种可供民主协商或公共参与的空间，自然也就可能导致社会管理中的对抗与冲突，增加法治和社会发展的成本，为此，我们也需要一种更为温和的软法来为硬法设置一个缓冲地带。由此，也就为发现刑事法律治理中的软法提供了一个线索。

那么，作为软法的刑事政策，基于其和刑法所具有的共生性价值目标及其宏观、全面、灵活等个性特点，在刑事法律治理中，也将发挥以下积极效能：

第一，整合功能。刑事政策具有对刑事类措施与非刑事类措施予以系统整合的作用。刑事政策作为社会公共政策的一个有机组成部分，其基本功能就是可以通过整合刑事类措施与非刑事类措施来维护秩序，同时协调秩序与自由（以及效率和公正）的关系。[②] 这种整合功能的典型事例就是我国现阶段所奉行的社会治安综合治理刑事政策（方针）与宽严相济的刑事政策。

第二，导向功能。刑事政策基于其对刑事法律治理所形成的符合客观规律的认识，能够促进社会整体观念的形成，并进而对刑事立法与修正发挥指导作用。正如梁根林教授所言：“惟有统一政治国家和市民社会对如何合理而有效地组织反犯罪斗争的思想认识，才能形成反犯罪斗争的合力，协调一致地组织对犯罪的斗争。现代刑事政策根据对犯罪与反犯罪斗争规律的科学认识，在民主、法治的价值准则的基础上，合理而有效地确定反犯罪斗争的战略、方针、方法和艺术等。不仅可以明确反犯罪斗

① 罗豪才：《公共治理的崛起呼唤软法之治》，载《新华文摘》2009年第7期。

② 魏东主编：《刑事政策学》，四川大学出版社2011年版，第42页。

争的目标,指导反犯罪斗争的行动,而且可以统一政治国家和市民社会反犯罪斗争的思想认识和价值观念,使政治国家和市民社会的各个方面、各个阶段、各个领域、不同内容的反犯罪斗争建立在统一的科学合理的思想认识和价值观念基础之上,从而有助于形成反犯罪斗争的整体合力。"①

第三,调配功能。正如前文所述,由于观念、条件或其他原因的限制,以及社会的快速发展,对一些内容,法律没有规定或规定的不完善,但是司法实践中又经常遇到此类问题。对于这种由于立法滞后所衍生的问题,就可以通过发挥刑事政策的导向功能来予以调节和弥补。例如在对未成年人犯罪的处理上,我国"教育、感化、挽救"、"教育为主、惩罚为辅"和"尽量减少司法干预,尽量避免关押"等刑事政策就有助于避免重刑的滥用。此外,由于刑法相对稳定,而具体案件则千姿百态,出现的法律问题也是各种各样,对有些法律没有明确规定而又极具争议的问题的处理,也可以借助刑事政策来予以辅助,为立法解释或司法解释提供指导。②因此,刑事政策在刑事法律治理过程中可以对防控犯罪活动进行有效调整。理论上一般也从内部和外部两个层面对刑事政策的调配功能有所概括,如严励教授认为:"内部调整是刑事政策对刑事法律资源的调整。具体状况是指能够依照刑事法律的规定,通过对刑事立法资源、刑事司法资源、刑事执行资源的合力配置,达到刑事资源效益的最大化、最优化。外部调整是刑事政策对刑事社会资源的调整。具体说就是对于刑罚和非刑罚方法以外的可用以防控犯罪的一切社会资源进行合理配置,以达到行使社会资源效益的最大化、最优化。"③

4. 关于刑事民间法之治

只需简单考察中国社会治理的历史,我们便会发现"在中国古代社会,国家法不但不是全部社会秩序的基础,甚至也不包括当时和后来其他一些社会的法律中最重要的部分。这并不意味着某种'秩序真空'的存在,在国家法所不及和不足的地方,生长出另一种秩序,另一种法律;甚至,它们是比国家法更真实而且在某些方面也重要的那一部分"。④ 可以

---

① 梁根林:《刑事政策:立场与范畴》,法律出版社 2005 年版,第 89 ~ 90 页。
② 卢建平:《刑事政策与刑法关系论纲》,载《法治研究》2011 年第 5 期。
③ 严励:《刑事政策功能的科学界定和运行》,载《华东政法大学学报》2010 年第 6 期。
④ 梁治平:《清代习惯法:社会与国家》,中国政法大学出版社 1996 年版,第 31 ~ 32、35 页。

说,“不是法律派生了人们的日常生活,而是日常生活和主体交往关系决定了法律的内容和面向”。[①] 因为国家法与现实生活之间总是保持着天然的一致性,国家法反映了一个较大范围、较多群体长期形成的社会习俗和内化了的社会心理,只是由于国家赋予了这些习惯、禁忌、风俗等以强制性和权威性,从而使之具备了国家法的面相。事实上,正如梁治平先生所言,“受乡村司法资源配置的局限,国家正式司法制度供给不足抑制了民间对正式法律的需求,同时也使政府不得不更多地依赖于民间调解来解决所谓民间纠纷”。[②] 所以,“在中国,广阔的地域内存在着多种多样的法主体,实际上远远超出了通常仅意味着中央政权的中国法的主体……与夷狄蛮戎相区别、维持法的主体性的边疆各民族的固有法,实际上都是活的中国法整体的构成变数”。[③] 于是,涉及民间社会的物权、债权、婚姻、家庭乃至刑事等多个方面,都可能存在一种衍生于社会并为社会所广泛接受的纠纷解决规则——民间法。

必须注意的是,与硬法、软法效力范围的普遍性相比,民间法仅是一种“地方性知识”,一般仅发生在乡村、家族、民族、行业或宗教教派等特定地区、特定人群、特定民族和特定场合。“‘一方水土,一方人。’在人类学家看来,这句话表达了一个深刻的道理:作为整体社会现象的组成部分,亲属制度、经济、政治和宗教与他们存在和起作用的地方,构成了一个难以相互分割的体系,这个体系由周而复始的年度周期维系……人就是社会,社会就是风俗。‘社会’是由一个民族、一个地区、一个地方的风俗和习惯构成的,处理人与人之间、团体与团体之间、阶层与阶层之间关系的文化机制,也是人们想象的世界与现实的世界互为对应的文化机制。”[④]这也就决定了民间法区别于硬法与软法的表现形式,其“既有通过长期的、自发的文化积累而形成的习惯法,也有通过人们主动合作而制定的乡规民约、企事业单位章程、规则,还有行业、协会的习惯、标准和章程,

① 谢晖:《日常生活批判与法学研究》,载《光明日报》2006 年 2 月 14 日。

② 梁治平:《乡土社会中的法律秩序》,载王铭铭等编:《乡土社会的秩序、公正与权威》,中国政法大学出版社 1997 年版,第 431 页。

③ [日]千叶正士:《法律多元——从日本法律迈向一般理论》,强世功等译,中国政法大学出版社 1997 年版,第 250 页。

④ 王铭铭:《人类学是什么》,北京大学出版社 2002 年版,第 118 ~ 119 页。

更有不同民族所信仰的宗教规范等……总的说来,民间法的基本特点,是以情感原则为先导的,利益原则必须从属于情感要求,或者是情感下的利益规范。如藏族的'赔命价'制度,苗族的罚'三个100'制度,羌族的'议话坪'制度,汉族的'起誓'制度等,都是直接关涉纠纷解决的民间法"。[①] 具体到刑事民间法领域,则当事人协商解决、第三人主持的调解以及民族习惯法等都是刑事民间法的具体表现形式。事实上,在轻微刑事案件中,我国也从未否定过具有形式合法性的私力救济形式的存在合理性,例如在刑事自诉案件中,国家便采取放任性调整的方式,将案件的处分权交由被害人行使,允许当事人通过协商或调解来解决争端、化解矛盾。而对于严重暴力犯罪,由于法律采取禁止性的调整方式,涉及的是公权力的运行,则除经宪法和刑法授权的少数民族地区习惯法以外,应排斥其他形式的民间法的适用,否则无疑构成了对国家公诉权的公然对抗,造成实质的不合法。

就社会治理效果来看,"在中国的法治追求中,也许最重要的并不是复制西方的法律制度,而是重视中国社会中的那些起作用的,也许并不起眼的习惯、惯例,注重经过人们反复博弈而证明有效有用的法律制度,否则的话,正式的法律就会被规避、无效,而且可能给社会秩序和文化带来灾难性的破坏"。[②] 因此,作为一种既能反映乡土基层社会的文化背景和特殊需求,又能解决硬法在基层司法实践中国家法供给不足问题的民间法,对于社会治理之意义尽可不言而喻:

第一,社会治理的便捷性、经济性。在现代社会中,实施单一的硬法之治就意味着获取与确认社会控制的必要信息都必须经由严格的程序,自然也就伴随着相关成本的产生。"就法律的机会成本来说,如果选用国家法来规制,那就意味着放弃用风俗、惯例等民间法之类的其他社会控制规范对某种关系调整的机会。这样,由于存在法律的机会成本,因而即使国家法在乡土社会确实存在,但也并不意味着就一定是人们的最优规范或最优行为选择。当人们按国家法要求安排自己的行动时,就意味着失去了按照民间法行为的某种机会收益,也就承担了相应的机会成本。所

---

① 谢晖:《论民间法与纠纷解决》,载《法律科学(西北政法大学学报)》2011年第6期。

② 苏力:《法治及其本土资源》,中国政法大学出版社1996年版,第36页。

以，这个时候一旦有在多种调整方式中进行选择的可能，他们大都会因运用国家法的不经济等因素，而在自由的知识体系中选择自认最为有利的民间法……因而，在不严重违反国家法（强制性规范）的前提下，从法律的经济分析角度考虑，为了寻求可能更合理的、民众自愿遵循的社会调控方式，节约总体社会成本（包括国家司法成本，也包括民众的行为成本），在处理乡土基层社会间的纷争等问题上，国家可以在一定程度上准许乡民自主选择是适用国家法还是民间法。”①应该说，民间法作为一种非正式的纠纷解决方式，在处理一般的治安纠纷和轻微的刑事犯罪等方面，由于其对纠纷的解决方式更贴近于特定人群的理解，其常识化的运作程序也更为简便，能够在情、理、法之间以一种非对抗的方式缓和当事人之间的矛盾与冲突，故在降低诉讼成本额、维系利益关系和达致法律目的等方面会更为有效。

第二，有助于维系乡土社会的正义观。生活中的正义是具体的，法国思想家帕斯卡尔认为：“所有的正义或不正义都在随着气候而改变其性质。三个纬度就颠倒所有的法理学，一个经度决定真理，根本大法频频改变。法有其自身的时代。以一条河或一座山来划界是多么可笑的正义。在比利牛斯山这边的是真理，而在另一边的却是谬误。”②在中国社会，接受了“普世价值”的公共知识分子和坚持本土判断的社会公众对正义的判断会有所不同，我们不可能妄想用一个内容上符合法条描述、形式上最为接近“真理”的正义观来“绑架”全体国民的意识，社会公众自有其日常生活逻辑，他们的正义观不关乎法条也不关乎书本，而是来源于传统与生活，这种正义观更为微观、具体，但和现代法治所追求的正义却并不冲突。

第三，能够弥补硬法不足。民间法作为社会生活的调整方式，传承、整合了中华数千年的法律文明，能够具体地影响人们的思想和行动，同时，由于民间法能够伴随社会生活的变化在特定社会关系网络成员、特定地域形成灵活的纠纷解决规则，因此，能够弥补硬法在某些领域实施和制裁效力低下的不足。转型期的中国，“人们对‘法’的信仰远远没有达到

---

① 吴大华、郑志、王飞：《试析民间法的存在合理与国家法的立法完善——以法律多元的文化背景为视角》，载《西南民族大学学报（人文社会科学版）》2010年第2期。

② 转引自贺卫方：《超越比利牛斯山》，载《比较法研究》1992年第1期。

法治社会所应有的高度，反而对世俗的‘礼’有着极度的崇拜；在乡土农村，这样一个低头不见抬头见的‘熟人社会’，发生矛盾时首先想到的不是找‘哪部法律’来解决，而是找‘哪个人’、‘哪个组织’来解决”。[①] 由此可见，“在乡土社会，司法实践一刻也离不开对民间法这种‘法外规则’的依赖，尤其在基层司法实践中，司法机关在依法办事的同时，往往会考虑到案件的实际效果、用法的成本以及社会稳定和民众舆论等因素，如果没有这种法外因素对国家法的解读与变通，基层司法将会步履维艰”。[②]

（二）“刑法三层次规范体系”之新诠释

1. 软化形式、硬化实质——软法与民间法的法律性论证

（1）刑事软法的法律性证成

前文已提到，笔者所设定的刑事法律治理中的软法即刑事政策，之所以赋予刑事政策以法的外观，主要是基于以下理由：其一，刑事政策具有政治性与公共性，即体现了公意。“作为社会公共政策的刑事政策是国家公共权力运行和国家政治系统运行的具体体现，必然服从和服务于公共权力和政治系统的意志、利益、任务和目标……同时，社会公共政策作为政治系统和公共权力进行社会公共管理、维护社会公正、协调社会公众利益、确定社会稳定发展的基本手段，也必然具有公共性，即它立足于整个社会发展，从全社会绝大多数人的公共利益出发来制定和实施各种方略。”[③]其二，刑事政策具有规范性。这种规范性表现为刑事政策的制定和实施都必须经过合法程序并采取合法的形式予以呈现，而不能只是一种口头上的命令或内心的一种态度，这就要求制定刑事政策的政治系统、政策主体本身首先具备身份上的合法性，与此同时，其所实施的行为也必须符合宪法和法律的基本规定，以避免随意表述所可能产生的误解，以及任意性的内容所可能导致的对秩序、自由、效率和公正等价值的破坏。其三，刑事政策具有国家强制性。显然，当政策取得一个合法的外观过后，接下来便面临着如何有效贯彻从而实现政策目标的问题，此时，就必须依靠国家强制力的辅助，从而完成对具备差异性和多层次性的社会公众利

---

① 董海龙：《论民间法的特性及其于社会治理的意义——以民间法的社会正效应为视域》，载《吉林省教育学院学报》2010 年第 1 期。

② 孙宁光：《民间法源的权威：基于判决的可接受性》，载《宁夏社会科学》2011 年第 1 期。

③ 魏东主编：《刑事政策学》，四川大学出版社 2011 年版，第 34 页。

益的平衡与协调,这种强制性,在利益受损者包括既得利益受损者身上表现得尤为明显。

而将刑事政策界定为软法,主要是基于其所具有区别于硬法的以下特性:第一,刑事政策是一种指导规则而非裁判规则。刑事政策的载体通常为党或国家的文件,政府的决议、指示,党和政府领导人的报告、讲话等,内容比较笼统,一般为方针、原则性的指示,并以其所蕴含的对犯罪的宏观预防、控制和惩治的价值取向来影响刑事法律的制作与运行。“根据系统论原理,刑事政策是针对犯罪现象所确立的一系列自成体系的犯罪防控对策系统,而刑事法律对策系统相对于刑事政策系统具有局域性、从属性,刑事法律系统必然隶属于、服从于刑事政策系统,在系统层次位阶上被刑事政策系统所支配和配合。因此,刑事法律在确定犯罪防控对策体系时,必然以刑事政策为依据和指导,来具体设计一系列刑事法律原则、制度、方法和体系;在适用刑事法律的过程中,也必然以刑事政策为依据和指导,来具体适用刑事法律原则,执行刑事法律制度和措施。”[①]这就决定了作为宏观战略的刑事政策不可能和刑法这种裁判规则一样以具体的犯罪行为、法律后果、刑罚裁量等为基本内容,司法者和守法者也不可能单纯根据刑事政策来完成对犯罪的认定和裁判。作为一种指导规则,刑事政策拥有更高的眼界,它不会局限于现行或过去的刑法条文本身,而是一个对整个刑事法律规范都能产生效用的前瞻性指导,故相对于刑法的“实然”,刑事政策更强调一种“应然”。第二,刑事政策的决策主体非刑事立法主体。刑事政策的决策主体是代表国家权力的公共机构,即政府、权力机关和司法机关,它们虽都能代表国家,但却不全然都是刑事立法的主体。例如在我国,作为执政党的中国共产党既非权力机关,也非国家机构,但在中国公共政策决策中占据着领导地位,这是宪法所确认的,也为政策学者所公认。[②] 因此,相较于刑法,刑事政策在决策过程中具有更强的包容性,其并不必然为国家权力所垄断。我们甚至会发现,社会力量在其形成过程中也扮演着十分重要的角色。“在现代刑事政策的决策过程中,社会组织和经济组织乃至某些个人都会通过一定的渠道或途径

---

① 魏东:《论广义刑事政策的基本内涵》,载《清华法学》2011 年第 2 期。

② 何秉松:《刑事政策学》,群众出版社 2002 年版,第 40 页。

对决策者形成某种影响，有的甚至于形成利益集团，间接地参与到制定刑事政策的‘权力游戏’之中。”①可见，相较于刑法，刑事政策在决策过程中所具有的民主性、协商性会更高。第三，刑事政策的强制性更为缓和。刑事政策的运行所依赖的国家强制力量，并不限于刑罚手段，也不限于与刑罚相关联的手段如保安处分等，而是包括预防、控制和惩治犯罪的一切手段，以及对待犯罪嫌疑人和犯罪人、改善犯罪被害人处境的相应手段。②这种强制性是基于其公共意志性而产生，也主要依靠宣传教育等方式来予以实施，所以刑事政策所内含的强制性较刑法而言，要温和得多。第四，刑事政策的灵活性更强。显然，经由法定程序固定的刑法，其稳定性较强，为保障国民预测可能性和行为习惯，其不可能朝令夕改，这也就决定了刑法所具有的天然的滞后性。而刑事政策由于缺乏严格的规范性，故可以根据形势的发展变化及时做出调整和应对，能够较好地适应社会、政治、经济、文化等条件的变化，自然，也就能在一定程度上弥补刑法的僵化性不足。通过上述比较，我们可以发现，将刑事政策界定为刑法规范体系中的软法，是具有合理性的。

（2）刑事民间法的法律性证成

民间法不同于一般的风俗习惯，其有着相对确定的行为模式和规范内容，从谱系学意义上来说，民间法与硬法、软法属于同一家族，具有亲缘性，正如于语和教授对民间法所进行的定义，“它是某一特定社区内，在人们长期生产、生活过程中约定俗成的，用以划分人们的权利义务和调解各类纠纷，并且具有强制性、权威性、规范性和一定约束力的行为规范”。③笔者拟就该几项特征依次进行论证：

第一，民间法具有强制性。相较于硬法藉由国家暴力机器所体现出的强制性，民间法作为一种体现普通民众文化的非正式规范，亦不排斥其作为法规范所具有的强制性效果。事实上，民间法在实际运行过程中，始终伴随着一种类似于硬法的强制性，只是这种强制性效力的表现更为复杂和多元，如内心确信、社会舆论、经济制裁和人身强制等，但这种强制却

① 何秉松：《刑事政策学》，群众出版社 2002 年版，第 40 页。
② 刘仁文：《论刑事政策的概念与范围》，载《中国人民公安大学学报》2005 年第 1 期。
③ 于语和：《民间法》，复旦大学出版社 2008 年版，第 23 页。

如硬法一般能够长久而稳定地支配人心，约束和规范人们的行为。正如马克斯·韦伯所言："作为习惯法的规范，其效力很大程度上依赖于一种类似的强制性实施机制，尽管这种效力来自同意，而不是制定；习惯则不以任何强制性机制为特征。这种强制性机制是只有一部分相对确定地担负着运用物理或心理手段实施强制力的特别任务。"[①]当我们将民间法纳入刑法规范体系的一级时，我们会发现民间法中也存在类似于刑事硬法的制裁措施。例如广西瑶族对盗窃猪牛等贵重财物的行为人所实施的"沉塘毙命"，[②]就是一种一般意义上仅能存在于刑事硬法之中的生命刑。

第二，民间法具有权威性。"国家法有强制性，当其实施遭遇阻碍时，可以通过国家强制力保障其得以实施。民间法的运行没有外在强制力的保障，主要靠相关主体对该规则的普遍认可，它的实施靠的是一种情感、良心的心理认同和利益价值、利益取向的共同性以及社会舆论，重视运用'调解'的手段解决纠纷。因此，民间法在乡土社会中有着巨大的、高度的稳定性、延续性、群体认同性和权威性，它事实上成为了乡土社会中更为常见、更有实效的准法律形式。"[③]

第三，民间法具有规范性。"民间法是一定区域的特定人群在其长期的生产、生活过程中，自然形成或逐渐养成的为其成员所默认、遵守并具有约束力的行为方式和生活准则，它不是依靠自上而下的灌输和强制习得的，对于在民间法规制下的社会角色深入人心，因而民间法发挥着确定有效的指引作用。"[④]此外，作为一种在特定人群、特定区域中得以传承、沿袭和共享的规则，民间法虽不以条文的形式表达其主旨与内涵，却通过习惯塑造、文化养成和心理影响等方式，明确表达了其对法与不法的基本立场，并能借助于心理或生理强制手段的保障，完成对行为的判断、衡量。因此，社会中的惯例、风俗等社会规范，一旦开始在特定环境中发挥告知、指引、评价、预测、教育等作用时，其所具有的规范性也就开始逐渐得以形

---

① ［德］马克斯·韦伯：《论经济与社会中的法律》，张乃根译，中国大百科全书出版社 1998 年版，第 21 页。

② 广西龙胜杨梅瑶族 1917 年的乡约规定："凡盗窃猪牛、谷仓、撬壁雕墙拿获者，鸣团或割耳刁目，或沉塘毙命。"高其才：《瑶族习惯法》，清华大学出版社 2008 年版，第 327 页。

③ 司春燕：《城乡一体化进程中国家法与民间法的冲突与协调》，载《前沿》2010 年第 7 期。

④ 于语和、张殿军：《民间法的限度》，载《河北法学》2009 年第 3 期。

成,并有可能发展成为法治的一个构成性部分。

或许有人会质疑,认为将民间法纳入刑事法律规范体系可能导致与罪刑法定原则之间的冲突,因为罪刑法定原则形式的侧面强调法律主义,故一般认为“习惯通常缺乏明确表达,人们难以据此预测自己的行为性质与后果;习惯法通常适用于狭窄限定的各类人和关系范畴而不是极其普遍的各阶段,因此不具一般性;习惯法也不可能被归纳为一套规则,使之法典化则意味着令其面目全非”。① 应该说,在一个一元的规则体系范畴内,单一的硬法之治是一个当然意义上的结论,然而,在一个多元混合的治理模式下,我们会发现,软法、民间法同样符合罪刑法定原则民主主义的要求。事实上,“即使在刑事法律中因为构成要件的开放性,也为司法中根据习惯法进行刑法解释提供了机遇,这并不构成对罪刑法定原则的违背。比如,在对‘猥亵行为’的理解上,‘猥亵’一词的含义就必须参照当时当地的社会风俗与习惯规则加以确定。猥亵是一种对社会健全的性风俗和习惯的侵犯,因此有害于普通人正常的性羞耻心,并违背了善良的性道义观念。然而,何为猥亵,在不同时期、不同地域、不同民族可能会有相当悬殊的理解。公然接吻的行为在现代西方国家或者汉族地区一般不认为是猥亵行为,而在有些少数民族地区,如藏族地区,便是一种相当严重的伤害风化的行为”。②

2. 多元“制序”——刑法规范混合治理的基本形态

“在司法实践中,国家制定法不可能以一种全面、详尽的规范体系统领司法所有事务——这种自足的能力只是一种想象而已,因为法律自身的模糊、滞后或者空缺结构始终存在。因此,司法不可能一味是被动、保守的,适度的能动与开放是不可避免的。”③“一直以来,我国都采取权威推进的方式引导法治,这种方式在没有现代法治传统的我国确有其必要性,但是权威推进有可能会使法治只偏重于少数权威的偏好,而忽略甚至放弃了民众的感情,甚至出现迫使社会现实回应法律,而不是使法律以社会为基础的现象。社会现实是具体的和复杂的,它使得权威引导的国家

① [美]昂格尔:《现代社会中的法律》,吴玉章、周汉华译,中国政法大学出版社 1994 年版,第 44 页。

② 杜宇:《重拾一种被放逐的知识传统》,北京大学出版社 2002 年版,第 202 页。

③ 张晓萍:《民间法司法运用的价值》,载《湖南公安高等专科学校学报》2010 年第 3 期。

法很难能够全面地回应社会。”[①]“在对纠纷认知的背景下，法官不可能无视个案的特殊性，而一味地迁就于国家制定法律制度所建构的一般性的规范体系，因为它不仅缺乏具体的考量，更为重要的是它有可能将人们享有的权利的范围缩小到不合理的程度——因为国家制定法律制度的刚性与时滞性使然，致使存在已久的习惯权利或者由于社会发展而产生的新的习惯权利尚未获得立法的明确保护。”[②]“法律绝不可能发布一种既约束所有人同时又对每一个人都是最有利的命令……人之个性的差异，人的活动的多样性，人类事务无止境的变化，使得人们无论拥有什么技术都无法制定出在任何时候可以绝对适用于各种问题的规则。”[③]因此，为了弥补硬法对权利保障的不足，软法和民间法进入刑事法律规范体系也就成为了必然。事实上，从社会意义而言，我国的刑事法律规范体系也不可能只有一个中心，因为多元化的社会能够并且实际上允许其他自我管理和自我约束的规范形式存在，在政治组织化的社会中，法律也不会仅限于刑法典和单行刑法一种形式，社会大环境中的刑事政策、地方的民间法都是整个刑事规范体系中的一环。从社会治理效果而言，“在制定法上注意研究并及时采纳习惯，不仅可以弥补制定法必定会存在的种种不足和疏忽，以及由于社会变化而带来的过于严密细致的法律而可能带来的僵化；更重要的是，吸纳习惯也是保持制定法富有生命力，使之与社会保持‘地气’，尊重人民的首创精神的一种不可缺少的渠道”。[④]

当然，允许一种多元混合的刑事法律治理模式的存在并不意味着刑事软法、民间法可以替代刑事硬法或是具有和刑事硬法同等的适用价值。正如笔者前文所言，刑事软法、民间法是一种既存的现实，在转型期的中国，我们对这样一种规范形式实现的是一种“发现”，而非“创造”，也就是说，我们是因为刑事软法和民间法具有法律特性和社会治理效果而容许它们在特定的社会发展阶段生存，但并不意味着我们鼓励和提倡依赖一种“非正统”的社会治理模式替代经过科学检验、体现普世价值、系统而

---

① 唐艳秋、孙晔：《试论民间法的司法进入》，载《政法论丛》2007年第2期。

② 张晓萍：《民间法司法运用的价值》，载《湖南公安高等专科学校学报》2010年第3期。

③ ［美］E. 博登海默：《法理学——法哲学及其方法》，邓正来、姬敬武译，华夏出版社1987年版，第8页。

④ 苏力：《当代中国法律中的习惯——一个制定法的透视》，载《法学评论》2001年第3期。

规范的刑事硬法。单以刑事民间法为例，“民间规范，要么是自生自发地产生于一定失控范围内公民的交往行为中，要么是一个较小的社区、行业、单位内产生的适合于该社区、行业或单位的规则。尽管有时候它也不免具有复杂性、专业性，甚至高级性，但和国家法相比较，以及和一定时空、一定领域内人们的知识结构相比较，又是简单的、常识的和初级的”。[①] “民间规范尽管对群体内部成员来说是人人皆知的行为准则，但对外部成员来说，却是陌生且难以认知的，因此往往会导致不同群体成员间的交往困难，甚至会造成摩擦与冲突。”[②]故而，就刑事硬法、软法和民间法三者之间的关系来看，刑事硬法在适用上始终具有不可替代的优先价值，软法和民间法则多是因其具有的便捷、经济等治理优势用以补强或补足硬法。随着硬法的逐步发展完善，当刑事硬法取得了和软法、民间法相同的治理效果，甚至能够形成更具优势的治理效果时，刑事软法和民间法的生存空间必将进一步地限缩，要么会为刑事硬法所取代，要么会在内容上与刑事硬法趋同，仅仅是以一种变通的规范表现形式的样态生存。正如有论者所分析的那样：“人们选择法律还是民间规范来实现合作与纠纷解决，取决于这两种规范的不同收益结构。如果法律能够提供更好的服务，就会逐步代替民间规范成为人们合作的首选规范；反之若法律没有效率，人们就更倾向于采用内部规范解决问题。”[③]就现实来看，目前国内既存的一些刑事民间法也确实在发生一种定位上的转型，开始从公权力的替代性措施演变为公权力的补充性手段。例如，瑞丽市经济合作区团结村委会芒沙村民小组的村规民约《公告》第1条规定：“上门的姑爷和嫁进本村的媳妇，不准吸毒、买卖毒品，一旦经公安机关证实，并出具证明的，本村有权力，赶他（她）们回原籍，并注销在本村户口，收回他（她）们应得的耕地等。”[④]又如《广西金秀六巷村村规民约》第10条规定：“防火护林人人有责，今后群众凡在生产上、生活上用火，坚决执行‘五不烧’的

---

① 谢晖：《论民间法与纠纷解决》，载《法律科学（西北政法大学学报）》2011年第6期。

② 张伟强：《论民间法的能与不能》，载谢晖、陈金钊主编：《民间法》（第8卷），山东人民出版社2009年版，第82页。

③ 张伟强：《论民间法的能与不能》，载谢晖、陈金钊主编：《民间法》（第8卷），山东人民出版社2009年版，第84页。

④ 田成有：《乡土社会中的民间法》，法律出版社2005年版，第169页。

原则,违者引起火灾轻者毁什么林要造回什么林,还要其护理3年后归集体或个人所有,重者按国家森林法征(惩)办。”①

（三）“刑法三层次规范体系”与刑法解释的保守性

“每一个法规范均需要解释,即使‘表达清楚的条文’也需要解释,这是因为法条所具有的法学意义,可能与通常的理解有所不同。”②刑事硬法需要解释是一个毋庸置疑的结论,那么刑事软法、民间法是否需要解释呢? 笔者认为,讨论刑事软法与民间法是否需要解释的基本前提在于其能否被解释。显然,刑事软法与民间法并不存在硬法中的罪刑规范内容,直接将之作为刑法解释的对象不仅“不能”,也“不行”,这也是由该两类规范形式的抽象、灵活、多变等非硬法属性所决定的。以刑事软法为例,诚如陈兴良教授所言:“刑事政策在刑法教义学中作用的发挥应当以一定的教义学原理为中介,而不是生硬地直接采用刑事政策进行解释。”③从这一角度来说,刑法解释对象的文本仍然只能限定为刑法规范文本。与此同时,我们却又必须承认,在刑事软法与民间法取得(或被承认)了其规范地位过后,一个必须予以解决的问题就是对之如何适用的问题。笔者为此假设了两种路径:一为废除“软法”、“民间法”,独尊“硬法”;二为保留“软法”、“民间法”,辅助“硬法”。由前文所作论述可知,刑事软法与民间法不仅现实地存在于中国的刑事规范体系之中,也还将长期地存在其中,“废”并非一条可行的思维路径,合理的结论只能是为刑事软法、民间法设定其在适用中的功能区间,实现其与硬法的有效互动。而实现这种互动的中介就在于刑法解释,三者的区别仅在于定位的不同:硬法的定位是刑法解释的对象;而软法和民间法的定位则是硬法的辅助工具,其对于形成一个符合常识、常情、常理的解释结论将产生重要的意义。这一点与前文关于硬法、软法、民间法三者关系的定位是协调一致的,也即基于罪刑法定原则的刚性要求,硬法始终都将在解释活动中成为软法和民间法“不可逾越的藩篱”。基于此,如何将刑事软法与民间法导入刑事硬法

---

① 高其才:《瑶族习惯法》,清华大学出版社2008年版,第481页。

② [德]汉斯·海因里希·耶塞克、托马斯·魏根特:《德国刑法教科书(总论)》,徐久生译,中国法制出版社2001年版,第190页。

③ 陈兴良:《刑法教义学与刑事政策的关系:从李斯特鸿沟到罗克辛贯通——中国语境下的展开》,载《中外法学》2013年第5期。

范畴内以发挥其辅助性的解释功能，就成为理论逻辑上应当予以讨论的问题。

1. 对社会失序的应对——刑法解释目标的确定

刑法解释的目标是指解释者通过对刑法规定的解释，寻求刑法规定的意旨。[①] 刑法解释目标的确定是刑法解释理论的起点，不同的解释目标对于应对社会失序将产生不同的效果：也由此决定了秩序维护与人权保障价值孰先孰后的问题，并在国内外形成了“主观说”与“客观说”的分歧。

主观说是19世纪和20世纪初在大陆法系占支配地位的法律解释目标理论，主要为刑事古典学派所坚持，认为法律解释的目标在于“探求历史上立法者事实上的意思，亦即立法者的看法、企图与价值观”。[②] 其理由在于：第一，立法行为是立法者的意思行为，立法者通过立法表示他们的看法和企图，借助法律实现所追求的社会目的，所以在进行法律解释时应展现其目的。第二，立法者的意思是一种可以借助立法文献加以探知的历史事实。执法机关可以借助被探知的意思去审判或做出决定，从而实现法的安定性和确定性。第三，主观说认为法律只能由立法机关制定，执法机关应当依据法律裁判或决定，立法者的意思在法律适用中应起决定性的作用，这样才符合权力分立的原则。[③] 因此在对刑法进行解释时必须严格遵守立法者的意图和“射程”范围内的文本意思。早期最严格的主观解释论一定要探求立法者立法当时的立法原意，而后期温和的主观解释论则承认可以“此时立法者所意愿者”，即以其今日之立法者的意志，来取代历史上立法者的实际意志。[④] 主观说由于信奉严格的规则主义，对现实社会的发展缺乏必要的适应性，且实践中存在对立法原意如何进行探寻的难题，受到了诸多批评。

客观说目前在大陆法系基本居于通说地位，主要为刑事实证学派所

---

① 冯军、王成：《论我国刑法解释的目标与限度》，载《河北大学学报(哲学社会科学版)》2009年第6期。

② 黄茂荣：《法学方法与现代民法》，中国政法大学出版社2001年版，第265页。

③ 黄茂荣：《法学方法与现代民法》，中国政法大学出版社2001年版，第265~266页。

④ 陈兴良：《刑事司法研究——情节·判例·解释·裁量》，中国方正出版社1996年版，第327页。

支持,认为法律是社会的产物,法律解释必须符合实际的社会生活,法律只有在适应新的社会需要的情况下才能保持活力。① 其主要理由是:第一,刑法一旦制定,便与立法者脱离了联系而获得客观独立的意旨;第二,刑法的内在意旨会随社会的发展而发生变化,如固守立法者的原意,刑法将难以发挥规范社会生活的作用;第三,立法者的立法原意是不可探明的。② 因此,刑法解释的目标不在于探求历史上立法者的意思,而在于探明刑法条文客观上所表现出来的意思,即根据社会的客观需要来阐明刑法条文的含义。客观说虽解决刑法适用的灵活性、动态性和周延性等问题,但存在破坏刑法的确定性与明确性,从而有违背罪刑法定原则的风险,因此也受到了主观论者的诸多非难。

笔者认为,在刑法解释目标的确定上究竟以主观说为准还是客观说为准,应在充分考察两说的合理内核基础上予以确定,显然,主观说特别强调立法的一般公正和司法的形式公正;而客观说特别重视司法的一般公正和实质公正;二者的弊病在于主观说存在对当下的不适应问题,也即可能在现阶段适应社会转型的现实国情上出现障碍,导致部分忽视了刑法的个别公正与实质公正;而客观说则可能因为突破刑法立法文本之原意而导致对罪刑法定原则的背离或超越。尤其是在法秩序处于相对混沌状态的当下,各类规则、制度之间本就存在冲突与混乱,加之刑法解释的数量庞大冗杂,也确有大量的越权解释的现象存在,部分司法解释实际上已经彻底的突破了条文所可能具有之意蕴,甚至是在创造法。因此,如果在对刑法解释的目标确定问题上一味地坚持客观说,就有导致刑法解释活动恣意的风险,并可能导致法律控制的进一步弱化,而这对于培养国民的规则意识、维系司法的权威都是不利的。

实际上,绝对化的客观解释论本就意味着一种矛盾:一方面,为了涵盖社会生活的方方面面,就需要解释者跳脱出历史上的立法者的原意,而去探求刑法条文客观上所表现出来的意旨,以适应社会生活中涌现出来的诸多复杂现实。正所谓法律的生命在于理解、诠释与应用,法律的任务

---

① 屈铤:《刑法解释的目标选择——主观解释论之提倡》,载《云南大学学报(法学版)》2010年第4期。

② 沈琪:《寻求刑法解释的客观性》,载《枣庄师范专科学校学报》2004年第4期。

决定了法律必须与其所欲调整的行为相结合，而这一结合的过程就是法律主体理解、诠释法律的过程，法律的适用更主要的在于它是解释主体的参与过程。[①]“司法的根本目的并不在于搞清楚文字的含义是什么，而在于判定什么样的决定是比较好的，是社会可以接受的。”[②]另一方面，从作为刑法帝王原则的罪刑法定原则的基本属性来看，却又要求刑法做出一种价值偏一的选择，即更优先保障人权，以实现一般正义和增强社会安全感。实质解释论却“将公正价值置于安全价值之上，当保护社会与保障人权发生矛盾的情况下，客观解释论更注重保护社会。”[③]然而，在我国社会主义市场经济体制已然建立起来的今天，却正迫切要求一种与市民社会、市场经济相适应的个体权利发展观。在个人与社会关系上适当向个人倾斜，突出对人权价值的保障，也正是我国的法律文化传统中长期缺失和迫切需要的。[④]

在这一两难的情境之下，应如何进行抉择？笔者认为，绝对化（或激进）的客观解释主张司法入罪上的弹性与实质立场，不求立法上的最大公正，但求所谓司法上的最大公正，偏激地强调秩序维持机能带来的必然是人权保障机能的丧失。现代社会“作为主体的人为了最终保障自己的基本权利、维护人与人相处的基本社会秩序才产生了刑法。人（主体）既作为刑法的制定者，也作为刑法所规范的对象，他的需要充分蕴含和体现在刑法当中，反过来刑法的特有属性也才能够满足人类特定的需要”。[⑤]秩序维持与人权保障都应强调，但人权保障应得到尤其意义上的强调，并在这一基础之下实现秩序维持之机能。

基于这样一种思路，在刑法解释的目标问题上，我们所认同的观念就应是在入罪问题上坚持主观解释的基本立场，也即刚性化、形式化的入罪底线的原则立场，换言之，在入罪的问题上原则上不应出现逾越刑法立法

---

① 谢晖、陈金钊：《法律：诠释与应用》，上海译文出版社2002年版，第51～53页。

② 苏力：《解释的难题：对集中法律文本解释方法的追问》，载梁治平主编：《法律解释问题》，法律出版社1998年版。

③ 屈钰：《刑法解释的目标选择——主观解释论之提倡》，载《云南大学学报（法学版）》2010年第4期。

④ 冯军、王成：《论我国刑法解释的目标与限度》，载《河北大学学报（哲学社会科学版）》2009年第6期。

⑤ 陈世伟：《刑法解释的良心之维》，载《社会科学研究》2007年第3期。

文本原意和文本形式的情况。同时，基于人权保障这一基本的价值目标，在出罪的场合，则应当准许有利于被告人出罪的客观解释。当然，原则意味着不可能绝对，正如我国台湾地区学者林山田教授所言："因时过境迁，而与现阶段的公平正义、社会情状与时代精神等不相符合时，应例外地采用客观理论。"①在刑法解释活动中，立法公正的实现并不以彻底牺牲司法公正为前提，在一般意义上，立法公正与司法公正本就应是协调一致的，也即实现了立法公正也就一定能够实现司法公正，但是在个别极端的例外情况之下，个别的实质入罪也并非要予以绝对排除。"事实上，刑法之所以成为一个独立的法律部门，绝不仅因为其有惩治犯罪这一特有的功能或者有刑罚这种特殊的调整手段。……刑法以特有的社会关系——公民个人的基本权利与国家的法律秩序之间的关系——为自己特有的调整对象，才是刑法能够与其他部门法一样成为独立的法律部门的根本原因。"②这就决定了刑法所调整的对象具有利益的整体性特征，"刑法所禁止的也正是那些对国家整体法律秩序造成根本威胁或者侵害的行为，判断是否对国家整体法律秩序造成根本威胁的标志就是这种行为是否令绝大多数人都'难以忍受'，也就是说犯罪实际上就是侵犯了包括犯罪人基本人权在内的全体公民基本人权的行为。保护公民个人的基本人权（人权保障价值）与国家所保护的包括犯罪人的基本人权在内的全体公民的基本人权（社会保护功能）是完全统一的。"③这一点从我国《刑法》第1条的表述亦可得以进一步的确证，该条表明我国刑法的立法目的是"惩罚犯罪，保护人民"，显然，"惩罚犯罪"并不是刑法的目标，更不可能成为解释者的目标，该段表述的落脚点在于"保护人民"，也就是说，之所以要"惩罚犯罪"，其目的就是保护全体公民的基本人权，"惩罚犯罪"所具有的是一种手段或工具价值，脱离了人权保障，就不可能实现对社会的保护。

基于前述刑法解释目标上入罪解释的原则立场与出罪解释的常态化立场，笔者认为在刑法解释活动中应以人为中心，以促进人的全面发展为目的，主张人是目的而不是手段，保障人人享有人身、财产等方面的权利，

---

① 林山田：《刑法通论》（增订八版），台大法学院2003年版，第132～133页。

② 陈忠林：《刑法学》（上），法律出版社2006年版，第3页。

③ 陈世伟：《刑法解释的良心之维》，载《社会科学研究》2007年第3期。

从而实现社会的和谐有序。法律仅仅是实现人的目的的工具,其主要功能在于为包括社会管理者在内的人服务,因此,一方面,应坚守刚性化、形式化的入罪底线的原则立场;另一方面,也要准许有利于被告人出罪的客观解释、实质解释的常态化立场。而只有在个别的、例外的、可以限定数量的特殊情境下,才应基于满足特定的社会现实需要运用客观解释对被告人入罪。具体说来,应包括以下内容:[①]第一,在入罪的问题上,应当更新刑法解释的理念,将遵守规则作为刑法解释的刚性要求,在出罪的问题上,当严格遵守规则可能导致合法而不合理时,应当根据人权保障的理念进行矫正,以避免在实现形式正义的基础上造成实质的不正义;第二,调整刑法解释的视角,从理解人本身而不是对象本身出发,承认人的理性与非理性,关注刑法解释中的情理和公众感受,对于能够得到普遍认同、符合人权保障理念的出罪结论,应允许有利于被告人的实质解释;对于惩罚要求强烈且取得了实践与理论乃至于普通公众的共识的例外、个别且限定数量的情形,应允许进行实质的入罪解释;第三,重新确定刑法解释的主体角色,承认刑法解释主体的多元性,也即承认公众在刑法解释与适用中的主体地位,明确其在刑法解释活动中的身份正当性,尤其是在进行有利于被告人的出罪解释判断和个别的入罪解释判断上,应充分的考量公众意见和感受;第四,拓宽刑法解释的框架,不仅专注于规则本身,而且要在有利于被告人的实质的出罪解释以及个别情况下实质的入罪解释两种情形下同时将主体、社会、价值、规则与事实五要素纳入解释的框架,以更好地契合社会发展的需要;第五,确立刑法解释的新标准,以社会公众是否可以接受作为判断有利于被告人的出罪解释以及个别情况下实质的入罪解释是否合理、正确的标准;第六,探索实现多元解释主体间共识的互动机制,实现多元主体间的良性互动,在"大众话语与精英话语之间建构一个可以相互理解与对话的有益渠道"[②]。

以此为前提,在将刑事软法、民间法导入刑事硬法并将之作为解释辅助依据的过程中,该二者所能发生的效用也就得以明晰——辅助进行客

---

① 袁林:《公众认同与刑法解释范式的择向》,载《法学》2011年第5期。

② 刘星:《法律解释中的大众话语与精英话语》,载梁治平主编:《法律解释问题》,法律出版社1998年版。

观、实质判断。具体说来包括以下两个方面：其一，在坚持准许有利于被告人出罪的客观解释、实质解释的常态化立场问题上，软法和民间法将有助于对处罚必要性的判断，如在死刑的判罚问题上，有论者就曾举例说明，认为："罪状的笼统和法定量刑幅度的畸大将故意杀人罪造就成为一个名副其实的'死刑大户'，对此，在人权保障已经受到越来越多强调的今天，法官完全可以立足于现代刑事政策精神，在法定量刑幅度以内严格区分行为样态和具体情况区别量刑，严格限制死刑的适用，通过对故意杀人罪做出不同于立法意图的目的解释最大限度地降低立法弊端。"[①]此即属于运用刑事软法辅助完成出罪的客观解释的典型适例。其二，在谨慎地进行例外的、个别的且可以限定数量的客观解释与实质解释对被告人进行入罪时，软法与民间法也将成为将实质解释作为补充规则、设置限定条件的一个基本参考依据，如刑事政策的一般性要求（政策把握层面是否需要从严惩处）、社会公众的共识（如犯罪地是否存在入罪的刑事习惯）等都将成为完成入罪判断的重要知识来源。

2. 对形式优先性的维系——刑法解释限度的把握

关于刑法解释的限度，理论上一直存在犯罪定型说、法文语义说与预测可能性说三种截然不同的立场。犯罪定型说为日本学者团藤重光、大塚仁等所倡导，该说认为刑法解释的限度应局限于各条文所预想的犯罪定型的范围之内。对于构成要件的规定来说，不能够允许超越各法条预想的犯罪定型范围的解释。即便是从刑事政策的角度来看该行为如何具有处罚的适当性，但这也只是立法上的问题。[②] 立法者的意志因素决定了法律文本的词义，这不仅是立法者用他的语言符号表达的意欲类型，也是司法者能凭借这种符号去理解的东西。[③] 因此，根据该说，立法者在进行刑事立法时就预先对具体犯罪的基本结构进行了设计和归类，也即对犯罪的构成要件进行了描述。根据罪刑法定原则的要求，刑法解释限度的确定所直接关涉的就是构成要件符合性的判断问题，解释结论若未超出构成要件所定型的事实范围，就未超出刑法解释的限度；若超出了该范

---

① 周折：《刑事政策视野中的刑法目的解释》，载《中外法学》2007 年第 4 期。

② ［日］关哲夫：《论禁止类推解释与刑法解释的界限》，王充译，载陈兴良主编：《刑事法评论：二十》，北京大学出版社 2007 年版，第 367 页。

③ 张晓萍、王国龙：《论法律解释的限度》，载《学习与探索》2008 年第 6 期。

围,即便具有实质的处罚必要性,也不应解释为犯罪,否则就是一种过限的解释。

法文语义说为日本学者木村龟二等所倡导,也是德国的通说,该说认为应以语言可能的意义作为刑法解释的限度:刑法解释的限度在于法律的明文规定,扩张解释只以条文词句为形式界限,局限在由此决定的范围以内;相反,类推解释则超出法律的明文规定,甚至在法律未明文规定的领域扩充法律的精神。[①] 所谓的法文语义,不仅指法文语义的语言学意义,也不仅指法文语义的规范性意义,而是在保有法文语义核心内涵的基础上将其外延延伸至足够宽泛和抽象的地步。[②] 以此为基础,刑法解释就不再是单纯地阐明条文形式上的意义,而在于在整合法律与事实关系基础上释放出条文所可能具有的所谓真实意义,因为"法律语词不总是给出明确的指示,以致它是需要补充价值的,透气的和含糊的"。[③] "法律解释的最终目标只能是探求法律在今日法秩序的标准意义,而不是完全忽视它,如此才能确定法律在法秩序上的标准意义。"[④]因此,刑法解释的界限就不可能是仅仅依靠逻辑推演所发现的形式合理或明确的字面含义,而是随着实质合理性或法文语义的规范性意义变化而衍生出来的含义。显然,这种刑法解释限度立场较之于犯罪定型说更为抽象和宽泛,也可能导致所谓的刑法解释限度形同虚设,因为解释结论是否能够为法文语义所包容在此时并不取决于某种形式界限,而取决于解释者的解释目的、技巧、方法与途径,在一个善于挖掘字词可能含义的"能者"手中,任何可能的解释结论都属于法文语义所包容的范畴之内。

预测可能性说则为日本学者西原春夫、福田平和大谷实等所倡导。所谓国民的预测可能性,是指国民站在与官方知识相对立的国民立场,以经验和常识理性为基础,以承认规范违反说为前提,基于自身的理解而对法律规范的语言意义或法律规范所规制的行为处罚进行的有关行为相互

---

① 龚振军:《刑法解释限度新论——以日本刑法学说为主要切入点》,载《当代法学》2010年第2期。

② 龚振军:《刑法解释限度理论之关系论纲》,载《法制与社会发展》2011年第4期。

③ [德]阿图尔·考夫曼、温弗里德·哈斯莫尔:《当代法哲学和法律理论导论》,郑永流译,法律出版社2002年版,第273页。

④ [德]卡尔·拉伦茨:《法学方法论》,陈爱娥译,商务印书馆2003年版,第199页。

间类型性和价值性考量的理解意识和理解可能性。[①] 围绕这一概念，预测可能性说“认为刑法解释的限度应局限于有关行为处罚的一般国民的预测可能性的范围之内。为了回应罪刑法定主义的要求，虽然应该以从日常用语的意义上认识法条文内容的严格解释为宗旨，但是由于法律条文自身是为了实现法的价值的存在，因此，将通过法益的保护来实现社会秩序的维持以及人权保障等因素考虑在内的目的论解释对于刑法来说是必要的。……如果其内容对于一般国民来说脱离了其预测可能性的范围的时候，应该不允许这样的扩张解释。也就是说，以一般人的预测可能性为基准而允许扩张解释。对于这个立场来说，条文的日常用语的意义范围、法条文的语言的可能的范围仅具有区分扩张解释和缩小解释的意义，而对于刑法解释的限度则应以是否处于一般人的预测可能性的范围之内来进行判断”。[②] 这种立场源于人性或人本的刑法学，强调对人的自由和基本人权的保障，是否应当动用刑罚处罚犯罪，关键在于是否侵害了国民的利益（侵犯国家或社会法益的犯罪，也应还原为对国民利益的保护）。因此，刑法解释活动的根本在于一种实质的违法性判断，国民的欲求成为了刑法解释的界限。正如前文所述，刑法解释的目标应维持在人权保障这一理念基础之上，但以国民预测可能性为刑法解释界限可能导致界限的判断停留在经验与常识层面，刑法是否得到有效的维持和遵守反而成为了一个次要的问题，而这显然是一种不科学的判断。因为脱离法律文本词义的类型含义的常识理性与科学的因果法则之间始终不可能同日而语，二者之间并非一种可替换的对等关系，作为刑法解释的界限，其标准不能是一种感性的认识，而应是一种经过思维抽象和归纳分析后的一种规律性认识。

应该说，前述三种立场都有其相对合理性，但缺陷也都十分明显。笔者认为，单纯地坚持犯罪定型说忽略了犯罪的法益侵害特性，未能实现对定型内容的实质性判断；单纯的法文语义说过于宽泛和抽象，是一种对人的理性认识能力的过高估计；单纯的国民预测可能性说则将刑法解释活

---

① 龚振军：《刑法解释限度理论之关系论纲》，载《法制与社会发展》2011 年第 4 期。

② ［日］关哲夫：《论禁止类推解释与刑法解释的界限》，王充译，载陈兴良主编：《刑事法评论：二十》，北京大学出版社 2007 年版，第 369 ~ 370 页。

动局限于一种粗糙的经验判断，容易导致解释结论的主观化和多义性，在法律规则不甚明确的情况下，也会缺乏有效性。在这方面最典型的例子莫过于苏格拉底形象的变化了。"我们有色诺芬和柏拉图笔下的苏格拉底，也有斯多葛派的、怀疑论派的、神秘主义派的、唯理论派的和浪漫派的苏格拉底。它们都是完全不一样的，然而它们都不是不真实的；它们每一个都使我们看见了一个新的方面，看到了历史上的苏格拉底及其理智和道德面貌的一个独特的方面。柏拉图在苏格拉底身上看到了伟大的辩证法家和伟大的伦理导师；蒙田则看见了承认自己无知和反独断论的哲学家；施莱格尔与浪漫派哲学家们则强调苏格拉底的反讽。"①刑法解释活动亦如是。那么，应当如何确定刑法解释的限度呢？若是在解释过程中添加过多的个人见解，可能会使解释成为一种创造；而若是过分拘泥于文字的含义，则又可能使解释变为纯粹机械的文字释义。② "有时候过于公正反而成为不公正，过分拘泥于法律，很容易离开正义公道，这种刚性而绝不宽恕的公理，与正义公道当然是违背的。"③若将认识局限于前述的某一种立场，则法律的刚性与正义公道之间就始终会陷入一种矛盾的关系，立法者的能力限制与社会的发展导致犯罪定型说维持的主要是法律的刚性，法文语义说与国民预测可能性说则坚守的是一种实质上的正义与公道，如何平衡这一矛盾？

笔者的基本观念是：犯罪定型说就可操作性层面而言是最为合理的，法文语义说则最能适应社会发展变化的需要，至于国民预测可能性说，其优势就在于体现了刑法解释的人文主义或人本主义关怀，有利于保障刑法解释的实践效果。基于此，在刑法解释的限度问题上就应在对上述三种立场予以综合考量的基础上形成一种综合性的立场。刑法是以文字为基础的文本，脱离文本可能具有的含义所形成的解释结论不可能是一种正当的结论，因此，法文语义说应成为确定刑法解释限度的前提；犯罪定型是立法者所抽象出来的犯罪的一般模型，在明确了罪状文字所可能具有的含义基础上，通过将法律条文与犯罪事实纳入犯罪构成模型中进行

---

① 李云飞：《理解的张力——论文本解释的空间与限度》，载《天津社会科学》2005 年第 3 期。

② 陈金钊：《过度解释与权利的绝对化》，载《法律科学（西北政法大学学报）》2010 年第 2 期。

③ ［法］路易·若斯兰：《权利相对论》，王伯琦译，中国法制出版社 2006 年版，引论第 3 页。

比对，就能够完成行为是否构成犯罪的形式判断，并有效限制法文语义说在入罪上可能出现的实质解释倾向。而法文语义的实质判断所形成的解释结论由于受制于形式和刚性的构成要件或定型本身的封闭性特征，实际上已然回归为一种形式判断，其结论是否合理，关键就在于能否经受得住实践检验，也即国民对此能否予以接受的问题，这就需要通过实质性判断来予以完成。事实上，“我国刑法犯罪构成要件是从整体上说明行为社会危害性达到应当追究刑事责任程度的各种要件的统一，它从来都是实质的”。① 因此，犯罪的认定，往往都会最终落脚于一种实质合理性的判断，也即一种社会可接受性的判断。但是，实质的判断始终都只能以形式的合理性为前提，正如有学者所言：“文本的意义的确需要结合当下的社会现实才能衍生出来，但是过度消解文本含义的确定性和客观性必然会走上法律解释的实用主义道路。法律解释的实用主义道路将法律解释的基础建立在法官对法律文本意义的理想判断上，但在当前中国的司法裁判活动普遍存在判决理由不充分的事实背景下，实用主义的解释道路很可能会导致司法的合法化危机。”②因而，在入罪的问题上，原则上仅需通过犯罪定型说进行形式判断即可；而在有利于被告人的出罪解释以及个别情况下实质的入罪解释环节，则须同时兼顾形式判断与实质判断，基本的思维路径就是先综合运用法文语义与犯罪定型两种学说，通过法文语义进行实质解释后再由犯罪定型从形式的角度进行语义限缩，避免出现合理不合法的情况；而后在合法性的基础之上再藉由国民预测可能性从可接受性的角度进行检验。也唯有如此，规范与事实之间、司法的恣意与人权的保障之间、民间经验与科学理性之间才能够形成一种为彼此所接受的共识，从而完成界定刑法解释的限度这一任务。

回到刑事硬法、软法、民间法这一三层次规范体系问题中，不同的规范表现形式对刑法解释的限度是否存在区别性的要求呢？笔者认为，无论是作为解释对象还是作为解释辅助，这三种刑事法律规范表现形式在解释与适用过程中都存在一个设限的问题，也都应警惕越权解释的可能性，否则便都有可能导致一种人治倾向从而侵犯人权。在具体的限度问

① 刘艳红：《犯罪构成要件：形式抑或实质类型》，载《政法论坛》2008 年第 5 期。
② 冷月：《论司法裁判中法律解释的限度》，载《江海学刊》2007 年第 6 期。

题上,刑事硬法表现为成文的刑法典和单行刑法,其基本可比照前述解释限度的综合性标准确定其限度,即在确定法律条文文字含义的基础上,通过比对构成模型与犯罪事实完成形式判断,而后以国民预测可能性进行实质性检验。刑事软法主要表现为刑事政策,其表述往往抽象、简短,并不具有丰富的形式内容,如体系完整、逻辑清晰的法典,甚至可能缺乏成文的外观,其解释限度的确定往往就更依赖于实质性的判断。但这种实质性的判断也同样应受到形式判断的制约,即仍应以维系硬法的权威性为前提,因为作为刑事软法的刑事政策并非独立存在,其和具备条文外观的宪法和刑法息息相关、相辅相成,即便既有的刑事政策无法在刑法典中找到对应的参考性文字,也必然会受到宪法文本的制约,否则就不可能具有存在的合法性基础。因此,宪法文字或刑法文字就可以成为刑事软法中的形式判断基础,这些文字的语义也就构成了刑法解释在形式上的界限,在完成了“找法”这一工作过后,也就能够为犯罪的定型寻找到基本的参照物,从而完成形式判断。而国民预测可能性这一实质判断在有明确的条文的前提下更侧重于社会可接受性这一价值判断,因此仍可通过实践予以检验,这一点和刑事硬法并无实质区别。相应的,刑事软法的解释限度的确定问题也就可以迎刃而解。至于作为地方性知识的刑事民间法,由于其所规定的内容本身可能就是对刑事硬法的变通,其所调整的事项也往往具有地域性、局部性和人群的特定性,且一般都是经公权力授权的轻微刑事案件,故此时若一味地以成文的刑法典作为其形式判断的基础可能就会导致硬法与民间法之间的冲突,进而影响解释结论的社会可接受性。因此,在民间法与硬法的规定具有同一性的情况下,仍有必要通过形式判断来保证形式的优先性和刚性要求,在二者的规定呈现为不同内容时,合理的处理方式应是以实质判断,即特定区域国民的预测可能性(一般表现为群众和案件当事人息讼服判)为刑法解释的限度,在此基础上兼顾形式判断,考察解释绪论与成文法的基本理论、文字描述是否存在根本性的冲突。若无,则为适当;若有,则需再次调适以始终维持硬法在三层次规范体系当中的优先地位。

3. 对制定法规范的维持——刑法解释方法的筛选

众所周知,刑法解释的方法众多,最基本的类型包括文义解释和论理解释两种。在论理解释之下,又包括扩大解释、缩小解释、当然解释、反对解释、补正解释、体系解释、历史解释、比较解释和目的解释等多种类型。结合前述刑法解释目标和限度问题上所做的分析,刑法解释应在运用法文语义和犯罪定型理论保障形式合法性的基础上,藉由国民预测可能性保障解释结论的实质合理性。形式合法是刑法解释活动的前提,而实质合理即实现人权保障目标才是刑法解释活动的终点。也就是说,在刑法解释目标和限度等问题上,都存在思维或适用的优先性问题,那么,在刑法解释方法问题上,是否也存在适用的位阶或优先性问题?优先适用何种解释方法才有助于实现"人权保障至上"之目标,并避免可能出现的越权解释?应当注意到,"刑法解释是以刑法的目的为主导,探求刑法规范法律意义的一个思维过程,由于不同的解释方法立足于不同的价值基础,具有不同的功能,如果任由解释者随意选择解释方法,势必会得出五花八门的解释结论,而这种状况终将影响刑法安定与正义价值目标的实现"。① "如果我们无法决定方法的排序,那么方法的使用只能是随意的,它完全取决于司法者的喜好和个性因素,这样的结果必将导致司法者的恣意和司法结果的极端不可测,而这正与司法的公正性、公平性与科学性相违背,也是对法治的一个反动。"②因此,"应当承认各种解释方法之间存在一定的位阶关系,尽管它并非固定不变。如果这种解释方法之间的位阶关系得不到遵守,可能会影响解释结论的合理性"。③ "不承认解释方法的位阶性,认为时而此方法重要时而彼方法重要,无论在多种解释结论中给我们提供一个多么令人信服的选择标准,其结果往往可能导致根据解释者的口味和爱好来选择解释结论,进而影响刑法的安定性。"④那么,在前述诸多解释方法中,哪种方法最能够保障形式合法的前提,哪种方法又最有利于实现实质的合理目标就可能会影响到方法之间的排序。显然,既然在刑法解释的限度问题上我们已经清楚地证明了形式合法的优先适用价值,也就决定了有助于维持形式合法性的解释方法应得以优先适用,而其他的解释方法则应作为辅助性解释方法以弥补原则性方法的不足,实现实质合理目标。

---

① 程红:《论刑法解释方法的位阶》,载《法学》2011 年第 1 期。

② 雷绍玲:《论法律解释元规则》,载《广东社会科学》2009 年第 3 期。

③ 陈兴良、周光权:《刑法学的现代展开》,中国人民大学出版社 2006 年版,第 78 页。

④ 苏彩霞:《刑法解释方法的位阶与运用》,载《中国法学》2008 年第 5 期。

不容否认,作为规则的刑法,其最基本的表现形式即是文字,立法者通过对社会现实的分析与观察,筛选出值得动用刑罚处罚的行为,并以文字的形式将自身对犯罪的态度、意志固定在法律文本之中,国民一般也会借助于阅读等方式,理解、感知文本所描述的内容,从而预测何种行为可能构成犯罪并适用何种程度的刑罚,以明确自己行为的疆域。因此,无论是从便捷性、经济性进行考量,抑或是从立法的基本表现形式或思维逻辑来看,立足于法律条文语汇的字面含义本身,能够直接反映文本客观意义的解释方法是最有助于避免歧义、减少恣意,也最符合立法初衷的解释方法,而这实际上指的就是文义解释方法。贝卡利亚对此也曾做出过一个相对极端的判断,认为"不能把恪守刑事法规字句而可能引起的混乱同由于法官解释法规所引起的混乱相提并论,法典一经生效,就应当按字面意义去遵守。法官的唯一任务是判定某一行为是否合乎成文法"。[①] 在贝氏看来,法律本就不应解释,其通过语汇所呈现出来的字面含义就是其所可能指涉的全部意义。应该说,从一种理想化的状态来看,受制于罪刑法定原则实质侧面明确性要求的刑法文本,本应是清晰的、无可置疑的,然而,"法律的字面意义,常因一词多义或者一义多词的存在而发生理解上的冲突。所以,法律尽管是白纸黑字的,但白纸黑字并不意味着其意义就必然是确切无疑的;相反,由于白纸上的黑字毕竟是人为的,因此,人类认识和思维固有的缺陷便不可避免地存在其中"。[②] 与此同时,受制于立法水平、社会发展状况等客观因素的刑事立法,也总是会滞后于生活,因此,也就决定了刑法必须要经过解释之后其适用效果才能达致最佳,而为了避免因过度解释引起司法的恣意与混乱,文义解释方法就必然会发展为一种不得已的最佳和最优解释方法。正如有学者所作的判断:"法律解释的首要原则是文义解释优先,文义解释的基础含义即指法律的字面解释,字面解释对法律的意义模糊而言,具有基础的、不可替代的作用。"[③]"法治与法律语词的文义联系密切,如果没有语词文义的约束,关于法治的命题便是不能成立的。从语义学的角度看,法治是围绕着人们对法律语词

① 郭成华:《法律解释比较研究》,中国人民大学出版社1993年版,第27页。
② 谢晖:《文义解释与法律模糊的释明》,载《学习与探索》2008年第6期。
③ 谢晖:《文义解释与法律模糊的释明》,载《学习与探索》2008年第6期。

的理解而展开的。”①

然而，文义解释的优先适用并不意味着其他解释方法的存在不具意义，文义解释本身也有其无法解决的“硬伤”。文义并非总是明确和清晰的，正如前文所言，刑法规范中的语词主要仍是以白纸黑字固定下来的日常用语，日常用语之外，还存在如“累犯”、“自首”、“告诉才处理”等“法言法语”，这些语词尤其是日常用语在不同的语境中可能会呈现出不同的含义，而这就必然会给规则带来不确定性的问题，而“法言法语”则涉及如何由专业术语转化为日常用语并适用于具体案件的问题。正如哈特所言：“任何选择用来传递行为标准的工具——判例或立法，无论它们怎样顺利地适用于大多数普通案件，都会在某一点上发生适用上的问题，将表现出不确定；它们将具有人们称之为空缺结构（open texture）的特征。”②在语言、文字的“核心地带”，法律规则一般是明确和确定的，但是，在语言、文字的“边缘地带”，规则则可能变得不明确和模糊。而对于这些不甚明确的语汇，即便是运用文义解释方法也不意味着就必然能够排除歧义，因为“谁想理解某个文本，谁总是在完成一种筹划。一旦某个最初的意义在文本中出现了，那么，解释者就为整个文本筹划了某种意义，一种这样的最初意义之所以又出现，只是因为我们带着对某种特殊意义的期待去读文本”。③ 因此，对于本就模糊的处于“边缘地带”的语汇所进行的文义解释，实际上就是代表解释者内心的某种期待的解释，而这种解释结论完全可能脱离语义本身在形式上所可能具有的意义，是一种论理的解释。因此，在文义解释方法之外，就有必要寻求其他解释方法以弥补文义本身所可能存在的不足或厘清由文义所致的歧义与冲突，从而实现实质合理的目标。事实上，厘清法律语词的基本含义也仅是刑法解释活动的最直接目标，解释活动的最终目标只能是确定语词的法律意义，找到判决的理由或依据，从而惩罚犯罪、保障人权，单纯追求安定性的文义解释方法既不能实质地保障人权，也不利于法益保护目的的实现。

因此，要想实现实质的合理，就需要解释者在文义所可能具有的含义

---

① 陈金钊：《文义解释：法律方法的优位选择》，载《文史哲》2005 年第 6 期。

② ［英］哈特：《法律的概念》，张文显译，中国大百科全书出版社 1996 年版，第 127 页。

③ ［德］汉斯·格奥尔格·伽达默尔：《真理与方法》（下卷），洪汉鼎译，上海译文出版社 1999 年版，第 343 页。

范围内，通过其他解释方法对文义进行梳理和筛选。因为“正确的解释，必须永远同时符合法律的文言与法律的目的，仅仅满足其中一个标准是不够的”。[①] 法律不仅仅是一种僵化的文字表述，其体现的是立法的目的与价值，承载的是正义，若法律文本中的语汇本身即能体现正义，也即通过文义解释方法即能得出符合国民预测可能性的结论，则不存在运用其他解释方法的空间，但若是单纯运用文义解释方法并不能实现正义，抑或是在文义与正义之间存在冲突或背离的情况下，就需要在坚持文义优先的基础上同时适用其他解释方法。“文义是我们解释的出发点，而正义是我们追求的最终目标。但文义优先是一种常态，这是法治的要求，正义作为最高的准则或价值不是优先的问题，它是法治的价值目标之一。这一点正如效力原则与适用原则相逆是一样的。宪法具有最高的法律效力，但法律的应用却是特别法优于一般法。正是由于正义等法律价值的介入，使得普遍的优先原则难以存在。”[②]当然，惩罚犯罪在入罪的场合并不能因为其目的正当就可以当然地突破或否定文义的优先性，因为文义一旦丧失了对解释者的约束，立法也就不再具有任何存在的价值，一种任意的解释实际上就是一种罪恶，是解释者的二次造法。[③] 正如罗克辛所言：“一方面，立法者通过语言记载的刑法规范调整人们的行为，语言为人们提供了预测可能性的保障，‘逸出’可能文义的解释损害了国民预测可能性，从而侵犯了公民的自由。另一方面，立法者通过语言记载的法律文本，为法官提供了具体填充的规则性框架。这个框架是由可能的文义标定的，在这个框架内，法官可以考虑最近的文义、历史解释、体系解释与目的解释，但超出可能文义的解释就是不被允许的类推，是司法权对立法权的僭越。”[④]因此，即便是在为了实现解释结论的实质合理性的场合，也绝

---

① Claus Roxin, *Strafrecht, Allgemeiner Teil, Band Ⅰ*, 4. Aufl., C. H. Beck 2006, p. 151. 转引自程红：《论刑法解释方法的位阶》，载《法学》2011 年第 1 期。

② 陈金钊：《文义解释：法律方法的优位选择》，载《文史哲》2005 年第 6 期。

③ 但是在出罪的场合，基于保障人权和刑法基本理念的高度一致性、重合性，则应允许在符合前述解释的限度基础上从有利于被告人的角度适度突破文义，但这种突破往往也是在文义可能的射程范围内，经由国民预测可能性检验通过为前提的。

④ Claus Roxin, *Strafrecht, Allgemeiner Teil Ⅰ*, C. H. Beck’sche Verlagsbuchhandlung Muechen, 1997, Auf 3, S. 105 – 106. 转引自苏彩霞：《刑法解释方法的位阶与运用》，载《中国法学》2008 年第 5 期。

不能允许解释结论脱离可能的文义。“文义解释是法律解释的开始，但也是法律解释的终点。易言之，即法律解释始于文义，不能超过可能文义。否则就超越法律解释之范畴，进入又一阶段的造法活动。法律解释应尊重文字，始能维持法律之尊严及其适用之安定性。”①“只有在具有排除文义解释的理由时，才可能放弃文义解释。文义解释具有优先性，即只要法律措词的语义清晰明白，且这种语义不会产生荒谬结果，就应当优先按照其语义进行解释。”②

基于此，文义解释的优先性就可以表述为：“无须解释的事项不许解释。当法律规定明白无误时，人们没有理由拒绝应用。明白无误的法律语词还有一个排序：在立法没有明确赋予某词特定含义的情况下，如果在语词的生僻含义与常义之间进行选择，应坚持常义优先；当法律所用语词法律条文有明确规定时，法条规定之义应优先于该词的常义；当法学界对某一语词已赋予特定含义时，应按照法学术语的共识进行解释；当遇到法学外专业问题需要解释时，一般应优先考虑专业术语的特定含义。”③

回到刑事硬法—软法—民间法这一三层次规范体系问题中，不同的规范表现形式对刑法解释方法的筛选有何区别性的要求？笔者认为，无论是何种形式的刑事法律规范，只要其存在某种相对固定的文本，即是以成文的形式予以表述的，在解释该规范时，均应坚持文义解释也即形式优先的原则，以维持法的安定性进而保障国民的预测可能性。这一要求在刑事硬法中应表现得最为典型，因为作为成文法的刑法典和单行刑法，有着稳定、规范和确定的表现形式，法律文本中清晰地记载着立法者的目的与意图，也准确地描述了犯罪的基本类型和行为特点，相应的，对刑事硬法的解释就不应该脱离这一文本。就作为软法的刑事政策而言，其和硬法的区别之一就在于刑事政策往往缺乏表述清晰的文本，其可能只是一种原则或方针，其表述也往往只是寥寥数语，既不详尽也不具体，而这和其作为一种指导性规则的基本特性是紧密相关的。那么，对于刑事软法，

---

① 王泽鉴：《民法判例研习丛书·基础理论》，台湾大学法学丛书编辑委员会1993年版，第130页；转引自郑军男：《刑法司法解释方法论——寻求刑法司法解释的客观性》，载《吉林大学社会科学学报》2003年第6期。

② 孔祥俊：《法律解释方法与判解研究》，人民法院出版社2004年版，第325页。

③ 陈金钊：《文义解释：法律方法的优位选择》，载《文史哲》2005年第6期。

其在辅助适用时是否仍应坚持文义解释的优先性,又如何坚持这种优先性呢?对此,笔者认为,刑事软法仍须借助于语言、文字予以表述,只是这种表述较刑事硬法更为抽象,但这种抽象不等同于解释时就可以脱离于语汇本身而妄加揣测甚至随意出入人罪。以宽严相济的刑事政策为例,对该政策的解释就不能脱离“宽”、“严”、“相济”三个词各自的含义及彼此之间的关系。若片面地强调“宽”,则可能导致法网过疏,甚至放纵犯罪;若一味地强调“严”,则可能导致法网过密,甚至产生重刑主义倾向。正确的解释只能是将“宽”与“严”相结合,以“宽”为先,该宽则宽,当严则严,宽严相济,罚当其罪,从而最大限度地减少社会对立面,促进社会和谐稳定,维护国家长治久安。而这种解释结论的形成只能是以该政策的文字表述及其字面含义为基础的,因此,在刑事软法的适用活动中,文义仍旧具有优先适用的空间与条件。至于刑事民间法,则要考虑到该种规范表现形式的特殊性,显然,刑事民间法的灵活性决定了其既有成文的形式,也有不成文的形式,对于以成文形式表述的民间刑事规范,在解释方法中坚持文义解释优先基本不存在障碍,问题在于以不成文形式,如口口相传的形式表述的民间刑事规范,如何解释适用的问题。笔者认为,无论是成文的还是不成文的刑事民间法,其之所以能在特定的区域或人群中得到遵守,究其根本就在于其具备社会认同的特性,而能否被认同,则首先在于特定区域的国民对该规范是否知晓,否则就可能丧失了认同的前提。既然国民能够知晓该规范及其规范的具体内容,其是否以成文的形式表述出来就不是一个重要的问题,其和刑事硬法、软法的区别就在于前者可能是以话语、文字等多种形式呈现,后两者原则上都是以稳定的文本形式予以呈现。规范的表现方式具有的仅是形式上的意义,而真正能够影响到定罪量刑活动的是形式上所加载的内容,只要内容能够确定,就有文义优先的空间和必要。也就是说,即使在不具成文形式的民间刑事法律规范中,解释活动的前提和基础也应是国民普遍知晓的规范内容,否则,国民就必然会陷入一种恣意司法的恐慌之中。

4. 规则向人本的转向——刑法解释结论的权衡

无论是刑事硬法、软法抑或是民间法,对其进行解释的目的都是形成一个正确的解释结论,从而定分止争、平息民愤、保障人权。前文之所以要就刑法解释的目标、限度和方法进行诸多分析和梳理，落脚点也是保障解释结论的正确性。那么，是否只要是以人权保障为目标，按照解释方法的序位，兼顾考虑形式与实质正义的解释就一定会形成一个唯一正确的结论呢？笔者认为就此决断尚显武断，刑法解释结论的权衡仍需在维持解释目标、限度和手段的基础上进行进一步的研究。

“在司法审判过程当中，每个法官均在主观上确信将根据一定的理论而得出‘唯一正确’的判决。”[①]但事实上，即便解释者遵守了解释的目标、限度和方法上的要求，也不代表其所形成的解释结论就是唯一正确的，理由在于：首先，正如前文所述，法律文本中的语汇受制于表述能力、立法技术、时代背景等因素，其所指称的内容本身就不一定是明确而清晰的，即语言、文字是存在“边缘地带”的；其次，解释者的个人经验、生活背景、知识结构、理解的视域角度、信仰以及其所处的历史时代等个人因素也会导致其对实质的正义要求产生不同的理解，哪怕是在运用文义解释方法过程中，对文字或语言的解释，主体间性的重合也只能是不断趋近而不可能完全一致。即便是就同一文本或语汇所进行的解释，解释结论仍然可能会呈现出极大的差异性。因为“法官作为一个法律文本适用者，需要在理解立法者所书写出来的法律文本之基础上，来解释自己对于法律文本的理解，这里必然存在书写者与阅读者的思维异化。立法者与司法者之间，司法者与民众之间，都存在‘诠释法律只能达到某种相对合理的境地’”。[②] 我们对所谓的唯一正确的解释结论的追求，只能是一种理想、一种应然的状态，所谓的正确的解释结论，也许“不是指对法律条文的正确理解，而是指对待法律解释的姿态……从法哲学的角度看，对法律的理解确实没有正确答案，所有的理解都是不同的理解。因为所谓正确理解是因为有一个正确的标准，但标准如何是正确的还需要另外一个标准，这就会陷入无穷的循环，使所谓‘正确’理解被一一否定掉”。[③] 所以，在面对

---

① 郑军男：《刑法司法解释方法论——寻求刑法司法解释的客观性》，载《吉林大学社会科学学报》2003年第6期。

② 王晓、董必秀：《判决理由：哲学解释学在法律解释中的最终落脚点》，载《浙江学刊》2003年第5期。

③ 陈金钊：《法律解释的“正确性”何在？——当代中国法律解释学的境遇之一》，载《山东大学学报（哲学社会科学版）》2009年第5期。

多样化的解释结论这一现实的时候,我们所能期待的,不可能是唯一的正解或绝对的真理,而只能是一种相对妥当或相对正确的结论。对解释目标、限度和方法的确证所能产生的效果仅在于尽可能减少解释结论的多样性和任意性,实现尽可能统一的、一致的结论,但无法绝对避免这一多样性的解释结果的出现。

即便如此,我们也无法回避这样的一个问题,即什么样的解释结论才是一种相对正确和妥当的结论?笔者认为仍需结合刑法解释的目的来分析,即讨论为什么要进行解释的问题。显然,刑法解释是为了适用,是为了给个案寻求一个最为妥当的判罚结论,从而惩罚犯罪、保障人权,实现公平与正义。而要顺利完成这一任务,所需要考量的不仅仅是解释的目标、限度和方法,为了保证解释结论的妥当,还涉及一个对多样的解释结论进行检验和筛选的问题,而这就需要我们考虑以下三个层次的问题:第一个层次,也是最基本的要求,是解释结论是否合法;第二个层次,也是实质性的要求,即解释结论是否合理;第三个层次,也是权衡解释结论是否妥当的终局性要求,即是否能够有效地保障人权。

在第一个层次中,我们所要进行的是基础性工作,即检验解释结论是否合法。在法律解释活动中,“无论是对法律规范还是对案件事实的解释,无论是解释的程序还是解释的结论,都应当符合合法性的要求,合法性是法律解释及其结果的必然要素。缺少了合法性标准,法律解释就失去了最主要的依据,其结果(无论是单一性结果还是多样性结果)都不可能被当事人、法律职业群体或者社会所接受”。[①] 而合法性的保障,主要是通过检验解释结论是否服从法律规则来实现的,解释者在进行解释活动时,首要的工作不是对法律的优劣对错进行评判,而是按照法律的描述来使用法律,解释文本的含义。正如陈金钊教授所言:“法治在很大程度上就是要把哲学上的无限思维链条暂时中断,而运用逻辑和人类已有的知识找到相对正确的答案。这个正确答案的初级标准就是形式逻辑以及建立在形式逻辑基础上的法律规范。这就是说,违反逻辑思维规则而得出的解释结论就是错误的理解,违背法律规范‘原意’的理解就是错误的答案。这个标准经不起哲学上的无穷追问,但对法治建设确实有重要的

① 孙光宁:《法律解释结果的多样性及其选择》,载《甘肃政法学院学报》2009 年第 7 期。

现实意义。”①但是，按规则办事所能解决的只能是合法性问题，在刑法解释活动中，一个合法的结论却并不意味着其就是一个正确的结论，因为法律文字的不周延性、概念边缘的模糊性、条文所包含的价值的单一性、机械式司法所导致的法官积极性的减退和不负责任等问题并不会因为结论合法而迎刃而解。要保证解释结论的相对正确，尚需就解释结论的合理性进行论证。

在第二个层次中，我们所要进行的便是对解释结论是否合理的检验工作。“如果说合法性更多的是代表着精英化的法律职业群体，那么，合理性更多的则是表达着大众化的社会需求……忽视了法律解释的合理性标准，单纯依据现行的法律规范对案件进行解释，不仅会造就一个‘静止的社会’，而且其结论也无法获得社会的认同和接受，从根本上失去了司法权威和信任的根基。”②“权威不是现成被给予的，权威最终不是基于某种服从或抛弃理性的行动，而是基于某种被承认和认可的行为。”③是否合理，关键在于解释结论是否能够得到社会中广泛民众的认可和接受，社会可接受性（或称公众认同）是判断解释结论是否合理的标准。之所以以社会可接受性作为解释结论是否合理的检验标准，理由在于，“认同在社会生活中具有十分重要的作用，它是把人们组织在一起的重要凝聚力，人们通过认同，建构了自我在社会上的主体性，使自我获得一种归属感和一种信仰支持，从而维系和促进社会体系的稳固和良性发展”。④“如果司法裁判总是背离一般民众对于法律的理解，或者法律的适用结果时常超出民众对法律的正常解读与判断，就会出现两种负面效应：要么是社会民众不信任法律，要么是社会民众恐惧法律。无论出现哪一种结果，都不利于培养公众的司法认同感和归属感。”⑤因此，刑法解释结论的合理与否，始终都只能将其放置于社会进行检验，职业化群体或社会精英乃至公共知识分子的理性判断可能代表了一种普世的价值，也可能反映着法治

---

① 陈金钊：《法律解释的“正确性”何在？——当代中国法律解释学的境遇之一》，载《山东大学学报（哲学社会科学版）》2009 年第 5 期。

② 孙光宁：《法律解释结果的多样性及其选择》，载《甘肃政法学院学报》2009 年第 7 期。

③ ［德］汉斯·格奥尔格·伽达默尔：《真理与方法》（上卷），洪汉鼎译，上海译文出版社 1999 年版，第 358 页。

④ 谢新竹：《论判决的公众认同》，载《法律适用》2007 年第 1 期。

⑤ 游伟：《司法裁决与公众民意之互动》，载《人民法院报》2009 年 3 月 16 日版。

的发展趋势与潮流,但并不一定能够产生良好的社会效果。因为这种结论可能和社会、群众的理解存在落差甚至是冲突,在面对这种冲突时,最好的衡平之法不是迎合某一方,而是考虑能否满足刑法的调整对象的期待,赢得他们的服从和尊重。这种认同在刑法解释活动中就表现为解释结论能为一般公众凭借常识经验和通俗的生活语言所理解,能够符合民众心目中刑法的正义要求,符合刑法的规范目的,由此形成的裁判结论也能获得公众的情感认可和尊重,满足社会的主流价值观和长远发展利益。基于此,若是解释结论能够在社会公众至少是与案件相关的特定的民众所能接受的范围之内,这个解释结论就基本上是一个相对妥当的结论;但若是这一解释结论为社会公众尤其是与案件相关特定的公众所排斥或拒绝,这样的结论就可能存在瑕疵、不足、缺陷,乃至错误。

当然,片面地强调解释结论的合理性也有可能导致法官造法等风险的发生,因为"法律解释是以暴力强加于他人的信号和诱因:法官表述他对某一文本的理解,其结果便是某人丧失了自由、财产、子女,乃至于生命。法律解释同样为那些已经发生或即将发生的暴力提供借口。当法律解释者做出他们的解释时,背后往往是那些身心遭受此类组织化、社会化的暴力所摧残的受害者。法律解释及其所引发的暴力也许仅能被他们自身完全认同,尽管有不少鼓吹法律解释核心地位的著作乐于在这一显而易见的事实上难得糊涂一回"。① 未在形式上加以限制的解释结论,体现的只能是解释者的观念、目的与个人倾向,即便这一结论在解释者心目中是正义的,其所能代表的也只能是一种个人的正义,而非普遍的正义,相反,个人的歧见所可能导致的却是司法的恣意妄为。因此,解释结论的合理性必须受制于合法性,即便这种合理性本身可能是为公众所认同、社会所接受的,也不意味着形式就应无条件地让位于实质,而只能是对解释活动本身进行反思,或在法文语义和犯罪定型的范围之内修正解释结论,或强化说理性的内容以说服民众。

就第三个层次的人权保障标准而言,其和社会可接受性标准同属于实质性标准,但相较于社会可接受性,更具终局性的意义,也更为稳定。

---

① [美]罗伯特·可弗:《暴力与语言》,祝子彭译,载冯军选编:《美国法律思想经典》,法律出版社 2008 年版,第 213 页。

因为民意本身往往缺乏稳定性的基础，在舆论、情绪等因素面前，其甚至可能因为民众所普遍具有的从众心理而导致其被某些别有用心的人所“绑架”，从而表现为一种虚假的民意。相较而言，人权这一概念会更为稳定，其和民众的认同感之间也存在质的同一性，可以对社会可接受性标准进行补强，进一步减少解释结论中的歧义。做此判断的依据在于：首先，尊重和保障人权是为我国《宪法》第 33 条第 3 款所明确规定的内容，经由这一形式所确定下来的内容较其他任何形式的载体都会更为权威与稳定，而宪法所具有的地位决定了重视个人权利的保护、维护个人包括犯罪人的尊严必然要反映到刑法解释活动之中，从而也就必然导致对刑法解释活动的拘束。其次，“刑法虽然是以剥夺生命、自由、财产、资格的形式对侵害法益行为予以惩处，即以恶报恶，但由国民意志所决定的刑罚正是法律之公平善良本质的凝结和体现。由此应剥去刑法是恶法的外衣，其光环不仅仅折射在强制性的惩处上，更应体现为刑法对被害人、被告人乃至全社会的人性保护和人性关怀”。[①] 刑法解释活动亦如是，解释受制于立法及其目的，“刑事立法对人的关怀只是一种静态的、宏观的、使人无法触及的关怀，而人却生活在变动不居的社会生活中，需要的是一种动态的、微观的、可以触及的自由和安全，而这只能是把静态的刑事法律规定转变为动态的法律适用才能做到的。刑法适用包括直接引用刑事立法规定的适用，也包括在解释刑事立法规定的基础上的适用。因刑事立法规定的概括性、立法语言的歧义性、立法规定的漏洞性等因素的存在，直接引用刑事立法的规定只是实现刑法关怀的一个路径，另一个更为重要和常用的路径是刑法解释”。[②] 最后，从人权的概念来看，其是指人之为人所应享有的权利，而人的本质在其现实性来看就是一切社会关系的总和，囊括了生命、自由、财产、尊严等与人密切相关的所有权利，也必然会得到社会共同体一致的认可和拥护。因此，人权保障也就往往会成为社会公众所关注的刑事法律解释活动中最为重要、最为根本的部分。两相比较，公众认同这一概念只是表现得更为常识、感性，而人权保障概念更为抽象、理性，二者在本质上是有着一致性的追求的。

---

① 徐岱：《刑法关怀与刑法解释》，载《当代法学》2004 年第 1 期。

② 徐岱：《刑法关怀与刑法解释》，载《当代法学》2004 年第 1 期。

第四章　当下中国刑法基本原则与刑法解释的保守性

当下中国刑法有罪刑法定原则、罪责刑相适应原则、适用刑法人人平等原则三项基本原则，其与刑法解释的保守性关系值得深入探讨。

一、罪刑法定原则与刑法解释的保守性

罪刑法定原则是我国刑法的基本原则，也可以称作是刑法学的"霸王原则"，刑法中的许多原则均由此派生而出。我国《刑法》第3条将罪刑法定原则表述为："法律明文规定为犯罪行为的，依照法律定罪处刑；法律没有明文规定为犯罪行为的，不得定罪处刑。"作为现代刑事法治的铁则，所有的刑法活动都应当受到罪刑法定原则的指导和制约，刑法解释活动也不应例外。近代以来，罪刑法定原则不仅保持了长久的生命力和旺盛的成长活力，而且随着社会的发展和历史的前进，罪刑法定原则本身也被赋予了更为丰富的内涵与历史使命。各国学者对罪刑法定原则的态度从未随着时间的流逝而有丝毫的怠慢，罪刑法定原则的重要性使其成为每个历史阶段的刑法重要命题。应当说，随着历史潮流的演进，"罪刑法定"不再仅仅是一种刑法学术语或观念，而成为了逾越了时空界限

和意识形态的普适性价值，甚至有国家突破了部门法和法典的形式界限，直接将其作为根本人权保障而写入宪法。关于罪刑法定原则的格言数不胜数，许多著名学者都对罪刑法定做出了自己的解读，而且没有人能够对罪刑法定原则的形式价值和规制机能避而不谈。德国著名刑法学者李斯特就曾经对罪刑法定原则做出了这样的评价：罪刑法定主义是刑事政策不可逾越的藩篱[①]。

罪刑法定原则贯穿于刑法适用的始终，刑法解释必然要受罪刑法定原则的指导与规制。根据通说，"合法性"成为了刑法解释的首要原则。有学者将合法性原则限定为形式的合法性，要求刑法解释必须受到刑法和法律的形式规制，符合宪法和法律的要求，不能脱离文本而任意解释。笔者认为，罪刑法定原则在刑法解释中主要就表现为形式上的严格规制，但罪刑法定原则可以将形式合法性涵盖在其丰富的意蕴之中，形式合法性完全可以作为罪刑法定原则的应有之义或内容之一而运用于刑法解释之中，因此，笔者认为可以将罪刑法定原则直接列为刑法解释的第一原则，同时，刑法解释中的罪刑法定原则必然要求刑法解释具有相当的保守性。

（一）罪刑法定原则的起源与发展

罪刑法定的思想在古代便已出现，但是古代的"罪刑法定"与近代的罪刑法定原则在含义和价值上存在很大的不同。近代的罪刑法定原则起源于资产阶级启蒙思想家，产生之初是为了抵制封建专制统治下的罪行擅断、专横司法与残酷刑罚。意大利刑法学家贝卡里亚的伟大著作《论犯罪与刑罚》便体现了朴素的罪刑法定思想，给当时的社会带来了极大的思想冲击。他认为，只有法律才能为犯罪规定刑罚，只有代表根据社会契约而联合起来的整个社会的立法者才拥有这一权威，超越法律限度的刑罚不再是正义的，任何人都不得以热忱或公共福利为借口增加对犯罪公民的既定刑罚；一个社会如果没有成文的东西，就绝不会具有稳定的管理形式，在稳定的管理形式中，力量来自于整体而不是局部的社会，法律只有依据普遍意志才能修改，也不会蜕变成私人利益的杂烩。[②] 最早明确提

---

① 在德国、美国等国家，"罪刑法定"被表述为刑法中的法治原则，其含义、价值意蕴与内容与罪刑法定原则基本一致，在具体的表述上可能会存在不同。

② 参见［意］贝卡里亚：《论犯罪与刑罚》，黄风译，北京大学出版社 2008 年版，第 10、15 页。

出罪刑法定原则的是德国著名古典刑法学派代表人物、被称为“现代刑法之父”的费尔巴哈，他第一次对罪刑法定原则的内容做出了表述。在我国刑法学界，罪刑法定原则的经典表述是：“法无明文规定不为罪，法无明文规定不处罚。”

1215年的英国《大宪章》被认为是近代罪刑法定原则的最早渊源，其第39条规定：“对于任何自由人，不依同一身份的适当的裁判或国家的法律，不得逮捕、监禁、剥夺领地、剥夺法的保护或放逐出境，不得采取任何办法使之破产、不得施加暴力、不得使其入狱。”[①]1215年英国《大宪章》的规定奠定了罪刑法定思想的基础，后来的《权利法案》等一系列规范文件的提出也都体现了罪刑法定的思想。1774年，美国的《权利宣言》确认了罪刑法定的精神，并最终在美国宪法中得以确认[②]。1810年的《法国刑法典》被认为是最早直接规定罪刑法定原则内容的刑法典，其第4条规定：“不论违警罪、轻罪或重罪，均不得以实施犯罪前未规定之刑罚处罚之。”

在学理上，以贝卡里亚为先驱的刑事古典学派坚持绝对的罪刑法定主义，反对法官对刑法进行解释。贝卡里亚认为，刑事法官根本没有解释刑事法律的权力，因为他们不是立法者，法官唯一的使命是判定公民的行为是否符合成文法，对每一个刑事案件都应进行完整的三段论式逻辑推理，一旦对该推理形式做出改变则会使案件的审判捉摸不定。他认为没有比“法律的精神需要探询”更为危险的公理，这种观点会产生歧见，并且产生更为深远和致命的影响，解释法律所造成的混乱远远的大于严格遵守刑法文字所遇到的麻烦。[③] 随着资本主义经济和资产阶级社会的发展，刑事实证学派对古典学派绝对的罪刑法定原则做出了全面修正，提出了相对的罪刑法定主义，主要内容为：在定罪根据上，从绝对禁止类推和扩大解释演变为允许有利于被告人的类推和严格限制的扩大解释；在刑法渊源上，从绝对禁止适用习惯法演变为允许习惯法成为刑法的间接渊

---

① 张明楷：《刑法格言的展开》，法律出版社2003年版，第16页。

② 美国宪法所体现的罪刑法定原则与大陆法系国家不同，是在程序层面对罪刑法定进行规定。该法修正案第5条规定，任何人未经适当的法律程序，其生命、自由及财产不受剥夺；此外，在宪法第1条中也做出了不得制定事后法的明确规定。

③ [意]贝卡里亚：《论犯罪与刑罚》，黄风译，北京大学出版社2008年版，第12、13页。

源,但必须以确有必要或不得已而用之为前提;在刑法的溯及力上,从绝对禁止刑法溯及既往演变为在有利于被告人、犯罪人时允许溯及既往;在刑罚的种类上,从绝对禁止不确定刑和不定期刑,演变为允许采用相对的不确定刑和不定期刑。"二战"后,罪刑法定主义进一步派生出了刑罚法规不明确即无效以及内容实体正当等新要求,进一步从形式理性向实质理性迈进,但是却从未放弃对最低限度形式理性的坚守。应当说,当代的罪刑法定主义是在坚守最低限度形式理性的基础上进一步实现形式理性与实质理性的统一。①

我国古代也有"断罪引律令"的规定(《唐律》),但这只是一种司法技术上的规范,意义在于限制官员行政司法权力而强调君主权力的权威,并不是近代刑法意义上强调人权的罪刑法定,不能扭转我国以"比附援引"等规定为具体体现的类推传统。近代意义的罪刑法定原则对我国来说完全是舶来品,是法律移植而非法律继承,由主持清末修律的沈家本规定于《大清新刑律》中:"凡律例无正条,不论何种行为不得为罪。"这是近代罪刑法定思想第一次在我国的刑法中得到体现。民国时期的刑法继承了清末修律所引入的罪刑法定原则。由于历史条件的限制,新中国成立后我国直至颁布1997年刑法典才明确确立了罪刑法定原则,实现了我国法治进程的重大飞跃,对我国刑法实践和学术发展都具有重大意义。

(二)罪刑法定原则的理论基础

罪刑法定原则是西方法治观念在刑法领域的最本源性的体现,是资产阶级近代法治发展的重要成果,在近代以来的社会实践与上层制度建设中都发挥了极为重要的作用。罪刑法定原则的逻辑前提与核心命题是以法律限制权力,防止权力对人权的侵害,这是自古希腊以来对"人性恶"反思的结果,以防止"人性恶"的本性在权力的驱使下得到最大的彰显②。法治亦是如此,不论是形式上的法治还是实质上的法治都与罪刑

---

① 参见梁根林:《罪刑法定视域中的刑法适用解释》,载《中国法学》2004年第3期。

② 柏拉图曾在《理想国》中设想了由哲学家作为统治者的完美统治形式,但这种模式后来遭遇了现实的驳斥,后柏拉图将"法治国"作为第二等好的国家形式,朴素地认为,国家统治当局应成为法律的仆人,有义务从指导公民行为的法规中寻找行动指南而不需要考察人(作为国家统治当局的人)的因素;其学生亚里士多德也认为,一旦离开了法律和正义,人类就由最优秀的动物转变为最恶劣的动物。参见[美]博登海默:《法理学——法哲学及其方法》,邓正来译,中国政法大学出版社2004年版,第7~11页。

法定原则的理论基础相契合,此外,法治自身及其发展内部的逻辑结构要求以形式为基础,在此基础上实现实质法治。

中世纪后期,西方君主专制制度和君主权力都达到了历史顶峰,作为统治者最强大也最常用的统治工具,刑罚受到了滥用,这既催化了社会矛盾也从侧面推动了历史的发展,使封建的君主专制走向灭亡。随着资本主义经济萌芽的产生、发展,资产阶级革命顺应历史的潮流而兴起,资产阶级启蒙思想家不断探索,产生了许多关于政治、经济、法律的新思想,这些思想便形成了罪刑法定原则的理论基础。通说认为,罪刑法定原则产生的理论基础主要包括资本主义启蒙思想家的自由、人权主义思想、三权分立理论以及费尔巴哈的"心理强制说"。

资本主义启蒙思想是资本主义启蒙思想家对封建制度进行抨击的思想武器,由于自然科学和理性主义的巨大发展,启蒙思想家们摆脱了宗教和封建思想的束缚,将"人"作为价值主体,重新审视和发展人文传统,主张天赋人权、自由平等、社会契约等思想,弘扬作为个体的人的理性与自觉,反对中世纪封建专制对个人的否定与压制,这些思想在当时使民众受到了巨大的震撼和启发,加剧了封建专制思想的瓦解,并对社会的各个领域产生了巨大影响。古典自然法学派的思想就深受近代资本主义启蒙思想的影响,古典自然法学派的法学家们以"人"为出发点和落脚点,提倡人的理性,将人性提升到了前所未有的高度,将保护人的自由和权利视作法律的根本目的。此外,启蒙思想家还将社会视作个人的集合,将"人格的完成"视为人类一切活动的根本目的,一切的社会和国家的形式只是实现这个目的的手段。个人让渡出自己的一部分必要的权利给国家权力,使国家能够拥有适当的公权力,并通过行使权力来保证人们更大的自由不受侵害。这种个人与国家的关系是一种社会契约关系,也是国家权力正当性的依据。刑罚权的正当性依据也是如此,国家行使刑罚权来保障个人权利不受犯罪行为的侵犯,但是国家行使刑事立法权、司法权和刑罚权的目的只能是维护个人权利、保障个人自由,社会秩序的安定是个人自由所必需的客观条件。只有明确的、事先制定的法律才能使人们正确预测自己的行为结果,知晓哪些行为可为、哪些行为不可为,从而正确安排自己的行为活动,获得个人应有的自由。资本主义启蒙思想中的自由、人权思想既是罪刑法定原则产生的初衷和最高理想,也为罪刑法定原则提供了思想理论基础与价值目标。

三权分立理论也是启蒙思想的重要成就，该理论主张为了防止权力过于集中而导致权力的滥用，必须形成权力之间的制衡，以公权力约束公权力，否则个人的自由就会有被侵害的危险。三权分立理论要求立法、司法和行政三种权力必须由不同的国家机关行使，司法机关只能适用立法机关事先已经制定并生效的法律作为处理案件的依据，在立法机关没有对某种行为做出成立犯罪的刑法规定时，司法机关无权擅自将该行为定性为犯罪，以防止司法权的专横和滥用，保障个人的自由。在司法机关进行刑事司法活动前，立法机关应当事先对犯罪和刑罚做出明确的规定。此外，由于近代民主国家的政治体制的特点，立法机关通常是由公民所依法选举的代表组成，因而所立之法便代表了公民的普遍意志，最终通过立法程序而上升为国家意志，近代以来刑法的创立即是如此。由于民主意志在国家运行中的最高地位，司法机关也不得任意违背立法机关意志将不是犯罪的行为定性为犯罪，也不能将构成此罪的行为定性为彼罪。三权分立理论也构成了罪刑法定原则的思想基础，并为罪刑法定的制度架构提供了技术性依据①。

心理强制说是费尔巴哈的著名学说，他认为每个人都具有趋利避害的本能，犯罪行为也是在犯罪人趋利避害的心理支配下实施的。当实施犯罪行为所获得的快乐大于可能受到的痛苦时，犯罪人才会铤而走险实施犯罪行为；当因刑罚可能受到的痛苦大于犯罪所带来的快乐时，犯罪人就会出现心理的障碍，从而抑制其犯罪的冲动。因此，在刑法中明确规定犯罪与刑罚，可以使人们预先知晓犯罪后会受到的痛苦大于犯罪所带来的快乐，从而在心理上强制个人不得不控制其行为，通过其趋利避害的本能使人们自觉地不去实施刑法所明确规定为犯罪的行为，从而实现对犯罪的预防，并且能以此向国民表明国家对待某一类行为的态度，实现刑法的教育功能②。

---

① 三权分立理论由洛克提出，孟德斯鸠对其进行了进一步的发展，孟德斯鸠的三权分立理论为罪刑法定对立法和司法的限制机能提供了理论基础，其著作《论法的精神》将自由、法律和政体的关系做出了深刻的分析，发展了自然法理论，贝卡里亚等学者都深受其理论的影响和启发。

② 费尔巴哈还明确提出将道德与法做出明确的区分，从实证主义的角度，丰富和发展了贝卡里亚的罪刑法定思想，使之从观念走向实证。

(三)罪刑法定原则的价值蕴含与刑法解释的保守性

罪刑法定原则是最重要的刑法原则,是刑事法治的首要表现和内在精神,虽然罪刑法定原则已经从绝对的罪刑法定原则进入相对的罪刑法定原则,而且还在不断地进化和发展,但是其所蕴含的本源性价值却没有被历史前进的车轮碾入尘土,反而随着理论和实践的发展,不断散发出新的耀眼光芒,这也正是罪刑法定原则的价值和生命力所在。这些蕴含在罪刑法定原则中的价值不仅是刑法解释根本的价值指引,更为刑法解释的保守性提供了理论依据①。

1. 形式理性与刑法解释的保守性

自资产阶级启蒙运动以降,理性就作为一种普世性价值被普遍承认,人的一切活动都被要求遵循理性的价值指导,法理学、法哲学更是要求立法、司法活动符合理性,而在法学语境下的理性被赋予了特定的意蕴,应当符合正义、自由、平等等多种价值要求,否则就会被认定为非理性。理性可以分为形式理性与实质理性,两者在法治的语境中表现为形式法治与实质法治。立法活动是将实质法治的内容与所体现的理性精神以客观的法律规范形式固定下来,进而上升抽象为形式法治及其所蕴含的形式理性。在此过程中,实质理性与实质法治经过立法活动的运作过程转化为形式理性与形式法治;而司法活动是将体现了形式理性与形式法治的客观法律规范具体地适用于案件中,司法内在的逻辑模式是以形式法治与形式理性为出发点来追求最终蕴含于法律规范之中的实质法治与实质理性,如果不遵循这样的逻辑顺序,实质法治与实质理性是无法通过程序理性达到的,只会成为实证逻辑中的无源之水。

在法学中,形式理性与实质理性不可避免地会存在冲突,这在法理中表现为本质上法的安定性、明确性和法的滞后性、模糊性的矛盾。近代以来,人类社会进入了前所未有的高速发展时期,新的事物与社会状况层出

---

① 日本著名的主观主义刑法学家牧野英一教授提出了自由法论和刑法进化论的观点,并认为罪刑法定原则也是在进化、发展的,罪刑法定原则在不同时期可以被赋予新的内容,其发展可以划分为三个阶段,并且在限制机能的基础上提出了罪刑法定原则的促进机能,达到保障人权与保卫社会的统一。他的观点既得到了推崇又受到了激烈的批判。笔者认为,罪刑法定原则的本源性价值不能任意增添与修改,否则罪刑法定原则就不能称之为"罪刑法定",其意义将被主观主义所消解。

不穷，法律的修正、发展在社会发展的快速步伐中显得有些力不从心。社会生活中的现象和行为是无穷无尽的，随着新生事物和新型行为模式的不断出现，新的犯罪形式总是会先于立法而出现。由于受限于特殊的历史环境与有限的主观认识能力，立法者根本无法将所有当下存在和未来可能发生的犯罪行为规定在刑法当中。但如果以此为理由牺牲刑法的形式理性而追求实质理性，必然会偏离刑事法治的初衷，客观上也无法真正达到所谓的“实质法治”目的。脱离了形式法治的规制，任何单纯指向最终目的的“实质的”法治都会出现不同程度的变质，就如同在诉讼活动中跳过了合法的程序而直接做出裁判结果一样，即使裁判的结果本身是合理和可被接受的，但该裁判结果也早已被赋予了不正义、不理性的意味，最终仍然无法被理性的民众和社会接受。与其破坏理性的内在逻辑而过度追求已经变质的实质理性，我们更应当恪守形式理性，在保障正确前提的基础上尽力实现实质理性，这在法学界已经成为了共识。特别是从我国特殊的国情和历史条件来看，由于我国没有经过形式法治传统和经验主义法治发展历程①，更应当严格地坚守形式理性底线，以人权保障为最根本的价值立场。如果仅仅将目光局限于实质法治，而忽略了实质法治之前的形式法治构架，则既违反了法治的逻辑内部构成，又偏离了历史的发展规律。偏离形式理性会造成巨大的风险，在特定的历史环境下会造成人权和法治的灾难，这在历史上已经得到了充分的验证，形式理性的重要性不言而喻。在法律解释中，学者对形式理性与实质理性也存在旷日持久的争论，目前大多数学者还是支持在坚持形式理性的基础上追求实质理性，争取两者的统一。有学者认为，英美法系的法律解释是更加追求实质理性的法律解释，他们的司法制度也是有利于作出符合实质理性的司法裁判的。但是，现代的英美法系学者却也旗帜鲜明的在法律解释中举起了形式理性的大旗。哈佛大学的沃缪勒（Adrian Vermeule）教授认为，当法律文本清晰而又明白时，法官应当坚决地遵循它的字面含义，绝对不要诉诸于法官个人认为的制定法目的、立法者或起草者的意图或理

---

① 经过“二战”的洗礼和20世纪社会的发展，经验主义自由观在与建构理性自由观的竞争中脱颖而出，被当作是现代文明世界的自由理论，其基本见解包括理性是有限的、人性趋恶、权力限制和法律下的自由。罪刑法定原则被认为是经验主义自由观的产物。参见［英］哈耶克：《自由秩序原理》，邓正来译，生活·读书·新知三联书店1997年版，第6～18页。

解、公共价值和准则或者一般的衡平而赋予文本其他含义,法官应当坚决的抑制自己的解释欲望,把自己限定在一小部分解释材料上并遵循限定范围内相对机械的解释规则①。可见形式理性的价值普适性是不会因法系的不同而出现差异的,不论社会环境如何变幻,罪刑法定主义自身的发展如何迅猛,罪刑法定原则所蕴含的形式理性的价值前提永远不应当被否定。

形式理性体现在刑法解释中即为刑法解释的保守性,而保守的刑法解释立场也是以形式理性为核心价值而构建的解释立场。首先,法律解释的理性表现为客观性、合法性与正当性,除正当性可分解为形式的正当性和实质的正当性之外,客观性和合法性主要即体现了形式理性的确定性、规范性。坚持客观性和合法性是刑法解释保守性的突出特征和理性要求,在实践中表现为坚持刚性的、形式的入罪底线,坚持刑法的立法漏洞由立法来填补,强调以刑法文本及其所蕴含的立法原意为基础,反对激进的、过分超越文本限制而挤压人权的解释,而这也是形式理性的突出体现。在刑法解释中贯彻罪刑法定原则,必然要突出形式理性的价值蕴含,而形式理性在刑法解释中的表现即为保守性。其次,刑法解释的保守性在实际操作中突出表现为对解释限度和方法的限定,这又具体表现为服从刑法文本和以文义解释为基础。不论是服从客观的、成文的刑法文本还是严格按照刑法文本字面含义和语言逻辑进行文义解释,都突出体现了形式的理性,也体现了罪刑法定原则尊重成文法、排斥类推解释等派生内容,坚持罪刑法定原则必然要求坚持刑法解释的保守性。最后,罪刑法定原则在不断发展,其形式理性的价值蕴含也会受到其他价值蕴含的影响和牵制,罪刑法定原则也从坚持绝对的、无条件的形式理性演变为在以保障人权为出发点的前提下允许适当的突破形式理性,刑法解释的保守性也完全遵循了这样的发展理路,在解释的价值目标和结论中坚持刑法的保障人权机能,并在解释限度和解释方法中倾向于人权保障的价值取向。应当说,罪刑法定原则的形式理性价值完全印证了刑法解释的保守

---

① 参见[美]阿德里安·沃缪勒:《不确定状态下的裁判——法律解释的制度理论》,梁迎修、孟庆友译,北京大学出版社 2011 年版,第 4~6 页。沃缪勒教授在本书中对制定法解释中的形式主义理论提供了一种制度主义视角的论证,对实证主义、目的主义等法学理论进行了扬弃,宣扬了形式理性。

性，只有坚持刑法解释的保守性，才能真正贯彻罪刑法定原则。

2. 人权保障与刑法解释的保守性

毋庸置疑，人权保障是罪刑法定原则的根本价值，也是罪刑法定原则得以产生和发展的源动力和根本目的。作为现代法治的首要价值，人权保障观念已经席卷了全球的每一个角落，不论是国际条约还是各国的法律均将人权作为最为重要的部分纳入具有公权力强制保障的范围之内，我国也将人权保障明确的写入了宪法。罪刑法定原则以明确的形式将公民权利与国家权力相分离，在其之间划出了明确的界限——只有被法律明文规定为犯罪的行为才能追究其行为人的刑事责任，除实施了刑法规定的犯罪行为之外，任何人不得被追究刑事责任，而应享有充分的权利和自由，由此实现刑法的人权保障机能。欧洲启蒙运动以来，人们对个人价值进行了重新审视，以自由、人权为核心构建了新的价值体系，罪刑法定原则的实质精神即是对人权的保障，刑事法律要遏制的对象不是犯罪人，而是国家，尽管刑法规范的是犯罪及其刑罚，但它针对的对象都是国家，这是罪刑法定主义的实质，也是其全部内容①。

对公民人权的保障在现代社会的各个领域都受到了高度的重视，作为宪法所确立的根本价值，任何部门法都应当在自身的构建与发展中将人权作为基础价值和最终目的。将人权保障置于根本地位和最高的价值位阶已经成为现代法治社会最为突出和本质的特征，是现代法治刑罚观与专制主义刑罚观的本质区别。坚持罪刑法定，就是为了保障人权，这要求坚持形式的、明确的入罪底线，充分保障公民正当的基本生存权利和自由不受刑法的法外非难，使公民免于刑罚的不合理威胁。保障人权需要维护刑法的安定性和明确性，也必须诉诸刑法解释的保守性，坚持保守的刑法解释立场，这是罪刑法定原则中人权保障价值与形式理性的内在本质联系所必然要求的。如果不坚持以服从刑法文本、提倡文义解释为基础的保守的刑法解释，那么刑法在适用过程中就很难保障形式理性，公民难以预知自己的行为是否会因触犯刑法而受到刑罚的处罚，容易出现人权侵害的巨大风险，甚至陷入与现代法治精神相背离的刑事专制深渊。因为，专制君主的行为就是不可预见的，这些专制行为并不遵循理性模

① 参见李海东：《刑法原理入门（犯罪论基础）》，法律出版社 1998 年版，第 3、4 页。

式,而且不受明文规定的规则或政策的调整。现代社会中,大多数成年人一般都倾向于安全的、有序的、可预见的、合法的和有组织的世界,这个世界是具有可预测性的,在这个可依赖的世界里,出乎意料的、难以控制的、混乱的以及其他诸如此类的危险事情都不会发生。[①] 如果不坚持刑法解释的保守性,刑法的可预测性就无法实现,罪刑法定原则将形如虚设,世界便会出现上述的危险,根本无法切实保障公民的自由。

刑法解释的保守性与罪刑法定原则人权保障的价值蕴含具有充分的理论契合性,共同构成了现代法治理性的重要组成部分。刑法解释的保守性由于其在目标、限度、方法、结论等方面以保障人权为价值倾向而获得了理性意义上的正当性;同时,坚持刑法解释的保守性也是实现刑法的人权保障机能、贯彻罪刑法定原则的最为重要的途径。罪刑法定原则的人权保障精神为刑法解释的保守性提供了理论支撑和价值方向,只有坚持刑法解释的保守性,才能真正贯彻罪刑法定原则。

3. 权力制衡与刑法解释的保守性

权力制衡也是罪刑法定原则所蕴含的重要价值,这也体现了罪刑法定原则所蕴含的权力分立理论的相关精神。权力总是与人权相对的,为了切实的保障人权,需要对公权力进行制约与规束,同时在公权力内部对不同的权力进行划分并使其相互牵制,在社会运行中实现有效的制衡,这不仅能够实现公权力的高效运行,更能达到对权力的有效监督,防止权力的滥用,有效保障公民的自由和权利。

罪刑法定原则所蕴含的权力制衡价值,既表现为对立法权的限制,也表现为对司法权的限制。由于刑法的适用必然需要对刑法规范进行解释,刑法解释贯穿于刑法适用的始终,因此从刑法解释的角度出发,罪刑法定原则所蕴含的权力制衡价值主要还是表现为对司法机关在适用刑法过程中的限制,即刑事立法权对刑事司法权的规制。相对的罪刑法定原则给司法机关保留了较为广阔的自由裁量空间,由于刑法中存在大量的价值判断语词与概然性规定,在司法实践中,司法机关可以根据实际案情进行具体的解释,进而作出裁量,但是这种相对自由的裁量必须置于罪刑

---

① 参见[美]博登海默:《法理学:法律哲学与法律方法》,邓正来译,中国政法大学出版社1999年版,第227~233页。

法定原则的规制下,不能逾越了司法的界限而做出实质上的“造法”行为。司法机关的过度解释和任意解释必然会破坏罪刑法定原则的形式理性价值,瓦解立法权与司法权之间的制衡关系,并最终导致巨大的人权风险。

刑法解释的保守性恰恰印证和维护了权力制衡价值,只有坚持保守的刑法解释立场才能实现罪刑法定的权力制衡价值。在司法实践中,刑法解释的保守性体现为以保障人权作为价值倾向,坚持以形式解释为基础,鼓励探寻立法文本原意,并适当吸收客观解释和实质解释的合理成分,在保障人权的价值前提下对各种解释方法进行整合和运用。具体而言,一是要坚持保守的客观解释论,即在入罪时要注重吸收主观解释论所主张的有利于谨慎入罪的立法文本原意限制之合理成分,但在出罪时可采客观解释论所主张的有利于大胆出罪的立法文本客观意思扩张之合理成分;二是要坚持保守的实质解释论,即在入罪时要注重吸收形式解释论所主张的有利于谨慎入罪的立法文本形式限制之合理成分,但在出罪时可采实质解释论所主张的有利于出罪的立法规范实质扩张之合理成分。[①] 因而,坚持在入罪场域之形式解释与主观解释的形式限制和立法文本原意限制,能够充分实现对司法权的制约和公权力之间的权力制衡。首先,根据社会契约论的理论,“公意”是国家主权权威的唯一来源,公权力来自于公民权利的让与。现代民主政治主张自由、平等、人权,认为每个人都有参与公共事务和自由主张个人意愿的权利,而近代民主国家的法律就是“公意”的集中体现。但是由于客观条件的限制以及主观意愿的差异,不是每一个公民都能够切实的参与到国家的治理活动当中去。在立法上,公民通过代议制度选举能够表达自己意愿的人作为自己的代表,组成国家的立法机关,行使立法权,在法律制定中表达所代表的公民的意思。因此,现代民主国家中,法律将体现的是公民的意思,如果司法中的刑法解释活动不尊重刑法文本及其背后所隐藏的公民意志,不以形式解释为基础、不在语境的转换中对法条进行主观解释,则这样的刑事司法就是对“公意”的亵渎和对民主的侵犯。其次,三权分立理论将权力划

---

① 参见魏东:《刑法研究方法的创新与运用》,载魏东主编:《刑法观与解释论立场》,中国民主法制出版社 2011 年版,第 156 页。

分为立法权、司法权和行政权。洛克认为,立法权是最高的权力,只有地位在他人之上的人才能制定法律,立法权能够为社会的一切部分和每个成员制定法律,并在法律被违反时授权执行,因而立法权是最高的权力,其他的权力都应当从属于立法权。① 孟德斯鸠认为,权力应当分立和制衡,但是立法权具有优先于司法权的效力。立法权是制定、公布法律的权力,是司法权的前提,只有立法权被行使,制定出了法律,司法权才有机会出动,对法律进行适用。为了实现立法权与司法权的制衡,即使是在相对的罪刑法定原则之下,法官也应当尽量扮演"宣布法律之语词的喉舌"角色,只有在有充分的合理性依据时才能对刑法进行技术性的解释②,不能任意变动法律的效力,否则就成了造法。因此,法官在刑事司法活动中应当以形式解释为基础,以主观解释为原则,坚持人权保障价值下刑法解释的保守性,这样才能实现对司法权的合理规制,保障权力制衡。

(四)罪刑法定原则的内容与刑法解释的保守性

罪刑法定原则的内容也被称为其派生原则,在具体的分类方式上目前仍存在一定的争议,但是可以肯定的是,发展中的罪刑法定原则需要从多个角度进行认识,不能机械地对罪刑法定原则进行理解。有学者明确表示了反对将罪刑法定原则分为"相对的罪刑法定主义与绝对的罪刑法定主义、形式的罪刑法定主义与实质的罪刑法定主义之类的经不起推敲的表述",③认为根据对立法权和司法权的不同限制,可以将罪刑法定原则的内容分为形式侧面与实质侧面,这种观点受到了极大的推崇。也有学者将罪刑法定的内容划分为传统的内容和现代的内容或积极的内容和消极的内容。④

从形式的侧面和实质的侧面来理解罪刑法定原则对刑法解释更加具有指导意义,这种划分方法与刑法解释理论在价值与逻辑上具有内在的

---

① 参见[英]约翰·洛克:《政府论》(下),杨思派译,中国社会科学出版社2009年版,第170页。

② 对刑法进行的技术性解释通常表现为人权保障底线之上的扩张解释、限缩解释、目的解释等,甚至在特殊情形下可以是有利于被告人的类推解释。

③ 张明楷:《实质解释论的再提倡》,载《中国法学》2010年第4期。

④ 马克昌、陈兴良教授曾对罪刑法定的内容做出过传统的与现代的划分,何秉松教授等学者则对罪刑法定原则做出了积极与消极的理解。参见杨艳霞:《刑法解释的理论与方法——以哈贝马斯的沟通行动理论为视角》,法律出版社2007年版,第88页。

契合性。罪刑法定原则在产生之初具有以下含义：以制定法为依据，排斥习惯法；排斥类推解释；不得溯及既往；排斥绝对不定期刑。这四个方面被划分为罪刑法定原则的形式侧面，主要在于限制司法权的行使。另外，罪刑法定原则的实质侧面包括两个方面的内容：一是刑罚法规的明确性原则；二是刑罚法规内容的适正的原则（包含禁止处罚不当罚的行为和禁止残虐的、不均衡的刑罚两个内容）①，这些内容主要是对立法权的限制。罪刑法定原则的形式侧面体现了形式法治的价值蕴含，而实质侧面则体现了实质法治的价值蕴含。有学者对罪刑法定原则内容形式侧面和实质侧面的划分形式提出了修正的意见：明确性原则是从语言的表述形式而言的，实体的适当原则是就法规内容的实质而言的，二者不应当划分到同一部分；另外，刑罚法规内容的适正原则只是涉及刑罚的适正而未涉及犯罪，且只论述了何种行为需要类型化为犯罪规定刑罚，实际上是犯罪规定的适当，难以论述残酷刑罚的禁止，更改为“犯罪规定的适当和刑罚规定的适当”更为合理。② 笔者认为，作为罪刑法定原则实质侧面的“明确性”不仅意味着刑法法规语言语义的明确，也含有犯罪与刑罚之间关系的明确性，立法应当使罪名与可能适用的刑种、刑度具有相对的明确性，这样就在符合了罪刑法定原则形式理性的同时契合了其实质理性的价值蕴含。③ 在对犯罪构成要件和法律后果的规定上，刑法条文必须具有一个最起码的明确性（明确性原则）。虽然不是绝对不允许在刑法规定中使用范围宽泛的条款和需要填充价值的概念，但对刑法所规定的适用范围和效力范围必须达到相当程度的明确。刑法条文必须清楚地告诉人们，什么是禁止的，以便让大家能够以此约束自己的举止。

罪刑法定原则的内容是其所蕴含的价值的具体体现，其形式侧面的内容完全体现了形式理性的价值蕴含，在发展演进过程中，形式侧面的具

① 张明楷：《实质解释论的再提倡》，载《中国法学》2010年第4期。

② 参见马克昌：《罪刑法定主义比较研究》，载《中外法学》1997年第2期。

③ “明确性原则”作为罪刑法定原则的一项内容或派生原则，在各国的刑法学体系中被赋予了多种意义，德国刑法学者将其作为刑法负担的保障功能、法治原则的作用展开论述，而日本刑法学中，明确性原则则被作为了对罪刑法定原则的实质性理解。参见［德］约翰内斯·韦塞尔斯：《德国刑法总论》，李昌珂译，法律出版社2008年版，第20、21页；［德］克劳斯·罗克辛：《德国刑法学总论》（第1卷），王世洲译，法律出版社2005年版，第80页；黎宏：《日本刑法精义》，中国检察出版社2004年版，第49～51页。

体内容在人权价值的指引下由绝对的形式理性走向相对的形式理性。由于罪刑法定原则的实质侧面主要是对立法权的限制,其形式侧面是主要是对司法权的限制,同时也是罪刑法定原则在刑法适用中的主要体现,因而形式侧面与刑法解释的关系更为直接,而刑法解释的保守性所蕴含的价值与罪刑法定原则形式侧面内容的发展理路完全契合,这更为直接地验证了坚持罪刑法定原则应当倡导保守的刑法解释。

罪刑法定原则对于刑法解释最直接的指导意义在于坚持按照已经制定的、明确的刑法规定进行入罪解释,禁止类推解释。这种要求体现了一种严格入罪解释的刑法精神,符合刑法的谦抑性和保守性,符合法理上法的明确性、安定性和可预测性,符合形式法治的要求,也与主观解释论、形式解释论的观点相契合。贝卡里亚在《论犯罪与刑罚》一书中主张坚持绝对形式上的罪刑法定原则,反对法官的能动解释,认为法官只可以像精密的机器一样按照固定的语言意义和逻辑推理方法对法律进行程式化的运用,因为"法律的精神需要探询"意味着放弃了法的确定性、明确性和安定性,使人们丧失了对刑法的安全感。这种思想随着历史的演进已经被人们所摒弃,当今学者大多认为应当将法的形式特征和实质特征相结合来进行法律解释,但是其蕴含的道理依然值得我们深思。正是基于这种法理反思,笔者认为坚持保守的刑法解释立场具有更大合理性:既注重发挥形式解释和主观解释在入罪解释场域的合理限制入罪功能,又注重发挥实质解释和客观解释在出罪场域的合理扩张出罪功能。

关于类推解释的争论是一个旷日持久的话题,对待类推解释的态度、类推解释与扩张解释的界限等问题一直存在争议。目前,学界的通说是坚持罪刑法定原则,反对不利于被告人的类推解释,但可以适用扩张解释。但也有学者认为类推解释具有实质上的正义性与合理性,传统的罪刑法定主义及禁止类推是法治口号下的"一个美丽的乌托邦",如今在刑法解释领域提出禁止类推主要是由于类推解释具有强大的修辞功能以及人们对国家权力的忌惮和防范。①

拉伦茨对刑法中的"类推"做出了界定:"有两件生活事实被相互比较,其一是可以毫无疑义地归属于法定构成要件之下的事实,相反地,另

---

① 参见吴丙新:《修正的刑法解释理论》,山东人民出版社 2007 年版,第 275 ~ 276 页。

一事实则(似乎)未被规范及之。假使两者间具有足够的类似性,则后者就法效果一点——并且仅就此点——应与前者作相同处理。刑法中类推适用的禁止,其所指的乃是此等意义的类推。"①考夫曼对"类推"的界定引起了法学界,尤其是刑法学界的轩然大波。他在《类推与"事物本质"——兼论类型理论》一书中指出:"所有的类推都是在一个被证明为重要的观点之下,对不同事物相同处置,是一个以某种关系为标准的相同性。"他将司法中对规范和事实的对照和等质处理过程称为"类推",将其前提归纳为"事实与规范具有相似性,亦即必须存在意义关系中的同一性",并进而主张刑法不严格的禁止类推。② 考夫曼的这种类推观念实质上是对罪刑法定原则的质疑,其不禁止类推的观点要冒极大的学术风险,从本质上危及了法的明确性、安定性,使公民无法预测刑法对个人行为的评价,为可能侵害人权的刑法解释和刑罚适用创造理论温床,过于宽泛的类推理论在刑法中适用所造成的人权灾难在20世纪已经得到了历史的验证。"类型化"理论是法学方法论中的一个重要命题,我们应当区分作为正当刑法解释方法的类比解释与违反罪刑法定原则的类推解释。"在类比解释的情况下,这种类似性是一种强类似,即相同大于相异,因而可以根据事物之本质将其归入某一概念或者类型之中。而在类推推理的情况下,这种类似性是一种弱类似,即相异大于相同,因而不能按照一般的法律解释方法将其涵括在某一概念或者类型之中,也就是属于法无明文规定的情形。在这种情况下非要适用这一法律,就需要类推推理。……考夫曼提出一切类型,甚至一切概念都是类推的,其实是对类推的一种误用。"③现实中也存在"类推回归"的声音,有学者认为考夫曼的类推观点提出了"在关系中寻求实体"的研究思路,承认法是不确定的,并且认为法原本就带有类推性质并且只能在"存在与当为的对应"中类似地把握,这对正统的刑法理论造成了很大的冲击。④ 笔者认为,这种观点带有法

---

① [德]卡尔·拉伦茨:《法学方法论》,陈爱娥译,商务印书馆2003年版,第16页。

② 参见阿图尔·考夫曼、温弗里德·哈斯默尔主编:《当代哲学与法律理论导论》,郑永流译,法律出版社2002年版,第184页;转引自姜福东:《法律解释的范式批判》,山东人民出版社2010年版,第28页。

③ 陈兴良:《刑法教义学方法论》,载梁根林主编:《刑法方法论》,北京大学出版社2006年版,第17~19页。

④ 参见吴丙新:《修正的刑法解释理论》,山东人民出版社2007年版,第16~19页。

学本体论的性质，偏离了在法学方法论中讨论类推解释的立场。另外，不禁止类推解释的观点是本体论解释学思想在法学领域的一种表现，在刑法解释学中，不禁止类推解释的观点忽视了法作为一种特殊的社会规范而不是一般文本的理论内核以及刑法作为社会保障法的特殊性，所得出的“相对合理”的解释结果会带来更不利的社会后果，甚至趋向于法律虚无主义。

类推解释的界限问题总是伴随着它与扩张解释的比较进行讨论的，在大多数情形下，刑法解释的主要争议就是发生在对类推解释与扩张解释的界限认定上。广义的类推解释包括两种情况：一种是类推适用，即我国 1979 年《刑法》第 79 条所规定的类推：对于刑法分则没有明文规定的犯罪，比照刑法分则最相类似的规定定罪量刑。另一种是狭义的类推解释，即解释结论完全超出了刑法用语可能具有的含义(一般含义)。[①] 拉伦茨将“可能的含义”理解为依一般语言用法或立法者标准的语言用法(特殊情况下)所指称的意义。[②] 大部分学者也支持在语义的涵摄范围之内进行解释，如果解释的结果超出了一般人所能接受的语义范围(国民预测可能性)，那么该解释就不是扩张解释而应归为类推解释。有学者提出，对于类推解释和扩张解释的界限不必过分纠结于形而上的概念区分，以直接的价值取向作为标准更为具有可操作性。目前，大多数学者均支持从保障人权出发，禁止不利于被告人的类推解释，但是也有部分较为激进的实质解释论学者认为不应当一概禁止不利于被告人的类推解释，而应从实质的理性价值出发加以判断，在法律确实无法明确解释的情况下，不利于被告人的类推解释可以适用。现代的罪刑法定原则禁止不利于被告人的类推解释，防止司法权的滥用，这是其本源的形式理性与人权保障价值所决定的。刑法解释的保守性以人权保障为价值倾向，以形式解释为基础、主观解释为原则，就是为了避免出现侵犯人权的类推解释，在对

---

① 张明楷：《刑法分则的解释原理》，中国人民大学出版社 2004 年版，第 15 页。在本书中，张教授还引用了日本前田雅英教授的观点，将刑法用语“可能具有的含义”分为三种情形：(1)一般人都预想到的含义(核心部分)；(2)一般人都难以想到的边缘部分；(3)上述二者的中间部分。如果解释结果属于一般人都难以想到的边缘部分，则原则上应否定行为的构成要件符合性；如果解释结果属于核心含义和边缘含义的中间部分，则应当考察其处罚的必要性。参见张明楷：《刑法分则的解释原理》，人民大学出版社 2004 年版，第 18 ~ 19 页。

② 参见[德]卡尔·拉伦茨：《法学方法论》，陈爱娥译，商务印书馆 2003 年版，第 227 页。

被告人出罪时充分吸收实质解释与客观解释理论的合理部分，也是为了实现罪刑法定原则的人权保障价值。因此，经过综合权衡，不利于被告人的类推解释应当被禁止，这既是罪刑法定原则的内容要求，也是刑法解释保守性的应有之义。

二、罪责刑相适应原则与刑法解释的保守性

罪责刑相适应原则是我国刑法的基本原则之一，是罪刑法定基础上的刑法原则，我国《刑法》第5条对该原则做出了规定："刑罚的轻重应当与犯罪分子所犯罪行和承担的刑事责任相适应。"我国刑法的罪责刑相适应原则以行为人的责任作为纽带，将罪与刑联系起来，体现了罪刑均衡主义的现代发展，虽然许多学者以西方的罪刑相适应原则为基础对罪责刑相适应原则进行了思辨与批判，但是综合了罪刑均衡和刑罚个别化的罪责刑相适应原则还是得到了充分的肯定，并在我国的刑法实践中得到了进一步的确立和发展。鉴于其丰富的理论内涵和对刑法实践的巨大指导作用，也有学者将其称为刑法的"核心原则"。

罪责刑相适应原则贯穿于立法、司法、执法当中，其所蕴含的价值与理论内涵深深地影响了现代法治的发展与刑法的运行。刑法解释贯穿于刑法实践的始终，必然要受到该原则的指导与规制。在不同的刑法实践活动中，罪责刑相适应原则对刑法解释的具体要求有所不同，但不论这些具体要求有何不同，其所蕴含的本源性价值和理论依据是相对稳定的，而这些价值蕴含和理论依据在刑法解释中可以总结、深化为一点——刑法解释的保守性。

（一）罪责刑相适应原则的起源发展与理论依据

罪责刑适应原则由罪刑相适应（罪刑均衡）原则发展而来，罪刑相适应原则作为近代刑法的基本原则，其思想渊源可以追溯到人类的原始社会。在原始社会中，基于朴素的正义、平等观念，强调"以眼还眼，以牙还牙"的复仇，从血族复仇到血亲复仇，再由血亲复仇到同态复仇，人们的思想观念反映出了对侵害所对应的惩罚的对等性追求，这体现了人类社会初级阶段最朴素但又本质的公平正义观念。作为人类历史上最古老的法典之一，《汉谟拉比法典》就出现了相关的规定："倘自由民毁损任何自由

民之子之眼，则应毁其眼，倘折断自由民（之子）之骨，则应折其骨。”随着人类社会的发展，人类的罪刑观念由关注犯罪与刑罚外在的形式对等性逐渐发展为重视其内在的价值相当性，不论是古希腊的“行为相应性惩罚”观念还是中国古代的“明德慎刑”思想均带有朴素的罪刑均衡思想的意味。

近代刑法中的罪刑相适应原则确立于资产阶级启蒙运动时期，是资产阶级启蒙思想的产物，其根源还是以人权为核心的自由、平等、民主、博爱等近代精神。许多启蒙思想家在其著作中都论及了犯罪与刑罚相适应的问题。霍布斯就从正义性和功利性的角度出发，提出惩罚的本质要求以使人服从法律为其目的，如果惩罚比犯法的利益还轻，则不能达到这一目的，反而会发生相反的效果；如果惩罚在法律本身中已有明确规定，而在犯罪之后又施加以更重的惩罚，那么逾量之罚便不是惩罚而是敌视行为①。经过资产阶级启蒙思想家、法学家们的努力，罪刑相适应原则作为了刑法的基本原则被确定下来，并且得到了进一步的发展。

刑事古典学派真正地确立了刑法中的罪刑相适应原则，将罪刑均衡的思想进行了系统的论述和进一步的发展。在刑事古典学派的理论中，罪刑相适应原则的理论学说主要有报应主义与功利主义之分。报应主义认为刑罚是犯罪的回报，犯罪与刑罚之间具有因果关系。日本学者木村龟二将“报应”归纳为三个要素：报应是对一定动的“反动”；报应是与动相当的“反动”；报应的内容是“害恶”或“痛苦”。在报应主义的具体标准上，又有事实说与价值说的不同标准。德国古典哲学家康德主张事实说（等量说），提倡追求犯罪与刑罚在外在形态上的一致性，犯罪人对其犯罪所应当承受的刑罚及其形式应由其所实施的犯罪的具体形式所决定，刑法的公正性在犯罪与刑罚外在形态的同一性中得到彰显。黑格尔主张价值说（等价说），认为犯罪与刑罚在外在形态上追求等同是不可能实现的，而且康德等量报应的观念容易推导出同态复仇的荒诞结论，是不科学、不开化的原始观点在刑法上的遗留。他认为犯罪与刑罚的等同性应在其内部寻求，追求犯罪与刑罚的内在联系并将其内在价值进行比较，刑

---

① 参见［英］托马斯·霍布斯：《利维坦》，黎思复、黎廷弼译，商务印书馆1985年版，第241～247页。

罚应当与具体犯罪在特定环境和特定时间中的特定价值,也就是犯罪对社会所造成的具体危害相一致[①]。报应主义所追求的犯罪与刑罚之间的等同性体现了公平正义价值,虽然理论途径不同,但其从人类传统观念所继承而来的公正性价值却始终贯穿其中,而这也正是罪(责)刑相适应原则的基本价值蕴含。

刑事古典学派中的功利主义从犯罪预防的目的出发而坚持罪刑相适应原则。刑法学先驱贝卡里亚吸收了孟德斯鸠等启蒙思想家出于防止犯罪的目的而协调刑罚的思想,明确提出刑罚的目的在于制止犯罪,只有罪刑均衡才能实现这一目的。公众所关心的不仅是不要发生犯罪,而且还关心犯罪对社会造成的危害程度,应当使犯罪所造成的社会危害程度尽量降低。对公共利益的危害越大,促使人们犯罪的力量越强,制止人们犯罪的手段就应该越强有力,这就需要犯罪与刑罚相对称。如果对两种不同程度的侵犯社会的犯罪处以同等的刑罚,那么人们就找不到更有力的手段去制止实施能带来较大好处的较大犯罪了。[②] 边沁进一步将罪刑相适应具体化,在贝卡里亚所设计的罪刑阶梯基础之上提出了罪刑均衡更为详细的规则:刑罚之苦必须超过犯罪之利;刑罚的确定性越小,其严厉性就越大;当两个罪行相联系时,严重之罪应适用严厉之刑,从而使罪犯有可能在较轻阶段停止犯罪;罪行越重,适用严厉之刑以减少其发生的理由就越充足;不应该对所有罪犯的相同之罪适用相同之刑,必须对可能影响感情的某些情节予以考虑。[③]

19 世纪末,随着资本主义经济和社会的发展,社会的哲学理论与价值观念都发生了巨大的变化,按照刑事古典学派理论所建立起来的刑事制度并未有效地限制犯罪,反而在资本主义高速发展的新时期,出现了犯罪量剧增的趋势,特别是许多严重犯罪的累犯、再犯大量出现,以客观行

---

① 参见陈兴良:《刑法哲学》,中国政法大学出版社 1992 年版,第 505、506 页。

② 参见[意]贝卡里亚:《论犯罪与刑罚》,黄风译,中国大百科全书出版社 1993 年版,第 65 页。

③ 参见[英]边沁:《立法理论——刑法典原理》,孙立等译,中国人民公安大学出版社 1993 年版,第 68 页。贝卡里亚提出了刑罚与犯罪在性质、程度上的相当性以及在执行上的相称性,边沁则从阻止和预防犯罪的角度出发,将贝卡里亚的观点进行了进一步的细化与发展,并提出了技术性的建议。也有学者将刑事古典学派中的功利主义理论称为规范功利主义,与刑事实证学派中的行为功利主义相对。

为为核心的刑事古典学派理论受到了现实的驳斥。刑事实证学派(近代学派)在此时代背景之下产生,反对在对犯罪的客观分析基础之上来构建罪刑相适应原则,而是将关注的目光从犯罪行为转移到了犯罪人,重视犯罪人的人身危险性,并将其视为犯罪的本质属性。刑事实证学派的罪刑相适应原则要求重视犯罪人在特定环境下的人格,将犯罪作为具体的而非抽象的法律现象进行考察。龙布罗梭首次提出刑罚要与犯罪人所承担的刑事责任相适应,认为刑罚的根据是犯罪人对社会防卫所应承担的责任,刑罚应当以犯罪人复归社会而不再犯罪所需的程度作为依据。意大利的著名刑法学家菲利则将犯罪人视为可以医治的病人,主张根据不同的犯罪人的个人特征适用刑罚,即要求实行刑罚个别化[①],强调犯罪与刑罚在特殊预防意义上的对称关系,认为刑罚应与犯罪人的人身危险性相适应,将刑罚与犯罪人的再犯可能性联系起来,刑罚的目的在于预防未然之罪。刑罚个别化的思想是社会发展到特定的历史阶段产生的理论观点,对传统的罪刑均衡理论产生了巨大的冲击,其社会本位的价值观念在一定程度上修正了刑事古典学派以个人本位为根本价值的传统罪刑均衡理论,使大陆法系的罪刑相适应原则得到了新的发展。鉴于刑事古典学派和刑事实证学派的罪刑相适应理论本质价值的一致性——公平、正义、自由、人权,现代各国的刑法理论将两派的理论进行了整合,传统的罪刑均衡观念与刑罚个别化理论相互融合、逐渐渗透,克服了两种理论各自的缺陷和不足,现代意义的罪刑相适应原则不仅要求刑罚应当与犯罪行为及其造成的实际危害相适应,也必然要求其与犯罪人的人身危险性相适应,这是客观历史实践与学术理论发展的必然要求。

我国的罪责刑相适应原则以责任为纽带,将犯罪与刑罚联系起来,并将传统的罪刑相适应原则与刑罚个别化原则有机结合起来,具有时代性和科学性,符合历史的发展潮流。虽然目前我国学者对罪责刑相适应原

---

① 刑罚个别化思想来源于德国学者沃尔伯格(W. E. Wahlberg),德国著名的刑法学家、刑事实证学派的代表人物李斯特的刑事政策学说对刑罚个别化的原则进行了深入论述,他从社会防卫的角度出发,认为特殊预防是形势政策的主要目的,犯罪人的矫治应等应当因人而异,从犯罪人的个性和教育的需要出发而使其刑罚处遇个别化,刑事政策亦是针对个人的,而最好的社会政策就是最好的刑事政策。这些观点对当时的德国立法改革产生了巨大影响,至今仍然有学者将刑罚个别化当作一项独立的刑法原则。

则的解读还有一定的争议和批判,但多数学者还是表现出了对罪责刑相适应原则在我国刑法典中确立的支持态度。

(二)罪责刑相适应原则的价值蕴含与刑法解释的保守性

相对于罪刑法定原则和刑法适用人人平等原则,罪责刑相适应原则与刑法具体适用的联系更为紧密,在实践中贯彻罪责刑相适应原则也更加要求技术性的规定和适用。罪责刑相适应原则与其他两个刑法的基本原则在本质上既有着共同的价值基础,也具有其自身独特的价值蕴含。鉴于罪刑法定原则的优先地位,罪责刑相适应必然是在罪刑法定的价值基础之上进行的,罪责刑相适应原则是罪刑法定基础上的刑法原则,“罪”是法定的犯罪,“刑”是法定的刑罚,“责”作为一条无形的纽带将法定的“罪”与“刑”连接在一起,罪责刑相适应原则当然地蕴含了形式理性与人权保障价值。作为重要的刑法原则,罪责刑相适应原则最核心的价值在于其所蕴含的正义价值,这在刑法适用中体现为对公正性的不懈追求,而在刑法解释中则具体表现为获得合法、合理的解释结果。从某种意义上说,该原则对刑法解释的意义并不逊于罪刑法定的铁则,因为如果刑法解释没有得出公正、合理的结果,那么刑法社会防护与人权保障的功能就难以实现,刑法的适用也就失去了其应有的意义。因此,刑法解释必然要遵循罪责刑相适应原则所蕴含的正义价值,这是实质理性对刑法解释的必然要求。

千百年来,正义一直是人类所苦苦追寻的价值,从古希腊先哲到现代学者,关于正义的论断谱写了人类文明的华美篇章,正义不仅是一种人类为了获取利益而刻意追求的外在价值,更早已成为了人类自身发展所必需的内在机制。然而,虽然正义价值对人类自身具有如此重大的意义,但是其定义目前仍存在争议。人类文明在高速发展,对正义价值的认识也在不断地深化与完善,不同历史时期下,对正义的认识也存在较大的差异。作为法律的核心价值,“正义”在法哲学与政治哲学中一直为学者所重视,许多著名学者都专门就此展开了深入的讨论,对正义价值的研究在进入 20 世纪之后又得到了进一步的升华。罗尔斯在其著作《正义论》中将正义理论提升到了前所未有的理论高度,他从社会契约论出发,对已有的西方伦理学和政治哲学做出了修正,构建了一种指导制度设计的正义原则。正义原则体现为两个原则:一是平等自由原则,即“每个人对其与他人所拥有的最广泛的平等基本自由体系相容的类似自由体系都应有一种平等的权利”，主要针对公民的政治权利；二是差别原则和机会平等原则，即在出现社会和经济的不平等时，对此种情形的处理应当“使它们：(1)被合理的期望适合于每一个人的利益；并且(2)依系于地位和职务向所有人开放”。罗尔斯认为，正义是社会制度和人类活动的首要价值，在社会的正义和个人的正义之间，社会的正义是应当被优先考量的。个人与社会既统一又不可避免地存在对立，在自由和平等出现矛盾时，要在实施自由原则的同时兼顾差别原则，由国家对矛盾加以调节，并且提出社会契约关系中的个人具有“服从一种不正义法律的义务”。① 罗尔斯的正义理论对法哲学同样具有重要意义，其所表现出的强烈的实质正义观念突破了自由主义保守派形式正义的观点，不仅要求形式上法律面前人人平等，更要求实现法治下实质的权利平等，并以此进行制度的构建。新分析法学派的创始人哈特从分配正义的角度出发，认为对分配利益和义务的法律做出是否正义的评价，要基于其是否达到了“同等情况同等对待”的标准，强调以道德的平等平衡自然的不平等②。凯尔森对柏拉图、亚里士多德等人的正义观念进行了批判，认为“正义之幸福”需要“从个人之幸福到对社会认可之需求之满足（此即正义之内涵）”进行转变，价值判断具有主观性，由人头脑中的情感因素所决定，人的理性无法得到绝对的价值而只能实现相对的价值，相对主义正义哲学独特的道德原则是宽容，这体现为“对他人宗教或政治信仰同情的理解”，并意味着自由，尤其是思想自由。最后，他将正义总结为一种相对正义，因自己以科学为业而将正义归为“能够保证对真理的探索繁荣昌盛之社会秩序”，“即自由之正义、和平之正义、民主之正义——一言以蔽之，曰宽容之正义”。③

罪责刑相适应原则所蕴含的正义价值必然要求刑法解释必须坚持保守性的立场，这不仅体现在对刑法解释方法的适用和刑法解释结果的探寻要以相对的合理性为出发点和落脚点，更要求应当以正义价值为目标，

---

① 参见[美]罗尔斯：《正义论》，何怀宏、何包钢、廖申白译，中国社会科学出版社1988年版。

② 在法哲学领域，许多学者在论述正义价值时，均将“公平”、“平等”作为了正义价值的核心概念，如拉伦茨就在论述正义时提出了“同等标准的原则”。

③ 参见[奥]凯尔森：《纯粹法理论》，张书友译，中国法制出版社2008年版，第139～165页。

坚守刑法的谦抑性和安定性，保障公民人权，在坚持普遍平等的前提下，以保障公民自由为优先性价值而实现现实中相对的正义。在法治的语境之下，正义最基本的标准就在于：基于社会福祉和集体利益，在适当限制公民个别行为自由且并不影响其基本生存与发展的前提下，平等、广泛地保障其基本的人权。人权保障不仅是当今世界最重要的普世价值，也是当今法治语境下"正义"最核心的价值蕴含。不保障人权的法必然是不正义的法，而丧失了人权保障蕴含的"正义"必然不可能成为现代法治社会中的正义。虽然公民基本人权的外延具有一定的相对性，但是其对于公民生存与发展的必要性却是绝对的。刑法是涉及公民基本人权的基本法，如果不坚持刑法解释的保守性，那么刑法的安定性与谦抑性将难以维持，更会对公民的基本人权造成挤压乃至危害，产生巨大的人权风险，这既是对正义价值实质的侵害，也是法治社会所绝不能容忍的。因此，刑法解释为了实现正义价值，必须以人权保障为出发点和落脚点，在入罪场域以形式解释、主观解释为基础，适当限制通过实质解释与客观解释的扩张入罪功能，切实做到在入罪时坚守形式、保守的底线；而在出罪场域，则应适当吸收实质解释与客观解释的扩张出罪功能，切实做到出罪时灵活运用解释方法和技巧，以正义价值为指导，在罪刑法定原则与人权保障价值的规制下，实现刑法解释中保守的、实质的正义，得出合法、合理的解释结论。

虽然罪责刑相适应原则所蕴含的正义价值要求刑法解释具有保守性，但是在实践中坚持刑法解释的保守性并非易事。法律实践中的实质正义本就是相对的，刑法解释结果合理性本身也具有本质上的相对性，这就为刑法解释制造了实体上的难题。受现代哲学思潮的影响，尤其是在哈贝马斯的"交往行动理论"被引入法学之后，许多学者都倾向于借助程序上的构建来解决法哲学中的许多实体难题，这种观点在法律解释学中尤甚。例如，考夫曼就提出了以人为基础的正义程序理论，在吸收了哲学解释学观点的基础上，对真理与正义的纯粹程序理论进行了批判，认为规范领域中的真理与正义离不开程序，但是同时又认为不能只依赖程序而放弃内容和经验，交往理性中的合意必须通过内容实体的正当性进行考量而不能仅仅从形式上的程序加以确立，单纯坚持程序形式而达成的合意无法保证获得实质的正当性，"真理发现会导致这样一种结果，即成了一种强迫人们把合意的恶意也作为合法的东西予以承认的自我行为”,①必须将实体与程序相结合,从哲学解释学的“主体间性”理论出发,将“关系”作为核心概念,将构成关系的“人”作为结合点,“以人为本”地构建法哲学中的真理和正义理论,②通过不同主体在交谈程序中主观因素的摩擦、碰撞、对立乃至消解以及客观因素的统一,达成不同认识的趋同和结合,最终得到内容和程序相结合、形式和实质相统一的真理结果,这便是“以人为本”的正义程序理论。在该理论中,“人”与“正义”密不可分,“正义”的解释循环存在于具体历史情境下的“人”之中。在理想的形式环境中,在历史经验的实质影响下,“人”对“正义”认识的趋同不仅是对“正义”认识的过程和手段,更成为了“正义”的标准。“基本权利和人权归根到底即法权的内容,绝大多数完全是从历史的经验中获得的”,③而“正义”也必须依赖于人的历史经验验证而获得实质的正当性,特定历史环境下的人权与正义必然存在本质上的契合性。考夫曼的正义程序理论展示了法中的“正义”必须以人为出发点、服务于人,“法的观念是个人类人性之观念,除此,它什么都不是”④。同理,为了实现刑法中的正义价值,在刑法适用中也必须坚持刑法解释的保守性,以人权保障为最根本的价值,否则可能导致超越刑法规范形式限制与立法文本原意限制而出现过度解释入罪的现象发生,从而偏离正义价值,忽略了人权保障而得出的所谓的“合理”结果也必将是实质上的不正义。

（三）罪责刑相适应原则的具体内容与刑法解释的保守性

根据通说,我国的罪刑相适应原则包含了以下具体内容:其一,有罪当罚,无罪不罚。即刑罚只能施于实施了犯罪行为的人而不能对未进行犯罪之人施行刑罚,犯罪是刑罚的必要条件,无犯罪则无刑罚。其二,轻

---

① [德]阿图尔·考夫曼:《后现代法哲学——告别演讲》,米建译,中国政法大学出版社2000年版,第40、41页。

② 考夫曼的正义理论依托于现代哲学的现象学、哲学解释学观点,体现了现代的哲学转向,对法哲学理论的发展产生了巨大的影响。需要说明的是,考夫曼以人为基础的正义程序理论还是立足于人作为实践主体的主体间性,并非社会主义法治理念中的“以人为本”。

③ [德]阿图尔·考夫曼:《后现代法哲学——告别演讲》,米建译,中国政法大学出版社2000年版,第58页。

④ [德]阿图尔·考夫曼:《法哲学的问题史》,载阿图尔·考夫曼、温弗里德·哈斯默尔主编:《当代法哲学和法律理论导论》,郑永流译,法律出版社2002年版,第199页。

罪轻罚,重罪重罚。刑罚的轻重程度应当以犯罪人的犯罪行为及其所应承担的刑事责任的轻重程度为衡量尺度,不能偏废任何一项。其三,一罪一罚,数罪并罚。一罪与数罪所造成的社会危害程度与犯罪行为人所应承担的刑事责任的大小必然不同,在适用刑罚时应当按照不同的规则区别对待。其四,同罪同罚,罪罚相当。即同一性质、情节相近的犯罪应当处以轻重相近的刑罚。其五,刑罚的性质应当与犯罪的性质相适应。这不仅是原始社会传承下来的朴素正义观念的体现,也是现代科学的刑法观之要求。罪责刑相适应原则的具体内容不仅反映了该原则在历史进程中的发展和演化,也彰显了其所蕴含的价值和理论内涵,体现了形式理性与实质理性的辩证统一。这些具体内容在坚持罪刑法定原则的基础之上对罪责刑相适应原则在刑法适用中的具体表现加以细化,在刑法解释中要充分遵循这些具体要求,坚持保守的解释立场,尤其应当从人权保障的角度出发,坚守入罪的形式底线,坚持“无罪不罚”、“轻罪轻罚”、“一罪一罚”、“罪罚相当”。

三、适用刑法人人平等原则与刑法解释的保守性

我国《刑法》第4条规定:“任何人犯罪,在适用法律上一律平等,不允许任何人有超越法律的特权。”适用刑法人人平等原则是指对任何人犯罪,不论犯罪人的家庭出身、社会地位、职业性质、财产状况、政治面貌、才能业绩如何,都应追究刑事责任,一律平等地适用刑法,依法定罪、量刑和行刑,不允许任何人有超越法律的特权,①其体现了宪法所规定的法律面前人人平等的原则,既蕴含了形式理性、人权保障等价值,也彰显了公平正义价值,保障了刑法的权威性。有学者对刑法适用人人平等原则作为刑法原则的独立性提出了质疑,认为该原则是宪法原则在部门法中的具体规定,不具有作为刑法基本原则的独立性,没有必要将其作为一个专门的原则加以认定。笔者认为,鉴于刑法自身的特殊性以及本原则对于刑法适用与刑事政策的重要意义,有必要专门在刑法中规定刑法适用人人平等的原则。

---

① 高铭暄、马克昌主编:《刑法学》,北京大学出版社、高等教育出版社2011年版,第29页。

平等价值既是正义的内涵,也是人权的内在价值,在法治社会中,如果不能首先保证独立个人在社会中的平等地位,那么所谓的人权只能成为一纸空谈。适用刑法人人平等原则中的“平等”,既包括定罪的平等,也包括量刑的平等;既要求保障形式的平等,又要求实质的平等。其中,形式的平等是前提,实质的平等是目的。在刑法解释中,适用刑法人人平等原则具体表现为对相同罪名、相同罪状的犯罪行为进行同样的解释。形式的平等要求在刑法解释中必须坚守形式底线,保障人权,从刑法条文的字面出发,以形式解释、主观解释为基础,维护刑法的安定性与权威性,这样才能实现对相同罪名、罪状的同等解释。同时,实质的平等又要求刑法解释在面对不同主体、不同客观情形的具体情况时充分吸收实质解释、客观解释的合理部分,在罪刑法定的前提下,充分考量具体案件的特殊性,对不同主体进行差别对待,得出合理的解释结果,最终实现形式平等与实质平等的有机结合。可见,适用刑法人人平等原则与刑法解释的保守性具有紧密的理论契合性,要贯彻适用刑法人人平等原则必然要求刑法解释具有保守性。

第五章　当下中国刑事政策体系与刑法解释的保守性

一、中国刑事政策体系之争

（一）刑事政策的基本范畴

1. 刑事政策的概念

由于犯罪是“蔑视社会秩序最明显最极端的表现”,[①]作为“所涉及的是对犯罪现象这一公共事务的认识与管理”的刑事政策,[②]则义不容辞地担当起了抗制犯罪重要指导原则和宏观策略的角色。就刑事政策的概念而言,由于由近代至当下的中外学者们都有着不同的定位与解读,也就形成了刑事政策概念的不同内涵。

在西方,通常认为,刑事政策概念最早出现于18世纪末19世纪初德国法学教授克兰斯洛德与费尔巴哈的相关著述中。克兰斯洛德认为:“刑事政策是立法者为了预防、阻止犯罪、保护公民自然权利并根据各个国家具体情况而采取的措施。”[③]费尔巴哈则认为,刑事政策是国家据以与犯罪作斗争的惩罚措施的

---

① 《马克思恩格斯全集》(第2卷),第416页。

② 卢建平:《刑事政策学的基本问题》,载《法学》2004年第2期。

③ 卢建平:《社会防卫思想》,载高铭暄、赵秉志主编:《刑法论丛》(第1卷),法律出版社1998年版,第134页。

总和,是“立法国家的智慧”。[①] 德国刑法学家冯·李斯特将刑事政策定义为“国家与社会据以组织反犯罪斗争的原则的总和”。[②]

到了现代,西方发达国家学者对刑事政策内涵的理解更为深刻化和层次化。例如,日本刑法学者木村龟二认为:“刑事政策有广狭二义,广义之刑事政策乃在探求犯罪之原因而确立其对策;狭义之刑事政策在探求犯罪原因,研究犯罪对策,而批判现行刑罚制度之价值,且以确立改革刑罚制度之诸原则,并补充现行刑罚制度的犯罪对策之各种原则。”[③]

日本刑法学家大谷实将刑事政策概念分为最广义说、狭义说和最狭义说三种。其中,最广义说的刑事政策指“国家有关犯罪的所有的对策”;最狭义说的刑事政策指“对犯罪人及具有犯罪危险性的人所采取的强制措施”;狭义说的刑事政策指“国家机关(国家和地方公共团体)通过预防犯罪、缓和犯罪被害人及社会一般人对于犯罪的愤慨,从而实现维持社会秩序的目的的一切措施政策”。[④] 而大谷实本人是持狭义说的。

相较日本学者,法国学者对刑事政策概念的认知更为宏观化和包容化。例如,著名刑法学家马克·安塞尔将刑事政策定义为“刑事政策是由社会,实际上也就是说由立法者和法官在认定法律所惩罚的犯罪,保护‘高尚公民’时所作的选择”。同时,安塞尔也将刑事政策视为“观察的科学”与“组织反犯罪斗争的艺术或战略”。[⑤]

此外,法国刑法学家米海依尔·戴尔玛斯－马蒂认为:“刑事政策就是社会整体据以组织对犯罪现象的反应的方法的总和,因而是不同社会控制形式的理论与实践。”[⑥]

而法国刑事政策学家克里斯蒂娜·拉塞杰对刑事政策的定义是:“刑

---

① [法]米海依尔·戴尔玛斯－马蒂:《刑事政策的主要体系》,卢建平译,法律出版社 2000 年版,译序第 1 页。

② [法]米海依尔·戴尔玛斯－马蒂:《刑事政策的主要体系》,卢建平译,法律出版社 2000 年版,译序第 1 页。

③ 转引自谢瑞智:《犯罪与刑事政策》,文笙书局 1996 年版,第 119～120 页。

④ [日]大谷实:《刑事政策学》,黎宏译,法律出版社 2000 年版,第 3 页。

⑤ [法]米海依尔·戴尔玛斯－马蒂:《刑事政策的主要体系》,卢建平译,法律出版社 2000 年版,译序第 1 页。

⑥ [法]米海依尔·戴尔玛斯－马蒂:《刑事政策的主要体系》,卢建平译,法律出版社 2000 年版,译序第 1～2 页。

事政策是对广义的犯罪现象的认识分析,是对与这一现象作斗争的方法措施的解析,同时也是在一定理论指导下的用来实际解决打击预防犯罪现象过程中各种问题的社会的法律的战略。"①这一认识被认为是"现今西方最流行的刑事政策的定义"。②

与发达国家刑事政策概念演进相比,我国自建国以来关于刑事政策概念则经历了由抽象化、静态化、主体单一化到逐渐具体化、动态化和主体多元化的过程。

高铭暄教授是国内最早提出刑事政策概念的学者之一,他认为:"刑事政策是运用刑法武器同犯罪作斗争的策略、方针、原则,是我国刑事立法和刑事司法的灵魂。"③

马克昌教授也是较早对刑事政策概念进行界定的学者,他将其定义为:"中国共产党和人民民主专政政权,为了预防犯罪,减少犯罪,以致消灭犯罪,以马列主义、毛泽东思想为指导,根据我国的国情和一定时期的形势,而制定的与犯罪进行有效斗争的指导方针和对策。"④

杨春洗先生则认为:"刑事政策是国家或者执政党依据犯罪态势对犯罪行为和犯罪人运用刑罚和有关措施以期有效地实现惩罚和预防犯罪目的的方略。"⑤

储槐植先生对刑事政策的定义是:"国家和社会依据犯罪态势对犯罪行为和犯罪人运用刑罚和诸多处遇手段以期有效地实现惩罚和预防犯罪目的的方略。"⑥

我国司法机关对刑事政策概念较有代表性的见解是:"刑事政策和策略,简略来说就是一个国家在同犯罪作斗争中,根据犯罪的实际状况和趋势,运用刑罚和其他一系列抗制犯罪的制度,为达到有效抑制和预防犯罪的目的,所提出的方针、准则、决策和方法等。""目前在我国,刑事政策和策略是党和国家制定的,或者政法机关制定并经党和国家肯

---

① [法]米海依尔·戴尔玛斯-马蒂:《刑事政策的主要体系》,卢建平译,法律出版社2000年版,译序第1页。

② 卢建平:《刑事政策学的基本问题》,载《法学》2004年第2期。

③ 高铭暄、王作富主编:《新中国刑法的理论与实践》,河北人民出版社1988年版,第67页。

④ 马克昌主编:《中国刑事政策学》,武汉大学出版社1992年版,第5页。

⑤ 杨春洗主编:《刑事政策论》,北京大学出版社1994年版,第7页。

⑥ 储槐植:《刑事一体化》,法律出版社2004年版,第258页。

定、推行的运用刑事法律武器同犯罪作斗争的一系列方针、措施、政策、办法的总和。”①

最近几年，一些青年学者们逐渐认识到，我国较早的刑事政策概念，通常都最终定义为“策略”、“（指导）方针”、“原则”、“方略”等抽象化名词，这种定义方式固然高屋建瓴地将刑事政策概念置于反犯罪进程的统领地位，使刑事政策成为了“我国刑事立法和刑事司法的灵魂”。但同时，由于我国刑事政策概念缺乏西方刑事政策概念中的层次性，没有所谓广义或者狭义概念与之配套，②也就无法从概念的定义中展现出针对犯罪的机制、措施、方法等具体化反应，这种单纯宏观化、抽象化的定义，使得对这一概念的解读往往也停留在“策略”、“方针”、“原则”等单一化的理解上，如此一来，这一概念极易由“高屋建瓴”转而被“束之高阁”。同时，随着对反犯罪斗争认识的不断深化，刑事政策主体的多元化，应该是刑事政策发展的必然趋势，也是抗制犯罪的必然选择，而刑事政策主体仅仅限定为执政党和（或）国家显然是不够的，应当将社会力量纳入刑事政策的主体范畴之中。此外，刑事政策本身不仅仅是一个静态的原则，同时也是动态的犯罪认知过程和犯罪治理进程。在此认识之下，青年学者们对刑事政策概念进行了较新的解读。

学者曲新久认为：“所谓刑事政策，是指国家基于预防犯罪、控制犯罪以保障自由、维持秩序、实现正义的目的而制定、实施的准则、策略、方针、

---

① 肖扬主编：《中国刑事政策和策略问题》，法律出版社 1996 年版，第 2 ~ 3 页。

② 西方学者（主要是日本学者）对刑事政策所进行的广义、狭义的界分，对我国刑事政策的研究而言，其意义主要是可以在认识观和方法论上促进对刑事政策的理解和把握，以体现出刑事政策的宏观性、整体性、全局性。故而，这种分层也是具相当积极意义的。同时，我们也应注意到，虽然有着对刑事政策广义，甚至最广义的划分，也虽然如李斯特所言，“最好的社会政策就是最好的刑事政策”，但对刑事政策的研究主要还是从刑事法或者类刑事法层面展开的。因为，一方面，刑事政策的研究者绝大多数还是刑事法学者；另一方面，从具体的抗制犯罪机制角度入手研究刑事政策，可以更好地总结犯罪的规律、摸索反犯罪的经验、检讨现行刑事政策之得失。相反，泛泛地从教育、就业、福利、环保等政策角度来谈论刑事政策却并不能为刑事政策提供直接的建设性建议。因此，讨论到刑事政策的广义说时并不意味着各学科、各领域一拥而上、“大炼钢铁”似的都来研究刑事政策。当然，在刑事法学者们研究刑事政策时，又应当多领域、多学科、多角度、宏观性、整体性地来观察和思考反犯罪这一宏大命题，注意研究刑事政策时视野的广域、方法的多元和立意的高远，从此意义上讲，这也正是将刑事政策予以广义、狭义之分的最终意义所在。

计划以及具体措施的总称。"①

学者刘仁文将刑事政策定义为:"刑事政策是指代表国家权力的公共机构为维护社会稳定、实现社会正义,围绕预防、控制和惩治犯罪所采取的策略和措施,以及对因此而牵涉到的犯罪嫌疑人、犯罪人和被害人所采取的态度。"②

学者梁根林则认为刑事政策的概念是:"国家和社会整体以合理而有效地组织对犯罪的反应为目标而提出的有组织地反犯罪斗争的战略、方针、策略、方法以及行动的艺术、谋略和智慧的系统整体。"③

通过东西方学者对刑事政策概念的不同理解,并结合当前中国抗制犯罪的实际,笔者认为,刑事政策的内涵应该是:以国家为主导的,国家和社会共同防范和打击犯罪的策略、原则、机制、措施、方法及其运行过程的总和和治理犯罪的整体公共行为选择。

2. 刑事政策的基本特征

根据前述概念,刑事政策应当具有以下基本特征:

首先,国家主导性。刑事政策作为应对犯罪现象的公共产品,其制造者和提供人通常只有国家方能胜任,因为,现代国家的民主体制(包括权力制衡机制、民主监督机制、民主决策机制、民意吸纳机制等),可以保障刑事政策的方向真正指向预防犯罪、控制犯罪并保障人权。同时,制造出刑事政策这一产品的"原材料"(针对犯罪的法律,打击犯罪的专业力量,抗制犯罪所需的物质准备等),只有国家方能调动、支配和提供;而对于社会组织和个人而言,要制造这一产品无异于"不可能的任务",故刑事政策也与一般政策一样,是由国家主导的。

其次,特定指向性。刑事政策是由犯罪这一社会现象所引发的国家和社会的反应,犯罪自然成为了刑事政策认识和治理的对象。④ 由此,刑

---

① 曲新久:《刑事政策的权力分析》,中国政法大学出版社 2002 年版,第 68 页。

② 刘仁文:《刑事政策初步》,中国人民公安大学出版社 2004 年版,第 29 页。

③ 梁根林:《刑事政策:立场与范畴》,法律出版社 2005 年版,第 23 页。

④ 虽然发达国家的一些学者将吸毒、嫖娼、酗酒等越轨行为,甚至精神病人的危害行为也纳入刑事政策的研究视野,但在我国的刑事立法和司法语境下,还是仅以犯罪行为作为刑事政策的治理对象的。

事政策也一直属于公共事务的范畴①。

最后,治理动态性。如前所述,刑事政策应该是针对犯罪的“不同社会控制形式的理论与实践”②的观念已经成为当前中外学者们的共识。因此,刑事政策已不再停留在原则、指针等抽象、虚化的静态层面,而是适时反映犯罪态势、随时检视治理得失、不断调整应对策的犯罪抗制动态进程。

(二)刑事政策的体系

现代科学发展的成果已经证明,一切事物都是作为系统而存在的,事物作为系统而存在,这是一个重要的哲学命题,具有重大的方法论意义。③ 就刑事政策而言,“当今世界任何国家在同一时期内不可能只存在一二项刑事政策,而是有一组(一群)刑事政策”。④ 而这种群体化样态存在的刑事政策又势必按照一定的组合机制和一定的系统结构,存活于一定的体系之中,由此形成的系统便是刑事政策体系。

1. 刑事政策的体系分类

依据不同的标准,可以将刑事政策分为不同的体系类型。

首先,按照刑事政策的内容及其指导地位划分的刑事政策体系,这也是刑事政策体系的纵向结构。根据这一标准划分出的刑事政策体系又包含二层次说和三层次说。我国学者杨春洗教授认为,刑事政策可分为基本的刑事政策和具体的刑事政策,其中,“惩办与宽大相结合”、“综合治理”是基本的刑事政策;“坦白从宽,抗拒从严”、对严重危害社会治安的罪犯“从重从快”惩处等是具体的刑事政策。⑤ 此外,我国学者马克昌教

---

① 虽然在当今“恢复性司法”的理念之下,主张行为人(犯罪人)与被害人之间的调解、和解的理论和实践在不少发达国家中得到推行,但这并不意味着犯罪这一现象已由公共事务领域退回到私人事务领域。因为,首先,恢复性司法是为了弥补传统刑事司法体制的不足而建立的新型纠纷解决机制,其初衷之一旨在恢复和谐的社区关系,而和谐的社区关系,良好的交往秩序显然属于公共领域的范畴。其次,恢复性司法是在国家和政府为主的推动下展开的,并很大程度上利用了社会资源作为支持和保障(如建立专门调解机构,设置相关的专业人员等)。从这两方面意义上讲,恢复性司法并非仅仅是犯罪人与被害人之间的私人事务,而仍然从属于现代司法这一公器的运用模式中,只是公民个体参与性的增强而已。

② [法]米海依尔·戴尔玛斯-马蒂:《刑事政策的主要体系》,卢建平译,法律出版社2000年版,译序第1~2页。

③ 何秉松主编:《刑事政策学》,群众出版社2002年版,第13页。

④ 储槐植:《刑事一体化》,法律出版社2004年版,第258页。

⑤ 参见杨春洗主编:《刑事政策论》,北京大学出版社1994年版,第173页。

授也是将刑事政策分为基本刑事政策和具体刑事政策两个层次的。[①] 相较二层次说而言，近年来我国学者较多地将刑事政策划分为三个层次。学者何秉松认为，从政策层次的角度可以将政策分为总的刑事政策（如社会治安综合治理的刑事政策）、基本的刑事政策（如惩办与宽大相结合的刑事政策）和具体的刑事政策（如依法从重从严惩治破坏经济的犯罪分子的刑事政策）。[②] 学者梁根林将刑事政策分为根本刑事政策、基本刑事政策和具体刑事政策三层次。根本刑事政策主要指具全局性和终极性指导意义的准则，如刑法规定的目的和任务、刑法的基本原则等；基本刑事政策主要是对犯罪的反应的某一个基本面具有主导作用的刑事政策，主要存在于定罪、刑罚和处遇以及犯罪预防四个基本过程之中；具体刑事政策则是对犯罪反应的某一具体活动领域的政策，如死刑政策、对恐怖主义犯罪的刑事政策等。[③]

其次，依据刑事政策的运行过程，又可以将刑事政策分为刑事立法政策、刑事司法政策、行刑处遇政策和犯罪预防政策，这也是刑事政策体系的横向结构。[④] 此外，学者杨春洗教授认为横向结构亦即过程结构，由定罪政策、刑罚政策和处遇政策构成。[⑤]

最后，按照刑事政策的制定主体的不同，又可分为党的刑事政策与国家的刑事政策，中央的刑事政策与地方刑事政策。其中，国家刑事政策是指国家立法机关、国家行政机关（国务院）、国家司法机关制定的刑事政策；地方刑事政策是指地方国家机构制定的刑事政策。[⑥]

2. 关于刑事政策体系核心之讼争

如前所述，就刑事政策的具体名称而言，当前我国被直接赋予了具体名称的刑事政策，包括宽严相济刑事政策、“严打”刑事政策、死刑刑事政

① 参见马克昌主编：《中国刑事政策学》，武汉大学出版社 1992 年版，第 77 页。

② 参见何秉松主编：《刑事政策学》，群众出版社 2002 年版，第 78 ~ 79 页。

③ 参见梁根林：《刑事政策：立场与范畴》，法律出版社 2005 年版，第 74 页以下。

④ 参见梁根林：《刑事政策：立场与范畴》，法律出版社 2005 年版，第 88 页。

⑤ 参见杨春洗主编：《刑事政策论》，北京大学出版社 1994 年版，第 15 ~ 16 页。

⑥ 参见杨春洗主编：《刑事政策论》，北京大学出版社 1994 年版，第 172 页；参见何秉松主编：《刑事政策学》，群众出版社 2002 年版，第 64 ~ 65 页。

策、经济犯罪刑事政策、“打黑”刑事政策[①]、反腐刑事政策以及未成年人犯罪刑事政策、老年人犯罪刑事政策、女性犯罪刑事政策等。我们可以发现,除了宽严相济刑事政策之外,其他的具体刑事政策,都是被分散化、个别化为针对某种司法适用原则的措施(如“严打”刑事政策),针对特定刑罚种类的指导方针(如死刑刑事政策),针对某一类具体犯罪的应对策略(如经济犯罪刑事政策、“打黑”刑事政策、反腐刑事政策等)或具体犯罪人类型的对策措施(如未成年人犯罪刑事政策等)。对这些具体的刑事政策,我们也可以称之为“点”的刑事政策。

相较而言,宽严相济刑事政策则具有其他刑事政策所不具有的统摄性、承继性。

首先,宽严相济刑事政策具有统摄性。就在抗制犯罪中的地位与功能而言,刑事政策应具有“战略”的宏观性,属于一个国家和社会抗制犯罪的“宏大叙事”,只有这样,才能高屋建瓴地观察到整个国家反犯罪斗争的形势、局面和趋势,而不是被个别犯罪态势所“一叶障目”,或被犯罪周期性的波动所牵制。前述的具体刑事政策,都不能胜任此重任,而根据宽严相济刑事政策的内涵,其指导原则和适用标准能涵盖所有的犯罪类型和犯罪人类型。因此,笔者认为,宽严相济刑事政策可以在当下我国刑事政策体系中居于核心地位。

其次,宽严相济刑事政策具有承继性。在宽严相济刑事政策提出之前,我国刑事立法和司法的实践中,也有着主张“区别对待”的刑事政策,即惩办与宽大相结合的刑事政策,且这一刑事政策还直接被写入了 1979 年《刑法》第 1 条之中,足见该原则在刑事司法中提纲挈领的地位。[②] 这

---

① 就打击黑社会性质组织犯罪而言,是否相关的司法举措已经上升到了一项刑事政策的高度,可能还存在不小的争议。不过,当前我国许多地区司法机关在治理黑社会性质组织犯罪过程中所形成的“打早打小”、“露头就打”等抗制思路和“分清主从、重点打击首要分子”等司法适用原则已经相当程度地系统化、判例化,从这一意义上讲,也可以将当下治理黑社会性质组织犯罪界定为“打黑”刑事政策。

② 需要说明的是,在 1997 年刑法的大幅修订后,“惩办与宽大相结合的刑事政策”却悄然淡出 1997 年刑法,个中缘由,未见官方的任何解释。由此也给刑法学理论界留下了不小的谜团,也引发了众多的猜测。而其中最有影响力的一个解释是“为了给严打刑事政策让路”。参见陈兴良:《宽严相济刑事政策研究》,载《法学杂志》2006 年第 1 期。在进入 21 世纪之后,随着国家高层对犯罪治理思路的调整,宽严相济刑事政策的提出,似乎又对原“惩办与宽大相结合的刑事政策”进行了接续。

一政策的核心在于要求对犯罪和犯罪人实行区别对待,并且将宽大和严厉两方面有机结合起来。[①] 而宽严相济刑事政策的核心也在于“对刑事犯罪分清轻重,区别对待,做到该严则严,当宽则宽,宽中有严,严中有宽,处罚轻重适宜,符合罪责刑相适应的原则”。[②] 由此可见,二者在本质内核上具有明显的承继性。既然惩办与宽大相结合的刑事政策曾经是基本的刑事司法指导原则,那么作为其延续的宽严相济刑事政策也自然具有了在刑事政策体系中的核心地位。

二、宽严相济刑事政策适用与刑法解释的保守性

(一)宽严相济刑事政策之解读

就宽严相济刑事政策而言,透过对“宽”、“严”、“相济”三个关键词内涵的认知,可以分析出这一刑事政策的含义。

首先,就“宽”而言,意味着宽大、宽缓,进一步讲,又包含着“当宽必宽”和“可宽宜宽”两方面的意思。

一方面,在对犯罪人量刑时,应当严格遵循刑法的规定,做到“当宽必宽”。具体而言,“当宽必宽”指在犯罪人具有刑法所规定的从轻、减轻、免除处罚情节时,须依法对其适用相关从宽情节,且司法人员必须将相关的从宽处罚情节在侦查、起诉、审判等环节中加以充分考虑和体现。[③]

另一方面,坚持“可宽宜宽”。即在犯罪人虽不具有刑法渊源中所明确规定的各类型从宽处罚情节,但具有酌定从轻处罚的相关情节(如犯罪人系初犯、偶犯,又如犯罪系因恋爱、婚姻、家庭、邻里纠纷等民间矛盾激化引发或因劳动纠纷、管理失当等原因引起,或者犯罪人在案发后进行赔偿,并有认罪、悔罪等情形)的,在对犯罪人量刑时,也应尽量对其适用较为宽缓的刑罚。

其次,就“严”而论,意味着严厉,即“当严必严”。总体而言,“严”即

---

① 黄华生:《“宽严相济”与“两极化”之辨析》,载《法学家》2008 年第 6 期。

② 马克昌:《“宽严相济刑事政策”与刑罚立法的完善》,载《法商研究》2007 年第 1 期。

③ 现行刑法典中对于从轻、减轻、免除处罚的情节规定有十余处之多,散见于总则与分则之中。如总则部分对于未成年人犯罪、老年人犯罪、孕妇或者怀孕期间的妇女罪犯、犯罪未完成形态、共同犯罪中的非主犯类型、防卫过当、避险过当、自首、立功等情节规定了若干从宽处罚的情节;分则部分则对收买被拐卖的妇女、儿童罪,拒不支付劳动报酬罪,非法种植毒品原植物罪,行贿罪等犯罪规定了对行为人在犯罪后具有的特定悔改情节从宽处罚的规定。

严密刑事法网、严肃刑罚执行。具体而言,又可以从犯罪类型和犯罪人类型两方面来理解和适用。

就犯罪类型而言,对于危害国家安全犯罪、恐怖组织犯罪、邪教组织犯罪、黑社会性质组织犯罪、恶势力犯罪、故意危害公共安全犯罪等严重危害国家政权稳固和社会治安的犯罪,和故意杀人、故意伤害致人死亡、强奸、绑架、拐卖妇女儿童、抢劫、重大抢夺、重大盗窃等严重暴力犯罪和严重影响人民群众安全感的犯罪,以及走私、贩卖、运输、制造毒品等严重毒害人民健康和社会安全的犯罪,尤其是在当前社会处于深刻转型期,以不特定人为侵害对象、滥杀无辜的犯罪行为,[①]应当予以严厉处罚。同时,对于国家工作人员贪污贿赂、滥用职权、失职渎职的严重犯罪,重大安全责任事故、制售伪劣食品药品所涉及的国家工作人员职务犯罪,发生在社会保障、征地拆迁、灾后重建、企业改制、医疗、教育、就业等领域严重损害群众利益、社会影响恶劣、群众反映强烈的国家工作人员职务犯罪,发生在经济社会建设重点领域、重点行业的严重商业贿赂犯罪等,也应从严处罚。这些犯罪类型,均应作为刑事司法的重点,予以有针对性的依法严惩,即"在具体的刑事司法中体现为适用普通程序和刑事诉讼化、刑罚化与监禁化,直至适用最严厉的刑罚——死刑"。[②]

就犯罪人而言,对于事先精心预谋、策划犯罪的犯罪人,具有惯犯、职业犯等情节的犯罪人,因故意犯罪受过刑事处罚,在缓刑、假释考验期内又犯罪的犯罪人,以及累犯、毒品犯罪的再犯等应当依法严惩,以实现刑罚特殊预防的功能。

最后,就"相济"来讲,意味着"协调运作",蕴含着结合、配合、补充、渗透、协调、统一、和谐之意,即协调运用宽松刑事政策与严格刑事政策,实现二者的相互依存、相互配合、相互补充、相互协调、有机统一。[③] 具体

---

① 由于当前中国正处于社会深刻转型期,各种利益结构深度调整、各种矛盾冲突不断凸显。在此期间,个别社会失意人员因褊狭、阴暗的心理,出于极端仇视社会的、病态报复公众的目的,在偏激、暴戾的冲动之下,针对不特定人所实施的暴力犯罪屡见不鲜,如近年来所发生的温州持菜刀对幼儿园的幼童实施暴力侵害等案件。

② 赵秉志:《和谐社会构建与宽严相济刑事政策的贯彻》,载《吉林大学社会科学学报》2008 年第 1 期。

③ 赵秉志:《和谐社会构建与宽严相济刑事政策的贯彻》,载《吉林大学社会科学学报》2008 年第 1 期。

在刑事司法过程中，"相济"主要表现在以下几方面：其一，在对各类犯罪依法处罚时，要善于综合运用宽和严两种手段，对不同的犯罪和犯罪分子区别对待，做到严中有宽、宽以济严，宽中有严、严以济宽；其二，对严重刑事犯罪依法从严惩处的同时，对犯罪人具有自首、立功、从犯等法定或酌定从宽处罚情节的，还要注意宽以济严，根据犯罪的具体情况，依法应当或可以从宽的，都应当在量刑上予以充分考虑；其三，在对较轻刑事犯罪依法从轻处罚的同时，要注意严以济宽，充分考虑被告人是否具有屡教不改、严重滋扰社会、群众反映强烈等酌定从严处罚的情节，对于不从严不足以有效惩戒者，也应当在量刑上有所体现，做到济之以严，使犯罪分子受到应有处罚，切实增强改造效果；其四，对于犯罪人同时具有法定、酌定从严和法定、酌定从宽处罚情节的案件，要在全面考察犯罪的事实、性质、情节和对社会危害程度的基础上，结合被告人的主观恶性、人身危险性、社会治安状况等因素，综合做出分析判断，总体从严或者总体从宽。当然，就"宽"与"严"二者的关系如何协调上，笔者认为，在当前我国刑事司法总体上还是具有较浓厚的重刑化色彩的背景下，"宽"和"严"之间就应是有所侧重的，即二者之间不是平均着力的，宽严相济政策在当前理应侧重于"宽"。①

综上所述，宽严相济刑事政策可以归结为：当宽则宽，该严则严，轻中有严，重中有宽，宽严有度，宽严适时。其核心则是区别对待。

（二）宽严相济刑事政策语境下刑法解释的保守性

"宽严相济的刑事政策是中国当前刑事法治中的基本刑事政策，在中国刑事法学研究和刑事法律实务中起着基础性的作用。"②因此，所有的刑事司法活动，都应该在这一语境下观察和探讨。基于这一要求，进行刑法解释时，更应当遵循保守性原则。

刑法解释的保守性，实际上是在甄别和判断实质主义刑法观和形式主义刑法观二者的优劣、高下的基础上，辩证地扬弃二者各自的不足之后所形成的刑法立场。实质主义刑法观及其派生出的实质的刑法解释论，

---

① 储槐植、赵合理：《构建和谐社会与宽严相济刑事政策之实现》，载《法学杂志》2007年第11期。

② 赵秉志：《宽严相济的刑事政策与刑法解释关系论》，载《河南省政法管理干部学院学报》2008年第2期。

从法益的被侵害性角度，论述了犯罪圈划定的根据，并据此“使刑法规定的犯罪真正限定在具有严重的法益侵害性的行为之内”，[①]但此种观点也会因对法益被侵害进行过度解读而有损害罪刑法定原则之嫌，导致“将不值得科处刑罚的行为排除在构成要件之外，进而实现刑罚处罚范围的合理性”[②]的初衷有被工具化的嫌疑。因此，笔者认为，刑法解释的保守性是在保守的实质主义刑法观的基础上所衍生的“保守的实质主义解释论”。这一解释论包含三大方面的内容：一是坚守刚性化、形式化的入罪底线。具体而言，即特别注意吸收形式刑法观的合理内核，特别注意防范全开放的实质解释论的根本缺陷，坚持保守的入罪立场；但是，在出罪场域的实质解释论是可以成立的。二是坚持刑法立法漏洞由立法填补的原则。即有效防止开放的实质解释论准许立法漏洞由司法填补所带来的无法合理限制法官搞罪刑擅断的重大风险。三是倡导包容性、开放性的刑法研究方法。即应当确立探求立法原意的刑法解释原则与司法原则，尤其在入罪判断的场合，应当更多地探求立法规范本身的字面含义，并且应当鼓励应然性研究，承认、发现、完善立法本身客观存在的漏洞，保持刑法学研究的合理张力和生命力。[③]

综上，笔者认为，宽严相济刑事政策所具有的“当宽则宽，该严则严，轻中有严，重中有宽，宽严有度，宽严适时”的内核，要求在进行刑法解释时，一方面，在划定犯罪圈时，既要实现对法益的保护，又要尽可能地做到对社会保护的必要和适度（这也是刑法谦抑性的本质要求）；另一方面，在惩处犯罪时，注意辩证适用宽与严的情节，做到宽严适度。

（三）当下司法政策解释与刑法解释的保守性审查

“徒法不足以自行”，很多情形下，字面上的“刑法”必须借助于更为明确化、更具操作性的注解方能有效适用于具体的犯罪情形，因此，从一定程度上讲，注释之于刑法，犹如“说明书”之于产品。为此，陈兴良教授也深以为然地指出：“注释刑法学和理论刑法学是并存关系。理论刑法学

---

① 张明楷：《法益初论》，中国政法大学出版社2000年版，第264页。

② 张明楷：《刑法的基本立场》，中国法制出版社2002年版，第113页。

③ 魏东：《刑法研究方法的创新与运用》，载《刑法观与解释论立场》，中国民主法制出版社2011年版，第155～156页。

不能取代注释刑法学。”①

然而，不可否认的是，在当今中国面临社会深刻转型、矛盾冲突剧增的大背景下，犯罪率居高不下、社会安全环境恶化，导致官方出于抗制犯罪的考虑，在对司法解释/司法政策解释②进行安排时，有意或无意地将当前的刑法解释予以扩张化，以便事实上扩大犯罪圈或提升惩罚度，以实现惩治犯罪的需要。由此，我们可以发现，在当下的刑法司法解释/司法政策解释中存在诸多扩张解释之处。

首先，通过司法解释/司法政策解释，实现犯罪圈的非理性扩张。

例如《刑法》第225条非法经营罪，在设立其之初主要是治理严重违反国家专营专卖制度、严重扰乱市场经济秩序的行为。因此，该罪名最初的罪状仅被列举为三种，即“（一）未经许可经营法律、行政法规规定的专营、专卖物品或其他限制买卖的物品的；（二）买卖进出口许可证、进出口原产地证明以及其他法律、行政法规规定的经营许可证或者批准文件的；（三）其他严重扰乱市场秩序的非法经营行为”。然而，经过《刑法修正案（七）》和《刑法修正案（八）》的两次修改，该犯罪又相继增加了“非法从事资金支付结算业务的”、“未经国家有关主管部门批准非法经营证券、期货、保险业务的”等罪状的规定。笔者认为，这种对非法经营罪罪状予以“扩容”的立法举动，是国家对市场经济活动调控手段单一化、滞后化的背景下，迷信刑法手段的结果，该做法并不足取。尤其是司法机关在适用该罪的过程中，利用司法解释的职权，将诸多的普通商业不当行为入罪化，扩大了该罪的犯罪圈。③ 尤其是个别无权制定司法解释的机关，制定

① 陈兴良：《法外说法——陈兴良序跋集Ⅰ》，法律出版社2004年版。第75～76页。

② 除了立法解释、司法解释这两种具有准据效力的解释形式之外，在我国，实际上还存在诸如最高人民法院“座谈会纪要”、“答复”、“回函”等形式的指导性文件。这些文件虽然不是法定的司法解释，但在司法适用中具有与立法解释、司法解释同等的“法律效力”。

③ 例如，《最高人民法院关于审理扰乱电信市场管理秩序案件具体应用法律若干问题的解释》中，将自经营国际电信业务或者涉港澳台电信业务进行营利的行为纳入非法经营罪之中。又如，最高人民检察院、公安部共同下发的《关于公安机关管辖的刑事案件立案追诉标准的规定（二）》中，将使用销售带你终端机（POS机）等方法，以虚构交易、虚开价格、现金退货等方式向信用卡持卡人直接支付现金，且具有数额达到特定标准的行为作为非法经营罪行为。再如，在《最高人民法院、最高人民检察院关于办理非法生产、销售、使用禁止在饲料和动物饮用水中使用的药品等刑事案件具体应用法律若干问题的解释》中，也将“在生产、销售的饲料中添加盐酸克伦特罗等禁止在饲料和动物饮用水中使用的药品，或者销售明知是添加有该类药品的饲料，情节严重的”行为，以非法经营罪论处。

的带有指导意见的文件，将一般的违规经营行为纳入非法经营罪之列。[①]正是由于该罪在适用中，被司法机关随意化注解而导致的扩大化，该罪被理论界众多学者斥之为新的“口袋罪”。[②] 又如，《刑法修正案（八）》第39条将原《刑法》第264条盗窃罪的罪状予以补充，在原盗窃罪成立的“盗窃公私财物，数额较大”和“多次盗窃”两种情形的基础上增加了“入户盗窃”、“携带凶器盗窃”、“扒窃”三种情形。由于增加的三种情形均是司法实践中常见的盗窃行为，且均具有很强的社会危害性（入户盗窃行为本身也是对民众住宅安全的极大破坏，并会伴生较大的公众安全恐慌情绪；携带凶器盗窃表明犯罪人具有抗拒抓捕、报复伤害的动机和现实可能；扒窃则由于其“技术性强”且多以此为职业，犯罪恶习极深），理应从严打击。然而，在《刑法修正案（八）》实施之后，就如何认定“扒窃”行为的问题，各地司法机关的认识和处理都出现了许多分歧，也直接导致了一些地方办案机关在处理此类案件时司法政策的各地各异。就“扒窃”行为本身而言，虽然刑法条文对其含义并未释义，但1998年3月最高人民法院做出的《关于审理盗窃案件具体应用法律若干问题的解释》（现已废止）第4条中有“在公共场所扒窃三次以上的”的规定。由此可见，该司法解释将“扒窃”行为与其实施场域密切关联、互为条件，即其作案的场所必须是“公共场所”。既然是在公共场所作案，其作案对象的财物通常也是被害人随身携带的财物，而一般不可能是固定的物品或电力、煤气、电信网络或账号等无形物。至此，我们就可以学理化地将“扒窃行为”界定为“在公共场所上窃取他人随身携带的财物的行为”。然而，在司法实践中，一些地区司法机关自行制定的司法政策文件，将在非公共场所实施偷盗且盗窃金额尚未达到立案标准的行为也认定为扒窃。[③] 这样的解释，实际

---

① 例如，《公安部经济犯罪侦查局关于打击非法经营销售国内机票有关问题的批复》（公经〔2002〕928号）中指出，根据《民用航空运输销售代理业管理规定》，“非法代理销售国内航空公司国际航线机票属于非法经营行为，情节严重的，以非法经营罪立案侦查”。

② 参见刘树德：《“口袋罪”的司法命运——非法经营的罪与罚》，北京大学出版社2011年版，第6~9页；徐松林：《非法经营罪合理性质疑》，载《现代法学》2003年第1期。

③ 例如某地检察院与公安局共同制定的有关“盗窃罪认定标准”中，并未将扒窃的行为范围做一界定，而是一概地将偷盗行为认定为扒窃。据此公安机关将在一次朋友家庭聚会中，盗窃友人价值700余元手机（尚未达到当地立案标准）的行为认定为“扒窃”行为，并以盗窃罪立案。

上使刑法盗窃罪中关于普通盗窃行为必须达到特定数额(即“数额较大”)的规定形同虚设。这也就显然是通过司法解释不合理地扩大了犯罪圈。

其次,通过司法解释/司法政策解释,导致宽缓化的法定量刑机制的虚置。

例如,我国《刑法》第72条第1款规定:“对于判处拘役、三年以下有期徒刑的犯罪分子,同时符合下列条件的可以宣告缓刑,对其中不满十八周岁的人、怀孕的妇女和已满七十五周岁的人,应当宣告缓刑:(一)犯罪情节较轻;(二)有悔罪表现;(三)没有再犯罪的危险;(四)宣告缓刑对所居住社区没有重大不良影响。”这本是对轻微犯罪人的宽缓化的量刑机制,体现出了“区别对待、宽严有别”的刑事政策精神。然而,有关的司法解释文件却在很大程度上使这一机制在适用上大打折扣。最高人民法院1996年6月26日制定的《关于对贪污、受贿、挪用公款犯罪分子依法正确适用缓刑的若干规定》(现已废止)中的第3条规定:“对下列贪污、受贿、挪用公款犯罪分子不适用缓刑:……犯有数罪的。”另外,在2012年1月10日,最高人民法院下发的《关于进一步加强危害生产安全刑事案件审判工作的意见》中,明确若干种不得适用缓刑的情形中包括数罪并罚。可见,虽然刑法在对缓刑适用的限制性条件规定上,根本没有“数罪并罚不得缓刑”的规定,然而,至今仍未被废止的前述司法解释,导致了一旦构成特定犯罪的数罪,即使被告人完全符合适用缓刑的诸项实质要件和形式要件,对被告人也不能适用缓刑。这实质上剥夺了特定犯罪中的被告人依法获得缓刑的权利,也使刑法关于缓刑的规定相当程度地被虚置化。①

(四)司法政策适用与刑法解释的保守性之协调

正是因为人类认识事物的局限性和非至上性,“法有穷,情无尽”的

---

① 需要说明的是,在有关职务犯罪案件中犯数罪能否适用缓刑的问题上,检察机关的司法指导文件却制定了符合刑法关于缓刑规定基本立场的指导原则。最高人民检察院法律政策研究室于1998年做出的《关于对数罪并罚决定执行刑期为三年以下有期徒刑的犯罪分子能否适用缓刑问题的复函》中明确:“根据刑法第七十二条的规定,可以适用缓刑的对象是被判处拘役、三年以下有期徒刑的犯罪分子;条件是根据犯罪分子的犯罪情节和悔罪表现,适用缓刑确实不致再危害社会。对于判决宣告以前犯数罪的犯罪分子,只要判决执行的刑罚为拘役、三年以下有期徒刑,且符合根据犯罪分子的犯罪情节和悔罪表现,适用缓刑确实不致再危害社会的案件,依法可以适用缓刑。”

悖论始终存在。因此,刑法解释将永远是一个没有终结的命题。而当我们对刑法予以解释时需要承认,“刑法的任何有‘意义’的解释都是超规范进行的;所谓‘超规范’的解释却并非是想怎么解释都可以,它必须受到某种底线的制约,这种制约我们把它称作法的精神”。① 因此,在进行刑法解释时,“只有针对条文中所蕴涵的法律精神的深刻把握,对疑难事案的处置就有了基本的指路方向和思考的能力”,这样,对刑法所做出的解释“方能够将‘问题’置于产生问题的深刻广泛的社会背景之下合情合理合法地推出正确结论”。② 因此,当我们在宽严相济刑事政策所要求的“当宽则宽,该严则严,轻中有严,重中有宽,宽严有度,宽严适时”内核指导之下形成了保守性刑法解释观时,实有必要重新思考刑法解释的定位。

首先,需要进一步明确解释主体的目标性。如前所述,刑法解释主体在不同语境下,根据自身对刑法条文的理解,对犯罪行为的内涵、刑罚适用的标准予以解读和注解。这种注解必然会带有解释主体自己的意愿和诉求,即“这种规范性的刑法司法解释总是自觉地实现和表达刑事政策的要求,而司法者个人也自发地与刑事政策相适应”。③ 故而,在此情形下,更需要解释主体在进行司法解释时,充分而且深入地理解刑事政策的精髓,领会刑事法治的内核,避免因“一时”、“一事”甚至“一己私利”之需,对刑法做出任意化的解释。

其次,有必要确立司法解释的刚性指导准则。在进行司法解释时,必须恪守罪刑法定原则,刑法解释活动及其结论都不能违背罪刑法定原则的要求。当然,罪刑法定原则仅为进行刑法解释的原则之一,为刑法解释活动划定范围。而刑法解释活动也要符合适当性、目的性原则。在宽严相济的刑事政策较为鲜明地凸显刑法适当性、目的性原则的情况下,解释主体应在罪刑法定的范围内进行解释活动,不管解释主体是揭示刑法条文的立法原意,还是阐述其客观内涵。④

最后,处理好刑法司法解释中的动态关系。在刑法司法解释中,不可

---

① 冯亚东:《再谈刑法的解释问题》,载《法商研究》2003 年第 3 期。

② 冯亚东:《再谈刑法的解释问题》,载《法商研究》2003 年第 3 期。

③ 时延安、阴剑锋:《刑事政策在刑法有权解释中的功能》,载《南都学坛》2005 年第 2 期。

④ 赵秉志:《宽严相济的刑事政策与刑法解释关系论》,载《河南省政法管理干部学院学报》2008 年第 2 期。

避免地始终存在实质理性与形式理性的互动，罪刑法定原则的坚守与突破之间的辩证动态关系。毋庸讳言，这些关系的准确厘清与妥善处理绝非易事。但是，从刑事法治的核心要义出发，我们还是需要解决好这些矛盾关系。从这一意义上讲，当前更需要的是进一步研究探索以刑事法治的形式理性限缩实质理性的扩张性，以罪刑法定的形式理性确保实质理性不至于危及罪刑法定原则的安定性，以罪刑法定原则的形式理性补强实质犯罪论体系所欠缺的规范性，以罪刑法定原则的形式理性保守实质刑法观并强化人权保障功能。①

① 魏东：《"宽严相济"刑事政策存在四种理论误解》，载《检察日报》2008 年 12 月 11 日第 3 版。

第六章　当下中国刑法解释论之争与刑法解释的保守性

当下中国刑法解释论之争是一个值得特别关注和深入检讨的现象。根据笔者观察，当下中国刑法解释论之争主要有两种争论：一是主观解释与客观解释之争，二是形式解释与实质解释之争。

一、当下中国刑法解释论之争的外观与内核

通过梳理刑法解释的主观解释与客观解释之争、形式解释与实质解释之争，主要是围绕着下列问题而展开：如何合理权衡刑法实践中的刑法立法公正与司法公正之间、秩序维护机能与人权保障机能之间的紧张关系？

（一）主观解释与客观解释之争

因应德日刑法解释理论的引入，应当说我国当下刑法解释论之争的主要方面还是主观解释与客观解释之争，这一争论目前在我国引起了刑法学术界的极大关注，值得认真对待。

所谓主观解释论，又称为主观说、立法者意思说，主张刑法解释的目标在于阐明刑法立法时立法者的意思，或者说刑法的立法原意。主观解释论有其特定

的哲学基础、政治理论基础和法理基础。[①] 主观解释论的哲学基础是传统解释学，其方法论基础是《圣经》解释的方法论，其基本观点是认为作品的意义是恒定的，且是含义明确的，因而是可以解释的。主观解释论的政治理论基础包括权力制衡论（三权分立论）、民主论与人权论，其强调权力需要制衡，立法权与司法权（以及行政权）是各有分工但又相互制约、相互配合的，立法必须得到司法的充分尊重，司法不得侵蚀立法或者随意超越立法。主观解释论的法理基础是强调刑法的安定价值和人权保障机能，突出强调在现行刑法规定之下应当确保无罪的人不受刑事追究，较为充分地体现了传统罪刑法定原则的基本精神。

所谓客观解释论，又称为客观说、法律客观意思说，主张刑法解释的目标在于阐明解释时刑法条文客观上所表现出来的意思，而非刑法立法时立法者的意思，以适应与时俱进的社会现实之客观需要。客观解释论也有其特定的哲学基础与法理基础。客观解释论的哲学基础一般认为是伽达默尔在其《真理与方法》一书中所开拓的哲学阐释学原理，其经典表达是“独立于解释者理解之外的作品的意义是不存在的，作品的意义只出现在作品与解释者的对话之中”。[②] 客观解释论的法理基础在于强调司法公正和秩序维护机能，尤其强调在现行刑法框架之下法益保护和秩序维护的现实需要。

除主观解释论与客观解释论之外，学术界还有学者提出了折中说与综合解释论。我国台湾地区学者林山田即主张综合解释论，强调对于新近立法或者立法时间间隔不久的法律，采用主观说；对于立法时间间隔较长的法律，则“应着重客观意思，以为解释”。[③] 因此，周全地考察，应当说刑法解释论客观上存在主观解释论、客观解释论与综合解释论之争，而不仅仅是主观解释论与客观解释论之争。

那么，中外刑法学者对该两种解释论的基本态度如何？有学者指出，

---

① 许发民：《论刑法客观解释论应当缓行》，载赵秉志主编：《刑法论丛》（第23卷、2010年第3卷），法律出版社2010年版，第165~191页。

② 许发民：《论刑法客观解释论应当缓行》，载赵秉志主编：《刑法论丛》（第23卷、2010年第3卷），法律出版社2010年版，第165~191页。

③ 参见魏东：《保守的实质刑法观与现代刑事政策立场》，中国民主法制出版社2011年版，第18页。

就刑法解释立场而言，目前不但德日刑法解释立场是客观解释，而且中国也当然是客观解释，此点不存在争议或者说不应存在争议。如陈兴良教授和王政勋教授等学者明确主张客观解释并反对主观解释，认为这是刑法解释的立场和目标问题。①

但是，另有学者考证指出，尽管德日等法治发达国家已经较多地主张采用刑法客观解释立场，但是，由于我国具有特殊国情，尤其是现阶段我国的法治基础薄弱，人治、专制传统过于强大，人权保障缺失严重，重刑思想根深蒂固等原因，②因而我国不适宜完全采用客观解释论。再者，我国台湾地区也有刑法学者（如林山田等）主张原则上应采用主观解释、例外采用客观解释的综合解释立场（即折中说立场），这对于我国现阶段不宜完全采用客观解释论的观点也提供了支持。

（二）形式解释与实质解释之争

我国刑法学界大约在21世纪之初开始出现刑法的形式解释与实质解释之争，这一学术争论也常常被置于更为广阔的形式刑法观与实质刑法观之争之中。我国刑法学界认为，关于刑法的形式解释（形式刑法观）与实质解释（实质刑法观）之争十分深刻并特别引人注目，甚至可以说是中国刑法学界开始出现所谓的“刑法学派之争”的一个重大事件。陈兴良教授较早关注到中国刑法学界出现的关于形式主义刑法学与实质主义刑法学之争这一学术现象，其明确指出我国出现了形式解释论与实质解释论的区分，并且指出这是在德日刑法学中并未发生过的现象。邓子滨研究员在关注到我国刑法解释论出现形式解释与实质解释之争的基础上，明确主张刑法的形式解释并反对刑法的实质解释，提出对于中国实质主义刑法观应当予以批判，而不是轻描淡写地批评。③ 刘艳红教授针对

---

① 陈兴良教授称：“在刑法解释的立场上，我是主张客观解释论的。但在刑法解释的限度上，我又是主张形式解释论的，两者并行不悖。其实，主观解释论与客观解释论的问题，在我国基本上已经得到解决，即客观解释论几成通说。我国最高人民法院在有关的指导性案例中，也明显地倡导客观解释论。”参见陈兴良：《形式解释论的再宣示》，载《中国法学》2010年第4期。

② 参见许发民：《论刑法客观解释论应当缓行》，载赵秉志主编：《刑法论丛》（第23卷），法律出版社2010年版，第165～191页。

③ 陈兴良教授在本书序中称：“甫见《中国实质刑法观批判》这一书名，就令人眼前一亮，似乎嗅到了扑面而来的学术火药味，但我还是为之叫好。……以‘批判’一词而入书名的，不仅法学界没有，人文社会科学界也极为罕见。”邓子滨：《中国实质刑法观批判》，法律出版社2009年版，序第1页。

刑法的形式解释与实质解释之争也进行了论辩，明确主张刑法的实质解释并反对刑法的形式解释。① 目前我国刑法学界存在的形式解释与实质解释之争，大致可以说，形式解释以陈兴良教授和邓子滨研究员等为代表，实质解释以张明楷教授、刘艳红教授和苏彩霞教授等为代表。

刑法的形式解释论认为，刑法解释以罪刑法定原则为核心，主张在对法条解释时，先进行形式解释——刑法条文字面可能具有的含义，然后再进行实质解释——刑法条文规定的是有严重社会危害性的行为；在判断某一行为是否构成犯罪时，先对行为进行形式解释——看该行为是否包含于刑法条文之中，然后再作实质解释——看行为是否具有严重的社会危害性。

刑法的实质解释论认为，刑法解释应以处罚的必要性为出发点，主张对法条解释时，首先应直接将不具有实质的处罚必要性的行为排除在法条范围之外，亦即首先实质地判断某种行为是否属于具有处罚必要性的社会危害性行为；在对行为进行解释时，应先从实质解释出发——看行为是否具有处罚的必要性，然后再进行形式解释——看刑法条文的可能含义是否涵盖了该行为方式。②

(三)当下中国刑法解释论之争的内核

理论上一般认为，刑法的主观解释论与客观解释论之争，不能完全对应于刑法的形式解释论与实质解释论之争；反之也一样，刑法的形式解释论与实质解释论之争，也不能完全对应于刑法的主观解释论与客观解释论之争。因为，前者争论所针对的问题是刑法解释的立场和目标并以此作为划分标准，而后者争论所针对的问题是刑法解释的方法与限度并以此作为划分标准，两种争论不应混同。

那么，理论上应当严肃审查两种刑法解释论之争有无共同内核，若

---

① 刘艳红教授称："在陈兴良教授的建议下，出版时我将题目修改为目前的'实质刑法观'"，参见刘艳红：《实质刑法观》，中国人民大学出版社 2009 年版，第 254 页；同时又强调"应倡导实质的刑法解释观"，参见刘艳红：《走向实质的刑法解释》，北京大学出版社 2009 年版，前言第 2 页。对此，陈兴良教授曾经强调说，在中国刑法学者中，刘艳红教授是当时公开声明坚持实质主义刑法观立场的唯一的一位刑法学者，参见陈兴良：《走向学派之争的刑法学》，载《法学研究》2010 年第 1 期。

② 参见刘志刚、邱威：《形式解释论与实质解释论之辨析》，载《河南省政法管理干部学院学报》2011 年第 3 期。

有，这种共同内核为何？这种严肃的学术审查有利于我们进一步深化刑法解释论的学术研讨。笔者认为，两种刑法解释论之争应当说具有其共同内核，即刑法解释论如何合理权衡刑法实践中的刑法立法公正与刑法司法公正之间、秩序维护机能与人权保障机能之间的紧张关系，以最终达致在兼顾刑法的一般公正和秩序维护的前提下尽力实现刑法的个别公正和人权保障。

就如何合理权衡刑法实践中的刑法立法公正与刑法司法公正之间的紧张关系而言，刑法解释论上应当在兼顾刑法立法上的一般公正、秩序维护的前提下尽力实现刑法司法上的个别公正与人权保障。具体有两方面问题值得检讨：其一，刑法的主观解释论与客观解释论之争提出了不同的立场和目标问题。刑法的主观解释论特别强调了刑法立法的一般公正和刑法司法的个别公正，但是，在刑法立法存在不足，尤其是在不适应“当下”社会发展需要的情况下，刑法的主观解释难免部分地忽视了“当下”刑法司法的个别公正。而刑法的客观解释论则仅仅特别强调了刑法司法的个别公正，其预设的理论前提是刑法立法公正不足是难免的且是随着社会发展而更加凸显的，刑法司法公正却是必需的且可以实现的。但是，在刑法立法之文本原意并不具备涵摄现实社会生活，尤其是不具备涵摄“当下”社会具有社会危害性行为的情况下，刑法的客观解释同样难免在相当程度上“被迫”背离“当下”刑法司法不得超越罪刑法定原则所要求的“法无明文规定不为罪、法无明文规定不处罚”的个别公正和人权保障价值。其二，刑法的形式解释论与实质解释论之争提出了不同的方法与限度问题。刑法的形式解释论特别强调了刑法立法的形式正义，但在刑法立法欠缺实质正义，尤其是欠缺适应“当下”社会发展需要之实质正义的情况下，则必然不利于实现“当下”刑法司法的实质公正；而刑法的实质解释论特别强调了刑法司法的实质正义，但在刑法立法欠缺某种形式正义，尤其是欠缺规制“当下”社会发展需要予以刑法谴责之形式正义的情况下，则必然背离了“当下”刑法司法不得超越罪刑法定原则所要求的“法无明文规定不为罪、法无明文规定不处罚”的个别公正。例如，非法制造大炮的行为，由于我国现行《刑法》第125条在形式上（即在规范语言形式上）只规定了非法制造“枪支、弹药、爆炸物”，其在刑法立法形式上遗漏了“大炮”（即在立法形式上存在不当遗漏的现象），在刑法立法文本原意上不能涵摄“大炮”(即刑法立法文本原意不具备涵摄“当下”社会具有社会危害性的行为),那么,其在刑法司法(刑法解释)上就面临如下难题:主观解释论和形式解释论由于强调立法公正和形式正义,主张遵从立法文本原意和形式正义而排除对非法制造大炮的行为予以司法定罪;而客观解释论和实质解释论由于强调司法公正和实质正义,主张遵从立法适应“当下”社会发展需要的客观意思和实质正义而肯定对非法制造大炮的行为予以司法定罪。按照刑法解释论上应当在照顾刑法的一般公正、形式公正的前提下尽力实现刑法的个别公正与实质公正之原理,纯粹的主观解释论与客观解释论、纯粹的形式解释论与实质解释论均难以周全地实现刑法的个别公正与实质公正,即主观解释论和形式解释论排除对非法制造大炮的行为予以司法定罪之做法,有利于照顾个别公正,却面临着忽视一般公正之批评;客观解释论和实质解释论肯定对非法制造大炮的行为予以司法定罪之做法,有利于照顾一般公正,但面临着忽视个别公正之批评。

同理,就如何合理权衡刑法实践中的秩序维护机能与人权保障机能之间的紧张关系而言,刑法解释论上应当在照顾刑法的秩序维护价值的前提下尽力实现刑法的人权保障价值。仍以非法制造大炮的行为为例,其在刑法司法(刑法解释)上同样面临如下难题:主观解释论和形式解释论由于强调刑法立法的和形式上的人权保障机能,主张遵从立法文本原意和形式正义而排除对非法制造大炮的行为予以司法定罪,以有利于实现刑法的人权保障价值(即保障犯罪嫌疑人和被告人的人权),但却面临着不利于秩序维护价值的批评;而客观解释论和实质解释论由于强调司法公正和实质正义,主张遵从立法适应“当下”社会发展需要的客观意思和实质正义而肯定对非法制造大炮的行为予以司法定罪,以有利于实现刑法的社会秩序维护价值,但面临着牺牲人权保障价值(即超越刑法立法的和形式的界限而对行为人定罪)之批评。

二、刑法解释的保守性立场

如上文所述,刑法解释论应合理权衡刑法实践中的刑法立法公正与刑法司法公正之间、秩序维护机能与人权保障机能之间的紧张关系,以最终达致在照顾刑法的一般公正、形式公正、秩序维护的前提下尽力实现刑法的个别公正、实质公正和人权保障。按照刑法解释的这一原理，为了妥当解决片面强调和单纯应用某一种解释论（如刑法的主观解释论与客观解释论、刑法的形式解释论与实质解释论）的缺陷，我们提出了“刑法解释的保守性”（或者“刑法的保守解释”）的命题，其具体主张是保守的刑法客观解释与保守的刑法实质解释。

我们所主张的“刑法解释的保守性”（或者“保守的刑法解释”），其主要内容有三点：一是入罪解释的原则立场与出罪解释的常态化立场，即主张坚守刚性化、形式化的入罪底线的原则立场，准许有利于被告人出罪的客观解释、实质解释的常态化立场；二是入罪解释的例外方法，即主张谨慎地准许例外的、个别的且可以限定数量的客观解释与实质解释对被告人入罪；三是刑法漏洞的立法填补原则立场。

（一）入罪解释的原则立场与出罪解释的常态化立场

即主张坚守刚性化、形式化的入罪底线的原则立场，准许有利于被告人出罪的客观解释、实质解释的常态化立场。

坚持刚性化、形式化的入罪底线的原则立场，是指刑法解释在司法入罪底线原则上不准许逾越刑法立法文本原意和文本形式这一法治底线。这一点十分注意吸纳主观解释和形式解释的合理内核，同时在出发点上和常态意义上坚定地杜绝了激进的实质解释的根本缺陷。因为激进的实质解释（全开放的实质解释）主张司法入罪上的弹性与实质立场，不求立法上的最大公正，但求所谓司法上的最大公正，这恰恰是保守的实质解释论所极力避免和坚决反对的。为避免入罪场域的激进的实质解释风险（人权保障上的风险），我们必须坚持保守的入罪立场，只要关涉入罪，原则上都必须予以保守的、形式的审查，不允许存在常态化的动辄入罪通道与常态化的司法上犯罪化现象（但是准许例外的、个别的且可以限定数量的实质入罪）。另外，在出罪场域的客观解释论和实质解释论是可以成为常态化出罪机制的，只要关涉出罪，都准许通过常态化的实质的司法审查以实现司法上的非犯罪化。

以上海“肖永灵投寄虚假炭疽恐吓邮件案”为例。2001 年 10 月 18 日，肖永灵将家中粉末状的食品干燥剂装入两只信封内，在收件人一栏内书写上“上海市人民政府”与“东方路 2000 号（上海市东方电视台）”后，分别寄给上海市人民政府某领导和上海市东方电视台新闻中心陈某。同年10月19日、20日，上海市人民政府信访办公室工作人员陆某等人及东方电视台陈某在拆阅上述夹带有白色粉末状的信件后，出现精神上的高度紧张，同时也引起周围人们的恐慌，经有关部门采取大量措施后，才逐步消除了人们的恐慌心理。针对此案，上海市第二中级人民法院于同年12月18日以以危险方法危害公共安全罪判处肖永灵有期徒刑4年（被告人没有提出上诉）。[①] 这个案子在刑法解释论上是十分值得研究的。上海市有关审判机关在当时法无明确规定的情况下，认定肖永灵的行为成立以危险方法危害公共安全罪，根本就不符合罪刑法定原则的基本要求。那么，为何将肖永灵定罪呢？从刑法解释论上审查可以发现，有关审判机关将肖永灵的行为解释为以危险方法危害公共安全罪的“理论武器”就是刑法的客观解释与实质解释，将“粉末状的食品干燥剂”这一无毒、无害的物质解释为“危险物质”，进而将肖永灵投放行为解释为以危险方法危害公共安全的行为和以危险方法危害公共安全罪，明显超越了刚性化、形式化的入罪底线的原则立场。这一案例也较为充分地说明，过度激进的刑法客观解释和刑法实质解释具有“超大”解释能力并存在容易将一般违法行为解释为犯罪行为的解释特质，从而使刑法的人权保障机能面临被侵蚀的重大风险，必须加以有效防范。

而事实上，《刑法修正案（三）》是在2001年12月29日才获得通过并于当日开始生效的。该修正案第8条规定：在《刑法》第291条（聚众扰乱公共场所秩序、交通秩序罪）后增加一条，作为第291条之一：“投放虚假的爆炸性、毒害性、放射性、传染病病原体等物质，或者编造爆炸威胁、生化威胁、放射威胁等恐怖信息，或者明知是编造的恐怖信息而故意传播，严重扰乱社会秩序的，处五年以下有期徒刑、拘役或者管制；造成严重后果的，处五年以上有期徒刑。”这一立法的出台时间刚好在肖永灵案生效判决之后，其从另一个侧面印证了肖永灵案司法判决在刑法解释论上的失当。

与坚持刚性化、形式化的入罪底线的原则立场相匹配，刑法解释论上

---

① 游伟、谢锡美：《罪刑法定的内在价值与外在要求》，载赵秉志主编：《刑事法判解研究》（2003年第1卷），人民法院出版社2003年版，第77页。

应当坚持准许有利于被告人出罪的客观解释和实质解释的常态化立场。这是法治理性和罪刑法定原则的基本要求。我们司法实践中出现的一些微罪不起诉、酌定不起诉、附条件不起诉以及不少案件以“情节显著轻微危害不大的,不认为是犯罪”为由而不定罪的情形,均属于通过客观解释与实质解释而出罪的情况。

正面的例证有“重庆男子捉奸索财案”。[①] 2010 年 8 月 28 日中午,重庆男子张明(化名)到妻子工作的美发店找妻子吃饭,没想到撞见妻子与一男子赤身裸体躺在床上,张明血往上涌,回身到厨房拿了菜刀,用刀背对着男子一阵乱砍。张明仍不解气,又要求男子再付 5000 元精神赔偿费。该男子没有那么多现钱,张明即同其到银行取了 2000 元,又让其出去借了 3000 元,才把他放走。该男子获得自由后报了警。重庆市万盛区检察院受理此案后,经慎重研究,认为此案系家庭内部矛盾产生,且张明已将勒索的钱退还给被害人,没有造成严重后果,社会危害性不大;张明系初犯、偶犯,又事出有因;张明妻子也表示对其行为追悔莫及,希望司法机关对张明从宽处理,夫妻之间仍存有感情,对张明不批捕有利于夫妻感情和家庭稳定,有利于社会和谐。综合以上因素考虑,人民检察院依法作出不批捕决定。笔者认为,人民检察院从刑法谦抑原则和保守的刑法解释论立场出发作出的这一决定是十分正确和恰当的!这一案件的定性处理表明,准许有利于被告人出罪的实质解释、客观解释、目的解释的常态化立场,是我们司法实践中必须坚持并充分运用的。

(二)入罪解释的例外方法

在坚守刚性化、形式化的入罪底线的原则立场,准许有利于被告人出罪的实质解释、客观解释的常态化立场的前提下,也应当谨慎地准许例外的、个别的且可以限定数量的客观解释与实质解释对被告人入罪。这是原则立场之下的例外,只要不将这种例外作为常态来处理,我们也应当“务实”地认可这是保守的刑法解释的原则立场的一种特别体现。例外的、个别的且可以限定数量的不利于被告人的入罪之客观解释与实质解释,必须严格限定一系列条件,诸如这种解释是长时间的司法实践中的做

① 参见新华网报道:《男子捉奸在床勒索触法　检察院不予批捕》,载新华网,http://news.xinhuanet.com/legal/2010-09/18/c_12582991.htm,2010 年 9 月 18 日访问。

法，甚至是人类世界的普遍做法；国际公约已有明确规定；已经成为理论界的共识，甚至老百姓的共识；等等。据初步考察，目前刑法理论界和司法实务部门对极少数几个罪名之入罪的“例外解释”已经获得了比较一致的认同，如贪污罪、受贿罪、诈骗罪、盗窃罪和侵占罪。贪污罪、受贿罪、诈骗罪的犯罪对象“财物”可以例外地允许进行客观解释和实质解释，即将“财物”解释为“财物和财产性利益”；最后一个罪名即侵占罪的犯罪对象“遗忘物”，可以例外地允许进行客观解释和实质解释，即解释为“遗忘物和遗失物”（国外统称为“脱离占有物”）。但盗窃罪的刑法解释适用还有待进一步考察，“盗窃利益”入罪的范围和步伐均需要适度限制。

需要特别指出的是，在解释论上主张“谨慎地准许例外的、个别的且可以限定数量的客观解释、实质解释对被告人入罪”之例外解释方法，是刑法解释的保守性立场不完全等同于形式解释论立场的根本点之一。陈兴良教授指出：“魏东教授就将实质解释论称为双面的实质刑法观，即入罪与出罪均采实质解释，魏东教授提倡单面的实质刑法观或者保守的实质刑法观，即在出罪时采实质解释论，入罪时采形式解释论……如此一来，各取形式解释论与实质解释论之利而去形式解释论与实质解释论之弊，超然于上述两说之上，由此获得学术的正当性。其实，这一立场与我所主张的形式解释论是完全相同的，以为形式解释论只要形式判断不要实质判断，这纯粹是一种误解。”“因此，形式解释论与实质解释论之争就在于入罪时是采形式解释还是实质解释之争，与出罪无关。否则，必将模糊了或者转移了论争的焦点。因此，我认为，尽管我的立场与单面的或者保守的实质刑法观，以及构成要件二分性说等观点实际上是相同的，但我并不赞同上述观点的论述径路。换言之，上述观点的论证是以对形式解释论的误解为前提的。”①劳东燕教授也提出了相同的疑问：“比如，魏东教授自称持保守的实质刑法观，但从其解读来看，既然保守的实质刑法观指的是坚守刚性化、形式化的入罪底线，仅在出罪的场合允许适用实质解释，同时坚持立法漏洞由立法填补的刑法漏洞补充原则，则实在很难说他与形式论者的立场有什么本质区别。然而，他将自己归入实质论的阵营，

---

① 陈兴良主编：《刑事法评论》（第28卷），主编絮语第2～3页。

而不认同形式论者的标签。"[①]应当说,陈兴良教授和劳东燕教授对笔者所提出的保守的刑法解释的命题(或者"刑法解释的保守性"命题)本身可能也缺乏周全的认识,最终导致了学术上的误读误判。

(三)刑法漏洞的立法填补原则立场

刑法立法漏洞如果必须填补,其救济途径选择是立法修改补充,原则上应反对司法填补与解释填补(尤其是在入罪的场合)。这种刑法漏洞的立法填补原则立场其实正是我国宪法所明确宣示的,因而具有宪法根据。同时,这种立场也是我国立法法所明确限定,因而具有立法法根据[如《立法法》第8条明确规定"下列事项只能制定法律:……(四)犯罪和刑罚;(五)对公民政治权利的剥夺、限制人身自由的强制措施和处罚"],并使这个问题成为一个基本的立法原则。

不过应注意的是,保守的刑法解释立场主张在出罪场域允许司法上的非犯罪化处理,这与过度激进的刑法实质解释论不同。因为后者主张刑法漏洞可以由司法填补和解释填补,徒增解释性侵害人权风险,而并没有合理限制法官搞罪刑擅断的重大风险。在此点上,保守的刑法解释论则主张解释性构建人权保障屏障。

以男子张某"强奸"李某案为例。[②] 2010年5月9日晚11点左右,北京某保安公司的张某在保安宿舍内,对其18岁男同事李某实施"强奸",导致李某肛管后位肛裂。经法医鉴定,李某的伤情已经构成轻伤。北京市朝阳区法院以故意伤害罪对张某判处有期徒刑1年。对此,赵秉志教授认为,目前法院以故意伤害罪来评价对男性实施性侵犯的行为实为无奈之下的牵强之举,因为我国现行刑法典中的强奸罪对象只包括女性,这从逻辑的角度看,存在明显的立法不周延问题,保护的范围欠缺。面对近年来我国时有发生的"强奸"男性案件,我国也应当借鉴国外的一些先进的立法经验,将男性纳入强奸罪的对象范围,这是平等保护男性性权利等人身权的需要,也是弥补我国刑法漏洞的需要。该案引出的刑法解释论问题是:刑法立法漏洞如果必须填补,其救济途径应选择立法修改补充,而不是司法填补,应反对司法填补。

---

① 劳东燕:《刑法解释中的形式论与实质论之争》,载《法学研究》2013年第3期。

② 此处案例来源、媒体报道及赵秉志教授评论等内容,均参见陈志娟:《"男男强奸"存法律空白,学者建议将其纳入强奸范围》,载正义网,http://news.jcrb.com/jxsw/201102/t20110214_497125.html,2011年2月14日访问。

第七章　当下中国犯罪论体系之争与刑法解释的保守性

众所周知,对犯罪概念以及犯罪的一般成立条件进行分析整理,并予以体系化而形成的理论体系,就是犯罪论体系。不言而喻,犯罪论体系的核心内容是犯罪成立(犯罪构成)理论体系。一方面,"犯罪构成乃是衡量犯罪成立的尺度、标准或规格"。[①] 另一方面,"行为成立犯罪所必须具备的诸要件,是由我国刑法加以规定或包含的"。[②] 但是,由于刑法文字含义的不明确性以及刑法条文的具体适应性等缘故,犯罪构成要件(要素)总是需要被解释。换言之,"相当多的刑法条文需要进行解释,如果不进行解释,就不可能明确构成要件,所以,构成要件不是法律条文本身,而是通过对刑法条文进行解释所得到的观念形象"。[③] 然而,不同的犯罪论体系对犯罪各成立要件的地位、意义的理解总是或多或少存在差异。由此可见,对犯罪论体系的争论,必然影响刑法的解释。故此,这里有必要先行简要介绍我国刑法学界关于犯罪论体系之争的现状。

---

① 高铭暄主编:《中国刑法学》,中国人民大学出版社 1989 年版,第 75 页。

② 高铭暄、马克昌主编:《刑法学》,北京大学出版社、高等教育出版社 2000 年版,第 53 页。

③ 张明楷:《外国刑法纲要》,清华大学出版社 2007 年版,第 71 页。

一、中国犯罪论体系的完善论与重构论之争

大体而言，以对我国传统的四要件式犯罪构成体系所持态度的不同，目前刑法学界主要存在重构论与完善论两种代表性立场。

顾名思义，重构论认为四要件式犯罪构成体系存在根本性的缺陷，因而主张"推倒重来"。其内部又分为两种：一种赞成直接引进并采取德日"构成要件符合性（该当性）—违法性—有责性"的三阶层体系。例如，陈兴良教授主张直接采取德日"构成要件符合性（该当性）—违法性—有责性"的三阶层体系，并在其主编的刑法教科书中明确采取此体系。[①] 另一种主张以三阶层体系为基础，对犯罪成立体系作适当改造。例如，张明楷教授主张以违法与责任为支柱构建犯罪论体系；[②]周光权教授则把犯罪成立要件分为犯罪客观要件、犯罪主观要件、犯罪排除要件。[③]

完善论者则认为，我国四要件式的通说犯罪构成体系虽然存在种种不足，但总体上是合理可取的，对之加以完善和调定即可。例如，冯亚东教授认为：中国刑法学通说性的话语体系虽然很多源自前苏联的法律界，但毕竟前苏联又间接受欧陆（特别是德国）影响。在中国刑法学人几十年的不懈努力，特别是近二十多年来"去意识形态化"的努力下，在刑法及其相连接的各个部门法领域形成了一整套几乎覆盖所有法律问题的话语体系。这套话语体系，既存在大量转借域外的合理性概念，又与中华民族传统的思维方式和法律观念相契合，成为当下解决中国现实犯罪问题极为有效的解说工具。当然，这并不意味着四要件式犯罪构成体系完美无缺，相反，应以实用性作为优位价值，对现行犯罪构成体系所存在的诸种不适与缺陷进行完善和调适。[④] 黎宏教授认为，我国的犯罪构成体系并非像被抨击的那样一无是处，而为重构论者所推崇的德日犯罪判断体

---

① 参见陈兴良主编：《刑法学》，复旦大学出版社 2009 年版。

② 参见张明楷：《以违法与责任为支柱构建犯罪论体系》，载《现代法学》2009 年第 6 期。

③ 参见周光权：《犯罪论体系的改造》，中国法制出版社 2009 年版，第 280 ~ 293 页；周光权：《刑法总论》，中国人民大学出版社 2011 年版。

④ 参见冯亚东等：《中国犯罪构成体系完善研究》，法律出版社 2010 年版。

系同样存在前后冲突、现状与初衷背离、唯体系论等弊病。我国犯罪构成体系所存在的犯罪构成要件之间的关系不明、根据犯罪构成所得出的犯罪概念单一等问题,可以通过贯彻客观优先的阶层递进观念以及树立不同意义的犯罪概念的方法加以解决,因此,我国的犯罪构成体系没有必要重构。①

对重构论的论据加以整理后可以发现,其大体包括观念层面的论据和制度性理据两方面。

观念层面的论据主要有如下两点:

其一,"我国目前的平面四要件的犯罪论体系,是一种封闭式的注重定罪规格的体系,这一体系本身,加之我们现有的超然于犯罪构成理论的社会危害性理论和'具有中国特色'的刑法第3条'罪刑法定主义'的'双面规定',共同效忠于刑法的有效打击犯罪,就对于刑法机能的发挥来说,是单纯地指向于社会保护(法益保护)的(能够做到对犯罪的'有效'反应)。但是,在发挥刑法的自由保障机能的时候,这种犯罪构成理论的缺陷就是比较明显的(在需要出罪的时候常常捉襟见肘,难以做到对于犯罪反应的'合理')。而与此相对,德日的三阶层式的犯罪论体系所体现的层层收缩刑事责任范围的理路,更能实现刑法的自由保障和法益保护的机能的协调发挥。由此看来,只反映定罪规格的我国传统的平面四要件的犯罪构成体系,较之既反映定罪规格又反映定罪过程的德日的阶层式的犯罪论体系,处在功能上的劣势地位"。②

上述批判意见可谓中国刑法学界颇为流行的观点,即重构论者普遍认为,德日三阶层体系对于犯罪的认定体现出了层层收缩的思路,因而更有利于实现保障人权的机能;相反,我国传统的四要件式犯罪构成只是简单罗列犯罪成立的(积极)条件,因而只满足了打击犯罪的需要,而不利于人权保障。但是,在笔者看来,上述批判意见并不符合事实。

可以肯定的是,任何犯罪论体系建构的出发点都是如何认定犯罪,这是由刑法的目的所决定的。就德日的三阶层体系而言,构成要件理论的

① 参见黎宏:《我国犯罪构成体系不必重构》,载《法学研究》2006年第1期。

② 付立庆:《重构我国犯罪构成体系的目标定位》,载冯军主编:《比较刑法研究》,中国人民大学出版社2007年版,第324~325页。

创始者贝林(Beling)起先采取了行为构成要件说,即认为构成要件是与法的价值判断相分离的、客观的、描述性的行为类型。因为唯有这种意义上的构成要件,才能使犯罪类型的外部轮廓变得明确,以实现刑法的人权保障机能,所以构成要件不包含主观的、规范的要素,也与违法性没有关系。但是,既然构成要件与违法性没有关系,符合与违法性没有关系的构成要件的行为,何以能够成为违法性判断的对象? 此外,根据行为构成要件说,对构成要件只能进行形式的解释,但这种观点必然导致在构成要件外就违法性进行伦理的判断,可能导致实质上不值得科处刑罚的行为也被科处刑罚。换言之,如果构成要件的判断不具有实质内容,那么符合构成要件的行为的范围就会被扩大,这样一来反而会有损构成要件的人权保障机能。于是,关于构成要件后来出现了违法类型说。具体而言,违法类型说认为,一个行为如果具备构成要件符合性,原则上便具有违法性,换言之,构成要件具有违法性的推定机能。因此,违法性判断表现为消极的判断,即违法性判断并不是根据具体的违法性要素作积极的判断,而是消极地判断是否存在排除行为违法性的情形存在,即通常只是判断是否存在(消极的)违法阻却事由。① 更有甚者,还有不少学者采取违法有责类型说,认为只要行为符合构成要件,原则上便具有违法性和有责性。易言之,构成要件不仅具有违法性推定机能,而且具有有责性的

① 例如,日本学者泷川幸辰认为:"犯罪,在形式上是违反了法律的命令或禁止的行为,在实质上,则是侵害了法益或给法益带来危险的行为。判断什么样的行为是这种行为,必须要有评价的标准,构成要件就是指示评价的标准,它表现为具备了违法性的'行为模式',即违法类型。某行为是否违法,根据是否符合构成要件即可以大体上判断出来,在这个意义上构成要件就是违法类型……违法性本身和构成要件处在怎样一种关系上呢? 违法类型是为了大致判断某一行为是否违法所以必要因素的总和,不过,违法类型并不是判断违法的最终标准。也有虽然符合构成要件但却没有被判断为违法的行为,像以正当防卫为代表的违法阻却原因就是这种情况。违法阻却原因虽然符合构成要件,但它本来却不是违法行为,它并不是排除了'本身是违法的'的违法性,而是从一开始就不是违法行为。构成要件作为违法性的证明,是指最一般的情况。只要不存在违法阻却原因,凡是符合构成要件的行为,都可以判断为违法。构成要件是违法性的大致证明,从这个意义上讲,我们可以把它叫做违法性的认识根据。"[日]泷川幸辰:《犯罪论序说》,王泰译,法律出版社 2005 年版,第 37～38 页。

推定机能。[①]

不难看出，由于德日三阶层体系中的违法性阶层表现为寻找阻却事由的消极判断，故我国学者据此认为，其犯罪论体系所体现的是层层收缩刑事责任范围的理路。其实，这是方法论上的误解。因为，既然构成要件是违法的类型，那么这本身就意味着构成要件的建构基础是违法性，即构成要件是积极的违法类型。换言之，在三阶层体系中，“虽然区分了第一阶段的构成要件符合性的判断与第二阶段的违法性阻却事由存在与否的判断，但两个阶段都是违法性的判断”。[②] 因此，倘若不明了具体个罪之违法性，则对于该罪之主要构成要件要素——（构成）行为便无从确认。也就是说，构成行为与违法性本身是相互依存的。以我国《刑法》第243条规定的诬告陷害罪为例，理论上对该罪保护的法益存在他人人身权利说（个人法益说）、司法（审判）作用说（国家法益说）与择一说三种观点。显然，如果对该罪保护法益理解不同，则必然导致对于认定自我诬告及诬告虚拟之人是否属于诬告陷害罪之构成行为产生差异。具体而言，如果主张个人法益说，则必然认为因自我诬告及诬告虚拟之人的行为并未侵犯他人的人身权利，因而否认其为刑法上之诬告陷害行为；相反，如果采国家法益说或择一说，则会认为，自我诬告与诬告虚拟之人的行为侵犯了国家的司法（审判）作用，因而肯定二者均系诬告陷害行为。在此意义上说，德日三阶层体系其实也是一种经验型而非先验型的理论体系。因为“社会科学并不研究‘既定’整体，它的任务是通过用常见因素建构各种模式，来建立起这种整体——这种模式是对我们在现实生活中同时观察到的众多现象中的一部分之间的关系结构的再现”。[③] 当面对疑难复杂事案时，人们常常会就该行为究竟符合何罪之构成要件而形成见仁见智

---

① 例如，小野清一郎指出：“构成要件是违法类型，又是责任类型；是违法有责行为的类型，又是其法律的定型。在此意义上，它是不法（行为）类型，又是犯罪类型，并且不是单纯地将违法性类型化，而是同时地也将道义责任类型化。杀人罪和伤害致死罪，明显地属于两种构成要件，它们的区别不就是在于责任类型的差异吗？我不理解新构成要件论者为什么把违法性与构成要件合而为一，却把责任置于构成要件之外。”［日］小野清一郎：《犯罪构成要件理论》，王泰译，中国人民公安大学出版社1991年版，第21页。

② ［日］井田良：《刑法总论的理论构造》，成文堂2005年版，第1页。

③ ［英］弗里德里希·A. 哈耶克：《科学的反革命——理性滥用之研究》，冯克利译，译林出版社2003年版，第54页。

的局面便充分说明了这一点。

此外,关于有责性,无论是违法类型说抑或是违法有责类型说,都不可能被认为其只是做简单的消极判断,事实上,除责任能力、期待可能性外,对于法定年龄、责任本身(罪过)等责任要素都不可避免地需作进一步的积极判断。就此而言,认为德日三阶层体系体现了层层收缩刑事责任范围的思路其实只是认识论上的误解。

其二,与前述第一点批判理由相呼应,重构论者认为,在德日三阶层体系中,被告人享有更为广阔的辩护空间。具体而言,“辩护机制在大陆法系国家的违法性、责任判断阶段都存在,个人可以主张自己的行为未侵害法益,自己不具有谴责可能性等,以摆脱司法追诉。……在中国刑法中,由于四大要件一旦‘拼凑’成功,就可以得出个人有罪的结论。所有的刑法学著作都众口一词地说:行为符合四个构成要件,就能够得出有罪的结论;而没有任何一本书讲:行为人可以借助于四个构成要件中的某些要件进行辩护!这样一来,犯罪构成就只能反映定罪结论(犯罪规格),突出刑法的社会保卫观念,由此在保障人权方面必然存在制度性不足,所以犯罪构成理论总体上是对控方有利的,这使得刑事案件控诉容易而辩护困难。尤其在出现诱惑侦查、免责但并不阻却违法性的紧急避险等情况时,个人要进行无罪辩解,基本上没有可能。但类似情况,无论是在大陆法系国家还是英美法系国家,个人要做无罪辩护,在犯罪成立理论上都是有根据的”。①

其实,无论德日三阶层体系抑或中国四要件式的犯罪构成,既然二者都是认定行为是否构成犯罪的要件系统,那么,只要某行为并不符合法律事先设定的成立犯罪的(任一)条件,就意味着该行为并不成立犯罪。在此意义上说,既然认为三阶层体系中的被告人可以在违法性和有责性阶段进行辩护,那么,在中国四要件式的犯罪构成中又何尝不是如此呢?例如,在犯罪客观要件上,被告人完全可以就自己的行为是否与法益实害结果之间存在因果关系进行辩护;同样,就主体要件而言,被告人完全可能以自己行为时并未达到法定年龄而主张不承担刑事责任;还有,在主观要件方面,被告人也可以主张自己在行为时系由于不能抗拒或者不能预见

---

① 周光权:《犯罪构成理论:关系混淆及其克服》,载《政法论坛》2003 年第 6 期。

的原因引起了危害结果，从而认为自己对行为及其结果并非出于故意或者过失。由此看来，重构论者所认为的在德日三阶层体系中被告人享有更广阔的辩护空间的说法并不成立。

以上表明，“单纯从抽象层面论证某种犯罪论体系的合理性，必然总是公说公有理，婆说婆有理”。[①] 换言之，“对体系的考察，必须与对具体问题、实践中问题的研究结合起来，做到在体系中思考问题，通过问题的解决完善体系”。[②] 值得注意的是，重构论的重要制度性论据主要是客观违法论与共同犯罪。

众所周知，我国刑法理论的通说认为，（严重的）社会危害性是犯罪的本质特征。一方面，社会危害性不仅要求行为在客观上造成了损害，而且行为人主观上对此具有故意或者过失；另一方面，犯罪构成以犯罪概念为基础，是对犯罪概念的具体化。于是，犯罪构成便是以客观与主观两个概念为支柱建立的，刑法中的违法也是主客观相统一的。

这一通说观点受到了重构论者的批判。由于四要件式犯罪构成体系既未明确犯罪的实体内容，也没有对其内部关系做出合理说明，因此，就违法论而言，一方面，除正当防卫和紧急避险外，尽管有些教科书在排除犯罪事由（排除社会危害性事由）章节中也讨论被害人同意、义务冲突等，但在体系上却无法发展出更多的违法阻却事由；另一方面，坚持主观违法论（即所谓违法是主客观相统一的），必然得出对精神病人、未成年人的不法侵害不能实施正当防卫这一不合理的结论来。[③]

重构论者认为，我国传统的四要件式的犯罪论体系的最大不足在于，无法妥当处理共同犯罪问题。因为，共犯论是犯罪论体系的试金石[威尔泽尔（Welzel）语]。“能否妥当地处理共犯问题，是检验犯罪论体系是否妥当的重要标准。如果一种犯罪论体系不能处理共犯问题，就表明这种体系存在严重缺陷。反之，如果一种犯罪论体系能妥当处理复杂的共犯问题，则表明这种体系具有优越性。”[④]在重构论者看来，三阶层体系有利

---

① 张明楷：《构建犯罪论体系的方法论》，载《中外法学》2010年第1期。

② 高铭暄：《论四要件犯罪构成理论的合理性暨对中国刑法学体系的坚持》，载《中国法学》2009年第2期。

③ 参加张明楷：《刑法学》（第4版），法律出版社2011年版，第192～193页。

④ 张明楷：《犯罪构成体系与构成要件要素》，北京大学出版社2010年版，第65～66页。

于贯彻共犯(狭义,指帮助犯和教唆犯)限制从属性说。

根据共犯限制从属性说,责任是对行为人人格的非难,正犯是否具有责任(有责性)并不影响共同犯罪的成立,因此,只要正犯的行为符合构成要件且违法时,就成立共同犯罪,至于正犯是否具有责任则在所不问,这样便能够解决共同犯罪中的一些难题。相反,“四要件理论难以解决共犯从属性、共犯与正犯的区分甚至共犯处罚依据等问题,而阶层的理论则很容易避免这种不足。实际上,在探讨犯罪成立理论时,共犯问题是犯罪论体系是否合理的‘试金石’。赞成四要件理论的学者可能在讨论某些犯罪要件要素是否存在时,很难发现该理论自身的不足,但是,一旦进入共犯论领域,四要件理论的很多缺陷就显露无遗。在四要件理论之下,对共犯论的许多问题讨论得非常肤浅,回避了很多复杂问题。至少我们可以说,四要件理论在犯罪体系论与共犯论的关系问题上是不明确的”。①

重构论者一般以如下案例论证三阶段体系对处理共同犯罪案件的重要意义和作用:

【案例1】15周岁的甲女因谎报真实年龄而被“正式”录用为某国有银行工作人员(国家工作人员),其工作职责之一,是每天下午5点钟左右,以步行方式将30万元的人民币从某储蓄所送到某银行分理处。某日在送款时,甲遇见4位同乡(均达到法定年龄,具备刑事责任能力)。甲提议,由4位同乡假装痛打甲一顿,将30万元人民币“抢走”,然后5人分赃。4位同乡接受提议,事后甲向单位谎称30万元被抢。

【案例2】14周岁的乙邀约无刑事责任能力的精神病人A共同强奸被害妇女,二人均奸淫得逞。

【案例3】15岁的B欲行盗窃,而邀约18岁的丙为其望风,丙答应并履行了“承诺”。

在重构论者看来,由于我国传统的四要件式犯罪论体系是在成立犯罪的全部条件(即主客观条件相统一)的意义上来理解共同犯罪的,即既将责任年龄和责任能力作为构成犯罪的要件,同时又将之作为共同犯罪的成立要件,因而导致对上述三个案例中行为人的定罪处罚遭遇了不可克服之困难。即“与欠缺责任而无罪的人存在‘事实上’的共犯关系的,

---

① 周光权:《犯罪论体系的改造》,中国法制出版社2009年版,第214页。

应当如何处理,这是四要件理论难以解决的问题。四要件理论将刑事责任能力作为犯罪构成要件明显是不合适的。因为无责任能力人不能构成共犯,所以,在其他的共犯不知实行正犯无责任能力而参与实行行为时,共犯不能成立。同时,由于其他的共犯并非是明知实行正犯无责任能力而将其作为'道具'利用,因此,也不能构成间接正犯"。[①]

具体而言,案例1中作为实行犯的甲由于未达到法定年龄,故其行为不构成贪污罪,这便使对其4位同乡也无法以贪污罪的共同犯罪论处(因为他们不具有国家工作人员的身份)。在案例2中,由于构成轮奸以成立强奸罪的共同正犯为前提,而A并不具有责任能力,故其与乙不构成强奸罪的共同犯罪,进而对乙的行为难以认定为轮奸。同样,案例3中的实行犯B因没有达到法定年龄,导致无法对作为帮助犯的丙进行处理(对B也不能认定为间接正犯)。

相反,如果采用德日三阶层的犯罪论体系,将作为行为主体的自然人本身及其身份作为构成要件要素,使构成要件成为违法的类型,将责任年龄、责任能力作为责任要素,那么就可以肯定,案例1中的甲与4位同乡的行为构成贪污罪的共同犯罪(甲为实行犯),只不过由于甲没有达到法定年龄而不承担刑事责任,但其4位同乡依然成立贪污罪的共同犯罪。基于相同道理,案例2中的乙和A构成强奸罪的共同犯罪(共同正犯),A因不具有责任能力,故其不承担刑事责任,但乙的行为依然属于强奸罪的共同犯罪,从而可以对乙适用轮奸的法定刑。案例3中的B与丙也构成盗窃罪的共同犯罪,就作为实行犯的B而言,由于其未达到法定年龄,因此不能追究刑事责任,但丙仍应承担盗窃罪的刑事责任。

对于上述重构论的批判意见,完善论者做出了不同的回应。例如,黎宏教授认为,在违法论和共同犯罪上,相比于德日三阶层体系,我国四要件体系的确存在重构论者所说的问题。但如前所述,上述问题完全可以通过贯彻客观优先的阶层递进理念和树立不同意义的犯罪概念得以解决。[②] 而冯亚东教授则认为,在我国刑法语境下,违法观念必然是主客观相统一的,因此,未成年人及精神病人的侵害不能称为"不法"侵害。对

---

① 周光权:《犯罪论体系的改造》,中国法制出版社2009年版,第220页。

② 具体论述,参见黎宏:《我国犯罪构成体系不必重构》,载《法学研究》2006年第1期。

于未成年人及精神病人的侵害，原则上应躲避，而不能实施正当防卫；只有在迫不得已的情况下，才能对之反击，但反击行为也只能认定为紧急避险。至于共犯问题，一方面，与德日刑法不同，我国刑法对共犯人主要采取作用分类法，所以，并不存在德日刑法中所谓的“共同正犯”的区别问题（由间接实行犯承担全部刑事责任）；另一方面，由于我国刑法拟制任何不满14周岁的未成年人均绝对无刑事责任能力，不需要也不太可能“实事求是”进行具体分析，因此，共犯限制从属性说根本无立足之地。对于诸如13岁的儿童（实施实行行为并起主要作用）与15岁的少年（实施教唆行为并起次要作用）共同抢劫的案件，只能视为是15岁的少年一人单独犯罪，应承担全部刑事责任，而根本无须关注并讨论13岁儿童的具体能力情况。当然，司法机关在量刑层面上可基于情理而在法律许可的范围内给予从宽处罚。①

其实，无论是德日三阶层体系抑或是我国的四要件体系，就成立犯罪的基本条件来看并无实质差异。在此意义上说，目前在犯罪论体系上形成的重构论与完善论之争，更多的只是关于技术问题的争论，因而在诸多问题的处理结论上基本相同，唯一存在重大差异的是共同犯罪问题。从立法论上说，为采共犯限制从属性说而主张对犯罪论体系进行重构，是有其意义的；然而，从解释论上讲，在目前我国刑法对共同犯罪概念做出了法定定义的前提下，能否径直采取共犯限制从属性说，尚存疑问（囿于篇幅，此处不予展开）。

如前所述，既然任何犯罪论体系建构的出发点都是如何认定犯罪，那么一切犯罪论体系都必然建立在犯罪的实体内容的基础上。倘若不明确犯罪本身的实体内容，建基于此的犯罪论体系必然偏离应有方向甚至丧失其本应有的意义。就此而言，德日三阶层体系与中国四要件体系对犯罪实体内容及其内部关系认识的差异，导致对有关问题的解释出现分野。即表面看来是由于犯罪论体系不同导致对刑法相关问题解释的差异，究其根源，主要是因为对犯罪的实体内容理解不同而造成的。

---

① 参见冯亚东、邓君韬：《德国犯罪论体系对中国之启示》，载《国家检察官学院学报》2009年第1期。

二、两大犯罪论体系的刑法解释论审查

“犯罪行为从其本质上而言是侵害法益和侵害义务的行为。犯罪行为的不法性是根据它的结果无价值——对受到保护客体的侵犯和危害——和行为无价值——在行为实施中使用的方式和形式——来确定，其有责性则产生于行为人所实际表露出来的思想意识无价值；该无价值反映了行为人对待法制秩序要求的行为规范的错误态度和法制观念上存在的不足。”①德国民法学者耶林针对民法上的善意占有提出不法（违法）与罪责（责任）区别的理论，对刑法上区分不法与罪责阶层产生了直接而重要的影响。此后，德国学说史上各种犯罪论体系基本上均是以不法与罪责为支柱而建立；以至于1975年刑法修正之后，不法与罪责的阶层区分为《德国刑法典》所采纳，成为“法定”的犯罪阶层。“从行为人的角度来看，不法要问的是我们做错了什么，罪责要问的是我是否该对错误的行为付出什么代价；从规范的角度来看，不法要问的是，我所设定的行为界限是否遭到逾越，罪责要问的是，我应该对该逾越界限的行为采取什么反应。”②不难看出，建基于不法与罪责的三阶层体系，必然要回答哪些要素表征不法，什么要素是为了说明罪责；进言之，对于刑法具体制度及各具体犯罪之构成，必须厘定不法要素与罪责要素，并进一步解说二者之关联。

相反，我国传统的四要件体系虽然主张犯罪构成以犯罪概念为基础而建立，同时强调犯罪的本质特征是（严重的）社会危害性，并且认为社会危害性是主客观相统一的，但遗憾的是，由于并未讨论社会危害性的实体内容，也没有明了主观与客观之内在关系，从而导致对诸多问题的解释结论值得检讨。因此，为推动犯罪论体系讨论之深入，有必要联系具体制度，从客观性、合法性、正当性及保守性四个方面对两大犯罪论体系展开刑法解释论的审查。

---

① ［德］约翰内斯·韦塞尔斯：《德国刑法总论》，李昌珂译，法律出版社2008年版，第9页。

② 许玉秀：《当代刑法思潮》，中国民主法制出版社2005年版，第44页。

（一）客观性

所谓客观性，是指解释结论必须真实反应刑法条文的含义。显然，对于与犯罪行为认定相关的问题，建立在不同犯罪实体内容基础上的犯罪论体系会出现不同的分析思路，从而导致对刑法条文真实含义的揭示程度存在明显差异。

例如，对于防卫过当，各国刑法一般都规定要根据其情节减轻或者免除处罚；我国《刑法》第 20 条第 2 款也规定："正当防卫明显超过必要限度造成重大损害的，应当负刑事责任，但是应当减轻或者免除处罚。"我国刑法理论的通说认为："这一刑罚减免事由是基于防卫过当的主客观因素决定了其社会危害性较通常犯罪的社会危害性要小。"①这一说法显然过于笼统和抽象，其并没有真正揭示防卫过当刑罚减免的实质根据。在德日等大陆法系国家，关于防卫过当减免处罚的理由，主要有如下三种学说：责任减少说认为，由于防卫过当不是正当防卫，因此不存在违法性阻却事由，也即具有违法性，但由于防卫过当是在紧急状态下实施的，防卫人受到不法侵害者的心理压迫，因此不能给予强烈的非难。也就是说，防卫过当的违法性与一般犯罪没有区别，只是责任不同。违法减少说认为，防卫过当虽然不完全符合正当防卫的要件，但与一般的法益侵害行为不同，它针对紧迫的不法侵害防卫正当的利益，因此，防卫过当的违法性就减少了。违法责任减少说则认为，防卫过当不仅违法性减少了，而且责任也减少了，这就是刑罚的减免依据。②

由于我国刑法规定，对于防卫过当应当"减轻"或者"免除"处罚，因此，关于减免处罚的依据应当采取违法责任减少说，即防卫过当不仅在于法益侵害减少了，而且主观上的可非难性也减轻了。说违法性减少了，是因为防卫过当的前提是正当防卫（在防卫的必要限度之内），此时，不法侵害者的法益已经（部分）丧失了刑法的保护必要性，而这一部分正好减少（抵消）了防卫过当的违法性。正是基于此，刑法才规定应当"减轻"处罚。但是，仅着眼于违法性减少，不能说明为什么对于防卫过当在特定情况下应当"免除"处罚。因为防卫过当只是违法性（法益侵犯性）减少了，

---

① 高铭暄、马克昌主编：《刑法学》，北京大学出版社、高等教育出版社 2000 年版，第 138 页。

② 参见张明楷：《外国刑法纲要》，清华大学出版社 2007 年版，第 169 页。

而不是没有违法性，否则，刑法就会以此完全免除对防卫过当行为的处罚。由此可见，防卫过当在特定情况下应当“免除”处罚的依据应当在于防卫人的罪责减少了。换言之，由于防卫过当是在紧急状态下，防卫人受到不法侵害者的心理压迫，基于恐怖、惊愕、兴奋等实施的行为，因此不能给予强烈的非难。[①] 不难看出，相比较而言，德日三阶层体系对防卫过当刑罚减免理由的解释更为真实、客观，因而更具有说服力。

又如，世界各国刑法都规定了犯罪中止，并且对犯罪中止无一例外要求从宽处罚（《德国刑法典》第 24 条甚至规定对中止犯不处罚）。我国《刑法》第 24 条第 2 款也规定：“对于中止犯，没有造成损害的，应当免除处罚；造成损害的，应当减轻处罚。”作为犯罪未完成形态的犯罪中止承担刑事责任的根据是什么，这是必须回答的问题。对此，我国刑法理论的通说认为：“行为符合主客观相统一的犯罪构成，是使行为人负刑事责任的科学根据。这既适用于故意犯罪的完成形态，也适用于故意犯罪的未完成形态。但这并不意味着犯罪的未完成形态与完成形态的犯罪构成模式是完全划一、毫无差异的。恰恰相反，犯罪的未完成形态与完成形态的犯罪构成模式是不同的，各有其自己的特点。如果说故意犯罪完成形态的构成是基本的犯罪构成，那么，故意犯罪未完成形态的构成就是修正的犯罪构成。……犯罪的预备、未遂、中止这些未完成形态的犯罪构成，是法律对既遂这种完成形态的犯罪构成加以修正和变更而确定下来的，未完成形态的构成要件与完成形态的构成要件在具体要件的内容上有所不同。”[②]关于中止犯减免处罚的根据，我国刑法理论要么没有做出回答，要么只是简单地指出犯罪中止不仅客观危害较轻，而且主观恶性也有所减

---

① 关于这一点，从国外刑法关于防卫过当的特别处罚规定中也能得到印证。例如，《德国刑法》第 32 条规定了正当防卫，该法第 33 条规定：“行为人由于慌乱、恐惧或者惊吓而防卫过当的，不受处罚。”《瑞士刑法》第 33 条第 2 款规定：“正当防卫人防卫过当的，法官依自由裁量减轻刑罚。正当防卫人由于可原谅的慌乱或者惊惶失措而防卫过当的，不处罚。”德国主流观点认为，这种情况下，虽然行为具有违法性，但责任双重减轻。一方面，行为人的责任因为面对不法侵害所产生的心理上的压力而减轻；另一方面，行为人不仅是损害了一种法益，而且保护了另一种法益，这种对法益的救援降低了不法，因而间接地降低了责任。这种双重的责任减轻，导致行为的不法内容、责任内容尚未达到值得科处刑罚的程度，因而不处罚。参见［德］汉斯·海因里希·耶赛克、托马斯·魏根特：《德国刑法教科书（总论）》，徐久生译，中国法制出版社 2001 年版，第 588～589 页。

② 高铭暄、马克昌主编：《刑法学》，北京大学出版社、高等教育出版社 2000 年版，第 148 页。

弱。显然,这种说法并不真实可靠,其对犯罪中止成立条件的界定没有实际意义。

在德日等大陆法系国家,关于中止犯的减免处罚根据,理论上主要有政策说、法律说和并合说。其中,政策说是从法外寻求根据。例如,根据德国学者李斯特的“金桥理论”认为,刑法之所以规定对中止犯不处罚,是为了给走上犯罪道路的行为人复归社会架设“金桥”。但法律说对政策说展开了批判:一方面,政策说只能解释中止犯的免罚,却无法说明减轻处罚的理由;另一方面,犯罪中止仍然是犯罪,既然如此,就应当在法律内而非法律外寻求对其减免处罚的依据。在法律说内部,又存在违法性减少、消灭说,责任减少、消灭说以及违法、责任双重减少、消灭说的争论。并合说则认为,单纯以政策说或者法律说均无法合理说明,只有将两种观点结合起来考虑,才能妥当说明对中止犯减免处罚的理由。①

在我国刑法语境下,犯罪中止也是犯罪(因没有造成损害而免除处罚也是以构成犯罪为前提),那就意味着,原则上必须在法律规范内对中止犯减免处罚的根据做出说明。就违法性(客观危害)而言,犯罪中止显然比犯罪既遂要轻,但其并不轻于犯罪预备和犯罪未遂。因此,对于犯罪中止来说,在违法性方面的比较对象应当是犯罪预备、未遂,而不是犯罪既遂。既然如此,犯罪中止与犯罪预备、未遂的不同似乎应当在于罪责方面。但是,中止犯的行为包括中止前的(犯罪)行为与中止行为两部分,其中,中止前的行为是作为犯罪予以处罚的根据,而中止行为是减轻或者免除处罚的根据。显然,中止行为本身不可能使行为人在实施中止前的行为的故意归于减少和消灭。在此意义上说,认为中止犯的减免处罚根据在于罪责的减少或消灭同样也是无法成立的。由于犯罪的本质在于侵犯法益,刑法的目的在于保护法益,所以,如何使行为人由侵犯法益的人转变为保护法益的人便成为刑法设立犯罪中止制度的基本出发点。因为在犯罪行为的进行过程当中(从犯罪预备开始到犯罪既遂时止),保护法益的“最佳人选”并非警察或者其他第三人,而恰恰是实施该犯罪行为的行为人。而要使行为人做出这一转变,必须在法律上对其给予“奖励”,

① 对中止犯减免处罚的理由各种学说的详细分析,可参见[日]山中敬一:《中止未遂的研究》,成文堂2001年版,第47~74页。

即对其减免处罚——正所谓"重奖之下必有勇夫"。反过来说，只有当行为人自动放弃犯罪或者自动有效的防止犯罪结果发生时，才值得对其予以减免处罚。虽然人们对犯罪中止的自动性（即任意性）的认定存在激烈争论，但唯有以此为思路方能求得基本共识。

由上可见，在以违法与罪责为基础的三阶层体系中，其对犯罪中止成立条件的认定较之以社会危害性为基础的四要件体系更为精准客观。

（二）合法性

解释的合法性强调的是，一方面，应当准确揭示刑法条文含义，解释结论不得与刑法的文字规定相抵触；另一方面，解释结论必须符合正义观念，或者说必须尽可能地释放刑法文字所包含的正义理念。显而易见，这或多或少同犯罪论体系具有关联。尽管我国四要件体系一再声称犯罪构成是犯罪行为社会危害性的表征，但由于未能明确社会危害性的具体内容，这就使在解释刑法条文时，很多时候所依赖的只是一种抽象的感觉。如此一来，解释结论往往无法准确界定条文含义。

例如，对于抢劫罪与敲诈勒索罪的界限，刑法理论和司法实践长期以"两个当场"（当场使用暴力、当场取得财物）作为二者的区分标志。具体而言，"抢劫罪的威胁具有当场即时发生暴力的现实可能性，如果被害人不交出财物，犯罪人就会当场加以杀害或伤害；敲诈勒索罪的威胁不具有当场即时发生暴力的现实可能性，具有一定时间性和空间性。比如罪犯威胁被害人说，如果不把钱拿出来，三天之后在某地把他杀死。……抢劫罪取得财物的时间是当场；敲诈勒索罪取得财物的时间是在实施威胁、要挟之后的某个时间，而不是当场"。[①] 但这种观点并不合理。

首先，法定刑对构成要件的解释具有制约意义。抢劫罪的第一档法定刑为3年以上10年以下有期徒刑，故抢劫罪中的暴力并非泛指一切有形力，而应限制为最狭义的暴力，即必须达到足以抑制对方反抗的程度。如果认为敲诈勒索罪的威胁不具有当场即时发生暴力的现实可能性，势必将暴力排除在敲诈勒索行为之外，即敲诈勒索只能是"以威胁或者要挟的方法，强索公私财物的行为"。[②] 于是，对于行为人当场实施轻微暴力

---

① 高铭暄主编：《中国刑法学》，中国人民大学出版社1989年版，第523页。

② 高铭暄、马克昌主编：《刑法学》，北京大学出版社、高等教育出版社2000年版，第527页。

迫使被害人交付财物的,既不构成抢劫罪,也无法认定为敲诈勒索罪。这便人为地形成了不合理的处罚漏洞。然而,根据《刑法》第274条规定,敲诈勒索罪的最低法定刑为3年以下有期徒刑、拘役或者管制(同时并处或者单处罚金),而且没有疑问的是,敲诈勒索罪是违背对方意志而取得他人财物。因此,没有任何理由将当场实施轻微暴力迫使被害人交付财物的行为排除在敲诈勒索罪之外。

其次,表面看来,根据《刑法》第269条事后抢劫的规定,暴力和胁迫的当场性可谓抢劫罪的法定要件。但是,第269条之所以要求"当场"使用暴力或者以暴力相威胁,是为了说明暴力或者暴力威胁与先前的盗窃、诈骗、抢夺行为的关联性。因为在事后抢劫的场合,倘若不是当场使用暴力或者以暴力相威胁,则意味着不具备抢劫的实质。退言之,即使认为抢劫罪必须当场使用暴力,也并不意味着作为敲诈勒索罪威胁内容的暴力只能事后实现。换言之,作为抢劫罪与敲诈勒索罪共同手段之暴力威胁的实现时间并不是绝对的排他关系。

最后,要求抢劫必须当场取财,而敲诈勒索只能事后取财的观点也并不可取。一方面,胁迫也是抢劫罪的法定手段之一;另一方面,现实中完全可能存在这样的情形,即行为人明知被害人手头没有钱财,却以杀害、重伤害等相威胁,迫使其日后交付钱财。显然,这种情形对被害人造成的心理恐惧感持续时间更长,其对人身权利的侵犯程度完全可能比当场强取更为严重。诚然,"在一个法秩序内,评价矛盾有时固然必须容忍,然而,因其抵触同种事物应作相同评价、相同处理的原则,因此应尽可能避免"。[①] 就此而言,将事后交付财物的行为一概认定为敲诈勒索罪实有不妥。

法益具有作为(具体)犯罪构成要件解释目标的机能。在规范意义上,胁迫与暴力具有同质性,二者均系侵犯人身权利之手段。也正因为此,刑法才在诸多犯罪中将二者并列予以规定(抢劫、强奸、劫持航空器等罪均是如此)。从有利于实现刑法法益保护机能的角度考虑,只要行为人实施的暴力、胁迫足以抑制对方反抗,无论是当场还是事后取财,原则上就应认定为抢劫罪(当然需具备抢劫故意);反之,当暴力、胁迫

---

① [德]卡尔·拉伦茨:《法学方法论》,陈爱娥译,商务印书馆2003年版,第212页。

程度较为轻微时,不论迫使被害人当场抑或事后交付财物,只能构成敲诈勒索罪。而且,“敲诈勒索罪与抢劫罪不是对立关系,凡是符合抢劫罪的犯罪构成的行为,必然符合敲诈勒索罪的犯罪构成(数额要求除外),但符合敲诈勒索罪的犯罪构成的行为,不一定符合抢劫罪的犯罪构成”。[①] 由此可见,不应当以“两个当场”作为抢劫罪与敲诈勒索罪的区分标准。

从以上论述不难看出,三阶层体系将构成要件作为违法的类型,由此强调法益对构成要件解释的指导机能,这样,便能够对各罪的构成要件要素做出清晰的界定,从而使此罪与彼罪的关系更为合理。然而,反观我国传统四要件的犯罪构成体系,由于并未真正明确犯罪构成各要件的地位和意义,导致各类教科书与著作在讨论此罪与彼罪之关系时,总是停留在静态的构成要件的比较上。毋庸讳言,这种做法既无法对各具体犯罪的构成要件做出合法合理的描述,也使各罪所谓的区分标准几乎没有实际意义。

(三)正当性

对任何法律进行解释所形成的解释结论都必须具有正当性(或者说合理性),这一点对于刑法的解释来说尤为重要。因为刑法区别于其他部门法的标准不在于调整对象,而在于其极其严厉的制裁手段——刑罚。即通常情况下,刑法要求行为人为其犯罪行为所付出的代价是财产、自由乃至生命,概言之,刑法关涉到对国民的生杀予夺。故此,倘若刑法解释结论不合理,既可能使他人弥足珍贵之财产、自由甚至生命被无故剥夺,也可能导致法益无法得到切实保护。刑法解释的合理性不仅体现在解释结论上,同样也体现在解释思路方面;而解释思路的合理性在相当程度上取决于犯罪论体系。在此意义上说,有助于实现解释正当性的犯罪论体系是值得追求的;也正因为此,结合具体制度,通过对解释正当性的分析检讨、反思我国传统四要件犯罪论体系就是必要的。

例如,根据《刑法》第236条的规定,强奸罪分为两种类型:一是强奸妇女(普通强奸),即使用暴力、胁迫或者其他手段,强行与妇女性交的行为;二是奸淫幼女(奸幼型强奸),即与不满14周岁的幼女性交的行为。

---

① 张明楷:《刑法学》(第4版),法律出版社2011年版,第872页。

但是，我国刑法学界的主流观点一直将奸幼型强奸与普通强奸理解为互斥关系。持传统观点的学者认为，一方面，由于《刑法》第236条第2款将奸幼型强奸的行为对象限定为不满14周岁的幼女，故第236条第1款普通强奸的对象只能是已满14周岁的少女和成年妇女（即年满18周岁的女性）。① 另一方面，就强奸妇女而言，“违背妇女意志以暴力、胁迫为前提。行为是否违反妇女意志，要结合客观事实进行判断。行为人在与被害人实施性交以前必须实施暴力、胁迫、其他方法，迫使被害人就范，才能认定行为人违反妇女的意志实施奸淫。如不以暴力、胁迫为前提，即使违背妇女意志也不构成本罪”。② 但是，“出于对幼女的特别保护，法律对本罪（即奸幼型强奸罪）的行为手段并无特别限制，行为人无论采用何种手段，只要与幼女发生了性关系，不管幼女同意与否，均符合本罪的客观方面的要件”。③ 而且，由于奸幼型强奸罪是故意犯罪，虽然《刑法》第236条第2款并未规定“明知”，但根据《刑法》第14条的规定，任何故意犯罪都是以明知构成某种犯罪要件的事实为前提，因此，只有当行为人认识到对方是不满14周岁的幼女才能构成奸幼型强奸罪。“当然，要求明知是幼女，并非要求其确切知道幼女的年龄，或者知道肯定是幼女，而是只要行为人具有奸淫幼女的目的，或者是明知可能是幼女，而对其奸淫，就可以定奸淫幼女罪。”④

如果将上述观点贯彻到底，则势必在奸幼型强奸和普通强奸之间形成不必要的处罚漏洞，从而违背刑法的正义性。例如，行为人误将不满14周岁的幼女认为是已满14周岁的女性（不能预见对方为幼女），又使用暴力、胁迫或麻醉等强制手段，或者虽未采取强制手段，但利用对方患病、昏迷、熟睡等不知或不能抗拒的状态，即在未征得对方同意的前提下而与之性交。这种情形下，依传统观点，由于行为人并没有认识到对方是不满14周岁的幼女（缺乏奸淫幼女之故意），故不构成奸幼型强奸；又因为被害人确系不满14周岁的幼女而非已满14周岁的女性，于是，对其行

---

① 参见高铭暄主编：《中国刑法学》，中国人民大学出版社1989年版，第469页；陈兴良主编：《刑法学》，复旦大学出版社2009年版，第324页。

② 陈兴良、周光权：《刑法学的现代展开》，中国人民大学出版社2006年版，第543页。

③ 高铭暄、马克昌主编：《刑法学》，北京大学出版社、高等教育出版社2000年版，第478页。

④ 高铭暄主编：《中国刑法学》，中国人民大学出版社1989年版，第469页。

为似乎也难以认定为强奸妇女，结局只能宣告无罪。但是，其一，如果对方是已满14周岁的女性，而行为人使用暴力、胁迫或者其他手段与之性交的，无疑构成普通强奸罪，为何当被害人是不满14周岁的幼女时反而无罪？其二，退言之，即使肯定行为人的行为构成强奸罪，也涉及如何适用法条的问题，即究竟认定为强奸妇女还是奸淫幼女？

上述问题的根源在于如何认识奸幼型强奸与普通强奸的关系，即如何认识《刑法》第236条第2款规定的奸幼型强奸的结构，而这又取决于对二者构成要件的合理解释。由于"一切犯罪之构成要件系针对一个或数个法益，构架而成。因此，在所有之构成要件中，总可以找出其与某种法益的关系。换言之，即刑法分则所规定之条款，均有特定法益为其保护客体。因之，法益可谓所有客观之构成要件要素与主观之构成要件要素所描述之中心概念。准此，法益也就成为刑法解释之重要工具。"[①]由此可见，合理解释普通强奸罪的构成要件的前提是准确界定其保护法益。

可以肯定的是，普通强奸罪和强制猥亵、侮辱妇女罪都是侵犯妇女性方面权利的犯罪。由于刑法将普通强奸罪和强制猥亵、侮辱妇女罪分开予以规定，并分别设置了不同的法定刑。故此，在解释论上应当将两罪的法益加以区分，而不能简单地将两者均称为"妇女的性自主权"或者"性决定权"，否则，必然导致普通强奸罪和强制猥亵、侮辱妇女罪的构成要件丧失界限。换言之，普通强奸罪和强制猥亵、侮辱妇女罪的法益可以亦应当互为解释，因为二者共同构成了妇女的性方面权利这一概念的外延。既然如此，普通强奸罪的法益应为妇女对狭义性交行为的自我决定权。具体而言，对于妇女来说，其是否愿意性交，与何人发生性交，以什么方式进行性交，完全属于其个人自主决定之事项，任何人都不得对其加以强制。

由于普通强奸罪的保护法益是妇女对狭义性交行为的自我决定权，而作为个人法益，妇女本人当然有权利处分之。故此，如果性交行为是在妇女基于真实意思而同意的前提下发生的，那么，就不可能侵犯该法益，进而不可能成立普通强奸罪；反之，倘若行为人明知被害妇女不同意而强

---

① 林山田：《刑法特论》（上册），台湾三民书局1978年版，第6页。

行奸淫的，则侵犯了该法益，原则上便构成普通强奸罪。因此，妇女是否同意发生性交行为，或者说性交行为是否违背妇女的意志，成为是否侵犯强奸罪法益的表征，进而成为认定普通强奸罪成立与否的决定性因素。所以，普通强奸罪的暴力、胁迫的意义在于表明性交行为是在违背妇女意志的前提下实施的；而且，暴力、胁迫手段具有外在的直观强制性，即通常情况下，暴力与胁迫直接表明性交是违背妇女意志的。

根据同类解释规则，"其他手段"应当是指除了暴力与胁迫之外的，说明性交行为是违背妇女意志的其他情形。具体地说，主要包括两种情形：其一，以酒精、药物麻醉，而后实施奸淫；其二，利用被害妇女患病、醉酒、昏迷、熟睡、迷信等不能或者不知抗拒的状态进行奸淫。由此看来，只要性交行为是在违背妇女意志（或者说是在未经妇女同意）的前提下发生的，即使行为人没有采取暴力或者胁迫手段，也应将之认定为"其他手段"。因此，那种认为"如不以暴力、胁迫为前提，即使违背妇女意志也不构成普通强奸罪"的观点并不成立。从司法实践来看，现实中经常发生虽未使用暴力、胁迫手段，但又确系违背妇女意志的奸淫行为。这类行为对妇女（狭义）性交行为的自我决定权的侵犯与采取暴力、胁迫的强奸并无本质区别，因而具有同等的可罚性。也正因为此，刑法在暴力与胁迫之外，还规定了"其他手段"。不过，与暴力、胁迫不同的是，"其他手段"（尤其是利用被害妇女不能或不知反抗的状态实施奸淫）往往并不具有直观的强制性。

而对于不满 14 周岁的幼女来说，由于其身心尚未发育成熟，故不能理解性交行为的社会及法律意义，就此而言，不应将奸幼型强奸罪的法益界定为幼女对狭义性交行为的自我决定权，而宜认为是幼女的（狭义）性健康。正因如此，刑法对其予以特殊保护，即只要行为人认识到对方是不满 14 周岁的幼女并与之性交的，即使对方同意也构成奸幼型强奸罪。也就是说，由于不满 14 周岁的幼女对性交行为欠缺同意能力，故即便其做出了同意表示，同意亦无效；亦即，此时行为人的行为仍然具有违法性（法益侵犯性）。相反，在行为对象为已满 14 周岁的女性的场合，如果性交行为得到对方的同意，则行为阻却违法，因而不构成普通强奸罪。这正是奸幼型强奸与普通强奸的不同之处；也正是在此意义上，奸幼型强奸罪才具有不同于普通强奸罪的独立的构成要件。所以，行为人在确实不知对方是不满14周岁的幼女情况下,双方自愿发生性交的行为仍然具有违法性,此时,他人当然可以对行为人进行正当防卫,但奸淫行为之所以不构成奸幼型强奸罪,是因为欠缺奸淫幼女的故意。

此外,这并不意味着奸幼型强奸与普通强奸是绝对的互斥关系。一方面,如前所述,只要是在未征得对方同意(或者说是在违背对方意志)的前提下而与之性交的,则无论其奸淫的对象是妇女抑或幼女,均属侵犯他人性权利或性健康的违法行为;另一方面,强奸罪的行为对象本来就包括妇女与幼女,即妇女和幼女构成了强奸罪行为对象的周延外延——女性。因此,根据客观要件的故意规制机能,如果性交行为确系在未经对方同意的前提下发生的,则只要行为人认识到对方是女性即可,而不必进一步认识到究竟是妇女还是幼女。此时,应根据行为对象的不同分别适用不同的法条。具体而言,如果被强奸的对象是妇女,则应适用《刑法》第236条第1款,认定为普通强奸罪;反之,如果被害人系幼女,则应适用《刑法》第236条第2款,认定为奸幼型强奸罪。不难看出,这种意义上的普通强奸罪与奸幼型强奸罪可谓基本条款与特别条款的关系。亦即,这种情形下的奸幼型强奸罪只是普通强奸罪的从重处罚情节。

以上表明,虽然我国传统的四要件体系反复强调犯罪构成是主客观相统一的犯罪认定体系,但如前所述,由于并未清晰厘定各要件的地位与意义,即未能明确客观要件与主观要件本身的含义以及二者在整个犯罪构成体系中的地位,因此,所谓的主客观相统一原则并未得到真正的贯彻落实。相反,在以违法与罪责为基础的三阶层体系中,表明违法的要件要素是对行为法益侵犯性的说明,而罪责要件要素是对违法行为与结果的认知与态度。只有明确了某罪的客观违法要件要素,才能进一步明确故意的认识内容。

(四)保守性

大陆法系国家刑法理论通常认为,刑法具有三个基本原则:第一,由“无法无罪、无法无刑”的格言所表述的罪刑法定原则;第二,刑法以保护法益为任务的原则;第三,无责任则无刑罚的责任主义原则。由罪刑法定原则出发,可以推导出构成要件符合性的要件,因为为了保障国民的行动自由,必须事先告知哪种行为作为犯罪具有可罚性。为此,该当于作为可罚性行为类型的构成要件,就是犯罪成立的第一要件。由法益保护主义的原则出发,违法性的要件得以解释,因为即便某行为该当于作为可罚行为类型的构成要件,仍然有必要考虑该行为是否真正属于有害于社会的行为。例如,若能判定某行为具有高于其有害性的有益性,则有可能进行价值判断,看处罚该行为是否真正妥当。违法性判断正是进行这种价值判断,具体看是否阻却违法。由责任主义原则出发,可以推导出责任(有责性)的要件,因为既然刑法是通过预告刑罚这种制裁而从心理上控制人的行动,只有当能够就行为人所实施的违法行为和结果对其进行非难时,才能对行为人追究刑事责任,此即行为责任主义。有责性的判断就正是进行这种评价。

相应的,这种犯罪成立体系有利于抗制刑法被歪曲适用的三个危险:第一,一旦发生有害于社会,给社会造成巨大打击的事件,舆论就会表现出强烈的处罚情感。为此,尽管并无处罚此行为的法律规定,仍然存在法官为满足国民的处罚情感而通过类推解释加以处罚的危险。判断是否具有构成要件符合性就是为了对此加以确证。第二,在行为人性质恶劣,其行为形态有违社会伦理之时,便存在未经充分探讨该行为客观上究竟给他人带来了多大的危害,即是否侵害了作为刑罚法规之保护对象的法益的情况下予以处罚的危险。判断是否具有违法性就是为了对此加以确证。第三,一旦发生受害程度巨大的事件,便具有在未经充分探讨能否谴责该行为人的情况下予以处罚的危险。而判断是否具有有责性就是为了对此加以确证。① 由此可见,这种由形式到实质、由客观到主观的判断思路,有利于法官理顺裁判的思路,从而实现人权保障。

例如,我国刑法理论的通说将犯罪未遂分为能犯未遂与不能犯未遂,其中不能犯未遂又分为对象不能犯未遂与手段不能犯未遂,但是,无论对对象不能犯未遂抑或手段不能犯未遂,均主张具有可罚性。又如,在误将自己的财物当作他人的财物加以盗窃的场合,我国刑法理论通常以主客观相统一为由主张成立盗窃罪。但是,倘若先考察行为的违法性,再分析其罪责,则通说观点值得检讨。因为上述场合下,难以说行为具有实质的违法性,因而作为犯罪处理存在疑问。就此而言,对于贯彻保守性的刑法

① 参见[日]西田典之:《日本刑法总论》,刘明祥等译,中国人民大学出版社2007年版,第44~45页。

解释立场,三阶层体系更具优势。

三、中国传统犯罪论体系的完善与刑法解释的保守性构建立场

(一)中国传统犯罪论体系完善的基本构想

如前所述,在成立犯罪的基本条件方面,我国传统的四要件体系与德日三阶层体系并无本质不同。只不过,由于三阶层体系以不法与罪责为基础而建立,并且在构成要件符合性、违法性与有责性三个阶层中进一步明确构成要件符合性、违法性是为了说明行为之违法性,而有责性则是表明违法行为的可谴责性。因此,在对诸多具体制度的分析上,应当说其更为精确细致,因而更具有说服力。反观我国传统的四要件体系,尽管强调是以主客观相统一的社会危害性为基础,但未能明确社会危害性的具体含义与内容。一方面,客观的实质内容是什么,客观的意义何在,以及哪些构成要件要素属于客观方面的要素并不十分清楚;同样,主观的具体含义为何,如何确立主观的地位,以及哪些构成要件要素应当归于主观方面的要素也相当模糊。另一方面,主客观相统一是在什么意义上而言的,以及主客观如何实现统一等也甚为含混。例如,我国刑法分则对绝大多数故意犯罪设置了多档法定刑,即就某一特定的故意犯罪而言,在规定了基本法定刑的前提下,刑法还进一步规定了加重处罚情形。问题是,适用加重的法定刑是否需要行为人对此具有认识。例如,根据《刑法》第 263 条第 8 项的规定,抢劫军用物资或者抢险、救灾、救济物资的,处 10 年以上有期徒刑、无期徒刑或者死刑。当行为人并未认识到自己所抢劫的是军用物资或者抢险、救灾、救济物资时,可否认定为抢劫军用物资或者抢险、救灾、救济物资,从而处 10 年以上有期徒刑、无期徒刑或者死刑?对此,通说恐怕难以回答。

刑法是立法者建构的抽象化符号系统,由此决定了,“法律很难做到具有直观性。……法律本身是非物质性,由各种规范构成。其中有些规范很清楚易懂,例如禁止谋杀和偷窃;有些则不那么容易理解。关于法律的一般(理论)性陈述是抽象的,这一点是无法避免的;从这个意义上来说,法律是不直观的。它们的实用性是通过它们是否使得在一个特定的学科领域中的研究变得可能或者更容易来证明。在法律领域中,由于规

范的数量庞杂及其相互关系的复杂性,理论建构不可避免。只有这样,法律的稳定适用和法律安全才能得到保障"。[①] 所以,"面对法律,法学家的任务有三:解释、构造、体系"。[②] 从此意义上说,学者们根据刑法规范,创建犯罪成立体系理论不仅是必然的,而且是必要的。[③]

我国《刑法》第 16 条规定:"行为在客观上虽然造成了损害结果,但是不是出于故意或者过失,而是由于不能抗拒或者不能预见的原因所引起的,不是犯罪。"理论上通常将该条规定的内容概括为不可抗力和意外事件。但是根据反对解释,该条实际上意味着,刑法所规定的任何犯罪都具有违法(法益侵犯)与责任(罪责)两方面实体内容;而且,违法与责任是决定法定刑轻重的基础性因素。因此,如果要坚持传统的四要件体系,那么就必须以《刑法》第 16 条为基础对其加以调适和完善;而且,为了判断的尽可能客观,必须明确违法性原则上是客观的,责任原则上是主观的。[④] 据此,完善的基本思路可归纳如下:

首先,必须对现有的犯罪客体、犯罪客观要件、犯罪主体与犯罪主观要件及其构成要素分门别类,即必须确定四要件及其各构成要素中,哪些属于违法要件要素,哪些属于责任要件要素。显而易见,犯罪客体和犯罪客观要件属于违法要素。既然如此,作为犯罪客观要件要素的行为、结果、因果关系(尚有争议)、时间、地点、方法就是用来说明行为的违法性,而且,它们的属性均为客观的。即行为人的主观心理如何并不影响行为、结果、因果关系、时间、地点、方法的判断。例如,因果关系是指实行行为与法益侵害结果之间的引起与被引起关系,行为人对此是否具有认识并不影响因果关系的成立和认定。

不言而喻,犯罪主观要件原则上属于责任要素。不过,值得注意的是,犯罪目的并不全然如此。换言之,有些犯罪的犯罪目的属于责任要素,但有些却是违法要素,这需要具体情况具体分析。例如,根据《刑法》

---

① [德]N. 霍恩:《法律科学与法哲学导论》,罗莉译,法律出版社 2005 年版,第 106 ~ 107 页。

② [德]拉德布鲁赫:《法学导论》,米健等译,中国大百科全书出版社 1997 年版,第 169 页。

③ 德国刑法学者罗克辛认为:"体系是一个法治国刑法不可放弃的因素。"[德]克劳斯·罗克辛:《德国刑法学总论》(第 1 卷),王世洲译,法律出版社 2005 年版,第 132 页。

④ 当然,说违法性原则上是客观的,而责任原则上是主观的,并不意味着违法要素均为客观要素,责任要素都是主观要素。事实上,根据我国刑法规定,既存在主观的违法要素,也存在客观的责任要素。

第239条规定，构成绑架罪需要"以勒索财物为目的"或者"绑架他人作为人质"，显然，"以勒索财物为目的"是责任要素，因为无论是否出于勒索财物的目的，绑架行为给被绑架人的行动自由与人身安危造成的侵犯并无影响。但是，根据《刑法》第152条规定，构成走私淫秽物品罪必须以牟利或者传播为目的，显然，牟利或传播目的应为违法要素，因为只有当行为人以牟利或者传播为目的走私淫秽物品时，其行为的违法性（法益侵犯性）才达到了值得科处刑罚的程度。此外，特别需要说明的是，虽然传统四要件体系将自然人犯罪主体的要素分为刑事责任年龄和刑事责任能力，但是，由于违法是客观的，故年龄本身并不影响违法。易言之，是否达到法定年龄对行为是否违法没有影响，所以，尽管法定年龄在属性上系客观要素，但应明确其属于责任要素。

其次，由于客观构成要件要素具有故意的规制机能，因此，"要想说存在故意，有必要认识、预见（成为认识、预见之对象）的犯罪事实，实质地说来，就是为行为的违法性奠定基础的事实（针对这样的事实，能够赋予其违法之评价）。对此种事实存在认识、预见时，就允许针对行为的违法性而追究行为人的（故意）责任（只有对认识、预见到的违法事实而言才可能追究故意责任，这是责任主义的实质含义）"。[①] 换言之，故意的认识内容与意志内容是由客观构成要件要素的内容决定的，而客观要素的内容所表明的是行为的违法事实，故意是使行为人对客观的违法事实承担责任的要素，故只有客观要素的内容，才是故意的认识内容与意志内容。[②] 在明确了违法要素与责任要素之后，进一步需要明确的是，所谓"主客观相统一"，应当是指成立故意犯罪原则上要求行为人对客观违法要素具有认识，即在具体的故意犯罪中，行为人对表明违法的客观构成事实具有认识时，方才成立该罪。例如，在贪污罪等构成身份犯的场合，由于国家工作人员的特殊身份是违法要素，因此，从理论上说，成立贪污罪的前提是行为人认识到自己是国家工作人员。就因果关系来说，由于其是指行为与结果之间的引起与被引起关系，故只需要行为人认识到自己的行为会引起该结果即可，而不必进一步要求其认识到行为具体如何引

---

① ［日］山口厚：《刑法总论》，付立庆译，中国人民大学出版社2011年版，第187页。

② 参见张明楷：《危险驾驶的刑事责任》，载《吉林大学社会科学学报》2009年第6期。

发结果。

但如前所述,有些客观要素是责任要素,而有些主观要素却是违法要素,由于故意的认识内容不可能包括主观要素,故不能要求行为人认识到主观的违法要素;此外,虽是客观要素,但如果系责任要素,也无须行为人对此有认识。例如,行为人原本已满 14 周岁但其却误认为自己未满 14 周岁进而实施抢劫的,不影响抢劫罪之成立。基于同样道理,在故意犯罪的加重处罚的场合,是否需要行为人对该加重处罚情节具有认识,取决于该加重处罚情形是否具有独立的构成要件,如果具有独立的构成要件,理当要求行为人对此有认识;反之则否。例如,对于上文所说抢劫军用物资或者抢险、救灾、救济物资的情形,由于刑法在此就行为对象做出了特别规定,故应认为其具有不同于(普通)抢劫罪的构成要件(完全可以将其罪名概括为抢劫军用物资、抢险、救灾、救济物资罪),因而只有当行为人对此有认识时,方可适用加重之法定刑。

最后,当然并非最不重要的是,认定犯罪必须坚持从客观到主观的方向,即必须将违法要素置于责任要素之前,先考察行为是否具有违法性,其次分析其罪责。在此意义上说,传统的四要件体系把构成要件排列为"客体→客观方面→主体→主观方面"是可取的。而且,对于刑法学者来说,极为重要的工作是,必须耐心细致地梳理刑法分则所规定各具体犯罪的违法要素与责任要素,唯此,才能将抽象的犯罪论体系落到实处。

(二)刑法解释的保守性构建立场

刑法通常是以刑罚这一极端严厉的制裁作为实现法益保护目的的手段,而"刑罚如两刃之剑,用之不得其当,则国家与个人两受其害"。[①] 所以,应当限制刑罚的适用。由于刑罚的适用伴随于犯罪构成事实的实现,故限制刑罚的适用的前提是对犯罪构成要件进行严格解释。此外,与德日等大陆法系国家不同的是,我国行政处罚体系庞大,在国外构成犯罪的行为,在我国完全可能只是行政违法行为(如日本刑法规定了暴行罪,但暴行行为在我国只是违反治安管理处罚法的行为),由此决定了,对我国刑法的解释应当持保守性立场。从犯罪论体系的角度看,构建刑法解

---

① 德国学者耶林语;转引自林山田:《刑罚学》,台北商务印书馆 1985 年版,第 127 页。

释的保守性立场，主要是通过贯彻《刑法》第 13 条但书规定之精神加以实现。

《刑法》第 13 条规定："一切危害国家主权……以及其他危害社会的行为，依照法律应当受刑罚处罚的，都是犯罪，但是情节显著轻微危害不大的，不认为是犯罪。"这便要求，作为评价、衡量行为是否构成犯罪标准的犯罪构成，在整体上所体现的社会危害性必须达到较大即值得科处刑罚的程度。值得注意的是，行为的社会危害性是否达到值得科处刑罚的程度，通常并非仅通过某一个要件体现出来，而是要对其进行综合判断。以下联系若干具体条文予以展开：

《刑法修正案（八）》第 22 条（即《刑法》第 133 条之一）增设了危险驾驶罪。其法条表述为：在道路上驾驶机动车追逐竞驶，情节恶劣的，或者在道路上醉酒驾驶机动车的，处拘役，并处罚金。就其中的醉驾型危险驾驶罪来说，问题在于，是否只要达到醉驾标准（车辆驾驶人员血液中的酒精含量大于或者等于 80mg/100ml），就一律构成危险驾驶罪？

刑法理论界对此存在否定说与肯定说两种对立见解。例如，赵秉志教授等认为，"醉驾不能一律入罪"的观点既符合刑法的规定也体现了刑法的谦抑性。第一，《刑法》第 13 条"但书"，已将行为情节对犯罪成立的影响予以明确化，其要求司法机关在判断某一行为是否构成犯罪时，除了根据犯罪构成要件加以认定外，还须考虑包括犯罪情节在内的所有要素对相关法益所造成的侵害或威胁，是否符合犯罪具有严重社会危害性的本质特征，醉驾也不例外。第二，危险驾驶罪所侵犯的同类客体是公共安全，其直接客体是道路交通安全。由此，醉驾行为构成危险驾驶罪，必须在客观上对道路交通安全造成威胁；没有威胁刑法所保护的法益的醉驾行为，不能被认定为犯罪。第三，主张"醉驾一律入罪"的观点实际上是过分强调了刑法的威慑性，但实现《刑法修正案（八）》醉驾入刑的威慑性，绝不在于对任何醉驾行为都要定罪判刑。① 另一种观点则认为，"每百毫升血液中含酒精 80 毫克"是醉酒驾驶与酒后驾驶的分界线，也就是罪与非罪的分界线。这一标准明确而具体，同时，醉驾犯罪属于典型的行为犯，不要求有危害结果，司法机关遵照标准执行即可。因此，在绝大多

---

① 赵秉志、张伟珂：《醉驾入罪的法理分析》，载《检察日报》2011 年 5 月 17 日第 3 版。

数情况下,《刑法》第13条“但书”很难成为醉驾“非罪”的理由。换言之,对于醉驾案件,罪与非罪的“商量余地”有限,定罪要坚决,但处置宜灵活。在具体办案中,司法机关在综合考量醉酒程度、醉驾的实际危险性、当事人的表现等情节后,依然拥有比较广阔的裁量空间。这也使醉驾案件可以得到有效分流,从而减轻办案压力。①

不可否认,醉驾型危险驾驶罪是抽象危险犯,但作为危险犯之结果的所谓法益侵害的危险,是指发生法益侵害的客观可能性或者说盖然性。只不过,就抽象危险犯而言,其所要求的法益侵害危险只要有比较缓和程度的危险就足够了,即作为构成要件所要求的是一般的、抽象的危险行为,因为这样的行为一旦实施通常就能肯定危险的发生,通过这样的危险行为展示了作为结果的危险的内容。② 反之,倘若行为本身并不足以导致发生类型化的危险,则不能以相应犯罪论处。据此,虽然每百毫升血液中含酒精大于或等于80毫克,但对于诸如在寒冬深夜且没有车辆和行人过往的乡间道路上驾驶等情形,不应认定为危险驾驶罪,否则便是刑法的过度适用。

根据《刑法》第384条规定,国家工作人员利用职务上的便利,挪用公款归个人使用,进行非法活动的,或者挪用公款数额较大、进行营利活动的,或者挪用公款数额较大、超过3个月未还的,是挪用公款罪。根据1998年4月29日《最高人民法院关于审理挪用公款案件具体应用法律若干问题的解释》第2条第2款的规定,挪用公款存入银行的,属于挪用公款进行营利活动;所获取的利息应当追缴,但不计入挪用公款的数额。但是,该司法解释的规定值得商榷。很明显,《刑法》第384条实际上是根据挪用公款可能导致单位丧失公款的危险程度规定三种类型的:挪用公款进行非法活动的,单位丧失公款的危险程度最高;挪用公款进行营利活动的次之;挪用公款进行其他个人活动的最低。正因为如此,成立挪用公款罪的条件依次相应提高。既然如此,营利活动就应当是具有一定风险的营利活动(如炒股、炒楼盘等),而不是泛指一切营利活动。③ 而挪用公

① 柴春元:《醉驾:定罪要坚决 处置要灵活》,载《检察日报》2011年5月19日第1版。

② 参见[日]山口厚:《刑法总论》,付立庆译,中国人民大学出版社2011年版,第45页。

③ 参见张明楷:《刑法学》(第4版),法律出版社2011年版,第1051页。

款存入银行的行为实际上并不具有任何风险性，据此，不应将其认定为进行营利活动，而宜认定为进行其他个人活动。

根据《刑法》第240条第1款第3项规定，拐卖妇女同时又奸淫被拐卖的妇女的，处10年以上有期徒刑或者无期徒刑，并处罚金或者没收财产；情节特别严重的，处死刑，并处没收财产。刑法理论和司法实践几乎没有争议地认为，此处"奸淫"被拐卖的妇女，是指只要行为人与被拐卖的妇女性交即可，至于妇女同意与否则在所不问。但这种观点的合理性大可质疑。其一，如果说因为被拐卖的妇女人身自由受到限制，故这里的"奸淫"是指与被拐卖的妇女性交即可，那么，对于被非法拘禁、绑架的妇女，即使其自愿与行为人性交的，也应对行为人以非法拘禁罪或者绑架罪与强奸罪数罪并罚。但恐怕没有人赞同这一结论。其二，根据《刑法》第241条第2、4款的规定，收买被拐卖的妇女，只有强行与其发生性关系的，才依照数罪并罚的规定处罚。收买被拐卖的妇女的行为通常也限制了被害妇女的人身自由，为何此处并罚以构成强奸罪为前提，而拐卖妇女中的奸淫被拐卖的妇女却不作此要求？令人费解。其三，不可否认，《刑法》第240条第1款第3项使用的是"奸淫"而非"强奸"的字眼，联系第236条来看，奸淫应当是指与对方发生性关系，而对方是否同意则无关紧要。一般而言，对于同一法典（尤其是同一条文及上下文）中的相同用语原则上应作相同理解，否则会破坏法律用语的统一性。但是，统一解释并非绝对原理，更不意味着在任何情形下都应坚持，当有充分理由表明需要对同一用语作不同解释时，则必须且只能采取相对解释，否则无异于放弃刑法的正义性。① 例如，《刑法》第20条第1款与第2款均使用了"正当防卫"的概念，但毋庸置疑的是，第1款的"正当防卫"是本来意义上之正当防卫，而第2款的"正当防卫"是指防卫过当。

最后，有两点需要特别强调：第一，主张对犯罪构成要件（要素）的解释必须使犯罪构成在整体上所体现的社会危害性达到值得科处刑罚的程度，绝非意味着可以单纯依据抽象的社会危害性感觉加以判断，相反，应当从各具体要素着手进行判断。第二，主张对刑法的解释应当持保守性立场，并不是说对刑法进行解释时必须贯彻有利于被告的原则，事实上，

① 参见张明楷：《刑法分则的解释原理》（上），中国人民大学出版社2011年版，第62页。

对刑法的解释应当有助于实现刑法所追求的规范目的，即应当根据解释目标与规则进行解释，以尽可能实现“规范内的处罚正义”为基本解释方向。[①]

---

① 对此的详细论述，请参见胡东飞：《刑法目的对刑法解释方向的制约》，载《中国刑事法杂志》2009年第1期。

第八章　当下中国刑罚论体系之争与刑法解释的保守性

刑法由犯罪与刑罚组成，两者之关系，从表象角度观之，系前因后果之关系——刑罚是犯罪发生后必然引发的法律后果；但反向思之，一行为如何能被定义为犯罪？传统学说给出的结论是“严重的社会危害性”，但何为严重，如何能在渐次增长的社会危害性的量表上清晰地划分出犯罪与一般违法行为的界限？显然，离开其特有的制裁方式——刑罚，犯罪也就淹埋在了危害行为的洪潮之中。因此，就本体论而言，刑罚更为关键，其对犯罪的本质具有一种参照和指涉作用。故对刑法的解释，不仅应关注对具体犯罪的解释，更应关注对既定的刑罚制裁体系的解释。

一、中国刑罚论体系的生刑轻重之争与死刑存废之争

当今中国的刑罚论体系，发端于新民主主义革命时期，定型于1979年刑法。1997年刑法与2011年通过的《刑法修正案(八)》，都只对局部刑罚结构进行了调整。

从静态角度观之，我国的刑罚体系在整体上具有一定的合理性：既有主刑又有附加刑，主刑分为管制、

拘役、有期徒刑、无期徒刑和死刑;附加刑的种类有罚金、没收财产、剥夺政治权利和驱逐出境(仅对外国人适用)。其性质各异,轻重有别,且互相衔接,是“一个完整的、严密的、科学的刑罚体系”。[①] 但若从全球视野及动态司法的视角检视之,其仍存在诸多问题,尤为突出的是:死刑罪名是否过多,是否应大幅度缩减?生刑(包括死缓、无期徒刑、长期有期徒刑)是否过轻,是否可通过提高生刑刑期来限制甚至废除死刑?事实上,《刑法修正案(八)》已经做出了部分肯定的回答,但问题并未就此完全解决,相关规范的具体适用乃至未来立法调整的方向都存在诸多争议。

(一)刑罚论体系的生刑轻重之争

对于我国刑罚论体系中生刑是否过轻,学界存在两派观点。主流派观点认为,生刑过轻,其立论依据主要是:(1)国外的生刑期限普遍高于我国,尤其是废除死刑的国家,因此我国也应该通过延长生刑期限以限制或者废除死刑;(2)我国生刑的实际执行期限过短,与死刑立即执行形成了鲜明的对比,“死刑过重,生刑过轻,生死两重天”,以至于民众极端地迷信死刑不信任生刑。[②] 另一派学者则认为,我国的生刑并不轻,国外的生刑期限普遍高于我国的论断并不科学,因为,单纯比较有期徒刑上限规定的高低实际上意义不大。一方面,应考虑有期徒刑上限实际可适用罪名的范围,因为刑法中决定有期徒刑轻重或严厉与否的因素除了刑法总则中有期徒刑上限的高低外,往往还取决于刑法分则中配置有期徒刑上限刑罚的罪名范围的大小;另一方面,也不应仅仅静态地比较有期徒刑的上限规定,而应该从动态角度辩证地比较有期徒刑实际判处和实际执行期限的高低。而我国的生刑,与其他国家和地区相比,无论是在实际可以适用罪名范围的刑事立法规定上,还是在司法实践之实际判处和实际执行上,均不存在“过轻”的问题。[③]

应该说,第二派学者的观点具有相当的合理性,我国著名学者陈兴良

---

① 高铭暄主编:《刑法学原理》(第3卷),中国人民大学出版社2005年版,第106页。

② 参见陈兴良:《刑罚结构亟待调整:限制死刑 加重生刑》,载《人民检察》2007年第19期;李希慈:《论死刑的替代措施——以我国刑法立法为基点》,载《河北法学》2008年第2期;赵秉志:《中国死刑替代措施要论》,载《学术交流》2008年第9期;马长生、许文辉:《死刑限制视角下的有期徒刑上限提高论——兼论我国重刑体系的冲突及衔接》,载《法学杂志》2010年第1期。

③ 刘宪权:《废除死刑与提高生刑期限关系比较探析》,载《法学》2011年第10期。

教授曾一针见血地指出：我国当前的刑罚结构是以死刑、自由刑为中心的，从世界范围内来看属于一个重刑结构，甚至是一个超重的刑罚结构。[①] 首先，死刑罪名过多，大量的非暴力犯罪配置了死刑，死刑执行人数堪称全球之最；其次，无期徒刑适用面宽，分则中规定无期徒刑的条文占全部条文的五分之一左右；最后，长期自由刑在刑罚结构中地位突出，分则中规定“被判处十年以上的有期徒刑”的条文相当多。因此，合理的结论应该是我国刑罚尤其是重刑的配置应当整体趋轻。然而，刑罚的轻缓化有其存在的经济、社会结构与社会文化基础，在我国社会矛盾急剧激化的当下，片面强调刑罚的整体趋轻必然会导致刑罚功能的缺损，从而难以起到整体预防犯罪的功效，也难以满足社会一般公众对正义理念的需求。由此，问题的关键就演变为，当前治理中国超重刑结构的关键究竟何在？

笔者认为，关键仍在于治理死刑。一方面，立法上死刑配置量过多导致了无期徒刑、长期徒刑的连带增长。我国现行刑法中死刑罪名多达55个，由于罪与罪之间的刑罚要协调，死刑罪名的增多必然导致刑罚投入向上攀比，致使可以判处无期徒刑和长期徒刑的罪名相应增多。因此，立法上削减死刑罪名可适当减少无期徒刑、长期徒刑的配置。另一方面，死刑与生刑在司法层面上的断层现象十分严重，导致民众极端地迷信死刑而不信赖生刑。根据陈兴良教授统计，在《刑法修正案（八）》施行以前，死缓相当于有期徒刑14年以上24年以下（不包括判决前羁押的时间），一般实际关押在18年左右。无期徒刑相当于有期徒刑12年以上22年以下（不包括判决前羁押的时间），一般实际关押在15年左右。有期徒刑最高为15年，数罪并罚不得超过20年（包括判决前羁押的时间）。由于我国存在减刑、假释制度，15年有期徒刑最低关押7.5年，一般实际关押12年左右；20年有期徒刑最低关押10年，一般实际关押15年左右。[②] 一边是剥夺个人生命的最严厉刑，一边是实际剥夺个人自由18年、15年、12年不等的刑罚处置，二者差别不可谓不大，这样，在死刑立即执行与生刑之间就造成了很大的刑阶空挡，同时又因减刑、假释甚至保外就医制度

① 陈兴良：《刑罚改革论纲》，载《法学家》2006年第1期。
② 陈兴良：《刑罚改革论纲》，载《法学家》2006年第1期。

的存在,生刑的实际严厉性相对于死刑立即执行而言,明显过轻。由此,一旦发生具有严重社会危害性的大案要案,民众的直接诉求就是对被告人立即执行死刑,2010 年前后引发轩然大波的“药家鑫案”①、“李昌奎案”②即是明证。为了限制死刑立即执行,尽管我国的生刑并不轻,但仍然有必要对其作适当严厉化的调整,以填补其与死刑立即执行之间的巨大差异,这才是当前调整刑罚结构的重中之重!

2011 年通过的《刑法修正案(八)》显然接受了这种观点,为了更好地协调各刑种之间的关系,尤其是死刑与生刑之间的巨大沟壑,其适度加重了生刑,具体表现在对死刑缓期执行减刑、无期徒刑减刑、有期徒刑数罪并罚等方面的修改完善。

1. 提高了死缓的严厉程度

死缓是区别于死刑立即执行的另外一种死刑执行方式,从刑阶衔接的角度来看,自然应当尽可能长地配置死缓剥夺犯罪人自由的时间,以保证其与死刑的衔接,但是死缓的实际执行状况却和死刑立即执行有着天壤之别、生死之分。我国刑事司法实践表明,被判处死缓的罪犯平均实际执行的刑期约为 18 年,这与平均执行刑期约为 15 年的无期徒刑没有多大差别。死缓和死刑之间差距过大而和无期徒刑、有期徒刑之间的差距过小,最后变成死缓有期徒刑化,难以实现罪责刑相适应的基本原则,难以真正发挥作为死刑立即执行替代措施的功效。因此,《刑法修正案(八)》全面提高了死缓的严厉程度,不仅限缩了减刑空间,而且提高了实际执行期限。首先,被判处死缓的犯罪人如果确有重大立功表现,2 年期满以后,减为 25 年有期徒刑,缩小了死缓减刑的空间。其次,对于被判处死刑缓期执行的累犯以及因故意杀人、强奸、抢劫、绑架、放火、爆炸、投放危险物质或者有组织的暴力性犯罪被判处死刑缓期执行的犯罪分子,人

① 2010 年 10 月 20 日,西安音乐学院大三学生药家鑫开车撞伤被害人张妙后,见其在看车牌,因怕被找麻烦取出尖刀连捅数刀,致张妙当场死亡,后在父母陪同下自首。西安市中级人民法院于 2011 年 4 月 20 日以故意杀人罪判处被告人药家鑫死刑立即执行,剥夺政治权利终身。二审维持原判。

② 2009 年 5 月 16 日,云南省巧家县村民李昌奎因邻里纠纷将同村的 17 岁少女奸杀,并摔死其 3 岁的弟弟。昭通市中级人民法院判处死刑立即执行,并处剥夺政治权利终身,民事赔偿家属损失 3 万元。云南省高级人民法院二审以自首为由改判死缓,引发民众热议;后再审撤销原二审死缓判决,改判李昌奎死刑,剥夺政治权利终身。

民法院根据犯罪情节等情况可以同时决定对其限制减刑。对于此类犯罪分子，缓期执行期满后依法减为无期徒刑的，减刑后实际执行刑期不能少于25年；缓期执行期满后依法减为25年有期徒刑的，减刑后实际执行刑期不能少于20年。

2. 完善了无期徒刑的执行

无期徒刑是剥夺犯罪分子终身自由的严厉刑罚，具有仅次于死刑的严厉性，它以较长期的监禁来实现对那些人身危险性很大的犯罪分子的矫正，从而实现有效的惩治和预防。但在我国司法实践中，无期徒刑的实际执行时间却和有期徒刑相差无几，只有3年左右刑期的差别，更使死刑与生刑的严厉性差距显著。正是基于上述考虑，《刑法修正案（八）》规定对于被判处无期徒刑的犯罪分子，减刑后实际执行的刑期不能少于13年；同时，被判处无期徒刑的犯罪分子，在刑罚执行13年以上方可假释。

3. 延长数罪并罚刑期

有期徒刑是我国刑法分则中配置最多的刑种，也是司法适用最广泛的刑种。但是有期徒刑的数罪并罚上限较低，无论犯罪分子所犯数罪情节或后果如何严重、总和刑期如何高，依照数罪并罚的规定最高只能判处20年有期徒刑，难以实现罪责均衡、罚当其罪。故《刑法修正案（八）》在原有条文基础上调整为：有期徒刑总和刑期不满35年的，数罪并罚最高刑期不能超过20年，有期徒刑总和刑期在35年以上的，最高不能超过25年。

（二）死刑存废之争

关于死刑存废之争，自1764年贝卡里亚提出以来，迄今已有两个半世纪之久，死刑废除论者和死刑保留论者各自所能提出的理由几乎穷尽，且基本是基于同样的事实而得出截然相反的结论[①]：

1. 废除死刑论者认为死刑违背了社会契约；而保留论者则认为死刑正是社会契约的结果。

2. 废除死刑论者认为死刑的适用违反人道，死刑是残酷的，会助长人们的残忍心理；而保留论者则认为废除死刑才是不人道的，因为贬低了犯罪所侵害的个人权益或社会利益的价值，并且现代文明的执行方法使

---

① 参见赵秉志主编：《死刑改革探索》，法律出版社2006年版，第63～64页。

死刑并不需要折磨肉体。

3. 废除死刑论者认为死刑侵犯了最基本的人权，犯罪人的生命不可剥夺；而保留死刑论者认为死刑并未侵害基本人权，其恰恰是对人最根本的尊重。

4. 废除死刑论者认为，死刑断绝了犯罪人自新之路，即使是确实不堪改造者，终身监禁已足以剥夺其犯罪能力，同时，死刑对于一般预防和特殊预防均不必要；而保留论者则认为，死刑对于某些特定犯罪人而言是最有效且必需的刑罚手段，其具有特殊的威慑效果。

5. 废除死刑论者认为适用死刑有悖于罪刑等价原则，因为死刑犯的犯罪情节也存在轻重；而保留论者则认为死刑恰是罪刑等价的体现，因为对重罪犯正应处以死刑。

6. 废除死刑论者认为，死刑是不经济的刑罚方法，因为死刑浪费了本可利用的廉价劳动力；而保留论者则认为死刑比自由性更能节约社会财富。

7. 废除死刑论者认为，死刑一旦误判则无法挽回；保留论者则认为可以通过司法努力，最大限度地减少误判错杀。

8. 废除死刑论者担心死刑会被政府加以利用，作为镇压人民的工具；而保留论者则认为，死刑同样是战争和维护政权时的有力武器。

死刑存废的争论虽然仍未结束，但是废除死刑已经日益成为国际趋势。目前废止死刑的国家越来越多，截至 2009 年 6 月底，在法律上废止死刑的国家数量达到 103 个，其中 95 个国家完全废止了死刑，8 个国家废止了普通犯罪的死刑，保留了特殊死刑。在法律上保留死刑的 93 个国家中，45 个可以称为事实上废止死刑的国家，即在过去的 10 年间没有处决过任何死刑犯。在这 45 个国家中，大赦国际认为其中的 35 个是真正的“实践中废止死刑的国家”，奉行不执行死刑的稳健政策。因此，共计 138 个，即达总数 71% 的国家不实施或者不打算实施死刑。①

在我国，刑法学界近年来同样对死刑问题进行了深入的研究和热烈的讨论，并已取得基本共识：我国目前尚不具备全面废除死刑的条件，但

---

① 参见[英]罗吉尔·胡德：《废止死刑：从全球视角看中国》，苗苗、赵远译，赵秉志审校，载赵秉志主编：《刑法论丛》2010 年第 2 卷，第 44 ~ 45 页。

应严格限制死刑的适用,并逐步废止死刑。[①] 因此,中国死刑问题的关键同样不在于理论上应然与否的形而上的争论,而在于致力于实践中对死刑切切实实地予以限制直至最终的废除!

2011 年通过的《刑法修正案(八)》在我国废除死刑的立法进程中,终于迈出了至为关键的一步——第一次明确了中国消减和限制死刑的立场。在刑法总则中,明确规定对审判时已满 75 周岁的老年人原则上不适用死刑,[②]把原有的不适用死刑的主体范围从"犯罪的时候不满 18 周岁的人和审判的时候怀孕的妇女"这两类扩大到三类。在刑法分则中,一举废除了近年来较少适用或者基本上不适用的 13 个经济性非暴力犯罪[③]的死刑,实现了我国刑法改革与死刑改革的历史性突破。自从我国第一部刑法典规定了 28 种死刑罪名以来,我国的死刑罪名一直呈膨胀发展趋势,最多时达到 72 种。至 1997 年全面修订刑法时,在严格控制死刑的立法精神下,仍然保留了 68 种,其中非暴力犯罪的死刑数量为 44 种,占全部死刑罪名的 64.7%,在刑法分则的十章中只有一章没规定死刑。本次修正案一次性取消了 13 种死刑罪名,占总数量的 19.1%,并且全部是非暴力性犯罪,使非暴力性犯罪死刑罪名的比例降至 56.4%,使我国的死刑立法结构更趋合理。对此,赵秉志教授进行了高度评价,认为其"有利于完善我国立法,改变刑法典中死刑罪名过多的现状;有利于支持死刑司法,是对司法实践中减少、限制适用死刑做法的认可和支持;有利于促进死刑观念的变革,以立法形式引导和促进民众死刑观念的转变,减少对死刑的过度依赖;有利于顺应死刑发展的国际趋势,以立法行动来承担相关国际义务,符合国际上废止死刑运动的大潮流"。[④]

---

① 赵秉志:《当代中国刑罚制度改革论纲》,载《中国法学》2008 年第 3 期。

② 《刑法修正案(八)》第 3 条在《刑法》第 49 条中增加一款规定:"审判的时候已满七十五周岁的人,不适用死刑,但以特别残忍手段致人死亡的除外。"

③ 具体包括:走私文物罪,走私贵重金属罪,走私珍贵动物、珍贵动物制品罪,走私普通货物、物品罪,票据诈骗罪,金融凭证诈骗罪,信用证诈骗罪,虚开增值税专用发票、用于骗取出口退税、抵扣税款发票罪,伪造、出售伪造的增值税专用发票罪,盗窃罪,传授犯罪方法罪,盗掘古文化遗址、古墓葬罪,盗掘古人类化石、古脊椎动物化石罪。

④ 赵秉志:《〈刑法修正案(八)〉宏观问题探讨》,载《法治研究》2011 年第 5 期。

二、中国刑罚适用与刑法解释的保守性

菲利指出:“量刑是刑法典的基础。整个刑法典在其最后的分析中仅为一个计算刑罚的对数表。”[①]刑法中的所有制度归根结底是为刑罚的量处和执行服务的,量刑和行刑是刑事司法的目的和归宿。然而长久以来,这个简单的道理一再被漠视——我国的刑罚制度在过去半个多世纪中基本上一成不变。直至2011年通过《刑法修正案(八)》,才对我国的刑罚结构进行了大幅调整,使我国的刑罚体系在一定程度上得以优化:顺应世界潮流,大幅减少死刑;协调刑种关系,适度加重生刑;完善非监禁刑,增设社区矫正;补充或增加新内容,着力完善量刑体系;矜老恤幼,以宽为主。[②] 然而,毋庸置疑,我国的刑事处罚仍然偏重,各个刑种之间关系的衔接、刑罚体系的设计也还需要进一步调整。

(一)中国刑罚论体系的改进方向

随着对死刑的进一步严格限制,对自由刑的调整完善,对罚金刑的扩大适用,对非监禁刑的充分重视,刑罚整体结构将进一步趋于宽和。基于此,我国刑罚制度的改革需从如下几个方面着手:

1. 进一步严格限制死刑

一般而言,对死刑限制主要有立法与司法两个途径:立法控制主要是在法律上削减死刑罪名,提高尚需保留死刑罪名的犯罪适用死刑的标准;而司法控制,则是在司法实践中尽可能少地适用死刑,特别是尽可能少地判处死刑立即执行。两个途径相比,立法控制当然更彻底,更具有宣示意义和里程碑价值,但难度颇大,有严格的立法程序要求;而司法控制,则更具有现实意义。从世界各国限制死刑、废除死刑的发展趋势来看,也往往先从司法上对死刑进行严格限制,待条件具备才立法,最终废除死刑。

从司法控制的角度看,自2007年1月1日,最高人民法院依法全面回收死刑复核权后,我国的最高司法机关出台了一系列的司法解释,如

---

① 恩里科·菲利:《实证派犯罪学》,郭建安译,中国政法大学出版社1987年版,第39页。

② 谢望原、王波:《论〈刑法修正案(八)〉对刑事处罚制度的完善》,载《法学杂志》2011年第6期。

2007年的《最高人民法院关于进一步加强刑事审判工作的决定》、《关于进一步严格依法办案确保办理死刑案件质量的意见》,2010年的《关于办理死刑案件审查判断证据若干问题的规定》、《关于办理刑事案件排除非法证据若干问题的规定》,进一步加强了死刑程序的正当化——从诉讼程序到审判方式,从实体规则到证据规则。事实上,目前我国司法实践中实际适用死刑立即执行的案件数量已大幅度减少。另外,我们还应该看到,司法机关推行的"慎用死刑"的理念经常和民众"杀人偿命"的死刑观短兵相接,甚至自乱阵脚、败将下阵,前述的"李昌奎案"即是明证。我们当然不能就此谴责民意的落后与粗疏,因为法律"就其效力来说,依赖于广大人民对其基本先决条件的接受。人民的接受,而不是形式上的法律机构是法律得以贯彻的决定性力量"。[①] 所以,笔者以为,当前死刑司法控制改革的重点,应该是在体制内建构民意对个案死刑适用的参与程序,让民意遵从既定的法律渠道和程序,以"法律参与"的面貌进入司法程序,真正认识到死刑的核心价值,这样才能对民意进行引导,使其逐步理性化,并最终成为死刑改革的基础力量。

从立法角度而言,尽管《刑法修正案(八)》取消的13种死刑罪名基本上都是司法实践中备而不用的,取消之后对死刑的适用数量影响甚微。但我们仍然应当看到,"此次对于死刑的削减是里程碑性的。因为这意味着中国终于踏上了废除死刑的道路。从此,死刑在我国不再是一个或者说主要是一个存在是否合理的问题,而是一个怎么逐步废除的问题"。[②] 具体而言,我国应以1998年签署的《公民权利和政治权利国际公约》的死刑适用标准——"最严重的罪行"作为参照和指引,逐步废除集资诈骗罪、走私假币罪、伪造货币罪等经济犯罪,毒品犯罪和组织卖淫罪等妨害社会管理秩序罪,贪污受贿等职务犯罪的死刑,只保留剥夺人的生命价值的杀人罪、可能致人于死地的危害公共安全方面的犯罪,以及有可能直接致人死亡的危害国家安全方面的犯罪的死刑。[③]

---

① 参见[美]伯尔曼:《法律与宗教》,梁治平译,三联书店1991年版,第59页。

② 高铭暄、苏惠渔、于志刚:《从此踏上废除死刑的征途——〈刑法修正案(八)草案〉死刑问题三人谈》,载《法学》2010年第9期。

③ 高铭暄、楼伯坤:《死刑替代位阶上无期徒刑的改良》,载《现代法学》2010年第6期。

2. 深入改革完善轻罪刑罚结构

《刑法修正案(八)》的刑罚结构调整,无论是对死刑罪名的削减,还是对死缓、无期徒刑和有期徒刑严厉性的强化,主要针对的基本上都是严重刑事犯罪刑罚配置和适用的合理性问题,没有涉及轻罪刑罚结构,更没有涉及我国短期自由刑适用范围过宽、过泛之问题。据统计,1997 年刑法分则中含有拘役的条文 269 条,占分则条文总数的 77%;法定刑设有拘役的罪名 358 个,约占罪名总数的 83%。[①] 而拘役适用率也是较高的,近 10 年来,每年都在 7% 左右,远远超过同样为主刑但为非监禁刑的管制(1% 左右)[②],这显然和当前世界刑罚改革的方向——限制短期监禁刑,加强非监禁刑立法,并在制度上尽可能实现短期监禁刑转化为非监禁刑——背道而驰,这也同样不符合我国现阶段的司法资源配置——长期自由刑延长带来的监禁成本的增加必然要求改变短期自由刑的立法配置和执行方式。由此,我国一方面应取消某些犯罪的短期监禁刑配置,将管制刑与相关附加刑作为此类犯罪唯一的法定刑幅度;另一方面应增设短期监禁刑转为管制或罚金刑的易科制度,并加强社区矫正制度建设,为管制、缓刑等非监禁刑发挥功能创造条件。

3. 着力调整附加刑的配置形式与配置范围

《刑法修正案(八)》主要调整的死刑、无期徒刑、有期徒刑、管制等刑种,都属于主刑的范畴,对罚金刑、没收财产刑仅仅就其在具体犯罪法定刑中的适用进行了调整,而对资格刑,则根本没有涉及。而随着我国市场经济的不断发展,经济、财产领域的犯罪日益突出,过失犯罪、单位犯罪日益增多,与之相对应的财产刑和资格刑在整个刑罚结构中的地位也越来越重要。但就目前我国刑法规定而言,显然还难以满足这方面的实际需求,尤其是财产刑的执行更是棘手。因此,应进行相应的调整与完善。具体来说,就罚金刑而言,可以考虑进一步科学地规定罚金刑的数额;将罚

---

① 张小虎:《拘役若干基本问题研究》,载谢望原、张小虎主编:《中国刑事政策报告》,中国法制出版社 2007 年版,第 207 页。

② 该数据来源于对近十年来刊登在《中华人民共和国最高人民法院公报》上的《全国法院司法统计公报》中"全国法院刑事案件被告人判决生效情况统计表"的分析。例如,2005 年到 2008 年期间,拘役的适用率分别是 7.79%、7.52%、7.27%、7.26%,而管制的适用率分别是 1.76%、1.85%、1.73%、1.79%。

金刑最普遍的“并处制”修改为“选处制”;尽可能地设计罚金刑的多种执行方法,如设置罚金刑易科执行制度等。而对于没收财产刑,由于其固有的弊端——难以界定、过于严厉等,因而不宜在财产刑中占据主导地位,可考虑在将来的刑罚制度改革中予以取消。在资格刑方面,应借鉴国外经验,增加“剥夺从事特定职业的权利”、“剥夺特定的荣誉权利”等内容,并相应扩大其配置范围。

(二)中国刑罚论体系与刑法解释的保守性适用立场

罪与刑共同构成了我国现有的立法模式,但我们在解释刑法时,惯常的理解与思维模式却只重视对罪的解释,而忽略了对刑的分析。事实上,要解释好刑法,达到保障人权的终极目标,不仅要求注重解释方法的合理性,更要求解释结论具有保守性,用比较通俗的刑法语言讲就是:刑罚的最后手段性、不得已性、谦抑性。亦即可定罪可不定罪时,解释结论应当是不定罪;可杀可不杀时,解释结论应当是不杀;可免除处罚可不免除处罚时,解释结论应当是免除处罚;可缓刑可不缓刑时,解释结论应当是缓刑。

1. 免除处罚适用

免除处罚是指对构成犯罪的被告人免予刑事处罚。免除处罚的前提是行为人构成犯罪,因此它有别于《刑法》第 13 条但书规定的“情节显著轻微危害不大的,不认为是犯罪”的无罪宣告。

在我国刑法典中,除了总则的 10 个条文①和分则的 4 个条文②明文规定具有上述情形的,可以或应当免除处罚外,还有免予刑事处罚的规定:总则中第 37 条规定,“对于犯罪情节轻微不需要判处刑罚的,可以免予刑事处罚,但是可以根据案件的不同情况,予以训诫或者责令具结悔过、赔礼道歉、赔偿损失,或者由主管部门予以行政处罚或者行政处分”;分则中第 383 条贪污罪和第 386 条受贿罪的个别情形有此规定,此外,在第 395 条隐瞒境外存款罪中,也隐含了上述规定。问题是,免除处罚与免

① 在国外犯罪且在国外受过刑罚处罚(第 10 条);又聋又哑的人或者盲人犯罪(第 19 条);防卫过当(第 20 条);避险过当(第 21 条);犯罪预备(第 22 条);犯罪中止(第 24 条);共同犯罪中的从犯(第 26 条);共同犯罪中的胁从犯(第 28 条);自首(第 67 条);立功(第 68 条)。

② 对非国家工作人员行贿罪(第 164 条);非法种植毒品原植物罪(第 351 条);行贿罪(第 390 条);介绍贿赂罪(第 392 条)。

予刑事处罚是否属同一概念？两者的关系如何界定？尤其当行为人并不具备免除处罚的法定情节，但是由于其他酌定情节的影响，也不需要对其实际判刑时，人民法院能否直接依据第37条的规定对行为人免除处罚？

从仅导致有罪宣告而无刑罚处罚的角度出发，两者显然属于同一概念。但是，如何界定《刑法》第37条的地位，学界争议颇大：有学者认为，该规定属于独立的量刑情节，法官在针对特定案件进行定罪量刑时，可以直接援引予以适用。[①] 也有学者认为，《刑法》第37条所规定的不是独立的免除刑罚的事由，只是其他具体的免除处罚情节的概括性规定。[②] 笔者赞同后一种观点，原因很明显：根据《刑法》第63条第2款的规定，对不具有刑法规定的减轻处罚情节而又需要减轻处罚的，只有经过最高人民法院核准，才可以减轻处罚；而对于行为人更为宽大的免除处罚，如果可以直接根据《刑法》第37条的规定判处，则任何法院、法官都可为之，显然极不协调。因此，《刑法》第37条的规定与其他法定的免除处罚情节只能是一般原则与具体内容的关系，对不具备法定免除处罚情节的，当然不能直接根据《刑法》第37条的规定免除处罚；在适用免除处罚情节时，则必须以《刑法》第37条所规定的免除处罚原则为指导，以刑法所规定的免刑情节为依据，从而决定是否免除处罚。具体而言，免除处罚的适用条件有二：一是犯罪情节轻微。对犯罪情节是否轻微的判断应建立在对案件主观、客观方面情节全面考察的基础之上，以犯罪的事实、性质、情节和对社会的危害程度为依据，如果所犯罪行危害后果并不严重、主观恶性小，且具有法定的免除处罚情节，即可以认定为犯罪情节轻微。二是不需要判处刑罚。“不需要判处刑罚”的意思是，根据特定案情，被告人的行为在刑法评价上存在免除处罚的可能性。这里存在审判人员的主观判断问题，即考虑到犯罪人的人身危险性程度极低，基本上不存在再犯可能性，即使不对犯罪人施以刑罚惩罚，犯罪人也不至于危害社会。

值得注意的是，免除处罚并不意味着绝对不给予任何处罚，《刑法》第37条还规定了可以根据案件的不同情况，对行为人予以训诫或者责令具结悔过、赔礼道歉、赔偿损失，或者由主管部门予以行政处罚或者行政

---

① 参见何秉松主编：《刑法教科书》，中国法制出版社1995年版，第448页。

② 张明楷：《刑法学》（第4版），法律出版社2011年版，第558页。

处分。由此可见,免除处罚可分为两种类型:一是对行为作有罪宣告,不判处刑罚,也不给予任何非刑罚处罚;二是对行为作有罪宣告,不判处刑罚,但给予一定的非刑罚处罚。

2. 从轻与减轻处罚适用

从轻处罚是指在法定刑限度以内判处较轻刑罚的处理办法;减轻处罚是指在法定刑以下判处刑罚的处理方法。但是,何谓"法定刑",并非不言自明。因为,在我国刑法分则规定的具体犯罪中,仅少数犯罪只有一个法定量刑幅度,而绝大多数犯罪具有两个以上的法定量刑幅度。这里的"法定刑"究竟是指具体罪名的整个法定刑幅度,还是指与不具有量刑情节的同一犯罪的危害性程度相适应的某个法定量刑幅度?学界对此颇有争议,但最高人民法院研究室早在 1990 年 4 月 27 日《关于如何理解和掌握"在法定刑以下减轻"处罚问题的电话答复》中就已明确指出,这里所说的"法定刑",是指根据被告人所犯罪行的轻重,应当分别适用的刑法规定的不同条款或者相应的量刑幅度。具体来说,如果被告人所犯罪行的刑罚分别规定有几条或几款,那么应以其罪行应当适用的条或款所规定的量刑幅度作为"法定刑";如果同一条文中有几个量刑幅度,那么应以其罪行应当适用的量刑幅度作为"法定刑";如果只有单一的量刑幅度,那么应以此为"法定刑"。该解释的总体思路因为被刑法替代而于 2013 年被废止,但其中对"法定刑"的阐释符合罪刑法定与罪刑相适应的基本精神,因而被司法实务界广为接受。

确定了具体的法定刑幅度,对于从轻处罚而言,关键即是在相应的幅度内选择较轻的刑罚。但是,"较轻"显然是与某种事物对比后的一种确认,如果没有以某种事物作为基准,与之进行对照比较,则不可能得出准确的从轻处罚结果。因此,基准点的确立至关重要。例如,我国《刑法》第 22 条第 2 款规定:"对于预备犯,可以比照既遂犯从轻、减轻处罚或者免除处罚。"第 23 条第 2 款规定:"对于未遂犯,可以比照既遂犯从轻或者减轻处罚。"可见,对于被比照的既遂犯所处的刑罚,是对预备犯和未遂犯判处刑罚的参照点。同样的道理,对于被比照的在不考虑各种法定和酌定量刑情节的前提下,根据基本犯罪事实的既遂状态所应判处的刑罚,也就是从轻处罚的参照点,即通常所说的量刑基准。故从轻处罚的适用,首先是根据案件的具体事实,在罪刑单位配置的量刑幅度内,选择基准刑,而后再考察具体的从轻处罚情节，根据情节对社会危害性影响的大小选择较基准刑更轻的刑种或者更短的刑期。由此，案件具有从轻处罚情节并不必然导致在量刑幅度的中间线以下判处刑罚。

而对于减轻处罚，则只能在具体犯罪行为对应的法定刑幅度的最低刑之下进行处罚，否则，就无法与“从轻处罚”有效衔接。问题是，“减轻”可以减到何种程度？能突破刑种的规定吗？2011 年通过的《刑法修正案（八）》给出了部分答案：“犯罪分子具有本法规定的减轻处罚情节的，应当在法定刑以下判处刑罚；本法规定有数个量刑幅度的，应当在法定量刑幅度的下一个量刑幅度内判处刑罚。”这个规定显然只能适用于刑法分则规定有数个量刑幅度且在不考虑减轻处罚情节的情况下本应适用的量刑幅度不属于最低量刑幅度的情形，而对于在刑法分则仅规定单一量刑幅度以及刑法分则规定有数个量刑幅度且在不考虑减轻处罚情节的情况下本应适用的量刑幅度已经属于最低量刑幅度的情形下，如何减轻处罚尚未明确。笔者认为，此时的减轻处罚可能突破刑种的限制。例如，当法定最低刑是拘役，或者虽是有期徒刑但有期徒刑的起点为最低刑时，就可能减轻至其他刑种。事实上，最高人民法院在 1994 年 2 月 5 日的《关于适用刑法第五十九条第二款减轻处罚能否判处刑法分则条文没有规定的刑罚问题的答复》中也表达了类似的思路：“根据刑法第五十九条第二款（指 1979 年刑法——笔者注）的规定，对于不具有刑法规定的减轻处罚情节的犯罪分子，如果根据案件的具体情况，判处法定刑的最低刑还是过重的，经人民法院审判委员会决定，可以在法定刑以下判处刑罚，包括判处刑法分则没有规定的不同刑种的刑罚。例如，法定最低刑为三年有期徒刑的，可以判处不满三年有期徒刑、拘役或者管制。但是否判处附加刑，仍应遵守刑法分则的规定。”该解释虽然在 2013 年因刑法已有规定而被废止，但其解释立场与《刑法修正案（八）》一脉相承，且更为具体明确，因而具有合理性。

减轻处罚的另一个焦点是酌定减轻处罚制度。根据《刑法》第 63 条第 2 款的规定，酌定减轻处罚的适用条件有三：犯罪分子不具有法定减轻处罚情节；案件具有特殊情况；必须报请最高人民法院核准。问题是，如何理解这里的“特殊情况”。有学者认为，应该仅限于涉及国家政治、国防、外交等方面利益的案件，因为这事关刑法的权威。但更多的学者认为不应局限于此，因为刑罚的目的是预防犯罪，故刑罚应当与犯罪分子罪行的轻重和人身危险性的大小相适应。当案件具有的“特殊情况”有效降低了犯罪分子所犯罪行的社会危害性程度和其人身危险性程度，从而需要在法定刑以下判处刑罚的，那么这种“特殊情况”就应该成为对具有该“特殊情况”的犯罪分子减轻处罚的依据，而无论这种“特殊情况”是否关涉国家利益。笔者赞同后一种观点，这既有利于保障被告人的人权，实现刑法的目的，也不会影响刑法的权威，毕竟其还有一道程序性保障措施——需报请最高人民法院核准。

3. 缓刑适用

我国刑法中的缓刑，是指人民法院对于被判处拘役、3 年以下有期徒刑的犯罪分子，根据其犯罪情节和悔罪表现，认为没有再犯罪的危险且宣告缓刑对所居住社区没有重大不良影响的，在一定考验期内，暂缓执行原判刑罚的制度。缓刑制度在实践中对教育改造罪犯，使之改过自新，预防重新犯罪，维护社会稳定等方面发挥了重要作用。然而，实践中也存在不少问题，尤其是实质条件的规定过于原则、抽象、主观，缺乏具体、科学的评价标准，以至于适用的随意性较大。为此，2011 年通过的《刑法修正案(八)》除增加了不能适用缓刑和应当适用缓刑的主体条件外，还进一步明确了适用缓刑的实质性条件：

一是犯罪情节较轻。所谓“犯罪情节较轻”，是指犯罪人的罪行性质不严重、犯罪情节不恶劣，其应以直接反映犯罪行为客观危害情况的各种事实为准，不宜包括犯罪成立后行为人的各种表现。具体而言，可从以下几个方面进行判断：侵害法益的大小；对象、结果、手段、时间、地点等犯罪客观方面；罪过、目的、动机等犯罪主观方面。以下犯罪情节，是考虑是否适用缓刑时需要特别留意的：如防卫过当、紧急避险过当、胁从犯、犯罪中止等。这类犯罪在动机、成因、具体情势、危害结果等方面要么有合乎情理之处，要么有可以宽宥之情，主观恶性较小，再犯的可能性也比较低，被社会公众肯定和接受的程度也较高，一般而言对这类犯罪适用缓刑是明智的。

二是有悔罪表现。所谓“有悔罪表现”，是指犯罪人犯罪后有悔恨自己罪行的表现，其着重于犯罪人实施行为之后的情况，除了犯罪人对其已犯罪行的后悔和否定，更看重其是否有改过自新的意识，是否采取措施弥补其罪行造成的损失或者伤害,以此判断其是否已经决意改过而没有将其投入监禁的必要。是否有悔罪表现反映了被告人归案后的主观恶性程度及认罪态度,悔罪形式多种多样,主要可从以下几个方面考察:认罪态度好、投案自首、坦白、立功、积极退赃、积极赔偿等。具有上述情况,在符合其他法定条件的情况下,可以考虑适用缓刑。

三是没有再犯罪的危险。所谓"没有再犯罪的危险",是指对犯罪人适用缓刑后没有再犯罪的可能或可能性极小。如何预测犯罪人将来不致再危害社会,是一个十分棘手的难题,各国都在寻求缓刑的科学预测方法。在大多数情况下,这种推测是根据犯罪人的性格、生活环境、经济状况、人际关系、有无吸毒或酗酒、赌博瘾癖等个人情况,结合其犯罪情节和悔罪表现等进行综合判断的。一般而言,除了累犯和犯罪集团的首要分子依法不能适用缓刑以外,以下几种情况也应认定为具有较大社会危险性,不应适用或限制适用缓刑:其一是惯犯、有犯罪前科的;其二是犯罪性质严重或影响恶劣的暴力性犯罪以及共同犯罪中的主犯;其三是被告人犯有数罪且均属于故意犯罪的。

四是宣告缓刑对所居住社区没有重大不良影响。所谓"宣告缓刑对所居住社区没有重大不良影响",是指对犯罪人适用缓刑不会对其所居住社区的安全、秩序和稳定带来重大、现实的不良影响。前三个条件的设定是基于法律理由,法官需要根据案件和犯罪人的具体情况,综合各方面因素考虑;最后一个条件的设定则是基于政策理由,法官需要根据社区环境(包括犯罪人家庭环境),联系犯罪人所犯之罪与社区环境的关系,进行客观判断。《刑法修正案(八)》之所以增加这一条件,是因为如果一个犯罪分子根本不存在被其居住的社区所容忍、谅解和接纳的可能性,就根本达不到缓刑适用的目的和社会效果,相反,还可能引发新的犯罪。当然,还需注意的是,只要适合在所居住的社区实行社区矫正,就不能仅以社区部分居民反对缓刑为由,认定宣告缓刑对所居住社区有重大不良影响。

4. 死缓适用

死缓制度作为我国独创的一种控制和减少死刑实际执行数量的措施,自建立以来已经在控制死刑执行上发挥了显著而独特的作用。正如意大利的刑法学家所赞叹:"这是中国人民天才的创造,因为这种制度既通过保留死刑实际执行的可能性而维持了死刑特有的威慑力,又由于被判处死缓的人事实上都没有被执行死刑而最大限度地发挥了刑罚的教育功能和改造功能。"①但是,死缓如何适用,尤其是其与死刑立即执行的界限如何把握等问题,却由于立法的粗疏规定,导致了司法实务界运用中的极大混乱。

我国《刑法》第48规定:"死刑只适用于罪行极其严重的犯罪分子。对于应当判处死刑的犯罪分子,如果不是必须立即执行的,可以判处死刑同时宣告缓期两年执行。"据此,死缓的适用条件有二:前提条件——罪该处死,亦即,如果犯罪分子所犯的罪行本不应当判处死刑的,不能适用死缓;实质条件——不是必须立即执行,即犯罪分子存在某种特殊的从宽情节,可以不必立即执行死刑。但何谓"罪行极其严重"和"不是必须立即执行",以及死刑立即执行和死缓的关系究竟应该如何界定,都需要进行解释。

笔者认为,死刑适用的标准问题首先是一个立场问题,因此,要明确"罪行极其严重"与"不是必须立即执行"的具体含义,首要任务即是厘清死缓与死刑立即执行之间的关系。众所周知,死缓与死刑立即执行一样,都是死刑的执行方式,那么,何者应该优先适用呢?有学者认为,按照立法文字的表述,首先是将"死刑只适用于罪行极其严重的犯罪分子"作为通例,而将死缓作为在"不是必须立即执行"时的特例,这就意味着在逻辑上首先想到的是要判处死刑立即执行,只是在死刑执行不具有紧迫性的时候才适用死缓。② 但笔者并不赞同这种纯粹文义解释的结论,因为任何文义解释的结论必须经得起目的解释的检验。根据我国刑法规定死缓制度的立法精神——慎用并限制死刑立即执行,对所有判处死刑的犯罪分子,都应当斟酌考虑适用死缓的可能性,只对必须立即执行的判处立即执行。也就是说,死刑适用应当以死刑缓期执行作为原则,以死刑立即执行作为例外。这种解释结论既不违背文义,因为"死刑只适用于罪行极其严重的犯罪分子"中的"死刑",本来就包括死刑缓期执行与死刑立即执行两种执行方式;也合理照顾了我国刑罚体系由轻至重(管制、拘役、有

---

① 陈忠林:《死刑与人权》,载《死刑的正当程序学术研讨会(湖南湘潭)论文集》(2004年),第9页。

② 马松建:《宽严相济视野下的死刑司法控制》,载《河南师范大学学报(哲学社会科学版)》2008年第5期。

期徒刑、无期徒刑、死刑缓期执行、死刑立即执行)的排列顺序。

同理,在限制并逐步减少死刑适用立法精神的指导下,对“罪行极其严重”必须予以严格解释,对“不是必须立即执行”则应该放宽解释。

何谓“罪刑极其严重”,我国刑法并无明确规定。《公民权利与政治权利国际公约》第6条第2项规定:“在未废除死刑的国家,判处死刑只能是作为对最严重的罪行的惩罚。”《关于保证面对死刑的人的权利的保护的保障措施》中对何为“最严重的犯罪”提出了一个标准,即最严重的犯罪“应理解为不超出有致死或者其他极其严重的后果的故意犯罪”。由此,我国也应该将死刑限制在所侵犯的权益的价值不低于人的生命价值的范围内。对于刑法总则中“罪行极其严重的犯罪分子”的理解原则上应当界定为“死刑只适用于罪行性质极其严重,主观恶性特别巨大并且故意导致致命性后果或者具有严重侵犯人身危险性相当后果的犯罪分子”。具体而言,首先,在原则上应排除非暴力犯罪的死刑适用,尽管刑法分则对众多的非暴力犯罪规定了死刑,但基于“总则管分则”的原理,这些非暴力犯罪很难达到“罪行极其严重”的标准,因而司法上应排除死刑的适用;其次,应当全面考察犯罪行为的主客观要素,即应当从罪行的性质、情节、后果和社会危害程度等客观情况与行为人的主观恶性、人身危险性等情况两个方面入手,“罪大”且“恶极”之人才能适用死刑;最后,应当“严格”适用,即刑法总则关于死刑适用条件的规定必须体现死刑作为“最后适用的非常刑罚方法”的定位,体现刑法在死刑适用问题上的谦抑精神。

何谓“不是必须立即执行”,刑法学界见解纷纭。一般认为,具有下列情形之一的,可以视为不是必须立即执行死刑的情况:犯罪分子犯罪以后自首、立功或者有其他法定从轻情节的;在共同犯罪中罪行不是最严重或者与其他同样或者同类案件相比较罪行不是最严重的;因被害人的过错而导致犯罪人犯罪的;犯罪人有令人怜悯的情形的;有其他应当留有余地的情况;等等。由此可见,关于“不必立即执行”的考量因素,无外乎分为三类:一是关于犯罪的因素,主要指犯罪行为的社会危害性;二是关于犯罪人的因素,主要指向犯罪行为人的人身危险性;三是关于犯罪外的其他因素,包括一切犯罪和犯罪人之外的伦理、政治、社会、法律等诸因素。当然,实践中个案纷繁复杂,想要从立法上或者是司法解释上穷尽“不是必须立即执行”的情形,几近不可能。因此,法官们应该胸怀人道,从宏观上切实把握和领会国家“少杀、慎杀”的政策精神，在处理个案时，尽量全面、慎重考虑与案件有关的一切人、事和物的因素，只要是确实能够证明死刑“不是必须立即执行”的情形，法官就应根据裁量权对犯罪人适用死缓。

综上所述，我国的刑罚结构虽然经过《刑法修正案（八）》的调整得到一定程度的优化，但整体仍然偏重。因此，我们必须在刑罚的具体适用中特别强调刑法解释的保守性，即刑罚的最后手段性，在模糊区域尽量采用有利于被告人的量刑情节，以达到保障人权的终极目标。

附录　阶段性成果与“刑法解释学术研讨会”论文成果

立法原意对刑法解释的意义*

魏　东　田　维

【内容摘要】立法原意，是指立法文本及其具体的法律条文所表现出的立法者的本意。在方法论解释学中，“原意”居于核心地位，具有基础价值。在刑法解释过程中，当出现法条立法原意确实不符合解释时的社会发展需要的情形时，需要区分具体情况做出具体处理，其中不排除将客观解释作为有利于被告人出罪的“单向解释”方法，但不得将客观解释作为不利于被告人的入罪解释方法。基于保守的刑法解释立场，在刑法解释时探寻立法原意有助于规范司法并保障人权，有助于公民尊重刑法并增强对刑事法治的信心，还有助于完善刑事立法并实现良法之治。

【关键词】立法原意　主观解释　客观解释　单向解释　保守立场

---

* 本文系本文第一作者主持2012年度教育部社科规划项目课题《中国当下刑法解释论问题研究》的阶段性成果（课题编号：12YJA820080）。本文原载《人民检察》2013年第13期。

立法原意是法解释论中最受关注,也是备受争议的重要问题之一,主观解释论主张以寻求立法原意为目标,客观解释论则反对探求立法原意的任何努力。那么,到底应当如何认识和对待立法原意,无疑就成为我们现代法律人所必须面对和回答的一个重要问题。就刑法解释论而言,立法原意这个问题更显特殊而重大,因为刑法不但关涉公民财产权利,更关涉公民自由和生命法益,有关立法原意的不同界定必将更加深刻地影响到公民的基本人权。鉴于此,本文针对解释论中的原意、立法原意及其刑法解释论意义做一反思性检讨。

一、方法论解释学中的原意

所谓“原意”,是指作者创作作品时意欲在作品中表达的本来意思和真实含义。作品是“原意”的形式和载体,“原意”是作品的实质意义和所承载的内涵价值。在方法论解释学(又称为一般解释学、普遍解释学、古典解释学或传统解释学)中,“原意”居于核心地位,具有基础价值。

我国传统解释学认为,文本和经典典籍具有“原意”是一个自然存在的前提。这种“原意”,或者是体现了最高真理和价值的“道”(如“道在六经”),或者是寄托着抒发心灵、情感和理想的“志”(如“诗言志”)。这种解释传统中的理解和解释,就是通过合理的过程和方法,把握住“道”和“志”。[①] 我国传统的经典解释学虽然在具体方法上存在年代久远的争论,但是都有意或无意地承认或暗示经典具有“原意”、“本义”,这也是我国传统经典解释学的基本特点。我国法律解释传统的基本体现是“律学”的发育与发达,统治者通过官方的“律学”解释彰显法律的意义,在法律的运行过程中使规则含义具体化,《唐律疏议》即是我国古代律学经典。

在西方文化中,早期的解释学被称为局部解释学或特殊解释学,产生于古希腊,一直持续到19世纪上半叶,经过了漫长的发展过程,最终于19世纪上半叶发展为方法论解释学(一般解释学)。局部解释学认为,文献

---

① 参见王中江:《“原意”、“先见”及其解释的“客观性”——在“方法论解释学”与“哲学解释学”之间》,载《学术界》2001年第4期。

资料必须经过解释，解释要遵循特定的方法和原则，这样才能掌握其本意，排除歧义。可以看到，局部解释学是关于解释方法原则的学问，立足于文本解释，探寻理解的技术，其实质是一种解释的方法论，为方法论解释学的诞生奠定了基础。在局部解释学时期，学者们主要致力于宗教典籍以及各种古代文献资料的解释，以求弄清其含义。神学解释学、文学解释学、法律解释学等解释学科在这一时期产生并发展起来。

德国哲学家施莱尔马赫和狄尔泰是方法论解释学的先驱，施莱尔马赫第一次从哲学的高度将解释学理论系统化，狄尔泰则将理解作为人文科学普遍的方法论，实现了解释学发展的第一次飞跃。施莱尔马赫将解释学的研究中心从解释的文本转移到解释本身上来，并且将解释对象从宗教和古典著作扩展到人类发展过程中的一切表达方式。他认为，文本会造成误解，解释活动是“避免误解的艺术”，“哪里有误解，哪里就有解释学”，①解释学不应当仅仅局限于解释技术的研究，而应将“理解”作为解释技术的基础。施莱尔马赫还认为，解释者要避免误解，就要想办法消除自己的成见，尽可能以“空白的状态”回到作者的文化心理环境中去解释文本，以达到符合作者心理个性的正确理解，仅表明自己对文本的看法的文本理解将被视为任意解释。②

狄尔泰在施莱尔马赫观点的基础上进一步发展，不仅将“理解”看作文本解释的基础，更进一步将“理解”扩展为人文科学的普遍方法。狄尔泰认为，自然科学从外说明世界可实证、可认识的性质，而人文科学从内理解世界的精神生命，“析明”与“理解”是自然科学和人文科学各自独特的学科方法，“析明”遵循着数学演绎与归纳逻辑的路径，而“理解”则引向心灵的沟通。在狄尔泰的理论中，理解是“对他人及其生命/生活表达的理解”，而解释则体现为理解主体生命/生活的方法。这种解释与理解既是心理的、主观的，又是逻辑的、客观的。首先，他将“理解”理解为一种对过去的、历史的精神与存在的重新体验，他认为，解释者应当从历史的文献、记载出发，在想象中设身处地地将自己置于作者当时所处的环境

---

① ［法］保罗·利科尔：《解释学与人文科学》，陶远华等译，河北人民出版社1987年版，第44、45页。

② 杨艳霞：《刑法解释的理论与方法——以哈贝马斯的沟通行动理论为视角》，法律出版社2007年版，第28页。

与生活的世界，进而进入作者的角色，了解作者的个性，把握作者当时的心理和意图，完成与作者的心灵精神沟通；但同时，这种移情想象和心灵沟通又是通过对符号、文本的解读而达成的，这些符号和文本是外在的和客观存在的，这就使解释和理解从个别性和主观性中脱离出来，带有客观性和普遍性。①

施莱尔马赫与狄尔泰之后，方法论解释学代表人物当属美国的赫希。他认为，解释学的根本任务是重建作者原意，探寻作品客观存在的意义；只有作者的原意才能作为衡量文本理解是否合法的唯一标准，只有寻找到客观存在的作者原意，解释才是合法和有效的。赫希对方法论解释学的重大贡献之一，是对“意义”这一概念做出了新的界定：“意义（meaning）是一部作品所展现的东西。它是作者通过运用一种特殊的符号系统（即语言）表达出来的意旨。……而另一方面，意义与个人或与一个观念、一种环境，或与任何可想象之物之间的关系，就称作意味（significance）。”②在赫希看来，作品的意义分为作者的“原意”（字面意义）以及由字面意义所衍生出的“意味”，在解释过程中，意义比意味更客观，因而更有效，对于解释和理解原意更具有价值。

方法论解释学站在方法论和主客体二分的认识论立场上来看待解释学，将解释视作一种对历史情境的完全复制，其基本思想可以总结为：解释是了解人类社会和历史的方法，认识世界的行为本质上是一种解释行为；解释需要摒弃时空的限制，抛开自我，置身作者当时的情境，复制解释对象的内容创造过程，实现历史的、作者原意的真实再现。

“原意”在方法论解释学中具有特殊重要的地位。方法论解释学肯定解释对象的存在，并且承认文本具有意义或含义，这是其最具有奠基意义的基本设定。方法论解释学认为，作品的意义只是作者的真实意图，解释的目标就是通过对作品的解释和理解，发现作者创作作品时的原意。因此，“原意”成为方法论解释学的核心概念和解释目标，是解释活动的最终目的。方法论解释学突出了作者原意的中心地位，力图通过“文本”

---

① 参见王庆节：《解释学、海德格尔与儒道今释》，中国人民大学出版社 2009 年版，第 10 ~ 14 页。

② ［美］赫希：《解释的有效性》，王才勇译，三联书店 1991 年版，第 73 页。

来获取作者的原意。

作为方法论解释学的两大先驱，施莱尔马赫和狄尔泰都对作者原意的探寻方法做出了论述。施莱尔马赫认为，重现作者原意的主要途径是语义解释和心理解释，其中，语义解释是外在的字面语义分析，主要运用语言学等知识，相对具有客观性；心理解释是内在的心理转换，要求解释者否定自我的思想状态和心理精神，尽可能地进入作者的心理角色，对作者创作作品时的环境和心理进行重构，通过想象，设身处地地进入作者的主观世界，进而再现作者创作作品时的真实意图。①

狄尔泰提出了“移情”的方式以探寻作者原意，即解释者从作品出发，通过想象进入作者的思想感情状态里，将解释者自身消融在作者当时的环境中，进入作者的个性，在作者的角色中找到自己，进而向解释自己的意图一样解释作者的意图，得到作者的原意。狄尔泰还提出了“客观精神”的概念（指历史和文化给人们精神形成的一种共同性），认为“由‘客观精神’所体现出的这种共同性，为客观的知识和客观的解释提供了标准”。② 狄尔泰的解释理论带有主观解释的理论色彩，但是其思想基础却是客观主义。

赫希明确提出了“原意”与“意味”的概念及其区分界限，具有重大的解释论意义。赫希认为，“一个本文具有特定的含义，这特定的含义就存在于作者用一系列符号系统所要表达的事物中”，③文本的含义、意义（meaning）是属于文本或作者的，但是文本的意味（significance）是文本的阅读者或解释者赋予文本或作者的。我们可以将赫希所言的文本含义、意义（meaning）指称文本的“原意”，而“意味”则是超越文本原意的、解释者所领悟的“新意”。赫希认为，意义比意味更客观，因而更有效，对于解释更具有价值。

---

① 参见洪汉鼎：《诠释学——它的历史和当代发展》，人民出版社 2001 年版，第 73 ~ 74 页。

② ［德］阿图尔·考夫曼、温弗里德·哈斯默尔：《当代哲学与法律理论导论》，郑永流译，法律出版社 2001 年版，第 143 页。

③ ［美］赫希：《解释的有效性》，王才勇译，三联书店 1991 年版，第 73 页。

二、法解释学中的立法原意

理论上认为，立法原意有广义和狭义之分：广义的立法原意指对于立法所欲调整的社会关系的所有立法者意识，包括关于此种社会关系的认识、判断、立法的目的、规律的认识、存在的评价、将来的期望、所设计的目标、改变现状的意志、对风险的考虑，甚至对该社会关系的情感等；狭义的立法原意指条文字面意思所包含的立法者的意思表示，通常表现为立法目的。[①] 笔者认为，将立法原意限定为比较狭义的理解更符合刑法解释保守性和明确性的要求，即认为立法原意是指立法文本及其具体的法律条文所表现出的立法者的本意。

应当承认，立法原意即立法者的原意，立法者通过制定法律将自己的价值追求和意图展示出来，这在法理上应当成为一种基本常识。立法原意不同于解释学上其他非法律文本的文本原意，主要原因在于法律制定的严谨程序、规范要求以及其产生的“法律意义”不同。法律是立法者原意的承载对象，作为一种特殊的社会规范，法律是由专门的立法主体（通常是经过选举而选出的代表所组成的立法机关）创作和制定的，其目的是调整和规范人们在社会活动中的行为。法律的内容必须是对国家权力或个人的权利义务具有重大意义的事项，并通过固定的文本形式表现出来。当法律文本被制定和通过之后，该法律文本就具有了普遍约束力。因此，法律应当具有明确性和安定性，并且由国家强制力保障实施。而解释学意义上的一般文本对其创作的主体和内容并无特别的要求，没有国家强制力的保障，对国家权力和公民的权利义务没有实质上的影响。因此，立法原意和一般文本的原意虽然具有解释学意义上的相似性，但是存在本质上的不同。对法条立法原意的探析及对法条的解释和适用会影响到特定地域范围内全体自然人（乃至法人与单位）的重要权利和义务，这决定了探寻立法原意的活动必须遵循比解释一般文本原意更特殊的、更为严

---

① 参见疏义红：《法律解释学实验教程——裁判解释原理与实验操作》，北京大学出版社 2008 年版，第 139 页。疏义红教授认为，“立法意图”最狭义的含义就是“立法目的”，但按法学的通常用法，立法意图还包括了立法目的以外的立法者意志。

格的规则,应到受到更多的限制。同时,由于刑法具有更加特别的严厉性特征和谦抑性要求,因此对刑法的解释应当尤其慎重,这也决定了刑法法条立法原意的探析活动必须更具有保守性。

关于立法原意是否可以界定、如何恰当界定的问题,理论界存在较大争议。有学者认为,法条本身作为一个客观存在,具有不同于立法原意的客观意义,由此引申出"法条原意"这一概念。对于法条原意,目前学者仍然是在不同的语境之下进行使用的。有的学者认为,法条原意即法条的立法原意,两者并无区别;有的学者在"不同于立法原意的法条客观意义"的含义下使用法条原意;也有的学者认为"法条原意"一词包含了"法条立法原意"和"法条客观意义"两种意思。拉伦茨认为,法条中立法者的意思"只能是已显示之立法者的根本意图以及在立法团体或其委员会中曾经被提出并且并无异议的想法。解释时如果要探讨立法者的规范想法,即应以此为准则",亦即拉伦茨将立法者原意视作法律解释的标准和目标,其目的在于确认在可能得到多种解释结果的情况下,哪一种解释结果最符合"历史上的立法者之规定意向、目标及规范想法"。[①] 在我国,有学者从法律解释的目标意义出发,认为法律解释的目标在于探求立法原意,即立法者在制定法律时的意图和目的。[②] 但是,也有学者持有不同观点,他们认为立法原意不是立法者在立法时所持的意思,而是"依当时立法者处于今日所应有的意思"[③]。在法律解释学中,第一种观点中的立法原意被称为"主观意图",第二种观点中的立法原意被称为"客观意图"。持"客观意图"主张的学者认为,"应有的意思"不是一种价值判断,而是表示对最大可能性的推断,由于信息来源和立法者本身认识的限制,"主观意图"的发现存在非常大的困难,相比之下,"客观意图"更能为人所信赖,也更能被法律实践所接受。

笔者认为,将立法原意界定为历史上立法者制定法律时的意思较为妥当。首先,在方法论解释学中,原意是指作者创作作品时的真实意图,这对我们将立法原意定义为"历史上立法者的意思"提供了解释学上的

---

① [德]卡尔·拉伦茨:《法学方法论》,陈爱娥译,商务印书馆 2003 年版,第 207~208 页。

② 张志铭:《法律解释操作分析》,中国政法大学出版社 1998 年版,第 37 页。

③ 杨仁寿:《法学方法论》,中国政法大学出版社 1999 年版,第 123 页。

依据，也是长期以来的解释学传统。其次，解释中的“移情”理论是通过想象将解释者置身于作者当时所处的历史环境和心理状态中，而不是将原作者置于解释者今日的环境而推测其在如今的环境中所应具有的意思，立法原意的“客观意图说”缺乏客观、明确的标准和解释学基础，对立法者意思于今日的“最大可能性”进行推断更可能导致主观的臆断。再次，立法原意的“客观意图说”标准并不明确，没有明确说明解释者是从自己的角度出发推断“当时立法者处于今日所应有的意思”，还是充分考虑立法者曾经的意图，然后推断其发展到今日可能会具有的意图。最后，法律解释学中的“主观说”直接将“立法原意”理解为过去的、历史的立法者的意思，指导刑法解释中刑法条文立法原意的探寻。虽然探寻历史上的立法原意要受到很大的限制，甚至很有可能得不出“真实”的原意，但是我们可以运用精巧的解释技巧和科学的方法途径“无限接近真实”的原意，这相对于推断“当时立法者处于今日所应有的意思”而言更具有确定性。当然，立法原意并不是一个特定时间点，个别立法参与者个人所持的根本价值意向，而是作为一个群体的立法者（民主社会代议制之下的立法主体）在法律制定过程的特定历史时期所形成的、保留了最大化共识的价值意向。

三、立法原意的刑法解释论意义

立法原意对法律解释具有重大意义。卡尔·拉伦茨认为，法律解释的最终目标是探求法律在今日法秩序中的标准意义，只有同时考虑历史上的立法者的规定意向及其具体的规范想法，才能确定法律在法秩序上的标准意义。① 应当说，揭示刑法法条的立法原意是刑法研究的任务之一，也是刑法解释学理论中的重要命题。刑法法条是刑法学研究的主要依据，刑法研究往往建立在法条的根据之上，只有正确理解刑法法条的立法原意，刑法研究的出发点才是正确的；如果对刑法法条立法原意的理解本身就是错误的，那么在此基础和前提之上所展开的研究就不会得出正确的结果。从这个意义上来说，探寻刑法法条立法原意具有十分重要的刑法解释论意义。

---

① 参见［德］卡尔·拉伦茨：《法学方法论》，陈爱娥译，商务印书馆2003年版，第199页。

同时,我们也注意到,不论是法律解释学中的主观解释还是客观解释,其探寻法条立法原意的理论主张均受到了部分学者的质疑,这些质疑本身关涉刑法解释论中的部分重大理论问题,因此对这些质疑予以理论回应具有重要的刑法解释论意义。

(一)哲学解释学对立法原意的批判及其解释论意义

哲学解释学认为,解释是解释者带着自己前在的成见进入解释对象的领域,通过自身与解释对象的融合而创造出新的视野。哲学解释学将理解和解释作为人存在的方式,强调解释的主体性和创造性,认为作品的意义已经不再是作者的原意,而是作品作为一个客观存在所具有的自身的意义(视域),解释始终是一种创造性的行为。

哲学解释学批判了作为原意解释哲学根据的方法论解释学的基本观点,认为作品的意义不在于作品自身承载的原意,而是出现在作品和解释者的"视域"交融中,与解释者的理解密不可分;主张作品的意义不是固定的、一成不变的,而是随着解释者及其所处时代的不同而有所改变的;解释者不可能完全摆脱自身的历史性限制而完全进入作品创作时的作者的心理精神世界,所谓的进入作者的角色解释作者原意的方法是难以实现的。

哲学解释学认为立法原意是无法真正获得的。其理由在于:首先,法条所表达的意义是出现在法条和解释者的对话中的,法条作为一个客观的经验之物是具有其自身的精神世界的,解释者也具有自己的精神世界,解释所得出的法条的意义是两个世界对话的结果,存在开放的、不同的可能性。在解释法条的过程中,法条的"视域"与解释者的"视域"相互融合,法条的"视域"进入了解释者的带有先见的体验和理解,解释者的"视域"也进入了法条的"视域",两者相互限制而又相互融合,所得出的法条的意义是两个"视域"碰撞、融解后所产生的新的、不同于前两个"视域"的结果,而不是法条原本所承载的立法者的原意。其次,法条的意义不能独立于解释者的先见和理解而存在,法条的意义是解释者带有某种前在的"期待"而对法条文本进行"筹划"而产生的。由于解释法条的过程中加入了解释者本身的前在观念和由此进行的筹划,因而法条的立法原意是无法真正探寻到的,经解释所得出的法条意义永远都是超出历史的立法原意的。最后,法律解释的主体都是处于具体历史情境下的人,他在解释法条时必然会带有与自身所处的历史情境相吻合的前在观念,这是客观和必然的,解释者无法摆脱这种历史限制进行超然的解释。因此,在解释者与法条对话过程中所形成的法条的意义必然受解释者所处的历史情境的制约,法条的意义就不是固定的而是开放的,解释者无法真正的摆脱历史性前见、超越时空来探寻法条的立法原意。

目前,刑法学界有学者认为应将哲学解释学理论引入刑法解释,明确主张刑法解释的基本立场是客观解释(如陈兴良教授、王政勋教授等)。[①]笔者认为,刑法解释具有不同于其他部门法的法律解释的特点,这就是罪刑法定原则和刑法谦抑性的特别要求,刑法解释通常应当进行主观解释以增强其保守性,只有在必要时才可以在不违反法治原则的前提下适当引入哲学解释学的理论。陈金钊教授指出,哲学解释学可以不谈“误解”的问题,但是法律解释学不能不估计法律文本的存在。谢晖教授也认为哲学解释学在法律解释学中的作用是十分有限的,哲学解释学的观点不一定要贯彻在法律解释学的分析中。[②] 我们承认,哲学解释学本质上是一种对人的存在方式(理解)的认识,而不是方法论,非理性、主观主义、虚无主义和相对主义是其理论中的必然缺陷,不适合作为法律解释的立场和根本指导。如果在法律解释中全盘引入哲学解释学的理论,将会使解释主体陷入无尽的解释循环和无法自拔的理解困境中,会消解法律和法律解释的明确性、可预测性,法治也会受到极大的损害。因此,我们必须鉴别哲学解释学的理论和观点,我们可以在法律解释中适当运用其理论和观点进行认识和反思(如何“适当运用”有待另文研讨),但切不可盲目接受其对法条立法原意的批判甚至全盘否定,这会对法律解释和法治造成根本性的损害。

不可否认,立法原意确实存在不完全契合现实合理性的问题,对此应当如何看待呢?这是哲学解释学针对方法论解释学所提出的一个重大理论问题。假设立法者有一个可以被探寻到的统一的立法原意,经过复杂的解释活动,我们也确实找到了真实的立法原意,但是立法原意毕竟是历史的,会出现与解释时的社会客观情况相左的情形,不符合现实的需要,

---

① 参见陈兴良:《形式解释论的再宣示》,载《中国法学》2012 年第 4 期;王政勋:《刑法解释的立场是客观解释——基于会话含义理论的分析》,载《法律科学》2012 年第 3 期。

② 参见姜福东:《法律解释的范式批判》,山东人民出版社 2010 年版,第 12 页。

如果按照立法原意进行法律解释会得出“不完全符合现实需要”的结果。这种情形在法律解释中是可能出现的现象，也是最为刑法客观解释论者所诟病的问题。如何看待和解决这个问题呢？笔者认为，在刑法解释过程中，当出现法条立法原意确实不符合解释时的社会发展需要的情形时，需要区分具体情况做出具体处理：当这种立法原意存在机械入罪而不利于保障被告人人权时，我们应当按照刑事法治理性和罪刑法定原则的基本要求，适当吸收客观解释和实质解释的合理成分，依法否认该法条所具有的入罪的立法原意并做出无罪解释；但是，应当注意，这种客观解释与实质解释原则上只能被用于有利于被告人出罪的“单向解释”，而不得被用于作为被告人入罪的解释方法。换言之，当立法原意存在“机械出罪”（但有利于被告人人权保障）时，不得因为其立法原意不符合解释时的社会发展需要而对被告人入罪。例如，强奸罪的立法原意是只能针对男性强奸女性的行为定罪，这种立法原意（的解释）不符合保护男性性权利这种社会发展的时代需要，但对于男性被强奸的行为仍然只能依照强奸罪立法的立法原意而“机械出罪”，而不得将男性被强行行为“客观解释”为我国刑法中的强奸罪。当然，在社会发展确实需要的情况下，立法者须通过立法活动对立法原意不合理（不符合社会发展现实需要）的法条进行立法修正。

（二）语言学对于立法原意的批判及其解释论意义

法律作为修辞受到法理学的高度关注，其中关涉语言学内容。文字语言不像数字语言那样具有高度的精确性，不论是口语还是书面语，表达者在运用语言表达其意思时，都很容易出现言不尽意的情形，语言难以完全承载表达者想表达的全部意思，经常会出现遗漏表达者意思的状况。此外，语言的复杂性和语词的多义性还会造成语言错误表达的情形，出现“词不达意”的状况，无法精确地表达出人的真实原意。因此，语言学对于方法论解释学中立法原意的批判值得关注。

拉德布鲁赫认为，“语言学的解释（Philologische interpretation）者，欲根据已发表之言语而解释其思想（例如法律）者也，不过就前人已有之思想，附从其后而追想之耳”，[①]将语言与法律的立法原意直接联系在一起。

---

① ［德］拉德布鲁赫：《法律哲学概论》，徐苏中译，陈灵海勘校，中国政法大学出版社2007年版，第163页。

现代法律的内容和意思主要是以书面语言的形式表现的（刑法的罪刑法定原则更是明确要求刑法规范的成文法形式），但是书面语言形式具有固有的缺陷，它使解释语言者与使用语言者无法在直接的对话环境中进行交流，使语言所表达的真实意思无法在交流中得到充分验证。在直接的口头语言交流中，交流双方可以通过直接交流的语境探寻对方的真实意思，即使出现难以理解的情形，也可以通过直接询问的方式加以解决。但是，在书面语言的解释中，只有解释语言的一方真实存在，而使用语言的一方在客观上是“沉默”的，解释者无法与语言的使用者进行直接交流对话，对语言解释的正误无法通过双方的交流加以验证。那么，真实的立法原意也难以通过对语言的理解而获得。并且客观上，法条的书面语词往往不能准确反映立法者完整、真实的意思，正因如此，在对法条语言的考量、解释过程中，我们可能得到不同的解释结果。立法原意是检验解释结果是否合理的标准，然而立法原意也是通过几乎同样的、同时进行的语言解释路径进行探寻所得出的，由此得出的立法原意的真实性本身也是值得怀疑的。这就出现了一个循环的困境。首先，立法者在立法过程中使用语言创作出了法条的内容，但是，立法者使用语言表达其真实意思的过程中，由于立法者自身能力的限制和语言本身多义性、结构空缺性和不确定性的特性，立法者运用语言创作出的法条内容与其立法时的原意本身就会出现表达上的误差，为后来的法律解释者探寻原意提供了一个不精确的前提和对象；其次，解释者在法律解释过程中又会出现与立法者在不同语境下运用语言含义等问题，也会出现语言使用上的偏差，并出现对立法原意的再次偏离。因而，从语言学角度出发，仅就法条的语词内容进行解释和考量，是难以得出真实的立法原意和正确的解释结果的。

笔者认为，法条立法原意的语言学批判中所指出的问题是不可避免的，但也是可以适当解决的。法条必然是通过一定的语言文本形式加以固定和存在的，在通过对法条内部的语词及其语法逻辑进行理解后，我们能够得到法条所要表达的一定含义。当出现立法者没能正确运用书面语言表达自己真实意思的合理怀疑时，我们可以运用语言规则和语言规律还原立法者立法时法条语词所表达的含义（这也可以避免解释者在不同语境下理解法条语言），进而确定立法者在立法时可能具有的立法原意范围。此外，我们可以查阅立法者立法过程中存在的立法文件和相关资料，进而确定立法者的立法原意。当在刑法解释中通过法条语言确实无法得出刑法法条立法原意或得出的立法原意根本不合理时,我们还可以在坚守刑事法治理性、罪刑法定原则和有利于被告人人权保障的前提下适当运用其他解释方法对法条进行合理解释。

(三)立法原意对刑法实践的意义

基于保守的刑法解释立场,在刑法解释时探寻立法原意对于刑法实践具有重大意义,有助于规范司法解释并保障人权,有助于公民尊重刑法并提升对刑事法治的信心,还有助于完善刑事立法并实现良法之治。

首先,探寻刑法法条立法原意有助于规范司法并保障人权。司法人员通过探寻刑法法条的立法原意,可以确保将司法人员的定罪量刑行为规范在立法原意的特定范围之内,以有效避免司法人员假借客观解释、实质解释或者能动司法等借口而随意出入人罪的灾难性后果发生,最终有利于维护司法公正并保障人权。

其次,探寻刑法法条立法原意有助于公民尊重刑法并增强对刑事法治的信心。立法原意得到司法机关尊重的程度,与刑法自身获得公民尊重和信任的程度成正比,与刑事法治理性获得尊重的程度成正比,与刑法的教育功能、行为规制功能成正比,也与刑法的一般预防和特殊预防两个功能和谐发挥作用成正比。

最后,探寻刑法法条立法原意有助于完善刑事立法并实现良法之治。从刑法的发展历程中我们可以看出,刑事立法是随着刑事司法的实践和发展而逐渐完善的。通过对刑法法条的解释和具体运用,我们能够发现哪些法条在解释和运用中意思比较明确、具体,能够较为顺利地理解其立法原意;也能够检验出哪些法条由于立法技术等原因的限制不能完全体现立法原意,或者在理解其立法原意的过程中存在很大困难,进而需要对这些法条进行立法完善。当我们发现实际案例中某行为确实具有应受刑罚处罚性,但是运用合法合理的解释规则,无法通过刑法解释将其类型化为现行刑法法条所规定的任何一种犯罪时,我们就应当通过立法将该行为规定为犯罪(犯罪化),以适应不断变化的社会发展。但是应当明确,这时只能进行立法上的犯罪化,必须反对通过客观解释等方法将其做出“入罪解释”(即司法上的犯罪化)。

刑法修正案观察与检讨*

魏　东

自1997年《刑法》颁行以来，中国刑法修订（修正）采用了刑法修正案和单行刑法两种规范形式，其中刑法修正案已颁行八个，单行刑法已颁行三个，①因而，从数量、内容等方面综合评价，无疑可以说，刑法修正案是我国刑法修订（修正）的主要形式和主导方面。尤其是2011年2月25日通过并公布的《刑法修正案（八）》，其修正内容涉及刑法总则和分则，修正条文近五十条，引起了中国刑法学界对于“刑法修正案”现象本身的广泛关注和热烈讨论。目前，中国学术界对于刑法修正案的总体评价是正面肯定的，同时也有一些反思，甚至有比较严厉的批评。这些学术批评关涉刑法修正案的形式与内容诸方面，如刑法修正案中的形式合理性、刑法观、犯罪政策、刑罚政策、学术立场等问题，本文即针对这些问题进行学术观察并展开学理研讨。

一、中国刑法修正案中的形式合理性问题

就形式合理性而论，应当说中国刑法修正案获得了比较广泛而充分

---

* 本文系魏东主持2012年度教育部社科规划项目课题《中国当下刑法解释论问题研究》的阶段性成果之一（项目编号：12YJA820080）。本文原载《法治研究》2013年第2期。

① 这里有两点说明：其一，我国现行刑法公布施行以来总共出台的3个单行刑法，分别是1998年12月29日发布施行的《全国人民代表大会常务委员会关于惩治骗购外汇、逃汇和非法买卖外汇犯罪的决定》、1999年10月30日通过的《全国人民大表大会常务委员会关于取缔邪教组织、防范和惩治邪教活动的决定》、2000年12月28日通过的《全国人民大表大会常务委员会关于维护互联网安全的决定》。其中，后两部单行刑法并没有设置新的独立的罪刑规范。其二，我国有学者认为“刑法立法解释作为刑法的渊源开始受到重视”，并提出了“今后我国刑法的局部修改、补充和完善主要应限于刑法修正案和刑法立法解释两种方式”的学术见解，即将刑法立法解释本身也作为刑法修改、补充和完善的规范形式之一。参见赵秉志、王俊平：《改革开放三十年的我国刑法立法》，载《河北法学》2008年第11期。本文认为，不宜将刑法立法解释作为中国刑法修订（修正）的规范形式，但不否认刑法立法解释是中国刑法“完善”的规范形式。

的肯定,我国学者均认同刑法修正案应该成为刑法修正的主要形式和主导方面,认为这是中国刑法修正走向理性和成熟完美的重要标志之一。如高铭暄教授认为:“从刑法修法模式上讲,修正案模式作为在我国刑事立法实践中大获成功的立法模式日益走向成熟。”①赵秉志教授认为:“以刑法修正案的方式局部修改完善刑法典,程序灵活、针对性强;同时修正案内容要纳入刑法典,不改变刑法典原有的顺序,又能够充实刑法典。因此,这种局部修改的方式被世界各国普遍认可。”②可以说,通过修正案的形式对刑法进行修订已经成为立法者的共识,③也是全体刑法学者的共识。

但值得注意的问题是,在认同刑法修正案作为刑法修正主要模式(主要形式)的基础上,不同学者的具体态度尚有一些差异。一种观点主张“今后我国刑法的局部修改、补充和完善主要应限于刑法修正案和刑法立法解释两种方式,而摒弃单行刑法的方式,附属刑法也宜限于呼应刑法典或刑法修正案的方式”④;另一种观点主张中国刑法修正的形式应当坚持以刑法修正案为主、以单行刑法为辅(补充)的立场,认为“刑法修正案的方式应当视为基本模式,特别刑法的模式也应当得到采用,根据刑事政策的不同需要采用不同的刑法修正模式:一般情况下,当对刑法现有个罪进行修改,或者增加新的罪名所侵犯的客体没有超过现有刑法典犯罪分类的客体体系的范围时,采用刑法修正案的修订模式;当然,在特殊情况下,如果增加新的罪名所侵犯的客体已经超过现有刑法典犯罪分类的客体体系的范围时,采用单行刑法的修订模式”,⑤并且还应注意一些立法技术与修法技术方面的问题。

有学者对刑法修正案具体规范的内容与类型进行研究后指出:目前我国刑法修正案对刑法的修订大致可以归结为两种类型:一种是解释型的刑法修订,另一种是创制型的刑法修订,而解释型的刑法修订事实上可

---

① 高铭暄:《走向完善的中国刑事立法》,载《法制日报》2011年5月18日第11版。

② 赵秉志:《三方面标志中国特色社会主义法律体系形成》,载新华网,http://news.xinhuanet.com/legal/2011-03/03/c_121143904.htm,2011年3月3日访问。

③ 郭泽强:《从立法技术层面看刑法修正案》,载《法学》2011年第4期。

④ 赵秉志、王俊平:《改革开放三十年的我国刑法立法》,载《河北法学》2008年第11期。

⑤ 郭泽强:《从立法技术层面看刑法修正案》,载《法学》2011年第4期。

以通过立法解释的方式来完成。虽然修正案大部分内容是有关罪刑规范的规定，但仍有一些规定没有涉及新的罪刑规范，只是对原有刑法条文的含义进一步明确，混淆了立法权与立法解释权。因此，解释型的刑法修订在修正案中出现，从根本上看，是立法者没有很好的区分刑法修正案与立法解释。正如有学者指出的，目前刑法修正案并未能真正区分“部分修改权”与“立法解释权”。① 这些批评值得重视，其要旨在于强调刑法修正案不能大包大揽，包括不宜将一些仅仅具有立法解释性质的内容纳入刑法修正案之中。

再者，就中国刑法修正案的数量与频率问题，学界也存有争议。自1997年刑法典颁行至2011年的短短14年时间里，我国以平均每一年多的时间里就出台一个刑法修正案的频率颁行了八个刑法修正案，“短短十四年期间八部刑法修正案所呈现的紧锣密鼓的犯罪化步伐就值得深刻反省”，②频率太高、步伐太快、数量太多太滥，已经引起了部分学者的批评。有学者甚至指责“如此频繁的刑法修改，不但在古今中国刑法立法史上绝无仅有，而且在有据可查的世界刑法立法史上，恐也无出其右”。③ 有的学者呼吁学界应对此现象进行反思，认为我国刑法修正案出台频率过高是因为缺乏立法前瞻性以及社会管理创新所致，当前社会管理方式的落后以及相关非刑事法律法规的不完善甚至缺位，导致了国家对社会关系调整的力不从心，刑法被错误地委以重任并成为调控社会的一线“角色”，由此才导致刑法被多次修正。④ 今后应“适当采用‘弹性立法’技术，给法的解释留下适当空间，同时使得刑法规定有相对的稳定性和保障的前瞻性”，“尽量避免高频次的刑法修订。毕竟，刑法是关乎公民根本利益的后盾法，如此频繁的修改法典，公民就会对法典本身产生质疑，动摇其心中对法典或者法权威的信念”。⑤ 同时，对于目前我国出现高频率刑法修正案的现象也有正面评价，有人认为，我国“现阶段刑法立法应当是

---

① 参见郭泽强：《从立法技术层面看刑法修正案》，载《法学》2011年第4期。

② 刘艳红：《我国应该停止犯罪化的刑事立法》，载《法学》2011年第11期。

③ 邢馨宇、邱兴隆：《刑法的修改：轨迹、应然与实然——兼及对刑法修正案（八）的评价》，载《法学研究》2011年第2期。

④ 刘伟：《刑法修正的基本动向及客观要求研究》，载《政治与法律》2011年第5期。

⑤ 参见郭泽强：《从立法技术层面看刑法修正案》，载《法学》2011年第4期。

积极的”,并且“在相当一段时期内刑法立法的活跃态势仍将持续”,因为“刑法在整个法律体系中,处于特别重要的地位,其在维护国家安全和社会稳定,保障公共安全、社会主义市场经济秩序、公民的人身权利、民主权利以及国家、集体、公民、组织的合法财产权等方面具有不可替代的作用”,同时也需要“慎重地把握刑法的适用范围和强度的调整,在充分发挥刑法对社会发展的保障作用的同时,注意最大限度地缩小打击面,以减少和缓解社会矛盾”。[①] 这些现象表明,关于中国出台刑法修正案的数量和频率问题褒贬兼具。

此外,就中国刑法修正案与刑法典本身的融合问题,学界讨论也不少。有学者指出,我国在1997年刑法典颁行以后主要采取刑法修正案形式修订刑法,其中原因之一就是考虑到以单行刑法形式修订刑法典,往往对刑法典本身的统一性、完整性乃至权威性具有破坏作用,不利于实现刑法典修订与刑法典本身的有效融合,并且不利于司法机关适用刑法。相对而言,刑法修正案是对刑法典原有条文的修改、补充、替换或者在刑法典中增补新的条文,不但可以直接将其修订内容纳入刑法典,不致打乱刑法典的条文次序,从而有利于维护刑法典的完整性、连续性和稳定性,有利于刑事法治的统一和协调,同时还有利于直接促成刑法典的改进,从而方便理解与适用。[②] 因此,国家立法机关要适时地进行刑法典的编纂工作,吸纳已颁行的刑法修正案,并将刑法立法解释文件编附在相应条文之后,以方便刑法的适用、研究和宣传;在适当的时机,国家立法机关还可以考虑将对刑法典进行集中而系统、全面的修改提上立法工作的日程,以修订出更加科学、完备因而具有更长久的适应性的刑法典。[③]

笔者认为,我国应当在承认刑法修正案形式合理性的基础上,进一步将刑法修正案作为刑法修订的唯一的合法形式(模式)。其理由在于:(1)中国现行刑法典是一部体系完备的现代刑法典,无论是对其进行体系内的修订(小修)还是体系外的修订(超越既有体系的修订、大修),均以刑法修正案形式为宜,这是迄今为止刑法修订的基本经验和成功做法。

---

① 郎胜:《在构建和谐社会的语境下谈我国刑法立法的积极与谨慎》,载《法学家》2007年第5期。

② 参见黄京平、彭辅顺:《刑法修正案的若干思考》,载《政法论丛》2004年第3期。

③ 参见赵秉志、王俊平:《改革开放三十年的我国刑法立法》,载《河北法学》2008年第11期。

如果说中国1997年3月14日第八届全国人民代表大会第五次会议对1979年刑法典的修订属于超越既有体系的大修，那么，在1997年刑法典公布之后的八次刑法修正案则可以视为对现行刑法典体系内的小修。实际上，我国对刑法典的大修与小修都是通过刑法修正案形式来完成的，这是一条十分成功的经验，值得认真总结和始终坚持。(2)反面的教训值得提防，通过单行刑法与附属刑法的形式修订刑法问题多、效果不好，我们应当予以否定而不能再走回头路。例如，在1997年刑法典颁行之后，1998年12月19日第九届全国人民代表大会常务委员会第六次会议通过的《关于惩治骗购外汇、逃汇和非法买卖外汇犯罪的决定》，既有对《刑法》第190条的修改，也有增设骗购外汇罪的新罪名以及其他一些修改内容，造成了刑法典之外单设骗购外汇罪的现象存在，至今留下了一些难以妥善解决的问题，以致有学者“私自编纂”并“修改”刑法典而将骗购外汇罪列入《刑法》第190条第2款之中，[①]令人深思。这种现象的出现，从反面说明了刑法修正案形式的唯一合理性。(3)刑法立法解释不属于刑法修订性质，不应将其列入刑法修订的形式。前述学者所提出的“解释型的刑法修订”概念，其实不宜纳入刑法修订(修正)的范畴，而应当将其仅仅作为刑法解释的范畴，这种刑法解释可以是立法解释文本的规范形式，也可以是司法解释文本的规范形式，但是，刑法立法解释文本的规范形式本身不是刑法修订(修正)的规范形式。(4)将刑法修正案作为中国刑法修订的唯一的合法形式(模式)有利于切实坚持罪刑法定原则和民权主义刑法观，有利于促进中国刑法沿着科学、现代、健康的正确方向发展，也有利于中国刑法典的形式和内容两个方面的协调完善。

同时，刑法修正案不宜过于频繁启动，只有在发现刑法典存在重大漏洞或者严重不适应社会生活需要的情况下，才可以经过严肃慎重的立法修改的启动程序和修改程序而制定出台刑法修正案，以保持刑法典的相对稳定性。即使需要制定出台刑法修正案，最好也要调研论证五年、十年，甚至更长时间，切实使刑法修正过程成为一个严肃认真、周全权衡的过程，切实兼顾好刑法修正案与刑法典之间的有效融合，并由国家立法机关在制定出台新的刑法修正案的同时立即公布经过刑法修正案修正之后

① 参见刘志伟、周国良编:《刑法规范总整理》(第4版)，法律出版社2011年版，第50页。

的现行刑法典。当然，某些既成的刑法规定，如果因为社会生活的变化发展而需要予以特别解释说明的，如“国家工作人员”、“卖淫”等刑法规范语言修辞等问题，以及最高人民法院和最高人民检察院在司法解释活动中出现了明显分歧而需要立法解释加以解决的刑法规定问题，则可以采取立法解释的形式加以解决，以避免过度加大刑法修正案的数量和加快修改频率。

二、中国刑法修正案中的刑法观问题

对于中国刑法修正案具体内容的实质合理性（实质合法性）问题，则可以说在多数人的欢呼声中素有批评和诟病。其中重要的批评内容关涉刑法观问题。

有学者指出，回顾从 1979 年刑法典到《刑法修正案（七）》的刑法改革之路，我们会发现，在犯罪圈的划定与刑罚量的调整方面，我国的刑事立法一直在延续着传统的权力刑法思维，即着眼于权力统治与强化社会管理，以“秩序”为价值中心，试图将犯罪预防与治理的所有细节纳入权力的控制范围之内；直到《刑法修正案（八）》这种状况才有所改善，虽然其仍带有权力刑法思维的印记，但是其削减死刑罪名、加强对特殊群体的权利保护以及引入社区矫正等内容，才“体现出了权利刑法思维及对之的侧重”。[①] 另有学者认为，综观八部刑法修正案，新增罪名三十余个，它们无不以扩大国家刑罚权力、缩小或限制公民之自由为内容，这体现了我国刑事立法仍然在工具主义的轨道上前行，国权刑法的观念仍然深深根植在立法者的脑海中，民权刑法的观念离我们仍很遥远。[②] 这些评价的共同点是认为中国刑法修正案在修法观念上存在一定程度上的错位，即体现国权本位刑法观色彩过浓而体现民权本位刑法观色彩不足。

在刑法观问题上，笔者认为，现代刑法在基本立场上应该都是坚持民

---

① 参见周振杰：《〈刑法修正案（八）〉：权利刑法思维之体现与侧重》，载《山东警察学院学报》2011 年第 3 期。

② 参见刘艳红：《我国应该停止犯罪化的刑事立法》，载《法学》2011 年第 11 期。

权本位刑法观的，中国刑法当然不能例外。[①] 在刑法史上，刑法观大致有国权本位刑法观与民权本位刑法观、权力本位刑法观与权利本位刑法观的区分。[②] 国权本位刑法观又叫权力本位刑法观、国权主义刑法观、权威主义刑法观，主张刑法是体现国家权力并且以实现国家刑罚权为核心的法律，其目的任务就是保护国家整体利益，其显著特点是以国家利益为出发点而极端限制公民自由，刑罚严酷，尤其强调死刑适用；其立足于刑法的社会保护机能，因而极端强调国家利益，它所针对的对象就是公民个人，它所限制的主要内容就是公民的自由，公民只是刑法的客体与对象。而民权本位刑法观又叫权利本位刑法观、民权主义刑法观、自由主义刑法观，主张刑法是以保护国民的权利和自由为核心的法律，因而应当严格限制国家刑罚权并使之成为个人自由的有力保障，其目的是最大限度地保障公民自由，因而极端强调严格限制国家公权行为；其立足于刑法的人权保障机能，因而极端强调公民自由价值，它所针对的对象是国家，它所限制的主要内容是国家刑罚权。这样两种刑法观的简要对比，无疑可以清晰地展示出其各自立足点、出发点和归宿点等基本立场上的巨大差异，孰是孰非不言自明。

那么，历史发展到今天，我们中国应当旗帜鲜明地、义无反顾地擎起民权主义刑法观的大旗，同时应当彻底批判国权主义刑法观的陈旧观念。而作为反映有关刑法的价值、机能、目的、任务与基本原则等根本观点和基本态度的刑法观问题，其本身是一个十分深刻而抽象的“立场观念”问题，其基本内容必然体现在具体的犯罪政策与刑罚政策及其相应的刑法规范之中，因而对其基本内容的考察与讨论应当结合刑法及刑法修正案的罪刑规范来展开。大体而言，在刑法修正案中，我们应当大力弘扬民权主义刑法观，恰当处理好人权保障和犯罪防控的关系，继续深化限制并逐步废除死刑，深化限缩犯罪圈和刑罚量，适时适度地开启非犯罪化、轻刑

---

① 参见魏东：《保守的实质刑法观与现代刑事政策立场》，中国民主法制出版社2011年版，第15页。

② 陈兴良教授认为：“民权刑法这个概念，是李海东先生首先在我国提出的。李海东根据国家与公民在刑法中的地位把历史上的刑法划分为两种类型：国权主义刑法与民权主义刑法。”陈兴良：《刑法学者的使命——许道敏〈民权刑法论〉序》，载许道敏：《民权刑法论》，中国法制出版社2003年版，第1页。

化的大门,促进中国刑法沿着现代、科学、人文的道路前进。为此,下文将分别针对中国刑法修正案中的犯罪政策与刑罚政策等问题加以展开论述。

三、中国刑法修正案中的犯罪政策问题

犯罪化与非犯罪化是犯罪政策上两个紧密相连而需要立足于一定的刑法观立场予以恰当权衡的方面。犯罪化是指将不是犯罪的行为在法律上确定为犯罪的过程与状态,在现代刑事法治理性中仅承认立法上犯罪化的合法性。非犯罪化是指以前被规定为犯罪的行为,因社会变动等原因而不再认为应科处刑罚并否定其犯罪性,并从立法上或者在司法上排除其犯罪性的过程与状态,因此在现代刑事法治理性中同时承认立法上非犯罪化与司法上非犯罪化的合法性。作为一项重要立法活动(修法活动)成果的刑法修正案,自然存在立法上的犯罪化与非犯罪化两个修正方向的权衡。在此问题上,尽管中国刑法修正案面临正面与负面两种评价,如有的学者正面肯定了犯罪化的合理性,认为"我国立法机关应当充分吸收和利用犯罪学的最新科研成果,高度关注高新技术革命条件下衍生的新型犯罪现象,适时启动刑法立法,对新型的犯罪现象做出回应",①但是客观上讲,负面批评的声音更多一些。

有学者指出,中国历次刑法修正都贯穿着决策机关过于依赖刑罚,而不注重通过加强权利保护减少矛盾根源,对犯罪进行合理治理的一贯思维方式,其具体体现在通过增加新的罪名或者修改罪状,致力于扩大犯罪圈,而对于造成上述违法行为的深层次尤其是体制性原因视而不见,这种状况直到《刑法修正案(八)》才有所转变。② 而另有学者提出了更为尖锐的批评,认为对于包括《刑法修正案(八)》在内的所有刑法修正案而言,犯罪化成为了"现行刑法颁布以来刑事立法的绝对主导方向","综观八部刑法修正案,新增罪名三十余个,它们无不以扩大国家刑罚权力、缩小或限制公民之自由为内容",中国迄今为止"以平均每一年半一部刑法修

---

① 高铭暄:《中国共产党与中国刑法立法的发展——纪念中国共产党成立90周年》,载《法学家》2011年第5期。

② 参见周振杰:《〈刑法修正案(八)〉:权利刑法思维之体现与侧重》,载《山东警察学院学报》2011年第3期。

正案的速度、以共八部刑法修正案的数量不断地实现着我国刑法犯罪化的进程”。[①] 这些批评表明，中国刑法修正案在犯罪化与非犯罪化的发展方向的具体权衡上存在较大争议。

在犯罪政策问题上，笔者认为，中国刑法修正案的犯罪化步伐应当逐步减缓甚至暂停，在保持中国刑法典稳定性的前提下，更多地并且坚定不移地开启非犯罪化之门，将那些并非必要的、可以通过非刑法措施防控的“犯罪行为”逐步予以非犯罪化，如危险驾驶罪、持有伪造的发票罪等抽象危险犯，持有犯以及部分“无被害人犯罪”与行政犯等，并在将这些已有“犯罪”逐步予以非犯罪化处理的同时，通过探索社会管理创新和加强行政执法的努力来逐步防控这些非犯罪化的违法行为的发生和泛滥。刑法修正案在逐步开启非犯罪化的前提下，对于极个别严重危害民生和人权的行为，才可以个别地进行犯罪化修订，如同性强奸与强奸男性的行为，由于其发生频率逐步升高且社会危险性极大，宜通过刑法修正案形式将其犯罪化。但是，这种犯罪化修订不能成为刑法修正案的主导方向，而只能是个别的、极其不得已的、十分慎重的“例外”。

四、中国刑法修正案中的刑罚政策问题

就法定刑及刑罚制度整体设置而言，刑事立法存在重刑化与轻刑化两种修正发展方向，此两种发展方向亦需要立足于一定的刑法观立场予以适当权衡。有学者对《刑法修正案（八）》在轻刑化方面的努力给予了十分肯定的评价，认为《刑法修正案（八）》进一步完善了从宽处理的法律规定，更好地体现了中国特色社会主义刑法的文明和人道主义以及对宽严相济刑事政策的进一步贯彻落实，既有从严的一面，又有从宽的一面，尤其是“《刑法修正案（八）》削减了十三种犯罪的死刑，并对相关的刑罚制度作了配套性的改革，这是中国共产党执政以来我国立法机关首次从立法上较大幅度地削减死刑，意义重大”。[②] “废除这十三项罪名的死刑，

① 刘艳红：《我国应该停止犯罪化的刑事立法》，载《法学》2011 年第 11 期。

② 高铭暄：《中国共产党与中国刑法立法的发展——纪念中国共产党成立 90 周年》，载《法学家》2011 年第 5 期。

释放出了两个积极的信号：第一，废除死刑不再是理论中的设想，已经变成了立法中的现实，我们已经走上了废除死刑之路，虽然以后的路程仍然会非常漫长，但是毕竟有了一个良好的开端；第二，我国的刑法修正有望摆脱过度依赖刑罚，一味提高刑罚量的模式，而进入根据社会形势与预防犯罪的需要，进行相应的轻重调节的时代。”[①]但是，也有不少学者批评《刑法修正案(八)》仍然延续了重刑化特色，“以往刑法修改的严刑轨迹，除死刑的扩大适用得到遏制与进一步矫正外，几乎均在修正案(八)中得到了延伸”，“以加重诸如寻衅滋事之类所谓涉黑犯罪的法定刑、提高数罪并罚情况下的合并执行刑期等为内容的修正或增补条款，延伸着加重刑罚分量的‘严厉’的轨迹；以限制缓刑对象、提高死刑缓期二年执行的减刑上限并授权法官对被减为无期徒刑或者二十年有期徒刑后可以决定不得再减刑等为内容的修正条款，延伸着限制有利于犯罪人的制度的适用的‘严格’的轨迹”。[②] 因此，在一定意义上可以说，中国刑法修正案在重刑化与轻刑化两级措施选择上仍然存在失衡的重刑化倾向。

与刑罚政策相关，学界对中国刑法修正案的修正领域与程度问题也展开了讨论。《刑法修正案(八)》以较多条文数量对刑法典总则规定进行了较大修改，这是以刑法修正案形式“第一次对刑法总则进行了修改，内容涉及调整刑罚结构，对一些严重暴力性犯罪被判处死缓的罪犯的减刑、假释和延长在监狱的实际最低服刑期限等作出了新的规定，延长了有期徒刑数罪并罚的刑期，完善了对老年人和未成年人从宽处理的规定，将坦白从宽的刑事政策法律化”。[③] 应当说，《刑法修正案(八)》所作出的这些刑法总则内容的修正性规定引发了学者间较大争议，既有正面肯定的意见，也有反对意见。

我国许多学者对《刑法修正案(八)》之中的总则性修正规定给予了很高评价。高铭暄教授认为：“《刑法修正案(八)》……更好地体现了中

---

① 周振杰：《〈刑法修正案(八)〉：权利刑法思维之体现与侧重》，载《山东警察学院学报》2011 年第 3 期。

② 邢馨宇、邱兴隆：《刑法的修改：轨迹、应然与实然——兼及对刑法修正案(八)的评价》，载《法学研究》2011 年第 2 期。

③ 黄太云：《〈刑法修正案(八)〉解读(一)》，载《人民检察》2011 年第 6 期。作者黄太云时任全国人大常委会法制工作委员会刑法室副主任。

国特色社会主义刑法的文明和人道主义。这些修改完善就是在新的社会形势下对宽严相济刑事政策的进一步贯彻落实,既有从严的一面,又有从宽的一面”,“《刑法修正案(八)》……调整了死刑与无期徒刑、有期徒刑之间的结构关系。这些修改具有开创性”;①尤其是《刑法修正案(八)》“对总则中的宏观制度设计开始了前所未有的革故鼎新,其力度之大、刻度之深堪为历次修法之最,当是我国刑法立法改革的一个里程碑”。② 赵秉志教授明确指出:“《中华人民共和国刑法修正案(八)》实现了刑法总则规范修改与刑法分则规范修改的相互配合、相互作用,有利于进一步完善我国刑法典的规范体系。”③还有学者认为,刑法总则关乎认定犯罪的基本框架,在已有框架下的内容已经做了修订的情况下,总则之规定就不可避免的要做出调整,“《刑法修正案(八)》对刑法总则进行修订可谓水到渠成”,④其“在不违背立法机关职权的前提下第一次兼顾了刑法总则和分则的修改”,尤其是“本次修正所涉及的总则问题,应当说是对近些年刑罚改革的一个基本认可和立法化”,⑤开启了修改刑法总则之先河,⑥应该予以充分肯定。

与此同时,也有学者对《刑法修正案(八)》之中的总则性修正规定提出了批评。游伟教授认为:“刑法总则大多关乎定罪量刑的全局,因而,需要保持应有的稳定。所以,当总则规范涉及到的刑法基本原则、制度、体系等要进行变动时,就会涉及到‘总体性’的某些大问题,需要慎之又慎,或许应当提请全国人大全会去进行讨论。”⑦

在刑罚政策问题上,笔者认为,刑法修正案应当坚持现代刑事政策科学理性和宽严相济刑事政策基本精神,要继续探索严格限制死刑并最终

---

① 高铭暄:《中国共产党与中国刑法立法的发展——纪念中国共产党成立90周年》,载《法学家》2011年第5期。

② 高铭暄:《走向完善的中国刑事立法》,载《法制日报》2011年5月18日第11版。

③ 赵秉志:《〈中华人民共和国刑法修正案(八)〉诠释性宏论》,载魏东主编:《刑法观与解释论立场》,中国民主法制出版社2011年版,第389~406页。

④ 参见郭泽强:《从立法技术层面看刑法修正案》,载《法学》2011年第4期。

⑤ 刘伟:《刑法修正的基本动向及客观要求研究》,载《政治与法律》2011年第5期。

⑥ 周道鸾:《我国刑法修正的重大突破——简评刑法修正案(八)》,载《人民法院报》2011年4月13日第6版。

⑦ 游伟:《刑法修改需要更多的民意参与》,载法制网,http://www.legaldaily.com.cn/fxy/content/2010-09/09/content_2280245.htm? node=21408,2012年1月1日访问。

废除死刑，适当纠正重刑主义传统文化文思方式，在法定刑配置、刑罚制度设置上适当扭转“趋重”的修正方向，探索改良监狱管理教育措施、保安处分措施、社区矫正措施等。同时，针对基本刑罚制度的修正，应当更加慎重和严格，原则上应当反对由全国人民代表大会常务委员会来决定，而改由全国人民代表大会依照更加严格的修法程序予以修定颁行。

结语：刑法学术立场检讨

以上针对刑法修正案的观察与检讨，无不关涉刑法学术立场问题，这是“题外话”，因而作为结语简要阐述。

一是在我国社会主义法律体系形成之后，我们在刑法学术立场上应当增强系统完善和系统建设的意识，而不能仅仅停留在单纯解释适用法律的领域。这个问题法理学界有所讨论，明确提出了法学学术立场上尽管需要重点研究法律贯彻执行的问题，但同时还需要继续深入研究完善法律体系的问题，以追求“良法之治”。就刑法学术立场的具体内容而言，笔者认为，同样应该从深化完善我国社会主义法律体系的大局出发，继续深入研究刑法自身的修改完善问题，包括哪些具体内容需要修改完善，以哪些方式、哪些技术来修改完善；要始终坚持刑法学术追求的创新立场，切实处理好刑法理论创新与服务刑法实践的辩证关系，加强刑法立法规范学与刑法规范解释学的关系等。

二是在我国社会主义法律体系形成之后，我们在学术立场上还应当进一步强化问题意识，保持适当的批判性。作为学者，我们需要经常性地检视我国法治建设尤其是刑事法治建设的现实，努力发现问题、揭露问题、解决问题，提出更加符合科学、理性、人文的刑法学术见解，以适当保持刑法学术研究的批判性，引领我国刑事法治建设向着更加健康完美的方向发展。如我国刑法实践（包括立法实践和司法实践）是否切实坚守了罪刑法定原则等刑法基本原则，是否体现了刑法谦抑原则的基本要求并保持了某种适当的克制态度，刑法修正案的启动和制定出台是否足够严谨、科学、合理，是否恰当处理好了立法完善和司法公正的关系权衡等，均需要展开深入细致的调查研究。

以刑法目的制约刑法解释方向

胡东飞

【内容摘要】刑事诉讼法的目的主要在于保障人权，而并非打击犯罪：一方面，进入刑事诉讼程序的被告人可能事实上并没有犯罪；另一方面，刑事诉讼是力量悬殊的国家和个人之间的冲突。因此，当对事实和证据存有疑问时，应当做出有利于被告人的选择。但是，刑法的目的在于保护法益，因此，有利于被告不可能成为刑法的立法原则。对刑法的解释应当有助于实现刑法所追求的规范目的，所以，当对刑法条文含义存有疑问时，不能适用有利于被告原则，而应当根据解释目标与规则进行解释，即应以尽可能实现“规范内的处罚正义”为基本解释方向。

【关键词】疑罪从无　人权保障　法益保护　刑法解释　解释方向

一、引言

众所周知，疑罪从无是刑事诉讼的一项基本原则，同时也是无罪推定原则的核心内容，它是现代法治国家在处理刑事疑案时所普遍采用的一项基本司法制度。其基本内容是：(1)有关机关在法律许可的范围内，对被告人或犯罪嫌疑人所涉及的犯罪事实，如果无法证明到足以排除合理怀疑的程度，应当基于法律安定性的考虑，作出有利于被告的无罪判决；(2)当所涉及的犯罪事实可能横跨重罪与轻罪，轻罪事实已经获得证实，而重罪事实仍存疑问时，也应当作出有利于被告的选择，即只能以轻罪论处；(3)当犯罪事实可能涉及数罪与一罪，如果已有的证据只能证明一罪的存在，而对数罪尚有疑问，仍然应当作出有利于被告之选择，即必须以一罪论处。我国《刑事诉讼法》第195条第3项对疑罪从无原则也作了明确规定，即“证据不足，不能认定被告人有罪的，应当作出证据不足、指控的犯罪不能成立的无罪判决”。

现在的问题是，罪刑法定原则的立法化对刑法解释的方向究竟会产生怎样的影响？具体而言，罪刑法定原则立法化的实现是否意味着当对刑法条文含义存有疑问时，也应当贯彻有利于被告之疑罪从无原则？表面看来，这似乎是一个不言自明的问题——因为罪刑法定原则在刑法史上的出现本来就是基于限制国家刑罚权的过分扩张以保障人权的需要，或者如学者所言，“罪刑法定原则产生的前提是公众对国家司法机关罪刑擅断的憎恨超过对犯罪的憎恨”。① 所以，当对刑法条文含义存有疑问时，似乎（当然）应往有利于被告人的方向解释。

需要说明的是，上述看法目前在我国刑法理论界乃至司法实务界较为时兴，不少学者从各个角度对此展开论证。如有学者指出，实体法意义上的有利于被告，作为罪刑法定与刑法明确性原则的一条派生与补足原则，是指当刑法适用上遇有暂时“解释不清”的疑难时，应该做出有利于被告的选择。其立论根据主要有：第一，国家责任根据。刑法适用上产生的疑问，无论是因为刑法没有明文规定还是因为刑法规定矛盾抑或模棱两可，归根结底都是立法不完善的结果，而立法的不完善当然源于立法者的疏漏或过失。因此，刑法适用上遇到的任何疑问，理应由国家来承担责任，而不得由公民来担当立法不完善的后果。第二，人权保障根据。刑法的人权保障机能主要是通过罪刑法定得以实现的，因为罪刑法定要求对被告的任何不利选择都于法有据。但是，当刑法模糊不清时，实际上是由于立法未能满足罪刑法定对刑法的明确性要求。由此决定了，但凡刑法适用发生疑问的场合，都潜在着因背离罪刑法定而侵犯被告人人权的可能。在此情况下，如果做出不利于被告的选择，一定程度上就是认可了法外处罚。第三，立法精神根据。一方面，刑法本身存在不少有利于被告的规定，如在溯及力问题上，采取的是从旧兼从轻原则；另一方面，从程序法的角度来看，由于刑事诉讼法规定了无罪推定、排除合理怀疑等有利于被告的规则，与此相适应，当刑法条文含义存在疑问时，也应当贯彻有利于被告的精神。第四，刑罚目的根据。刑罚的目的或者正当根据在于公正地惩罚犯罪人和有效地预防犯罪，亦即报应和功利两方面。从刑罚目的对刑法适用的制约性出发，刑法的适用既要考虑公正地惩罚犯罪人的需

① 付立庆：《善待罪刑法定》，载《法学评论》2005 年第 3 期。

要，也要考虑有效地预防犯罪的需要，更要考虑二者之间的协调。如果在解决刑法适用上的疑问时采取不利于被告的选择，实际上是让被告人承受了原本不该承受的刑罚，这直接与公正地处罚犯罪人的目的相冲突。而这对于预防犯罪也产生不了预期的效果，因为这是在刑法不明确的情况下强加给被告人的处罚。第五，刑事政策根据。有利于被告原则与我国传统的“可捕可不捕的不捕，可判可不判的不判，可杀可不杀的不杀”的刑事政策不谋而合。而当刑法条文含义存有疑问时，如果做出不利于被告人的选择，则违背了这一良好的刑事政策。[①] 当然，除此之外，还有其他学者对该论点展开了论述，但由于论据大多相同或近似，故而不再赘述。

应当承认，以上论述相当深刻，不少地方甚至不乏真知灼见，然而尽管如此，本文依然不能赞同其基本观点。相反认为，虽然我国刑法已明确规定了罪刑法定原则，但疑罪从无仍然只是刑事诉讼的一项基本原则，其只有在对事实和证据存有合理怀疑的场合才可以适用，而当对刑法条文含义存有疑问时，不能适用该原则。之所以如此，根本原因在于，作为程序法的刑事诉讼法之目的与作为实体法的刑法之目的并不相同。因此，要阐明这一观点，必须从深层次比较刑事诉讼法的目的与刑法的目的。此外，由于“目的是全部法律的缔造者”（耶林语），而法律解释的目的在于为司法裁判提供助益，即准确实现立法内容，所以，其目的与立法目的必然具有一致性。概言之，刑事诉讼法目的与刑法目的之不同分别决定了各自的基本解释方向。

二、刑事诉讼法之目的与疑罪从无

关于刑事诉讼法的目的，我国刑事诉讼法学界的传统观点采取的是“双重论”，即认为刑事诉讼法具有惩罚犯罪和保障人权的双重目的，并且进一步认为，二者当中，惩罚犯罪是现代刑事诉讼法的首要目的。[②] 诚然，“从初始意义上讲，刑事诉讼本是国家为追控和惩罚犯罪，维护统治秩

---

① 参见邱兴隆：《有利被告论探究》，载《中国法学》2004 年第 6 期。

② 参见陈光中、徐静村主编：《刑事诉讼法学》，中国政法大学出版社 2002 年版，第 38 页。

序而创设的一种制度装置，强化刑事案件的真相查明能力是其产生的当然动因”。[①] 从现象上看，上述观点无疑也是符合现实情况的。因为它有着实定法上的直接根据——刑事诉讼法的若干条文的确赋予了公安、司法机关诸多权力以对案件展开侦查、调查、取证、起诉和审判。之所以如此，是因为在任何社会中，都会存在犯罪的控制问题。当犯罪发生时，国家有权力也有义务采取必要的手段及时查获犯罪人，并使之受到应有的惩罚，以恢复被破坏的法律秩序（即实现法的确证）。

然而，这只是问题的一个侧面，能否因此就断然肯定惩罚犯罪是刑事诉讼法的目的——甚至是首要目的——仍然是有疑问的。因为一方面，“令人奇怪的是，伴随着社会的进步和刑事诉讼法的完善，刑事诉讼结构在一步步从简单趋向于复杂的同时，其追控和惩治犯罪的效率却成下降之势”。[②] 换言之，伴随着被告人程序主体地位的提高和刑事诉讼程序正当化改进，刑事诉讼活动在打击犯罪的能力方面非但没有进一步强化，反而被相对削弱了。另一方面，刑事诉讼法同样存在诸多条文以束缚公安、司法机关的手脚，而且从数量上看，远远多于授权性规定。这种反方向的、直观性的印象迫使我们不得不重新审视和反思上述传统观点。直接地说，在笔者看来，将惩罚犯罪作为刑事诉讼法的目的，可能存在根基性错误。至少，一个常识性的感觉告诉我们，如果说惩罚犯罪是其（首要）目的，则莫如取消刑事诉讼法，因为这样对于打击犯罪显然更加方便和快捷。[③]

在笔者看来，传统观点之所以将“打击犯罪”作为刑事诉讼法的目的之一，实际上是将刑事诉讼的目的与刑事诉讼法的目的相混淆了。根据我国台湾地区刑事诉讼法学者林钰雄博士的看法，刑事诉讼不外乎追求发现真实、法治程序及法和平性三大目的。无论是纠问制度或控诉制度，也无论是大陆法系或英美法系，发现真实可以说是古今中外刑事诉讼制度所共同追求的目的，差别仅在于各个时代各种法制对于何种诉讼结构

① 周长军：《制度与逻辑》，中国方正出版社 2005 年版，第 42～43 页。

② 周长军：《制度与逻辑》，中国方正出版社 2005 年版，第 43 页。

③ 据刑事诉讼法学者考证，在几乎世界各国中，只有我国（大陆地区）理论界将“惩罚犯罪”作为刑事诉讼法的目的。参见李长城：《刑事诉讼目的新论》，载《中国刑事法杂志》2006 年第 1 期。

较有利于发现真实的认知有所不同。[①] 显然，发现真实——无论是客观真实抑或是法律真实——即意味着查清行为事实，从而为接下来的刑法（实体）的适用提供前提条件。在此意义上说，国家启动刑事诉讼程序的确有惩罚犯罪之意。但是，刑事诉讼法乃是国家为规制刑事诉讼程序而制定之法律，其与刑事诉讼（活动）本身并非一体，二者的目的自然也不能简单等同、置换。笔者认为，从起源或出发点来看，刑事诉讼法的目的主要在于遏制国家，防止随意出入人罪，即禁止国家未经正当程序就剥夺公民的生命、自由和财产。在此意义上说，“刑事诉讼法就是限权法”。[②]

众所周知，只要有社会，就会产生冲突和纠纷。对于冲突和纠纷，任何社会都必然提供一定的解决和疏导机制。在人类历史上，对于犯罪的追究和处置大体上经历了被害人追诉模式、公众追诉模式和国家追诉模式三种形态的转变：[③]犯罪案件发生后，由犯罪之被害人或者其宗亲启动刑事追诉程序的，为被害人追诉模式。这一模式盛行于民刑不分的古日耳曼法时代。当时的法律并不区分不法行为所产生的民法与刑法的效果，因此也无所谓民事诉讼与刑事诉讼的区别。例如，对于伤害身体的案件，行为人通常只需以一定数额之金钱赔偿被害人，弥补其损失即可达成和解。当犯罪发生后，如果不论相干与否，社会任何个体皆可启动刑事追诉程序者，被称为公众追诉程序模式，其盛行于古罗马法时代。事实上，更早之前的古希腊雅典城邦所采取的刑事追诉亦是如此。例如，控诉苏格拉底的原告，即为三位“急公好义”的雅典公民。然而，随着社会的发展和进步，及至文明时代，人们发现，对于犯罪之追诉，如果全然诉诸被害人个人或者公众，则必然导致私刑泛滥等不可欲之恶果，于是转而由国家通过法定程序加以解决，此即为国家追诉模式。

国家追诉原则的思想基础有二：其一，公共利益。该观念认为，犯罪不仅是对个人法益之侵犯，而且是对国家整体之公共利益的破坏，因此，对于犯罪之追诉，原则上不得由被害人个人或者社会公众行使，于是，私人赔偿的制裁方式逐渐转化为公法上的“刑罚”，此种刑罚之科处须经过

---

① 参见林钰雄：《刑事法理论与实践》，中国人民大学出版社 2008 年版，第 21 页。

② 易延友：《刑事诉讼法》，法律出版社 2003 年版，第 6 页。

③ 参见林钰雄：《刑事诉讼法》（上册·总论编），中国人民大学出版社 2005 年版，第 37～38 页。

国家的刑事追诉程序始得为之。其二,法秩序的和平。“法的制度是和平的秩序。……和平与法携手共进;法带来和平,建立和平是法发展的前提。凡是法发展的地方,法就取代暴力的斗争,并用和平的解决办法取代暴力斗争的位置。”①由国家垄断(独占)追诉犯罪之权力,可以避免私人惩罚的泛滥与无度,从而维护社会秩序之平衡——以和平方式恢复被犯罪行为所破坏的法秩序。

然而,国家专司追诉犯罪之权力并不意味着国家可以不计手段——任何统治人的权力都必须受到限制——国家追诉原则虽然有利于维护法秩序的和平,但任何公权力皆有滥用之可能。如果以追诉和惩罚犯罪作为最高或首要目标,则必然忽略甚至无视其他同样重要甚至更为重要的价值目标,从而使犯罪嫌疑人、被告人乃至无辜第三者的应有合法权利惨遭剥夺。所以,在法治国家,刑事诉讼法的一项责无旁贷的任务就是,制定一套“诉讼规则”以规制并厘清追诉过程中国家与个人之间权利与义务的界限,使双方皆有所适从:一方面便于国家完成其追诉、惩罚犯罪之功能;另一方面便于提供个人有效之权利保护,以防范国家缺根少据或无度干预。

但是,刑事诉讼法的价值诉求并非仅止于此。正义是任何实证法的合法性基础。法谚曰:恶法非法(Lex injusta non est lex)。此话虽有过于绝对之嫌,但由此足见正义对于实证法之重要性。同样,刑事诉讼法自其诞生之日起,也必须接受合法性根基之拷问。对这一问题的回答,在理论上大致经历了程序工具主义和程序本位主义两种形态。

程序工具主义由英国学者边沁最先提出并加以阐发。边沁强调法律程序不过是用来实现实体法内容的工具,法律程序本身的“善”要取决于它在准确发现事实真相和正确适用实体法方面的能力,当事人获得程序保障的最终目的在于实现其实体性权利。因此,坚持正当程序的唯一理由就是对有关的实体规范加以正确适用。然而,这种做法不仅大大贬低了正当程序原则的意义,而且对其宪法基础造成了损害——因为实现实体法律一旦被视为法律程序运作的唯一目标,就可能变得具有压迫性,使公民的个人权利让位于普遍的福利或者“公共利益”。② 正是基于对程序

① [德]H. 科殷:《法哲学》,林荣远译,华夏出版社2002年版,第118~119页。
② 参见陈瑞华:《程序正义的理论基础》,载《中国法学》2000年第3期。

工具主义理论可能带来的“恶果”的反思，后来出现了以美国学者萨默斯的“程序价值”理论和马修的“尊严”理论为代表的程序本位主义思潮。这些理论的共同特点在于，都认为法律程序是为保障一些独立于判决结果的程序价值而设计的，这些价值包括参与、公平以及保障个人的人格尊严等。一项符合这些价值的法律程序或者法律实施过程固然会形成正确的结果，但是，程序和过程的正当性并不因此得到证明，而是取决于程序或过程本身是否符合独立的程序正义标准。换言之，一项法律程序或者法律实施过程是否具有正当性和合理性，不是——至少不完全是看它能否有助于产生正确的结果，而是看它能否保护一些独立的内在价值。①

这种关于程序正义理论的变迁，导致很多法治发达国家刑事诉讼程序中不少具体制度随之发生了彻底性改变。正如日本刑事诉讼法学者田口守一所指出的：“程序法固有的规范可能导致实体法规范发生变化。例如，收集证据的程序违法，其证据的有效性不被承认，法庭排除该证据。其结果，因为不存在犯罪的证据，犯罪嫌疑人可能被判无罪。此外，也有因程序的原因被判实体法并无规定的刑罚。”②事实上，我国刑事诉讼法也有类似的规定，如上诉不加刑原则即是。

在笔者看来，这种转变其实有其历史必然性：其一，随着社会的进一步发展，实体的正义被相对化，纠纷所涉及的关系也越来越复杂，于是，以利害关系者的参加和程序保障为中心内容的程序正义观念在其固有的重要意义基础上，自然获得了前所未有的重要性。③ 换言之，在涉及价值判断的争执中，执拗于实体正义的立场往往难以解决共识问题，所以有必要通过中立的程序安排来寻求在自主性前提下的相互理解和相互承认。不仅如此，在当今社会形势下，不断强调并树立程序的独立价值与独立的程序价值，才使程序有可能在传统道德式微、人们的世界观发生无从弥合的分歧而呈现出千姿百态的价值多样性的状况下发挥整合化和正统化的功能。④ 其

---

① 参见陈瑞华：《走向综合性程序价值理论》，载《中国社会科学》1999 年第 6 期。

② [日]田口守一：《刑事诉讼法》，刘迪等译，法律出版社 2000 年版，第 2 页。

③ 参见[日]谷口安平：《程序的正义与诉讼》，王亚新等译，中国政法大学出版社 1996 年版，第 22 页。

④ 参见季卫东：《法律程序的形式性与实质性》，载《北京大学学报（哲学社会科学版）》2006 年第 1 期。

二,应当看到,无论采取什么样的追诉模式,都可能使事实上并没有犯罪的人卷入刑事诉讼程序,从而造成被告人或者犯罪嫌疑人的权利被不当剥夺之局面。正是在此意义上,清末法学家沈家本才指出:"刑律不善不足以害良民,刑事诉讼律不备,即良民亦罹其害。"[①]于是,为了最大限度地防止此类现象的发生,不得不提高诉讼程序本身之地位和价值。[②] 这种通过动态的控辩较量,使被告人有机会陈述看法、表达意愿(这被认为是程序的正当过程的最低度标准),此举恰好又在一定程度上弥补了实体法不够真实的民主形成过程——因为"民主制不是神圣或宇宙秩序的反映。在它的运转中没有任何超验的真理,其最深刻的真理就是没有真理,从而使不同的政治真理可以在尊重民主规则的前提下得到辩论和对抗"。[③] 因此,人们完全有理由相信如下说法,"自由的历史基本上是奉行程序保障的历史";[④]或者,"程序的完备程度可以视为法制现代化的一个根本性的指标";[⑤]更为形象的表述为,刑事诉讼法是"国家基本法(即宪法,引者注)的测震仪"。[⑥]

以上论述表明,无论从什么角度讲,刑事诉讼法都是以人权保障为其出发点和归宿的。正因为犯罪嫌疑人的人身权利在侦查阶段面临受到任意剥夺的威胁,被告人在公诉环节上面临受到任意和重复追诉的可能,被告人在审判阶段面临无法获得公正审判的危险,而进入刑事诉讼程序的犯罪嫌疑人和被告人又可能事实上并没有犯罪,所以,刑事诉讼法在设定诉讼程序时就不能不将授予、保障、救济犯罪嫌疑人、被告人的权利作为重要的制度目标。既然如此,"作为一种人权法的刑事诉讼法,对警察的侦查、检察官的公诉和法院的审判活动,无论在成功的可能性上还是进展效率上都构成了一种法律障碍,因此,警察、检察官和法官几乎具有天然的违反法律程序的动机"。[⑦] 毋庸讳言,这在当下的中国表现得较为突

---

① 转引自季卫东:《法治秩序的建构》,中国政法大学出版社 1999 年版,第 9 页。

② 当然,这在技术和形式上必然带来程序的烦琐、复杂,从而影响诉讼效率。

③ [法]埃德加·莫兰:《反思欧洲》,康征等译,北京三联书店 2005 年版,第 133 页。

④ [美]F. J. 古德诺:《政治与行政》,王元译,华夏出版社 1987 年版,第 21 页。

⑤ 季卫东:《法治秩序的建构》,中国政法大学出版社 1999 年版,第 18 页。

⑥ [德]克劳思·罗科信:《刑事诉讼法》(第 24 版),吴丽琪译,法律出版社 2003 年版,第 13 页。

⑦ 陈瑞华:《程序性制裁理论》,中国法制出版社 2005 年版,第 14 页。

出——在司法实践中，随意启动刑事诉讼程序、刑讯逼供、随意羁押、超期羁押、久押不决等现象并非鲜见寡闻。事实上，凡有过实务工作经验的人都明白，在刑事司法实践中，对人权构成最大威胁和侵犯的，往往是公安、司法机关违反刑事诉讼程序的行为。

刑事诉讼程序价值、内容和结构的上述变迁，说到底是基于如下两方面的原因：一方面，如前所述，进入刑事诉讼程序的犯罪嫌疑人、被告人极有可能事实上并没有犯罪，因此，为了避免冤枉无辜，不得不对公安、司法机关的权力做出严格限制。另一方面，刑事诉讼是个人和国家之间的冲突，在这种冲突中，“个人是如此渺小的一部分，个人的利益轻而易举就会成为敬献在公共利益和社会自身这一祭坛上的牺牲品。对于社会来说，再也没有比侵蚀和削弱这一信念——这是使社会融为一体的基础——更危险的事情了”。[①] 与极其强大的国家机关相比，犯罪嫌疑人、被告人无疑是十分弱小的。当发生可能触犯刑律的案件时，公安、检察机关的侦查能力、强制措施与执行力量远远胜于被告人的辩护能力、防御措施与保护力量。如果公安、检察机关对犯罪的证明不能达到使人们消除合理怀疑的程度，理所当然只能作出有利于被告的判决。刑事诉讼的这一特点决定了审判机关只有在确证被告人的罪责之后，才能作出有罪判决。换言之，“每一个处刑判决的先决条件是，所有涉及有罪判决和处刑判决的事实（无论是积极的还是消极的），均应得到查明……在法院依职权对所有的事实、证据进行认定后，仍不能确信的，不得使刑事诉讼程序悬而不决，而必须基于法安全的事由，在规定的期限内结束刑事诉讼程序”。[②]

不仅如此，从理论上说，任何公民都有沦为罪犯的可能性。“好人”与“坏人”的界限并非楚河汉界、泾渭分明——“好人”也可能因为触犯法律或者遭受诬陷而沦为罪犯和“坏人”，所以，保护罪犯的人权实际上就是保护每一个普通公民的基本权利。远处不说，发生在我们身边且并不算遥远的历史足以使人们顿悟，如果不保护罪犯和“坏人”的权利，那么“好人”的人权也难以得到切实保护，因为在一个缺乏对人权保障做深层

---

① ［英］史蒂文·卢克斯：《个人主义》，阎克文译，江苏人民出版社 2001 年版，第 44 页。

② ［德］耶赛克、魏根特：《德国刑法教科书（总论）》，徐久生译，中国法制出版社 2001 年版，第 178 页。

制度性安排的国度,“好人”与“坏人”的身份往往可以在顷刻间发生转换。

总而言之,刑事诉讼的上述特点决定了,当对事实、证据存有疑问时,必须贯彻疑罪从无原则,即必须做出有利于被告的选择。

三、刑法目的与刑法解释的方向

刑法以保护法益为目的规定犯罪及其法律后果,从此意义上说,有利于被告不可能成为刑法的立法原则。而“任何解释都应当有助于实现规范内容所追求的规范目的。其他解释标准也应当服从这个目标,它们是解释者必须借以认识规范目的的工具”。[①] 既然刑法以保护法益为目的,那么,当对刑法条文含义存有疑问时,就不能一概做出疑罪从无的选择,故此,有利于被告就不可能成为刑法解释的目标和方向。所以,当出于保护法益的目的,需要对刑法某一条文做出扩大解释时,即使不利于被告,也应当适用这一解释结论;反之,如果坚持认为刑法解释的目标是有利于被告,则意味着只有缩小解释才是唯一被允许的,这是不可思议的。[②]

不仅如此,正如有学者所指出的那样,如果只要刑法存在疑问,就做出有利于被告的选择,还会导致在理论和实践中得出如下荒谬结论:首先,从实践角度看,这意味着在适用刑法规范时,法官不能有自己的判断,而只能按照辩护律师的意见判决。因为律师的辩护意见无疑也是一种法律解释,而且肯定是一种有利于被告的解释。其次,从理论角度说,只要承认这一观点,刑法解释就根本没有存在的必要。因为任何需要解释的条文,都是刑法规定得不清楚,人们对其含义存有疑问的条文。如果对刑法规范只能做有利于被告的解释,那么这些条文所规定的行为,都应该理解为法律没有明文规定的行为,都应该属于适用《刑法》第 3 条规定的“法律没有明文规定为犯罪的行为,不得定罪处刑”的情况。如此一来,刑法的解释乃至刑法本身根本就没有存在的必要。最后,从逻辑角度讲,如果认为只能做有利于被告的解释,实际上就可能导致任何刑法条文都

---

① [德]伯恩·魏德士:《法理学》,丁小春等译,法律出版社 2003 年版,第 321 页。

② 参见张明楷:《刑法格言的展开》,法律出版社 2003 年版,第 324 页。

不能适用的结果。因为刑法的任何用语都有抽象、模糊的一面。[①] 由此可见,如果认为当刑法条文含义存在疑问时,应当做出有利于被告的解释,实际上无异于取消刑法。

疑问在于,罪刑法定原则被确立之后,是否意味着应当改变上述观念?对此,有学者明确指出:“在刑法确认罪刑法定原则以后,我们的刑法观念需要有所更新:从过去的强调刑法的社会保护机能到向刑法的人权保障机能倾斜。”[②]有的学者对此还作了进一步的阐释,认为罪刑法定主义是刑法人权保障机能优先观念的最集中体现与表述,罪刑法定原则使刑法的权利保障机能优先观念的要求现实化了。事实上,罪刑法定原则的存在本身也蕴含着这样的观念:在犯罪应当受到惩罚的前提下,刑法的权利观念应当更为优先,人权保障更为重要。刑法本身应当具有保障刑事被告人、犯罪嫌疑人的基本人权,防止不该受罚的无辜受罚并抗制国家刑罚权的肆意泛滥的机制。[③] 更有学者主张,在刑法领域,应当将个人自由放在第一位,将社会秩序放在第二位,刑法应最大可能地保障个人自由,同时兼顾维护社会秩序的稳定。现代刑法的首要任务是维护个人自由,如果不把个人自由放在首位,那么刑法的现代文明特点将大打折扣。[④]

在泛泛的意义上,上述看法或许并无问题。但上述学者基本上都认为,刑法中的维持社会秩序和保障人权机能,处于二律背反的关系。如果重视维持社会秩序的机能,保障人权的方面就会弱化;反之,如果重视保障人权,就会忽视对社会秩序的维持。就我国刑法而言,由于罪刑法定原则的立法化已经实现,因此,着重强调的应是人权保障功能,而非维持社会秩序的功能。但是,在笔者看来,这一看法可能值得商榷。

首先,上述观念存在的前提并不正确。事实上,刑法的终极目的就是维持社会秩序,保障权利也是为了维护社会秩序,二者之间是一致的,并

---

① 参见陈忠林:《刑法的解释及其界限》,载赵秉志、张军主编:《中国刑法学年会文集(2003 年度)》(第 1 卷:刑法解释问题研究),中国人民公安大学出版社 2003 年版,第 50 ~ 51 页。

② 陈兴良:《刑法适用总论》(上卷),法律出版社 1999 年版,第 17 页。

③ 参见蔡道通:《罪刑法定原则确立的观念基础》,载《法学》1997 年第 4 期。

④ 参见曲新久:《个人自由与社会秩序的对立统一以及刑法的优先选择》,载《法学研究》2000 年第 2 期。

不互相矛盾。正如日本著名刑法学者大谷实所言:“处于二律背反关系的并不是维持社会秩序和保障人权,而是保护法益和保障人权,其二者之间处于重视保障人权的话,就会招致犯罪的增加,不能对法益进行保护,相反地,重视保护法益的话,就不能指望对人权进行保障的矛盾关系之中。重视保障人权而轻视保护法益,或者相反地轻视保障人权而强化法益保护的话,都会使国民对秩序失去信赖,招致难以维持社会秩序的结果。因此,只有在协调二者,使二者发挥作用的时候,形法才能充分发挥其维持社会秩序的机能。因此,如何协调保护法益和保障人权之间的关系,以维持社会秩序就成了刑法学上最重要的课题。”①

其次,“公正的刑罚是维护社会秩序和保护公众利益的必不可少的工具”。② 事实上,“在人类历史上,还没有一个发达国家可以在没有刑罚的情况下存在下去”。③ 作为调整社会关系的手段之一,刑法首先加以考虑的应当是社会保护和社会防卫,即通过一定的禁止规范确保国家自身的存续及社会基本秩序的维护,否则,刑法就失去了其自身存在的合法性基础。依照上述学者的见解,优先考虑保障人权功能,在刑法意义上,就是要尽量不用或少用刑罚。但是,刑法本身存在的目的就是防止和镇压犯罪,最大限度地保护人民的利益。慎用刑罚固然是一种理想,但并不意味着越是慎用刑罚就越是能够保护人民的利益。为了切实保护广大人民的利益,必要的刑罚还是要使用的。只是在这时候,考虑的不是慎用刑罚,而是充分考虑适用刑罚的利弊之后,实质性地判断是否值得对该行为予以刑罚处罚,而不是尽量不使用刑罚的问题。④

最后,罪刑法定原则的思想基础之一是民主主义。从政治学的角度看,“民主的功能,主要是用人民作为政治正当性的来源,即以人民的同意作为要求人民服从统治者的口实”。⑤ 从刑法的角度看,民主主义思想基

---

① [日]大谷实:《刑法讲义总论》,黎宏译,中国人民大学出版社2008年版,第8页。

② [德]耶赛克、魏根特:《德国刑法教科书(总论)》,徐久生译,中国法制出版社2001年版,第5页。

③ [德]克劳斯·罗克辛:《德国刑法学总论》(第1卷),王世洲译,法律出版社2005年版,第20页。

④ 参见黎宏:《刑法的机能与我国刑法的任务》,载《现代法学》2003年第4期。

⑤ 钱永祥:《权力与权利的辩证》,载王焱编:《宪政主义与现代国家》,北京三联书店2003年版,第53页。

础是刑法规范效力的根本来源。换言之，正是基于这一思想基础，刑法才获得了必须被遵守的品性。刑法以保护法益为目的，由此决定了，“正义不仅要求关注被告，而且要求注意被害人”。[①] 从一定意义上说，刑法只是最低度的道德要求，它要求人们不得实施杀人、放火、盗窃、抢劫、强奸等侵犯他人利益的行为，而并不关注被害人的自我保护状况。也就是说，“刑法保护被害人，不计较他们自身的鲁莽行为。他们有权在世界上逍遥自在地活动，可以像自己在锁着的房门后面享受到的自由那样生活。只要自己高兴，他们就可以在公园里散步，在地铁里坐在任何想坐的地方，穿着暴露而不用担心自己会被误以为正在引诱强奸的发生。这是一个享有权利的自由人的含义，刑法保护这种自由，不指责那些缺乏应有的谨慎，将自己暴露在犯罪攻击危险下的人。应受谴责性被适当地附加在抢劫者、小偷和强奸犯身上，而不管被害人在导致犯罪的相互作用中扮演什么角色”。[②]

值得指出的是，前述我国刑法学者的看法实际上来源于国外刑法理论。在大陆法系国家，学者们一般认为，“刑事法律要遏制的不是犯罪人，而是国家。也就是说，尽管刑法规范的是犯罪及其刑罚，但它针对的对象却是国家”。[③] 因此，以“对社会控制的主体（国家）自身进行控制”为主要目标的近代刑法的首要机能，就是保障人生来具有的权利即人权不受国家权力的侵犯。刑法通过事先规定有关犯罪和刑罚的适当内容，来限制国家刑罚权的发动，发挥防止国家刑罚权的任意发动、保障人权的作用。学者们认为，考虑到权力的自我扩张倾向的事实，必须将刑法的保障机能作为绝对原理看待。[④]

在笔者看来，大陆法系国家刑法理论将人权保障机能置于刑法各种机能之首是与其社会文化背景相关的。总的来说，可以认为是战后个人主义与自由主义思想兴起的结果。国外学者通常从如下两方面来强化刑

---

① ［美］乔治·P. 弗莱彻：《刑法的基本概念》，王世洲等译，中国政法大学出版社 2004 年版，第 50 页。

② ［美］乔治·P. 弗莱彻：《刑法的基本概念》，王世洲等译，中国政法大学出版社 2004 年版，第 91 页。

③ 李海东：《刑法原理入门（犯罪论基础）》，法律出版社 1998 年版，第 4 页。

④ 参见黎宏：《日本刑法精义》，法律出版社 2008 年版，第 7 页。

法的保障机能:其一,保护机能的内在制约,即为了明确刑法的处罚范围和对象,强调刑法保护的只能是法益,而不能是社会伦理规范与社会道德之类模糊的东西。① 这样,法益原则使国家刑事权力的界限明确化,并且能够引导出一种理性的解决办法。其二,注重从实质上考察行为是否值得科处刑罚。由此可见,在大陆法系国家,强调刑法的保障机能也并不是以削弱乃至否定保护机能为前提的。

实际上,无论承认罪刑法定原则与否,刑法打击犯罪、保护法益这一与生俱来的原始机能始终不会发生根本性改变。倘若不是这样,刑法也就不成其为"刑"法了。只不过在罪刑擅断的时代,刑法的处罚对象不确定,处罚范围也极其宽泛。而罪刑法定原则的确立,其最直接和最实在的意义表现在:一方面,刑法的处罚对象和处罚范围必须以法律事先有明文规定为限;另一方面,在此基础之上,必须使刑法处罚更具合理性,即只能将值得科处刑罚的行为纳入刑法调整视野。而这正是刑法的人权保障机能得以实现的基础。② 不言而喻,就我国的法治现状而言,强调刑法人权保障机能的发挥可能更具有必要性和历史紧迫性。但刑法的人权保障机能并不能成为当对刑法存疑时应做出有利于被告解释的理由。当人们对刑法的保障机能强调得过于极端,而对刑法的保护机能淡忘得较为长久之后,就逐渐以为保护机能不是刑法的应有机能。人们热衷于强调罪刑法定,反对国家刑罚权扩张的一面,过于强调刑法保障机能与保护机能之间的对立。但是,有一点无论如何是不能否认的,那就是必要的刑法处罚是提供秩序与安全的渊源,是保障个人自由的基本条件。

既然如此,刑法解释的基本准据就应当是尽可能地实现"规范内的处罚正义"。具体而言,是指在刑法文字可能的含义范围内,努力在人权保障和法益保护之间寻求平衡,实现刑法处罚的正义。所以,如果一项对刑法的解释既符合处罚正义的要求,同时又没有超出刑法用语可能的含义

---

① 英国自由主义思想家密尔指出:"任何人的行为,只有涉及他人的那部分才须对社会负责。在仅涉及本人的那部分,他人的独立性在权利上则是绝对的。"[英]约翰·密尔:《论自由》,程崇华译,商务印书馆 1982 年版,第 10 页。日本著名刑法学者曾根威彦认为,密尔的这一思想为法益侵害说提供了思想基础。参见[日]曾根威彦:《刑法学基础》,黎宏译,法律出版社 2005 年版,第 30 页。

② 由此看来,上述学者的看法有混淆刑法的机能与目的之嫌。

范围及一般国民的预测可能性时，那么该解释就是合理、可取的。例如，根据《刑法》第213条的规定，假冒注册商标罪是指未经注册商标所有人许可，在同一种商品上使用与其注册商标相同的商标，情节严重的行为。但是，何谓“相同”的商标？根据司法解释之规定，是指与被假冒的注册商标完全相同，或者与被假冒的注册商标在视觉上基本无差别、足以对公众产生误导的商标。[①] 不难看出，司法解释实际上将“相同”解释为既包括“完全相同”，也包括“基本相同”。应当认为，这一解释结论是妥当的。首先，现实生活中绝大多数假冒注册商标的行为都是“打擦边球”，即基本上都是在同一种商品上使用与他人已注册商标基本相同的商标，这种行为无疑严重侵犯了商标所有人和消费者的合法权益，值得科处刑罚。其次，从文义上看，将“相同”解释为包括“基本相同”并没有超出“相同”这一用语可能的含义范围。最后，这一解释能够为国民所接受，不会导致预测可能性的丧失。

当然，需要特别强调的是，说“存疑时有利于被告”不能成为刑法解释的方向并不意味着应当朝反方向解释，即不能认为当对刑法存有疑问时，应当朝不利于被告的方向解释。这是因为，当刑法理论说“刑法的目的是保护法益”时，其中的法益包括公民的自由；而法益保护机能中的法益，是指除行为人自由以外的法益。换言之，在讨论刑法的机能时，刑法理论将法益概念分为两个方面：一方面是可能受到个人侵害的法益；另一方面是可能受到国家刑罚权侵害的法益（行为人的自由）。刑法一方面要处罚那些侵害法益的犯罪人，从而保护法益免受个人的侵害（可谓狭义的法益保护）；另一方面也要限制国家刑罚权的恣意发动，司法机关只能根据刑法的规定定罪量刑，从而保障行为人的法益免受来自国家刑罚权的侵害。行为人的自由无可争议地属于法益，保障自由也是保护法益。因此，作为刑法目的的保护法益，包括可能受个人侵害的法益与可能受国家刑罚权侵害的法益——而这正是罪刑法定原则尊重人权主义（自由）思想基础的必然要求。[②] 所以，当解释者面对某一具体案件而对相应的

---

① 参见2004年12月8日公布的《最高人民法院、最高人民检察院关于办理侵犯知识产权刑事案件具体应用法律若干问题的解释》第8条之规定。

② 参见张明楷：《刑法分则的解释原理》，中国人民大学出版社2004年版，第35页。

刑法条文含义存有疑问时，应反复斟酌、权衡是否有给予刑罚处罚的必要。如果对此得出了否定结论，则不能将其认定为犯罪。例如，对于曾经闹得沸沸扬扬的贫困大学生代同学购买火车票并收取劳务费（5 元/张）一案，警方当时坚持认为，其行为构成倒卖车票罪，理由是，只要个人之间在代买车票过程中存在获利，就属于倒卖车票的行为，而且也有相关法律专家赞同这种看法，理由是：行为人以营利为目的，且倒卖车票的数量和金额比较大。笔者反对这一看法。根据《刑法》第 227 条第 2 款的规定，倒卖车票罪以“情节严重”为构成要件，这实际上表明，倒卖车票罪应当是指严重侵害旅客利益的行为。而是否“严重”侵害旅客利益，显然不能仅仅着眼于是否获利。相反，应当侧重考察如下因素：是否因为行为人的倒卖行为使不特定或多数旅客为此支付了明显高于正常价格的票价，以及是否因此导致旅客无法正常出行等。①

另外，需要说明的是，认为刑法的目的在于保护法益，因而刑法解释的目标不可能是有利于被告，但这并不意味着刑法不能就个别情形做出有利于被告之规定。当刑法有此特别规定时，司法机关当然应当遵照执行。例如，根据《刑法》第 241 条第 6 款的规定，收买被拐卖的妇女、儿童，按照被买妇女的意愿，不阻碍其返回原居住地的，对被买儿童没有虐待行为，不阻碍对其进行解救的，可以不追究刑事责任。但是，值得指出的是，对有利于被告的程度不能随意扩大，而应以刑法的明文规定为限。因此，前述所谓“可以不追究刑事责任”，应当仅限于可以不追究行为人收买被拐卖的妇女、儿童罪的刑事责任，如果收买之后有强奸、伤害、拘禁等犯罪行为的，当然应依法追究相关犯罪的刑事责任。

四、结语

有人曾指出，当下的中国存在一种近乎“悖论性”的现象：一方面，各

---

① 根据 1999 年 9 月 6 日《最高人民法院关于审理倒卖车票刑事案件有关问题的解释》第 1 条的规定，“倒卖车票情节严重”，是指高价、变相加价倒卖车票或者倒卖坐席、卧铺签字号及订购车票凭证，票面数额在 5000 元以上，或者非法获利数额在 2000 元以上。不难看出，对于“情节严重”的认定，这一司法解释并不只是单纯强调获利数额的多寡，而是同时要求必须“高价”或者“变相加价”。显然，到火车站售票窗口代同学购买火车票并收取劳务费（5 元/张）并不属于“高价”或者“变相加价”，因而不能认定为倒卖车票罪。

类刑事犯罪猖獗，亟须国家出以重拳“严打”，以维持公共秩序，为国民提供安全感；另一方面，全社会的人权或者说公民权利意识日益高涨，要求限制公共权力（包括警权）、依法行政的呼声强烈。[①] 造成这一奇怪现象的原因当然可以列举出很多，但其中最主要的原因恐怕在于司法机关没有严格司法：一方面，没有严格依照刑法规范裁断刑事案件，很多本该被追究刑事责任者没有被追究，从而使法益没有得到实实在在的保护；另一方面，没有严格遵守刑事诉讼法之规定，从而导致超期羁押、刑讯逼供等侵犯人权事件时常发生。不难看出，二者在本质上其实并不冲突，因此，“悖论”只不过是其表象。

刑法解释方法的体系建构

——以目的论解释之限定为视角

李　凯

【内容摘要】长期以来，在刑法解释过程中，各解释方法均是平行而论且择一采用的，但是以何解释方法之结论为司法之准据让人费解，此问题也难免导致刑事司法的任意。究其原因，刑法学界迄今并未构建起教义学意义上的刑法解释方法体系，该方法论体系之建构无疑会有助于限制刑法解释结论的任意性。以文义解释、体系解释以及目的论解释为主干，并以目的论解释为核心开展前述体系的构建是一种初步的尝试。首先，目的论解释方法是为实现刑法之目的，因此该解释方法应位于各解释方法之首，但是何为刑法的目的还有进一步检讨的必要。其次，对目的论解释实有予以限定之必要，这有赖于文义解释和体系解释的运用。最后，刑法解释方法体系的建构是一项复杂的系统工程，绝非一朝一夕可以达成。

【关键词】刑法解释　方法体系　建构目的论解释　刑法目的限定

---

① 参见刘友德：《执法首要的是定性》，载《南方周末》2003 年 10 月 9 日版。

一、问题的提出

“刑法的实质内容,通过解释而被转化为法适用之实践。”①欲将抽象的刑法条文与纷繁复杂的生活事实予以对接、检视,非解释无以达到目标,然而刑法解释方法众多,大体而言包含文义解释、体系解释、目的解释、历史解释、主观解释、客观解释、扩大解释、缩小解释等,②不一而足。针对同一条文,运用不同的解释方法完全可能得出相异的解释结论,究竟以何结论为司法准据,让人费解。以上问题之出现,源于学界还未真正构建起各解释方法之教义学体系,出现见仁见智的局面也就在所难免。有鉴于此,上述体系的建构,不仅于刑法基础理论研究深具意义,对降低刑事司法实践之任意性也将大有助益。

刑法解释方法众多,法律也并未规定以何解释方法为终据,但依学界之共识,最为核心者莫过于文义解释、体系解释和目的论解释,③其余解释方法基本可视为上述三类方法的延伸或补充,故刑法解释方法之体系构建应以上述三种解释方法为主干。基于解释是人的某种目的之实现的理由,将目的论解释作为核心并在其基础之上予以展开,并最终构建起该体系就方法论而言应该是可行的。

二、刑法目的与刑法目的论解释之关联

刑法之适用离不开解释,而既谈解释,则必有解释之目的及其实现的

---

① [德]汉斯·海因里希·耶赛克、托马斯·魏根特:《德国刑法教科书》,徐久生译,中国法制出版社2001年版,第186页。

② 学界也有将解释立场与解释方法严格区分的做法,并认为主客观之解释乃解释之立场,而非解释方法。但解释并非描述,其不可避免地会糅入解释者的价值评判,既然有价值判断,则必有相应之立场,故立场与方法实际是相互嵌入的,严格区分二者恐未为可行。

③ 日本学者大塚仁认为,目的论解释是文理解释、逻辑解释、扩张解释以及缩小解释的上位概念,即目的论解释实际上涵盖了上述几种解释方法。但是,由于目的论解释的结论完全可以独立于上述各解释方法的结论,因此很难说运用上述解释方法所产生的结论就包摄于目的论解释的结论,故目的论解释方法实际上是与上述解释方法处于并列关系而非包容关系。当然,这并不影响目的论解释作为诸解释方法的核心而存在。参见[日]大塚仁:《刑法概说(总论)》,冯军译,中国人民大学出版社2002年版,第77页。

问题。刑法解释之目的无非是实现刑法自身之目的。因此，也可以说，刑法目的论解释不同于其他作为纯技术层面的解释方法（如文理解释、扩大解释、缩小解释、体系解释等），而是嵌入了深刻的价值判断，它既是解释方法，也是解释立场。换言之，要对目的论解释做出清晰的解读，离开刑法目的是无法达成的。

既然刑法的适用是为了达成其目的，那么，作为一种逻辑性的结论，“解释方法之桂冠当属于目的论之解释方法，因为只有目的论的解释方法直接追求所有解释之本来目的，寻找出目的观点和价值观点，从中最终得出有约束力的重要的法律意思；而从根本上讲，其他的解释方法只不过是人们接近法律意思的特殊途径”。① 换言之，刑法目的论解释在诸多刑法解释方法中应当是居于最高位的，其他解释方法最终都是为目的论解释服务的。这也正如有学者所言：“任何解释都或多或少包含了目的解释；当不同的解释方法得出多种结论或不能得出妥当结论时，最终由目的解释决定取舍。”②

一言以蔽之，解释方法的桂冠属于目的论解释，目的论解释的桂冠则属于刑法之目的。总之，作为解释立场的刑法目的在目的论解释的运用中具有决定性的作用。

三、刑法目的之澄清

那么，何为刑法的目的？按照通说的观点，刑法的目的在于保护法益。自宾丁提出法益概念以来，对该概念就有诸多表述，有的观点认为，法益是“根据宪法的基本原则，由法所保护的、客观上可能受到侵害或者威胁的人的生活利益”。③ 还有观点认为，法益是指“生命财产、社会价值、个人的或者集体的因为对社会有着特别意义而享受法律保护的合法利益”。④ 无论如何解释法益，其核心内容始终没有改变——法律所保护

---

① ［德］汉斯·海因里希·耶赛克、托马斯·魏根特：《德国刑法教科书》，徐久生译，中国法制出版社 2001 版，第 193 页。

② 张明楷：《刑法分则的解释原理》，中国人民大学出版社 2003 年版，第 34 页。

③ 张明楷：《刑法学》（第 3 版），法律出版社 2007 年版，第 18 页。

④ ［德］约翰内斯·韦塞尔斯：《德国刑法总论》，李昌珂译，法律出版社 2008 年版，第 5 页。

的利益。现在,承认刑法的目的在于保护法益的学者认为,法益概念应作广义的理解,既包括可能受个人侵害的法益①也包括可能受国家刑罚权侵害的法益,唯此方能实现刑法打击犯罪和保障人权任务之有机统一。“事实上对个人自由之保障,不能谓为与法益保护无关,故就保护机能之观点而言,保障机能不外为保护机能之一部分而已。盖保障机能所强调之自由权,仍不失为保护机能之法益,只不过保护机能对此未特别强调而已,是以必须另有保障机能之提倡,藉以限制国家权力之行使,而使个人免受国家权力无理之侵害,俾个人之自由真正获得保障。”②基于广义法益概念的刑法目的无疑勾勒出了刑法适用的“理想国”。但是,其一,保障人权中的“人”是行为人还是被害人(一般人),广义的法益概念并未道明。若是前者,则刑法目的在逻辑上就是自相矛盾的,因为刑法一方面将行为人作为打击对象,另一方面又在“保护”行为人实在让人难以理解或者说太过抽象;③若为后者,则承认广义的法益概念没有意义。其二,在犯罪论中讨论的法益问题,不论是属于构成要件或是违法性的范畴,均是从狭义的法益概念展开的,涉及涵盖保障人权议题的广义的法益概念是不可想象的,这多少也高估了法益概念所具有的能力。“尽管作出了种种努力,但是我们迄今为止都未能更清楚一点地澄清法益的概念。所有尝试都因遇到了一个原则上不可能解决的困难——找到一个考虑到了所有的肯定合法的犯罪构成要件的定义,并能言之成理——而失败。相反,只有当涉及个体利益(生命、身体、自由等不受侵害)时,法益这个概念才有具体内容,若扩及到普遍法益(比如公共利益对于正确执行程序,宗教法秩序,证书的可靠性的要求),这一概念只表明了量刑时的基本思想。”④事实上,打击犯罪与保障人权乃天生的矛盾体,在刑法解释中,若想两者兼顾恐成奢望。换言之,要将两者进行调和在理论上看似可行,但在实际操作中,往往不能如人所愿。

---

① 此为狭义的法益。

② 蔡敦铭:《现代刑法思潮与刑事立法》,台湾汉林出版社 1977 年版,第 93 页。

③ 在此意义上,也可以认为,打击犯罪是刑法的基本任务,而保障人权是刑事诉讼法的基本任务。

④ [德]冈特·施特拉腾韦特、洛塔尔·库伦:《刑法总论 I ——犯罪论》,杨萌译,法律出版社 2006 年版,第 30 页。

综上所述，法益概念并不能统摄打击犯罪和保障人权这对矛盾体，无法成为刑法目的，保护法益仅是刑法目的的表征（或实现目的之手段）而已。事实上，无数已有的犯罪事实和将来定会发生的犯罪（此乃不言自明之理）表明，刑法不能保护法益，如果说刑法的目的在于保护法益，那么不如舍弃刑法，因为它从来没有达成保护法益的目的。① 因此，“与人类的能力相较而言，刑法禁止行为或要求行为的规定并不能对事件进行更广泛的积极干预。因为既不能禁止，也不能要求人们为不能预见或不可避免的行为，所以刑法不可能阻止法益遭受损失或损害，而最多只能控制人类有害于社会或者不受欢迎的行为方式”。②

“人类社会的发展经验表明，刑法存在的正当性，在于它对于保障社会团体和睦昌盛的共同生活有着无可争议的必要性”，③同时，“我们必须承认，法律是调整人们在其所属社会组织中的相互关系和行为的大量现存规则中的一部分……人类一直是生活在社会组织当中的……法律的存在是以人类生活在社会组织体中为前提的”。④ 基于此，可以认为，刑法的目的在于维护秩序，该秩序是人类生存、生活和发展所需要之最低度的秩序。所谓“最低度”，其是为了与伦理秩序、道德秩序以及一般法律秩序相区别。该秩序是由无数关系所构建，包括人与人、人与社会、人与国家、人与自然的关系等，犯罪是对社会关系的侵害，进而对人类社会的生存和发展秩序形成威胁和破坏，刑法的设立及适用无非是将受损的秩序进行修复，换句话说，也就是维护该秩序。诚如耶赛克所言：“刑法的任务是保护人类社会的共同生活秩序。没有一个人能够永远与世隔绝地生活，相反，所有的人均基于其生存条件的要求，需要生活在一个彼此交往、合作和相互信任的社会里。在维护人类社会关系的和平秩序和保护秩序

---

① 或许有人会认为，笔者的观点只看到了被犯罪所侵害的法益，没有看到那些未被侵害而被刑法所保护着的法益。但是，现在已被侵害的法益难道不是以前未受侵害而受到刑法保护的法益吗？

② ［德］冈特·施特拉腾韦特、洛塔尔·库伦：《刑法总论Ⅰ——犯罪论》，杨萌译，法律出版社2006年版，第68页。

③ ［德］约翰内斯·韦塞尔斯：《德国刑法总论》，李昌珂译，法律出版社2008年版，第5页。

④ ［美］赞恩：《法律的故事》，于庆生译，中国法制出版社2011年版，第2页。西塞罗曾宣称：“所有与人类行为有关的科学都有一种共同的纽带，它们通过一种血缘关系彼此联结在一起。”

方面，刑法具有重要的意义。”①认为刑法的目的在于维护秩序的观点，一方面承认保护法益（打击犯罪）和保障人权是一对矛盾体，无法（或者说很难）调和；另一方面承认刑法的目的在于维护秩序，则可以最大限度地统摄这对矛盾体，因为打击犯罪和保障人权对于维护人类生存发展的最低度的社会秩序而言都是必不可少的。

澄清刑法的目的具有重大意义，作为目的论解释的基本立场，不同的刑法目的观可能导致不同的解释结论。由于法益概念具有不确定性，例如，传统上我们可以把生命、健康、自由看作法益，现在我们可以把职务的廉洁性和人的羞耻心看作法益，将来我们还可以把生活中更多的要素发展为法益。“显而易见，如果法益概念无限扩张，我们甚至可能得出这样的结论：为了保护身体法益，使一个在危险的河流中漂流的人的生命、身体不会出问题，就需要在刑法上处罚漂流者的探险行为！因为法益概念本身可能是无限定的，哪些利益在生活上重要，哪些不重要，有时很难决断，我们就可以说个人必须关心自己的健康状况，努力增进健康，以确保其在更长时间内对国家和社会作出贡献。此时，个人对国家和社会的‘义务’而不是身体权利本身成为‘法益’，这种‘法益’的所有者就不再是漂流者本人，而是国家或者社会。法益概念就成为没有限制的东西。”②所以，基于保护法益的目的论解释立场在刑法教义学上容易走向结果无价值论，这将导致在刑法解释中侧重国家意志，而“一旦被上升到国家意志的高度，目的就带上了国家的名分，成为正义的化身，目的便具备了无限的干预力”。③ 作为一种逻辑上的结果，目的解释的结论往往不被民众所认可。例如，在某火车票代购案中，A 夫妇为他人代买火车票，并收取每张火车票 10 元的劳务费，“案发时”共计获利上万元，该夫妇的行为被公安机关定性为《刑法》第 227 条规定的倒卖车票罪，④而按照《最高人民法院关于审理倒卖车票刑事案件有关问题的

---

① ［德］汉斯·海因里希·耶赛克、托马斯·魏根特：《德国刑法教科书》，徐久生译，中国法制出版社 2001 年版，第 1 页。

② 周光权：《新行为无价值论的中国展开》，载《中国法学》2012 年第 1 期。

③ 邓子滨：《如何看待国家官员的超法规免责事由》，载《法学》2012 年第 8 期。

④ 该条规定：倒卖车票、船票，情节严重的，处 3 年以下有期徒刑、拘役或者管制，并处或者单处票证价额 1 倍以上 5 倍以下罚金。

解释》第 1 条的规定[①],由于该夫妇获利数额已经超过 2000 元,故司法机关的定性似乎没有问题。但是,此处的获利以"非法"为前提,显然,这里出现了刑民交错的地带。从目的解释论的角度来看,如果认为刑法的目的在于保护法益,那么就很容易将夫妇的行为解释为"变相加价"的非法行为,因为该夫妇的获利在实际上会导致国家利益(其他火车票售卖点的利益)受到损失;而如果认为刑法的目的在于维护最低度的社会秩序,则可以认为该夫妇与买票者基于合意的代购车票行为是在用自己的劳动换取合理的报酬,具有社会相当性,其行为应当与社会通认的"黄牛党"的倒卖车票行为有所区别,因此,对其进行刑事追究并不恰当。总之,基于保护法益的目的论解释容易走向"以刑定罪",即一旦有法益受损,就倾向于追究行为人的刑事责任。但是,"罪刑关系的基本理论告诉我们,站在立法论的立场应当是以刑定罪,而站在司法论的立场应当是以罪定刑",因此,属于司法论的目的论解释也应严格遵循以罪定刑的思维范式,"绝不能本末倒置,逾越权利的界限,否则就容易出现'欲加之罪,何患无辞'的局面"。[②]

综上所述,"在进行目的论解释时,有一点是很重要的,即不能仅仅询问被立法者关心的受到保护的法益,还要顾及在制定刑法规定时就考虑到的社会伦理的行为价值"。[③] 相反,承认刑法的目的在于维护最低度的社会秩序,在刑法教义学上容易走向行为无价值论,该论强调刑法首先是作为行为规范而存在的属性,这导致在刑法解释中会侧重国民意志,从"社会关系"的角度出发考虑问题,定会关照关系各方的感受,寻求"互为主观的共鸣",而并非从一开始就站在某个法律、道德或利益的制高点上审视案件,从而最大限度地弥合刑法解释结论与民众愿景之间的鸿沟,形成"刑法的公众认同"。

---

① 该条规定:高价、变相加价倒卖车票或者倒卖坐席、卧铺签字号及订购车票凭证,票面数额在 5000 元以上,或者非法获利数额在 2000 元以上的,构成《刑法》第 227 条第 2 款规定的"倒卖车票情节严重"。

② 李凯:《醉驾驾车肇事案件定性问题之思考》,载《法商研究》2009 年第 6 期。

③ [德]汉斯·海因里希·耶赛克、托马斯·魏根特:《德国刑法教科书》,徐久生译,中国法制出版社 2001 年版,第 192 页。

四、刑法目的论解释之限定

即便认为刑法的目的在于维护最低度的社会秩序，如不对其予以限定，则“目的”的反噬也是有可能出现的。因此，有必要从刑法教义学的立场出发对该解释论予以限定，构建刑法解释论的体系，从而结束各解释（方法）论一盘散沙的乱象，进而避免任意解释。大体而言，对目的论解释可有三重限定：其一是文义解释对其进行的限定；其二是体系解释对其进行的限定；其三是目的论解释的自我限定。下文分述之：

首先，解释方法中首推的文义解释应对目的论解释形成第一重限定。“由于法条文字乃解释的基本素材，法律条文的正确意思，只能从法条的文字或用语中发掘出来，故所有的解释均自条文的文字与用语开始，从事文义解释。因此，文义解释可以说是刑法解释的开端，而且也是刑法解释的界限。”[①]文义解释说起来简单，即说文解字——从日常用语的意义上来推导法律的意思，但十分重要，如果认可刑法解释结论的合理性是建立于民众的可预期性和可接受性之上的话，文义解释就是刑法解释结论合理性的基石。在文义解释中存在一个疑问，即“是法学上的语意起决定作用，还是一般的语言适用起决定作用”[②]的问题，德国刑法学家耶赛克教授首推前者。但是，刑法规范既是行为规范又是裁判规范，由于“刑法的主要机能并不在于刑事追诉，而在于第一次性地为市民提供行为的方向。只有在犯罪被实施完毕，这个第一次性的机能已经不能发挥作用的情形时，确定规则违反事实，课赋制裁才是公务员的任务”，[③]所以在刑法规范的二重属性中应侧重其行为规范性。显然，作为看重行为规范性的逻辑结果，刑法的解释结论应当具有一般的可理解性（刑法的公众认同），唯此方能使刑法规范发挥其行为规制和指引机能。因此，起决定作用的应该是一般（国民）的语言，而非法学上的术语，事实上，对法学术语的解释

---

① 林山田：《刑法通论》（上册），北京大学出版社2012年版，第87页。

② ［德］汉斯·海因里希·耶赛克、托马斯·魏根特：《德国刑法教科书》，徐久生译，中国法制出版社2001年版，第191页。

③ 转引自［日］高桥则夫：《规范论和刑法解释论》，戴波、李世阳译，中国人民大学出版社2011年版，第6页。

也应以一般(国民)语言为基础。例如,近来在我国争论不休的按摩店提供手淫服务是否可以被解释为卖淫的问题,如果从法学术语的角度,将卖淫的概念概括为以达到性满足为目的的金钱交易行为,那么就会得出肯定的结论。但是,从一般国民的语言出发,则可能得出否定的结论。由于卖淫是与嫖娼相对应的概念,如果说提供和接受手淫服务者还可以勉强被称为卖淫者和嫖娼者,那么,以获得性满足为目的的远程付费网络视频裸聊的行为恐怕就很难被认为是卖淫和嫖娼行为。所以,在实践中,这类行为通常是作为传播淫秽物品牟利罪而非以组织他人卖淫罪的规定进行处置的。此外,“历史是法学各流派的最大公约数,这不仅仅因为法律必然是历史地生成的,更在于抛开历史,我们实际上无法真正理解法律文本的规范意义”。[①] 卖淫和嫖娼的要义在于娼妓与嫖客之间的性交行为,而从娼妓这一概念的历史渊源来看,对其也应作限缩的解释。[②] 基于社会的发展,我国台湾地区刑法学者林山田认为,性交系指非基于正当目的所为的下列性侵入行为:(1)以性器进入他人的性器、肛门或口腔,或使之结合的行为。(2)以性器以外的其他身体部位或器物进入他人的性器、肛门,或使之结合的行为。[③] 应该说,以上对性交概念的解释已经超越了传统意义上性交是男女之间性器官相结合的行为,而是将这一概念扩展至性器官与器物相结合的情形,但该解释并未脱离“性侵入”作为性交的本质核心,仍属扩大解释的范畴。但是,若将手淫服务等色情行为也纳入性交的范畴,恐怕就会使卖淫嫖娼的概念不着边际,有类推解释之嫌了。《刑法》第六章第八节规定的犯罪说到底是妨害风化的犯罪,此类犯罪“没有具体的攻击对象,解释上应该严格。这样,国家刑罚权的发动才能得到合理的约束”。[④]

总之,即便有助于实现刑法的目的,对刑法进行解释的结论也不能违背民众预期,否则该结论无法达成互为主观的共鸣,进而是不合理的。例

---

① 翟志勇:《历史法学的政治成熟》,载《读书》2013 年第 6 期,第 54 页。

② 人类社会最早出现妓女的记载大概可追溯至公元前 3000 年左右的古巴比伦王国,当时的妓女与宗教相联系,作为祭神的手段之一,当地的妇女要在神殿里接受一个陌生男人的银币,并把自己的肉体交给他。换句话说,最早的所谓“娼妓”就是与男人发生性交关系的“圣职妓女”。

③ 林山田:《刑法各罪论》(上册),北京大学出版社 2012 年版,第 148 ~ 149 页。

④ 林东茂:《刑法综览》,中国人民大学出版社 2009 年版,第 410 页。

如,在某人擅自制造一门大炮的案件中,从《刑法》第125条的规定看,如果说制造枪支、弹药和爆炸物都触犯了最低度的社会秩序进而构成犯罪,那么制造大炮的行为就有过之而无不及,从目的论解释的立场出发将此行为类推解释为犯罪则有助于实现刑法的目的。但我们不能将该行为解释为犯罪,因为“刑法解释的目的是为了将法律意思明了化,使之在面对出现的相应情况时能够适应今天已经变化了的要求和观点。类推的目的相反则是通过扩展和进一步发展法律条文而充填法律的空白”。[①]《刑法》第125条清楚明了地规定禁止行为人制造枪支、弹药和爆炸物的行为,以上三类物品(行为对象)从一般的语义上看并未涵盖大炮。因此,即便行为人明知《刑法》第125条的规定,也不能从中接受到刑法禁止制造大炮的呼吁,尽管从维护秩序的角度看,一门大炮的危险性显然是高于一把枪支的。所以,即便有利于实现刑法规制制造危险物品行为的目的,也不能违背国民的预期将制造大炮的行为类推适用《刑法》第125条的规定,而应从一般的语言阐释出发将该行为解释为不构成犯罪,这同时也是罪刑法定主义的要求。

值得注意的是,现在有将类推解释区分为对被告人有利的类推解释和对被告人不利的类推解释,并对前者予以认可的观点。“必须注意的是,关于刑罚法规,也并非否定一切的自由解释。特别是,对在有利于行为人的方向进行的解释,不受罪刑法定主义的限制,实际上可以从超法规的观点广泛地承认违法性阻却事由和责任阻却事由。应该在这个意义上理解不允许进行对犯人不利的类推,但是,不禁止有利的类推。”[②]应该说,以上观点是存在疑问的。因为,一方面,阻却违法事由和阻却责任事由是立足于违法性和责任层面,并分别以整体法秩序和“法律不能强人所难”的标准,对行为人的行为做出入罪的判断。而践行罪刑法定主义则要求立足于具体的法律条文之规定,也即在构成要件该当性的层面考察行为与构成要件的符合性。因此,以超法规阻却事由的合理性论证法定条文的解释也可以超法规,在逻辑上是不成立的。另一方面,“刑法制定,所

① [德]约翰内斯·韦塞尔斯:《德国刑法总论》,李昌珂译,法律出版社2008年版,第24页。

② [日]大塚仁:《刑法概说(总论)》(第3版),冯军译,中国人民大学出版社2002年版,第78页。

以昭信守，国家与人民共之，以无为无有，以轻为重，固属不可，以有为无，以重为轻，亦非所许，失入之与失出，其失相同，安在有利于被告时，即谓可以类推解释乎”。① 所以，基于法律适用的平等性②要求，不论是有利于被告人还是不利于被告人的类推皆应禁止。

其次，体系解释应当构成对目的论解释的第二重限定。一般认为，刑法的体系解释包括两个方面：其一是将刑法作为独立的部门法，对其进行的解释要实现刑法内部体系之协调，此谓内部的体系解释；其二是将刑法置于一国之法律体系下，在对其进行解释时，要实现刑法与其他法律之协调，此为外部的体系解释。就前者来看，“作为实用性很强的科学，为了适应刑事司法的需要，并从司法实践中汲取更多的营养，刑法学必须自成体系，因为，只有将体系中的知识系统化，才能保证有一个站得住脚的统一的学说，否则，法律的运用只能停留在半瓶醋的水平上。它总是由偶然因素和专断所左右”。③ 换言之，基于刑法教义学的基本要求，刑法条文和刑法理论中的逻辑关联不能被任意突破，否则将会导致刑事司法的任意以及刑法的自我否定。例如，在危险驾驶罪可否以《刑法》第 13 条的“但书”规定进行出罪的问题上，从目的论解释的立场可以认为，但书的规定是为了实现刑法仅规制侵害最低度秩序的行为的目的，而社会危害性较小的行为，刑法不宜干涉。因此，为了实现该目的，原则上刑法分则的任何条文都可以总则第 13 条但书之规定出罪。但是，如果依学理将犯罪区分为实害犯与危险犯，并将危险犯划分为抽象危险犯和具体危险犯的话，《刑法》第 13 条但书规定的适用就应当是有限定的。由于刑法对于抽象危险犯的规定是建立在对于生活利益还未遭到现实侵害或危险状态还未出现之前予以前置性保护的基础之上的，所以对该类犯罪的构成要件行为在刑法中通常描述得十分具体和明确，一旦行为人的行为符合了构成要件的描述，在没有阻却违法和阻却责任事由的条件下，该行为即应构成犯罪。若以《刑法》第 13 条但书之规定予以出罪，则一方面因为情节是否显著轻微具有较大的弹性，容易导致司法任意和权力寻租；另一方面则

---

① 韩忠谟：《刑法原理》，北京大学出版社 2009 年版，第 63 页。

② 此处的平等并非是法律对人的平等适用，而是强调法律适用的自身协调性。

③ [德]李斯特：《刑法教科书》，施密特修订，徐久生译，法律出版社 2006 年版，第 4 页。

致使抽象危险犯的规定可能成为摆设。因此,抽象危险犯不得以《刑法》第13条进行出罪应成为刑事司法的铁则。一言以蔽之,在考虑实现刑法某一条文的目的之时,还要兼顾其他条文目的之实现,此为体系解释对目的论解释之限定。

就后者来看,虽然刑法是二次法,不可否认其与一次法(其他部门法)之间的协调适用的重要性。但是,也不能忽视刑法的独立价值。“刑法上的解释,有时候是建立在其他法律领域之规范体系和标准性的语言使用之上……不过事情也绝非总一定是这样,而是一个总是要根据情况的不同来确定之事。原则上,刑法中的概念天然就是自立性的,在做刑法解释时因此唯一应当依照刑法担负的保护功能,而不是寻求相关的构成要件特征在刑法之外有何意义。”①例如,《刑法》第263条规定对“持枪抢劫”的加重处罚,对此处“枪”的含义应做何解释成为问题。若要实现外部体系之协调,对枪的解释应建立于《枪支管理法》对枪的定义上,依据该法第46条的规定:“本法所称枪支,是指以火药或者压缩气体等为动力,利用管状器具发射金属弹丸或者其他物质,足以致人伤亡或者丧失知觉的各种枪支。”但是,刑法对持枪抢劫加重处罚恐怕并非建立于该行为具有更大的人身危险性之上,否则,就很难说明刑法为何不对持刀抢劫加重处罚。因为一般情况下,持刀抢劫是近距离的犯罪,就人身危险性来看,持刀与持枪没有本质上的差异。因此,对持枪抢劫加重处罚的根本理由应在于,在一个禁枪的国度,持枪抢劫无疑会引起民众的恐慌,严重动摇民众对法秩序(枪支管理秩序)的信赖。依此而论,在刑法适用过程中,对枪的解释就不能建立于《枪支管理法》的规定之上,而应扩大到“让一般人无法分辨真假,并足以使人产生恐慌的枪支”。换言之,在可以以假乱真的场合,假枪也是《刑法》第263条中描述的枪支。总之,在实现刑法外部体系的协调过程中,刑法的独立性价值可能会居于更高的地位,在这一意义上讲,体系解释与目的论解释在不同的场合会出现交互限定的情形。

综上所述,若要论及体系解释对目的论解释之限定,可能主要在于刑法内部体系之协调,外部体系之协调问题反而应当被放在相对次要的位

① [德]约翰内斯·韦塞尔斯:《德国刑法总论》,李昌珂译,法律出版社2008年版,第26页。

置,在某些情况下,目的论解释可能会对外部体系之解释形成反制。需要强调的是,由于宪法乃一国之根本大法,其法律位阶最高,故“刑法条文若有多种意义同时存在时,则应选择与宪法的规定与精神相符的意义,以及合宪保障人民的基本权利与自由意旨,作为法条的标准意义”,①不论何种解释方法(当然包括目的论解释)所得出之结论,违宪即为无效。譬如,由于《宪法》第 27 条第 2 款规定:一切国家机关和工作人员必须依靠人民的支持,经常保持同人民的密切联系,倾听人民的意见和建议,接受人民的监督,努力为人民服务。因此,在对《刑法》第 277 条妨害公务罪中的“威胁方法”进行解释时,就应排除行为人为了阻碍国家机关工作人员依法执行职务,对其进行言辞激烈的批评,以及以向上级国家机关和有关人员提出控告为要挟的行为方式。

最后,目的论解释的第三重限定是其自我限定,此限定实则是司法者之宽容精神对目的论解释的限定。严格而论,此限定之运用实际已超越了规范文本的注释层面,而是在刑事司法过程中将案件事实与构成要件进行符合性检视时的解释理念。

“宽容被理解为一种态度或一种心境,它描述了某些潜在的价值”,②从教义学的角度可以将其表述为刑法的谦抑原则,在进行目的论解释时有必要践行宽容精神,即司法者首先应审视其进行刑法解释时是否出于公义和良心;其次司法者要清楚地知道自己“不是为执法而执法,而是为适应和推动生活将法律从外在的形式到蕴含的精神都还之于生活”。③例如,在对《刑法》第 303 条第 1 款规定之赌博罪进行解释的时候,就会涉及如何划定赌博与娱乐的界限问题。虽然“在疑罪情况下,在对法律规范的解释方面,法院不是选择对被告人最为有利的解释,而是选择正确的解释”,④但是,何谓“正确的解释”却耐人寻味,在践行宽容精神之时,“正确的解释”往往又是建立于对被告人有利的基础之上的。事实上,作为核心构成要件的“赌博”的概念是十分模糊的,所以在对赌博罪进行适用的过

① 林山田:《刑法通论》(上册),北京大学出版社 2012 年版,第 87 页。

② [美]迈克尔·沃尔泽:《论宽容》,袁建华译,上海人民出版社 2000 年版,第 10 页。

③ 冯亚东:《理性主义与刑法模式》,中国政法大学出版社 1998 年版,第 53 页。

④ [德]汉斯·海因里希·耶赛克、托马斯·魏根特:《德国刑法教科书》,徐久生译,中国法制出版社 2001 年版,第 190 页。

程中就不可避免地会出现执法困境。“与罪刑法定原则相联系，在刑法的执法操作中颇感困难的一个问题便是概念及事物性质的模糊性问题——即将法律的规定与实际生活中的行为相对照分析时，总会有一部分行为的性质无法获得清楚明确的结论，于是便产生所谓的‘模糊性’问题。”①在刑法（适用）解释过程中，对诸如“赌博”一类的模糊概念的解释会产生新的模糊问题，因此，不必苛求对“赌博”的精确定义，而是遵循刑法的谦抑原则作对行为人有利的解释即可.从这一意义上讲，赌博与娱乐的界限在于解释者的宽容之心。

五、结语

刑法需要解释，解释之目标无非在于达致刑法之目的，但不能为达目的而不择手段，否则，目的论解释的结局未必会达成其初衷。刑法解释结论的多样性是十分正常的结局，但是，多样性并不等同于任意性，前者始终围绕着某一核心价值观念而展开，后者则不着边际。“即使在某一特定的历史时期，关于社会秩序的存在取决于哪些规范以及对这些规范的认可，也没有可靠的论断。只能说，其中起着重要作用的，还是当时的本身也在不断变化的主流价值观。”②故此，在刑事司法过程中，法官应基于社会主流价值观来鉴别行为的性质，这与刑法的目的在于维护最低度的社会秩序实际上是一脉相承的。同时，作为现代民主法治社会的逻辑结果，法律文本的真意和社会主流价值观念的高度融合也并不让人觉得意外。因此，对刑法进行合理解释是实现刑法公众认同的基石，要达至“合理”而非“任意”，则需构建教义学意义上的刑法解释体系，这一方法论体系的构建是一项复杂的系统工程，绝非一朝一夕可以达成。

---

① 冯亚东：《理性主义与刑法模式》，中国政法大学出版社 1998 年版，第 190 页。

② ［德］冈特・施特拉腾韦特、洛塔尔・库伦：《刑法总论 I ——犯罪论》，杨萌译，法律出版社 2006 年版，第 34 页。

“刑法解释的保守性”论评析

蔡　鹤

“刑法解释的保守性”论主张，刑法解释的保守性体现为刑法解释的法治理性维度的保守性、刑法解释对象维度的保守性和刑法解释方法维度的保守性。刑法解释的法治理性维度的保守性，是指刑法解释目标与解释结论的保守性，即应当倾向于保障人权机能的价值目标权衡的解释结论。刑法解释对象维度的保守性，是指刑法解释对象及其存在状态的保守性，即解释文本与事实的保守性：文本限于刑法；事实限于确实充分之事实。刑法解释方法维度的保守性，是指解释方法及其限度的保守性，即应当仅限于刑法文本立法本义并允许倾向于保障人权之限度。“刑法解释的保守性”的正当性基础源于法治理性的保守性，而法治风险在刑法领域的集中体现就是人权保障风险。作为刑事法治理性的罪刑法定理性，其所具有的十分重要的刑事法解释意义，就是它宣示了刑法解释的保守立场（保守性）；或者说，刑事法治理性可以成为刑法解释的保守立场的法理基础。①

应该说，“刑法解释的保守性”论所追求的价值目标值得遵从。然而“刑法的保守性解释”论所采纳的具体路径上存在内在的矛盾，其追求的价值目标（刑事法治）和所采用的方法手段（解释的方法维度）存在难以排解的冲突。“刑法的保守性解释”作为该论主张者的解释论总纲，已取代了学界一般认为的目的解释的终极解释方法之地位。对“人权保护功能”和“人权保障功能”的平衡，仅以“刑法解释的保守性”就能达致吗？这不无疑问。

---

① “刑法解释的保守性”论的上述内容，是该观点的提出者魏东教授在“刑法解释的保守性”学术研讨会上阐述的，该研讨会于 2013 年 7 月 17 日于四川蜀鼎律师事务所召开。后文关于“刑法解释的保守性”的理论要点均来自于魏东教授的阐释。

一、"刑法解释的保守性"正当性基础之补证

魏东教授从法治理性的角度强调"刑法解释的保守性",即刑法解释的特殊性在于其不同于民法等其他部门法解释的特别规定性。为什么民法解释不需要保守性而刑法需要?法治理性只是一个显在的理由,其根本性缘由还在于公民个人与国家之关系。刑法与民法之不同,两者根本性区别在于国家在调解纠纷所处的地位之不同。在民事争议中,国家作为仲裁者,处于第三者中立的位置,并不是案件的当事人,案件结果的得失仅发生于争议的平等主体之间,因此,国家对法律做灵活解释,不丧失其公正性立场。民事争议必须有终局结论,这是国家承担的裁判义务;在国家不可能将法律规定得详尽无遗的情况下,国家并没有权力要求当事人某一方在法律上做出让步(除非自愿),国家只要秉持公正立场,就应该有临机处断之权责,临事定制也并不违反公正原则。刑事案件则迥然不同,国家和被告人都是当事人,都是利害关系承担者,国家临事定制就违背了公正原则。只有刚性的法律才能让被告人乃至社会心服口服,这时刚性的法律就成了仲裁者,本身就代表了公正性。刑法是国家与其公民订立之契约,国家自己不得违反,也不得在发生争议的时候利用自己的优势地位。但是契约也不是全然僵硬的,总有些模糊地带,这不是国家故意而为,而是事物的自然性质所造就,因此,解释法律就是正当且必需的。但是刑法解释与民法解释不一样,民法解释由于争议主体地位一致,因此不存在由哪方让步的问题;但刑法解释由国家做出一定让步具有必要性,国家既是法律裁判者又是争议一方当事人,应抑止利用自己优势地位的冲动,这就要求刑法解释的保守性。

事实上,不仅刑法具有解释的保守性,行政法上由于国家与行政相对人之间的角色冲突,在争端中难以维持中立地位,因而也存在解释的保守性。例如在税法中,随着纳税人权利的勃兴和私有财产保护的盛行,税法的解释原则已由国家主义盛行的"有利于国库"原则转变为"有利于纳税人"原则。其原因在于,"行政机关既是税法的解释者,又是税收法律关系的一方当事人,存在很大的角色冲突,格式合同提供方的法律地位与税

收法律关系中征税机关的法律地位,某种程度上是很相似的”。[①] 只是由于行政法处置的事项对公民而言没有刑法重大,因而一般没有将其提高到人权保障的高度;考虑到行政效能因素,行政法在精细程度上也没有像刑法那样锱铢必较。

二、形式解释的可行性质疑

“刑法解释的保守性”论认为,在刑法解释的解释方法与解释限度上必须坚持保守性,刑法解释应当承认刑法规范原文本身文字含义的相对确定性,以解释刑法文本立法本义并倾向于保障被告人人权为限;除有利于被告人以外,刑法解释应当反对超规范解释、过度的目的解释、过度的客观解释、过度的实质解释、过度的扩张解释,坚决禁止类推解释。因此,在解释方法上坚持以形式解释、主观解释、文义解释为基础,以有利于被告人的实质解释、客观解释、目的解释为补充的原则立场。这种原则立场的具体内容包括:其一,坚守刚性化、形式化的入罪底线(法治底线)的原则立场。其二,准许有利于被告人出罪的实质解释、客观解释、目的解释。其三,不利于被告人的实质解释、客观解释、目的解释只能是“例外”的、必须特别严格限定的情形。然而,作为“刑法解释的保守性”解释基础的形式解释是有意义的吗?有其存在的价值的吗?

在学界形成了所谓形式解释和实质解释之争,但究竟什么是形式解释,什么是实质解释并不明确。刘艳红教授在《实质刑法观》一书里主张实质解释论,但并没有对实质的形法解释论下一定义,但在其论述中大致勾画了这一概念的轮廓。“对刑法规范的解释、运用,是从形式的角度还是从实质的角度进行?这是刑法的立场问题,也是刑法方法论的路径问题。”“前述法律实质理性对形式理性的介入,形式法治国到实质法治国的嬗变,兼具形式与实质内容的现代罪刑法定原则的兴起与古典罪刑法定原则的终结,形式的犯罪概念的解除,犯罪构成要件机能由形式的人权保障到实质的人权保障的变化,以及大陆法系中构成要件的无价值性到价值判断因素的确立,这一切,决定了犯罪论体系不单是纯粹形式的行为

① 徐孟洲主编:《税法》,北京大学出版社2008年版,第43页。

框架,而应该同时含有实质上的价值判断;对犯罪构成要件的解释不能仅从形式上进行,还要从刑罚法规的适当性的实质层面进行。简言之,应该建立以形式的、定型的犯罪论体系为前提,以实质的可罚性为内容的实质的犯罪论体系。相应地,对刑法规范应该从行为是否达到了值得处罚的程度进行实质的解释。”①如果仅以上述论述来看待实质刑法观,单从保障人权有利于被告人的角度,可以说其并不次于形式形法观。因为其是以“形式的、定型的犯罪论体系为前提”,它不仅仅是满足了形式解释论所要求的形式解释问题,而且以实质解释论将形式上违反刑法的行为出罪。问题是,有没有形式的、定型的犯罪论体系?贝林格建立阶层体系就力求以科学实证主义为指导,排除人的价值判断,建立一个纯粹客观的、事实的构成要件该当性判断对象,整个阶层体系呈现从客观到主观、从定型到非定型这样一个判断格局。但是阶层体系的发展方向与贝林的初衷恰恰相反,各阶层都充斥着价值判断(实质判断),到客观归责理论的时候,对行为的客观方面的判断也完全实质化了——一开始就以“法律所不允许的危险”进行行为的判断,“法律所不允许的危险”是实质判断还是形式判断?

刘艳红教授之所以称其观点为实质解释论,是因为行为是否入罪,要以值得处罚性为判断标准。“法官的活动就是将某种业已发生的现实行为涵摄于法定的构成要件事实,如果涵摄成功的话,就可以直接适用刑罚。而在法官的对接活动中,他时时所依照的是什么样的行为是有处罚必要性的。因为通过现实的‘事实构成与法律后果之间的连接,每个法律规范都将表明:在事实构成所描述的事实行为中什么才应该是适当的、正义的’②。立法者显然认为,只有处罚值得处罚的行为才是适当的、正义的,这种正义就是具有实质合理性的正义,它正是对作为刑法规范的形式正义的实现。因此,在评价某一现实发生的行为是否符合刑法中规定的构成要件时,不能仅仅从纯事实性的描述中寻求答案,而且要从是否有助于实现刑法的实体正义,是否有助于实现刑法的人权保障机能与法益保

---

① 刘艳红:《实质刑法观》,中国人民大学出版社 2009 年版,第 235 页。

② [德]伯恩·魏德士:《法理学》,丁小春、吴越译,法律出版社 2005 年版,第 64 页。

护目的中寻求标准。”[①]因此，实质解释论主张在认定生活中的行为是否为刑法规定的行为时，必须以“值得处罚的行为”为依据。

形式解释作为实质解释的对立面，其含义如何界定？二者之区别可从以下三种情形剖析：第一种情形是从字面看属于刑法规定的行为，但由“值得处罚的行为”为标准应将其出罪，形式解释论对此会赞同实质解释论的出罪结论。第二种情形是从字面上看不属于刑法规定的行为，但是由“值得处罚的行为”为标准应将其入罪，实质解释论和形式解释论一样也会依据罪刑法定原则对其予以出罪。那么区别只在于第三种情形，一个行为从字面上不能判断其是否属于刑法所规定的行为，因为它处于描述刑法之行为的语词含义的边缘地带，比如说卖淫，如果发生生殖器结合的行为无疑地属于其规制范围的话，那么，帮助同性手淫是否是卖淫则不无疑问，这种行为从处罚必要性看应予入罪。从刘艳红教授对实质解释论的描述来看，对此种情形按实质解释论应入罪；那么形式解释论的主张相应地只能是对于是否属于罪刑条款规定的行为不明确者不能入罪而不论其是否具有处罚必要性。

邓子滨研究员在《中国实质刑法观批判》一书中也没有对形式解释论下定义，但这一定义从他对实质刑法观的特征的总结中可知端倪。邓子滨研究员认为实质刑法观“承认类推禁止，但不反对扩大解释，并且提倡目的论的解释”。[②] 邓子滨研究员对此的态度是：“扩大解释更多的或者说主要的是从实质而不是形式的角度进行的。也因此，认为扩大解释不当地扩大了刑法处罚范围的指责似乎就很自然地过渡到对实质的犯罪论是否会不利于被告人、是否扩大刑法处罚范围问题的担心。”[③]实质刑法观“坚持以犯罪本质为指导来解释刑法规定的构成要件”，而“实质论者所说的犯罪的本质，就是社会危害性，或称法益侵害性，其功用是只将值得科处刑罚的行为解释为犯罪行为”。[④] 邓子滨研究员认为，“形式论者对此的质疑在于，在‘以社会危害性或称法益侵害性为指导’的时候，实质论者何以能够运用得恰到好处？或者说，何以确保用以称量、区分当

① 刘艳红：《实质刑法观》，中国人民大学出版社 2009 年版，第 236 页。
② 邓子滨：《中国实质刑法观批判》，法律出版社 2009 年版，第 19 页。
③ 邓子滨：《中国实质刑法观批判》，法律出版社 2009 年版，第 22 页。
④ 邓子滨：《中国实质刑法观批判》，法律出版社 2009 年版，第 26 页。

罚与不当罚的实质解释不作出错误识别？从张明楷先生的下述观点看来，实质解释之于罪，并非只‘出’不‘入’”。[①]

很显然，邓子滨研究员反对扩大解释，那么自然地也反对缩小解释，这两者的区分只是观察角度不同，那么剩下的就只是文义解释或字面解释了。如果只由文义解释就能昭示刑法条文之本旨，那么刑法解释就成了多此一举，因为只有在有疑问的地方才需要解释。因此，邓子滨研究员直截了当地反对“法律是需要解释”的说法，[②]完全回到刑事古典学派贝卡里亚的认识上去了。

由此可见，所谓形式解释论，实际上是取消刑法的解释。在文义解释不能搞清字面含义辐射的范围时，即行为是否符合刑法所规定的行为在字面上难以定夺的时候，形式解释论怎么应对？很显然，实质解释论对此是以社会危害性或法益侵害性为指针进行目的解释——其他解释都以目的解释为根底，而形式解释论者是反对实质解释论的该立场的，那么唯一结论就是，形式解释论对任何行为是否符合刑法规定的字面含义不清楚的时候无条件地予以出罪。因此，可以得出结论，所谓的形式解释论根本不是一种解释论，而是压根没有解释（对明确的东西之理解冠以解释之名白白浪费了解释这一名称），对行为是否属于刑法规定之行为从语词上不明确的通通出罪！

形式解释是否可行？这就要追问为什么现代刑法要建立犯罪构成体系？为什么要研究刑法解释学？如果仅是形式解释就能解决刑法之诸多问题——这些问题大多由对刑法应如何解释而生，那么犯罪构成体系和刑法解释学就完全是不必要的。也就是说，犯罪构成体系及刑法解释学是用以规制法官的思维，特别是用以引导法官实质解释的路径的。考察我国刑法对教唆犯“教唆他人犯罪的，应当按照他在共同犯罪中所起的作用处罚”的规定，如果我们完全按字面意思理解，教唆他人自杀，由于他人自杀本来不是犯罪行为，则教唆行为人完全不构成犯罪。然而在我国对教唆他人自杀能否成罪存在极大争议，更有甚者，针对儿童的教唆形式和实质两种主张其结论却存在完全与该刑法规定字面意义相反的一致

---

① 邓子滨：《中国实质刑法观批判》，法律出版社2009年版，第28页。

② 邓子滨：《中国实质刑法观批判》，法律出版社2009年版，第14页。

性——按字面意思理解,教唆儿童自杀也不构成犯罪——不论实质论者还是形式论者都会认为该行为构成故意杀人罪。在此,必须根据立法精神从刑法整体理解刑法的意旨:通过儿童行为不构成犯罪可推定儿童没有刑法能力,这就否定了儿童自我选择能力和刑法上的自由意志,因此,教唆儿童自杀就不是故意杀人罪的教唆犯,而是故意杀人罪的间接正犯,该论证结论必然是基于实质的考虑而不可能从形式上得到。

如果将“刑法解释的保守性”界定为形式解释(入罪上),那就不如直接冠以形式解释之名,没有必要以保守性来说明,因为形式解释论者也不会反对通过实质解释出罪。由于刑法所需要的解释只能是实质解释,而实质解释确实有违反罪刑法定之风险,那么如何在实体上或程序上对其进行规制和说明其界限所在,这就成为刑法解释学的研究任务。

刑法解释对象理性维度要求文本限于刑法,该说法正确与否与形式解释是否可能也密切相关。如果说刑法解释是对刑法的解释,则其正确性毫无疑问,但是仅对对象理性维度作这样理解,就毫无意义。所谓“限于刑法”,应理解为只依据刑法来进行解释而不能论及其他。但这种认识无法解决刑法解释所面临的主要悖论:“一方面,就进行解释的本体论而言,既然是对‘不太清楚、意义有限’的法律文本的解释,那‘文本’本身就成为被解释的客观对象;解释者的任务当然只能是对文本本来的立法意旨进行发掘,而绝不允许带入解释者个人的意旨,否则就不是对文本进行解释而是对文本作出修改、添加甚至创造。而另一方面,就进行解释的方法论而言,既然需要对法律文本进行解释(文本本身的意义含混不清),就自然产生在解释时所参照的标准或依据问题;而作为被解释的对象即含义不清的文本规范本身,便当然不可能又反过来成为进行理解或解释所依循的标准——规范是不应该也不可能自体作为解释自体的依据的,必须引入规范之外的因素才可能对规范进行‘解释’。事实上对任一刑法条文含义的‘进一步’理解,都是超越规范本身而在条文之外建立一个观念上的参照系进行的。”①既然解释的依据和观念在条文之外,那么刑法解释研究的任务也在于如何使这种依据和观念具有合理性,如何维持法益保护功能和人权保障功能的平衡,如何化解罪刑法定原则所面临的

① 冯亚东:《罪与刑的探索之道》,中国检察出版社2005年版,第313~314页。

被消减的风险。

"刑法解释的保守性"论以文义解释为基础的说法也存在问题。实际上如果文义解释是明确唯一的话,也不需要解释(个别情况下对明显的词不达意和表述错误可进行补正解释)。因此所谓文义解释仅仅是在条文含义不明确的情况下确立刑法解释活动的大致边际,司法者必须根据其他解释方法明确规范意旨及其内容。因此,文义解释是刑法解释的逻辑起点,但不能说明这种解释是决定性的。

三、"主观解释"对"刑法解释的保守性"主旨之背离

"刑法解释的保守性"论的立意基础在于强调人权保障,尤其是犯罪人的人权保障,强调在解释刑法时对入罪要慎重。那么坚持以主观解释为基础,以有利于被告人的客观解释为补充的原则立场则值得商榷。所谓有利于被告人,就是要从被告人角度设身处地着想,该宽宥的要宽宥,法律不能强人之所难。主观解释要求解释遵从立法者真实的意思和原意,要追寻立法者的动机——这恰恰是被告人力所不能及的!行为人的义务在于当自己的行为有侵犯法益之虞时能查阅刑法之规定从而按刑法之要求行事;国家对行为人承担的相应义务就是,刑法的要求是明确的(虽然不可能绝对,但至少不能将明显不符合刑法规定的行为入罪),能够给行为人以清晰的行为指引。被告人只能把握刑法的客观意思并以此规制其行为,即以他所处的时代、人文环境等因素所能理解的刑法意思来规制自己的行为。因此,法官解释刑法时也只能采用客观解释才能和刑法对行为人的应然要求相一致。刑法的人权保障在刑法中最重要的条文体现就是规定了罪刑法定原则,主观解释论认为客观解释存在一个最大的问题即有违罪刑法定——认为客观解释在法律条文的客观含义上解释什么行为是犯罪、对犯罪如何追究刑事责任,而无视立法者的本来意图,因而有违反罪刑法定主义之嫌。但是,"罪刑法定原则,是指罪刑由'刑法'确定,但不是由'立法者的意图'确定,'刑法'与'立法者的意图'并非一体,具有法律效力的是用文字表达出来的、具有外部形式的刑法,而不是存在于立法者大脑中的内心意思。'刑法'由文字构成,通过'文字'规定什么行为是犯罪、对犯罪如何追究刑事责任,故罪刑法定原则本身就

要求对刑法进行客观解释。在我国,刑法是人民群众意志的反映,因此,刑法解释必然受人民群众意志的拘束,但是,这并不意味着受制定刑法时人民群众意志的拘束,而是受解释时的人民群众意志的约束。虽然刑法在制定时是人民群众意志的体现,但解释者的根本标准,是解释时的人民群众意志”。①

由此,以主观解释为基础背离了“刑法解释的保守性”之主旨,相应地“以客观解释为基础,以有利于被告人的主观解释为补充的原则立场”才能更正确地反映“刑法解释的保守性”之立场,这两种立场实质都是采用有利于被告人的解释原则,结果大致一致。类似于我国刑法为坚持罪刑法定而在溯及力上坚持“从旧兼从轻原则”,事实上“从旧兼从轻原则”与“从新兼从轻原则”在被告人的定罪量刑之后果上并无不同,但采用“从旧兼从轻原则”更能反映出罪刑法定的精神。

以主观解释为基础也说明不了实践中明明根据刑法的条文意思已经可以对被告人定罪,且以被告人行为的社会危害性确实应予入罪,以主观解释为基础就不对行为人定罪了?大量入罪的司法解释如此就没有了法理根基,因为根据司法解释入罪的大量情形是传统上没有定罪的情形或者是新出现的行为方式,自然没有包含在立法意思里面或者立法意思对此不明确。如此,刑法就必须时时修改,而日本刑法能使用上百年的事实就特别地不可思议了!

此外,既然“刑法解释的保守性”以有利于被告人为解释立场,为什么不可以脱离主观解释和客观解释之巢窠,以自己独有的方式解释刑法?因为根据具体案件不同,客观解释可能抑止刑法的恣意,而主观解释也可能加大行为人入罪的可能性。而从字面含义上说,“刑法解释的保守性”与“形式解释”、“主观解释”并不同一,为什么要将其捆绑在一起?

四、刑法双重机能平衡的程序救济机制

刑法的法益保护机能和人权保障机能的矛盾可以说是一对永恒的矛盾,在某些情形下从实体上解决将处于无解之困境,对此必须借助于程序

① 张明楷:《刑法学(教学参考书)》,法律出版社1999年版,第48~49页。

手段来解决,如英美国家的陪审团审判制度。陪审团制度一则借助大众的良知和理性,使案件能有一个合理的结果;二则即使结果不理想,被告人也好国家也好只能自认倒霉,没有怪罪任何人之理由——绝对的实体公正只在上帝那里。

在我国存在权威的“两高”司法解释制度为学界许多学者所诟病,认为其侵蚀了立法权,因为许多解释具有立法性质,故而认为应以立法解释代之。实际上,立法解释代替司法解释造成的结果是立法权和司法权合二为一——人们信任立法为良善之法的原因在于这些法本身应适用于立法者,如果立法者有解释法律的便利,如何让法律制约立法者本身?如果立法者可以随时变更自己的主张,这不是以合法的形式违反罪刑法定原则吗?司法解释制度虽有自己的不足,但是却是当下中国必不可少的。从中国人的文化传统看,媚上、媚权这种落后基因始终残留,只有“两高”才具有最大的权威性和说服力;并且由于“两高”离实际案件远,不至于让当事人产生解释是专门针对自己而设的不公平感。国家法治水平落后,司法独立性较差,法官及法院公信力较差,刚性司法就成为唯一可行的选择;如果要变通,这个任务只能留给“两高”。试想,如果没有“两高”的司法解释,我国的司法将是一个什么样的乱象!恐怕“轮流发生性关系”、“临时性强奸”的司法创意会层出不穷!虽然从形式上看,“两高”入罪的司法解释侵犯了立法权,但在事实上与由立法机关来颁布解释相比并没有大的区别。从实质上考察,明白了现实中法律如何制定及法律产生程序中关键何在,就会发现由“两高”来颁布司法解释甚至有立法性质的司法解释并不是什么坏事。

但是从保障人权出发,对“两高”的司法解释的产生还是应该进行规范,主要是增加其程序正当性和民主性,不能是几位专家学者躲在象牙塔里就搞个司法解释出来。

实质解释可能带来对被告人不公平的结果,在特定情形下这种结果难以接受。这种情形表现为,按照立法原意或者传统做法,有些行为原本没有定罪,但是形势的发展,让这些行为非定罪不可了,怎么办?一句罪刑法定就可以将其置之不理吗?如果坚持形式解释论和主观解释论的立场,要么刑法必须时时修改,要么大量合法权益难以得到有效保护,国家对内职能被削弱。从立法技术上说,也不可能将某些具体情形规定于刑法内。比如组织卖淫罪,卖淫的行为千变万化,我们能够新发现一种卖淫的方式就将其载入刑法吗?在刑法条文里详细规定手淫、口交,那不变成诲淫诲盗了吗?这些情形只能留待司法中解决。实际上,任何入罪规制的行为其范围的扩大,社会都有一个从不适应到习以为常的过程。例如,在我国直到1988年农民宫长恩收买被拐卖的女研究生被处强奸罪为止,收买被拐卖妇女并强行与之发生性关系的行为才以强奸罪论处。宫长恩所在村的村委会主任的观点就很有代表性:“不是说法律面前人人平等吗?为啥别人买了媳妇,顶多是人一走了事,可长恩弄了个人财两空,还被抓到监狱里,我看这不公平。”①又如,长期以来人们认为卖淫行为是女性向男性卖淫,但是由于社会的发展,出现了男性向男性卖淫的现象,对南京的“男子同性卖淫案”是否定组织卖淫罪就难以确定,②但此案定罪后再发生类似案件定罪则毫无争议。问题是,对第一例定罪的被告人公平吗?他们能体会到罪刑法定原则的保障吗?

笔者针对上述情形设想一个新的刑事法制度,即在我国现有司法解释体制基础上新增加一类由国家担责的无罪判决。在国家和公民的关系中,一些不利后果如果肇因在于国家,应由国家承担责任而不应将责任推给公民个人,最高人民法院历史上的做法表明了这一点。最高人民法院于1985年7月18日印发《关于破坏军人婚姻罪的四个案例》的通知,并就每个案例后写了“按”,供下级人民法院参照办理。其中熊贤辉破坏军人婚姻案的按语是:“被告人熊贤辉……已构成破坏军人婚姻罪。由于过去在审判实践中对属于这种情况的案件可否适用刑法第一百八十一条在

---

① 马建华:《不该发生的故事》,载议政网,http://www.kfzx.gov.cn/wenzhang_xx.asp?TypeNumber=00090003&ID=6450,2010年5月17日访问。

② 2003年1月至8月,被告人李宁为营利,指使刘超、冷成宝在其经营的“金麒麟”、“廊桥”及“正麟”酒吧内将多名“公关先生”多次介绍给男性顾客,由男性顾客将“公关人员”带至南京市“新富城”大酒店等处从事同性卖淫活动。2003年8月18日,警方根据李宁等人的口供,以及先期掌握的其他证据,以涉嫌犯组织卖淫罪将李宁等人刑事拘留。但秦淮区检察院认为《刑法》对组织同性卖淫行为没有明确界定难以定罪,按照“法无明文规定不为罪”的罪刑法定原则,犯罪嫌疑人应当无罪释放。最高人民法院就此向全国人大常委会汇报。《人民法院报》2月7日的报道称:“人大常委会下属专业委员会听取案件汇报后,作出口头答复:组织男青年向同性卖淫,比照组织卖淫罪定罪量刑。”据此警方再次抓捕犯罪嫌疑人,李宁再次落入法网。南京秦淮区法院在判决中认为刑法中“组织他人卖淫行为”中的“他人”既指女性,也包括男性,因此最终以组织卖淫罪判处被告人有期徒刑8年,罚金人民币6万元。参见杨兴培:《“犯罪客体”非法治成分批评》,载《政法论坛》2009年第5期。

理解上不够明确,当时未予定罪的,现在不必重新追究刑事责任。今后在办理破坏军人婚姻案件中遇到类似情况的,应当适用刑法第一百八十一条的规定予以判处。”按照我国的有罪必纠、有错必改的刑诉原则,已犯罪而没有追究刑事责任的应予追究,但该按语放弃了国家重新追究的权利,实际上已经承认国家对刑法不明确而造成的后果承担部分责任。当然,该按语按现在严格的罪刑法定眼光看犹有不足,如果在该案例发布前类似被告人熊贤辉的行为都没有定罪,这说明以前这类行为在人们看来社会危害性不大而没有将其入罪的迫切需要,现在需要入罪是社会之变迁所致,因此其应入罪的行为应从案例发布后起算。笔者设想,在国家担责的无罪判决里,应表明行为性质理应属于犯罪,但由于国家没有适时对此予以明确,因而不判决行为人有罪。该判决书应层报最高人民法院核准并作为指导案例公布,公布后再有此类行为,就以犯罪论处。如此,按该制度对收买妇女强行发生性关系的宫长恩就不定罪,但在该无罪判决发布后再发生类似行为则以强奸罪论处。这样,国家尽可能地做到言而有信,公民的人权得到充分保障,又充分地制裁了犯罪,达到预防犯罪之功效,实质上做到了罪刑法定。

合理性原则是刑法解释的根本原则

陈自强

一、对当前刑法解释理论的简要述评

刑法必须经过人的解读和解释才能适用。刑事古典学派所谓“一头输入案件事实和刑法规范,另一头就可以得出案件处理结论”的禁止解释刑法的观点估计早就没有立足之地了。现在的问题是:人们从不同的立场,不同的目的,不同的思维路径出发,出现了林林总总可以说是让人眼花缭乱的解释观点和解释方法,如主观解释、客观解释、目的解释、当然解释、扩张解释、限缩解释、文理解释、论理解释、出罪解释、入罪解释等,还有时下在刑法学界非常热门的形式解释、实质解释等。据笔者所知，陈兴良教授就非常推崇形式解释。他认为：形式解释论是基于罪刑法定原则所倡导的形式理性，通过形式要件，将实质上值得科处刑罚但缺乏刑法规定的行为排斥在犯罪范围之外。① 正是基于此，有学者曾谓之“出罪解释”。而张明楷教授则大力提倡实质解释，他认为：对构成要件的解释不能停留在法条的字面含义上，必须以保护法益为指导，使行为的违法性与有责性达到值得科处刑罚的程度；在遵循罪刑法定原则的前提下，可以做出扩大解释，以实现处罚的妥当性。② 张明楷教授的观点曾被学者们称为“入罪解释”。两位刑法大家的观点都尚且如此迥异，不仅导致研习刑法的后生晚辈无所适从，更严重的是，也导致司法人员在运用刑法解释理论处理案件时非常混乱，在处理某些案件时运用不同的解释方法结果差异很大，甚至对同一个问题的分析，可能最终得出完全矛盾的结论。

我国刑法学者魏东教授提出了“保守的实质刑法观”。其基本主张有两点：一是坚守刚性化、形式化的入罪底线。与全开放的实质解释论相反，保守的刑法解释立场实际上宣示了一种保守的入罪立场，它反对全开放的实质解释论所主张的入罪上的弹性与实质立场，不求立法上的最大公正，但求司法上的最大公正。这种保守的入罪立场（保守的刑法解释立场）主张，只要关涉入罪，都必须予以保守的、形式的审查，不允许动辄入罪，更不允许司法上的犯罪化现象；只要关涉出罪，都可以通过包容的、实质的审查，允许司法上的非犯罪化现象。二是坚持刑法立法漏洞由立法填补的刑法漏洞填补原则，反对司法填补。但是，在出罪问题上，允许司法上的非犯罪化处理（出罪上的法律漏洞允许司法填补）。③ 看得出来，魏东教授想要在形式主义和实质主义之间探求某种平衡。他还认为，这种保守的实质刑法观在一定意义上兼容了实质主义和形式主义的优点和相通点（能不能达到这种“兼容”，笔者不敢妄下结论），更具有合理性。

包括魏东教授“保守的实质刑法观”在内的各种刑法解释理论、观点

---

① 陈兴良：《形式解释论的再宣示》，载《中国法学》2010 年第 4 期。

② 张明楷：《实质解释论的再提倡》，载《中国法学》2010 年第 4 期。

③ 魏东主编：《刑法观与解释论立场》，中国民主法制出版社 2011 年版，第 101 页。

和方法,应当说都是学者们心血和智慧的结晶。学者们都试图从自认为最为科学合理的立场观点出发解释刑法,以准确有效地运用刑法“打击犯罪,保护人民”。但为何这么多年过去了,共识却并不多,基本处于“自说自话”的状态,即使交锋,结果也是谁也说服不了谁。

针对目前刑法解释论的现状,笔者提出如下个人看法:

第一,各种刑法解释理论都有其合理的一面,也都有其片面的一面。就拿形式解释和实质解释来说,应当说,在绝大多数情况下,形式解释和实质解释得出的结论是一致的,但也有矛盾的情况。例如,如果采取形式解释,是不是伪造10元钱人民币的行为就可以追究刑事责任了呢?而劫持火车的行为却可以不追究刑事责任?因为我国刑法只规定劫持航空器罪和劫持船只、汽车罪,没有规定劫持火车罪。如果采取实质解释,成年妇女强奸未成年男性是不是可以追究刑事责任呢?一个有严重呼吸道传染病的人在地上吐了一口痰,导致数人得病甚至有人死亡,是不是也可以考虑追究刑事责任呢?我国《刑法》第125条规定了“非法制造枪支罪”,如果行为人非法制造大炮甚至便携式导弹呢?形式解释可能得出“大炮不是枪支不是弹药,导弹更不是”,尽管有可罚性,但不符合形式要件和形式理性,予以除罪化的结论,但实质解释的结论可能正好相反。再如,一个有严重恋童癖的男子想去嫖宿幼女,一成年卖淫女冒充幼女与之嫖宿,而该男子自认为也嫖到了幼女,形式解释可能认为不构成嫖宿幼女罪,实质解释可能认为构成嫖宿幼女罪。怎么处理?

第二,我们应当追求二元统一而不是二元对立的刑法解释观。就拿出罪解释和入罪解释来说,我们很多学者将其视为两种对立的解释方法。在笔者看来,二者并不矛盾:入罪解释和出罪解释是一个事物的两个方面,应当统一辩证地看。入罪解释必然包含出罪解释,反之亦然。有些学者认为入罪解释不利于保障人权,如果此说成立的话,那刑法从根本上说就是一部“入罪法”,都是为了认定犯罪和适用刑罚而设置的,那该如何解释呢?所以,各种解释方法并不是尖锐对立的,而存在“你中有我,我中有你”的辩证统一关系。其实,刑法大家们已经注意到这个问题了。例如陈兴良教授就说:“主张形式解释论的我,并不反对实质判断,更不反对通过处罚必要性的实质判断,将那些缺乏处罚必要性的行为予以出罪。”[1]张明楷教授也说：“在遵循罪刑法定原则的前提下，可以做出扩大解释，以实现处罚的妥当性。在解释构成要件时，不能脱离案件事实……实质解释论同时维护罪刑法定主义的形式侧面与实质侧面，既有利于实现处罚范围的合理性，也有利于实现构成要件的机能。”[2]

研习刑法这些年，笔者越来越有个感觉，就是我们的刑法理论构造越来越复杂，越来越精细，学说越来越多，说理似乎也越来越透彻，但共识似乎越来越少。理论判断、规范判断越来越多，可是事实判断、常识判断、社会形势判断越来越少。这种现象使本来是应用性极强的，与广大社会公众的认知有密切联系的刑法学，越来越脱离公众，成为公众看不懂的“玄学”。就说现在闹得沸沸扬扬的关于犯罪构成理论的“改革派”、“改良派”、“维持派”，还有比较“大度”的“百花齐放派”，真的是“闹哄哄，你方唱罢我登场”。

笔者认为，任何刑法解释理论的终极目标都是为了刑法的正确适用，达到“打击犯罪与保障人权”的有机统一。因此，刑法解释的合理性原则是所有刑法解释理论的出发点和归宿，也是刑法解释的最大公约数。而这个作为最大公约数的“合理性”中的“理”，就是“常识、常情、常理”，就是我们最广大社会公众所公认的基本伦理、基本情感、基本道德。我们无论采用什么解释方法，最终都是为了刑法“打击犯罪，保护人民”这个根本宗旨服务的，无论什么解释方法，最终的结论都不能根本地违背常识、违背情理。只要能得出合情合理结论的解释方法，就是好方法，反之就不是。笔者谓之“回归常识主义的刑法解释学”。

二、合理性原则是刑法解释的根本原则

什么是刑法解释根本原则的合理性原则？笔者以为，就是刑法解释必须以合情合理为最终标准，绝不容许对刑法做出违情悖理的解释。那什么是“合情合理”的“情理”呢？这里的“情理”是指为一个社会民众长

---

① 陈兴良：《形式解释论的再宣示》，载《中国法学》2010 年第 4 期。

② 张明楷：《实质解释论的再提倡》，载《中国法学》2010 年第 4 期。

期认同与分享并至今未被证明是错误的基本情感、基本伦理、基本道德，可以简称为“常识、常理、常情”。

刑法解释的合理性原则有其深刻的法律依据、事实依据和逻辑依据：

1. 法律依据

合理性原则要求刑法解释不得根本违背人民的意志、人民的意愿。而尊重人民的意志和意愿有着明确的宪法依据。我国《宪法》第 2 条规定：“中华人民共和国的一切权力属于人民”；《宪法》第 3 条规定，“全国人民代表大会和地方各级人民代表大会都由民主选举产生，对人民负责，受人民监督”，“国家行政机关、审判机关、检察机关都由人民代表大会产生，对它负责，受它监督”；《宪法》第 5 条规定，“一切法律、行政法规和地方性法规都不得同宪法相抵触”。这一系列的规定毫无疑义地说明，尊重人民的意志是宪法的精髓。作为宪法之下位法的刑法，自然也不可能例外。

2. 事实依据

我们无法否认的一个基本事实是：在任何一个社会，民众中懂法的人毕竟是极少数，而不懂法的人是绝大多数。既然绝大多数民众并不懂法，自然不可能是靠法律来指导他们的日常行为。每个社会的民众在生产生活中的具体认知和行为，都是靠“常识、常理、常情”，这些最基本的是非观、善恶观来维系和指导着人们的日常生活和行为。因此，脱离开这些最基本的“常识、常理、常情”来解释刑法，只会得出与民众基本认知完全背离的结论，也不可能得到民众的拥护和支持。

3. 逻辑依据

“常识、常理、常情”是人民意志最基本的体现，也是人民利益最起码的要求，是社会规律最基本的反映。如果容许对刑法做出违情悖理的解释，最终必将使刑法站在人民的对立面，“刑法体现人民的意志，保护人民的利益”必将成为一句空话。同时，刑法只能按有权适用刑法者的理解变为现实，容许对刑法做出违情悖理的解释，无疑意味着刑法只能是有权制定、适用刑法者的法律，无疑意味着权力就是法律，刑法必然成为权力者专横的工具，“适用刑法限制国家权力、保护公民自由”必将成为谎言。

什么是检验刑法理论包括刑法解释论的试金石？笔者以为，就是“合理性原则”,即我们应当运用“常识、常情、常理”来指导刑法解释,运用刑法解释得出的结论必须符合“常识、常情、常理”,不能违情悖理。道理很简单,脱离常识必然会带来一个大问题,就是刑法学内耗严重,共识很少。可能有人会说,共识少说明争论激烈,理论繁荣,是件好事。抽象地讲是这样的。但无论是刑法理论还是司法实务,毕竟是需要相当程度的共识的。因为我们毕竟需要理论去指导处理现实中成千上万的刑事案件。碰到一个司法实践中的疑难案件,纯理论上可以有数种观点,但最终我们必须寻求一种相对说得通的观点,相对更讲道理的观点。所以,起码的共识是必要的。而这个共识,最大公约数就是我们的常识。无论我们的理论多么百家争鸣、精致圆熟,运用理论得出的结论都不能违背常识。“常识、常理、常情”既能帮助我们科学解释法的本质、价值、功能和内部联系,同时,也是判断一切法律解释是否正确的最终标准。

那么,我们如何判断一个刑法解释是否合理呢?是否与社会公众公认的“常识、常理、常情”不违背呢?笔者以为,有三个基本判断标准:即主观标准、客观标准、实践标准。

其一,主观标准。主观标准分为两个方面:一是解释者自己认为自己的解释是合情合理的;二是解释者认为社会民众也会普遍认为自己的解释是合情合理的。例如《刑法修正案(八)》新增的危险驾驶罪中醉酒驾驶的行为是否受“但书”条款的制约?因为刑法本身并没有规定“情节严重”或者“情节恶劣”才构成该罪。如果实践中出现这样的一个案例:某甲醉酒后知道自己不能驾驶机动车,请有资质的人代驾,在到达所住小区门口“道路”附近,因为代驾不熟悉小区环境,某甲自己开了进去,是否应当对其追究刑责?这种情况,解释者应当有一个自我判断,不追究刑事责任才是合情合理的,并且认为这个结论也能为广大社会公众所认同。解释者应当运用“但书”条款予以出罪化处理。

其二,客观标准。客观标准表现在:刑法解释在其适用范围内得到了社会民众的普遍认同,并且民众对刑法解释的认同是基于了解事实真相,未受小群体利益的影响。如美国刑法学家弗来彻指出:在因果关系的感知过程中要注入习俗所具有的通常和可预期的标准。如果在家庭中的烟雾报警器是极其罕见的,那么,我们就不会在一场家庭大火中,把孩子死亡的原因归结为没有安装烟雾报警器,我们也许会把死亡原因解释为是在隔壁缺少一个消防站的结果。但是,如果城市中的其他人家都安装了烟雾报警器,那么,我们就会指出,孩子的死亡是由于没有安装本来能够拯救他们生命的报警器。这本来是一个非常常识性的事实判断,也符合大众的价值观念。

其三,实践标准。实践标准表现为:出罪举重以明轻,入罪举轻以明重。出罪时,我们要考虑刑法将一个相对危害性较大的行为都没有规定为犯罪,或者即便规定为犯罪但处刑很轻时,比这个还要轻微的行为就要慎重考虑可否做出罪化处理。例如前文笔者举的危险驾驶案例,确属"情节显著轻微,危害不大",相对于一般的醉酒驾驶"举重以明轻",完全可以得出"不认为是犯罪"的结论。入罪时,我们要考虑,比该行为相对较轻的行为刑法都规定为犯罪,那么该行为就要慎重考虑其应当受到刑罚的处罚。正如笔者前文所述,当劫持船只、汽车的行为都被刑法规定为犯罪,劫持火车显然危害性更大,尽管我国刑法没有明文规定"劫持火车罪",但不处罚显然不合常理,我们也应当充分运用刑法解释将劫持火车的行为予以入罪。①

三、结论

最后,笔者表明一个最"常识化"的结论和观点:凡是应该入罪的,我们就应该充分运用刑法解释让其入罪;凡是不应该入罪的,我们同样应该充分运用刑法解释予以出罪。可能大方之家会认为:这不废话嘛!什么叫"应该"?什么叫"不应该"?笔者的回答依然是:以广大社会公众的"常识"来判断:凡是社会公众普遍认为这种行为不由刑法来调整,自己的根本权益就会受到威胁的,就应当入罪;反之则不然。或许还有人问:如果公众认识并不是大多数一致呢?相当一部分人认为应当入罪,但也还有相当一部分认为不应该入罪,该怎么办呢?很简单,这就说明还没有形成社会"共识",更没有形成社会"常识",从人权保障的立场出发,以不入罪为宜。

"常识"在哪里?"常识"就在我们每一个公民所普遍存在和认同的

① 笔者认为,劫持火车的行为完全可以定以其他危险方法危害公共安全罪。

“良心”之中！包括法学教授、律师、法官、检察官在内的我们每一个法律/法学工作者，最根本的任务就是：准确把握“常识”，时刻不忘“良心”。否则，我们精心创造出的看似宏伟精致的刑法学大厦，最终都不过是中看不中用的“空中楼阁”。

关于刑法解释问题的思考

——兼评魏东教授“刑法解释保守性”学术见解

邓君韬

一、“保守”与“开放”之辩证

魏东教授于2013年7月18日在四川省成都市举行的“刑法解释的保守性学术研讨会”上做主题发言时提出：重塑温良保守的“司法面相”，可以用三句话来概括：和善仁慈、亲民公正、沉稳持重。其中提到了刑法司法面相的“保守”问题，这是与其强调刑法解释的“保守性”立场一脉相承的。从词源学的角度而言，保守的反义词是“开放”，不破不立。那么，魏东教授提倡的理论观点（其强调刑法司法面相和刑法解释的“保守性”）究竟有何针对论域或所指对象？

刑法学界就犯罪构成及其解释“开放性”较早的讨论是以刘艳红教授相关论著为代表的，①其溯源、剖析大陆法系德国刑法犯罪论体系，提出“开放的犯罪构成（理论）”这一范畴，在学界颇具影响。德国刑法学家威尔泽尔洞察了构成要件中存在饱含价值判断、需要在进行违法性判断之前再“前置性”地进行一次判断（无论此种判断是基于整体法秩序还是个别的法或具体情境）的“开放的构成要件”，却疏漏了在那“显示正面的违法性的这个圆毫无缺口地被封闭了”的所谓封闭的构成要件中，在某种

① 参见刘艳红：《开放的犯罪构成要件理论研究》，中国政法大学出版社2002年版；刘艳红：《开放的犯罪构成要件理论之提倡》，载《环球法律评论》2003年第3期。

程度上仍然是开放的——立法上描述得再细致再精准的构成要件相对于丰富多变的行为原型而言都是抽象的,[①]都是需要解释并不断再解释的,否则便无法全部适用。[②] 就此意义而言,刑法或者说犯罪构成解释论的开放性和保守性,究竟是何等辩证关系——非此即彼二元对立,还是你中有我互相包容——似可做进一步细致分析。

魏东教授提出"坚持以形式解释、主观解释、文义解释为基础,以有利于被告人的实质解释、客观解释、目的解释为补充的原则立场",并认为这种原则立场的具体内容应包括:其一,坚守刚性化、形式化的入罪底线(法治底线)的原则立场;其二,准许有利于被告人出罪的实质解释、客观解释、目的解释;其三,不利于被告人的实质解释、客观解释、目的解释只能是"例外"的、必须特别严格限定的情形。

魏东教授以贿赂犯罪"不得将其解释为包括性贿赂在内的'利益'"作为保守性解释立场的一个例证。笔者赞同这样的解释结论,但"性贿赂不入罪"解释结论背后之义理,值得进一步挖掘:

从刑法史的角度,《唐律疏议》卷二"诸犯私罪"篇章提及:"受请枉法之类者,谓受人嘱请,曲法申情,纵不得财,亦为枉法。"其关键在于私受请托,而不在于得财。私受请托即渎职,是对皇帝的不忠和冒犯,所以要治罪。这一点比现在的法律更严格。[③]

从比较刑法的角度,包括美国、北欧、日本、我国香港等国家和地区对贿赂内涵的界定,均以"不正当利益"为核心。换言之,公职人员只要收受了不正当的好处,包括接受他人提供的财物、财产性利益及其他利益,均是受贿。而欧洲一些国家虽然将"性贿赂"纳入了刑法调整范畴,但定罪量刑的案件很少,也同样面对"现实可操作性"疑难。[④]

由此,引申出另一个值得深思的问题——现代西方社会对成年人之

---

① 生活中危害行为原型与刑法犯罪构成模型之论述,参见冯亚东:《犯罪构成模型论》,载《法学研究》2004 年第 1 期。

② 参见邓君韬:《开放性犯罪构成之展开》,载《光华法学》2007 年创刊号。

③ 新中国成立之初,我国颁布《惩治贪污条例》并发动"三反"、"五反",当时界定所谓"大贪污":贪污为一切腐败行为的总称,贿赂是贪污的表现形式。参见冯象:《性贿赂为什么不算贿赂》,载冯象:《政法笔记》,江苏人民出版社 2004 年版。

④ 参见王姝:《"性贿赂"缘何难"入刑"》,载《新京报》2013 年 6 月 22 日版。

间自愿发生的性行为大都普遍除罪，[①]为什么却同时保有“性贿赂罪”，将意图影响官员公务的自愿婚外性行为或“性对价”视为罪行？这无疑反映了这些国家和地区一种较为严厉的伦理态度。已故刑法学泰斗马克昌先生曾认为：“（性贿赂）内涵不确定，缺乏可操作性，定罪量刑都有困难”，由于“性贿赂”的证据不确定因素很大，随时有可能发生变化，如果“性贿赂”入罪，势必赋予司法人员较大的自由裁量权。[②] 由此，可否认为，性贿赂的除罪化，是与性贿赂入罪后可能带来的后果相比，“两害相权择其轻”的策略性选择？

魏东教授主张，《刑法》第266条规定的诈骗罪的犯罪对象“财物”，可例外地扩张解释、客观解释、实质解释为“财产性利益”（如河南时建锋骗逃巨额高速公路过路费案）。对此，笔者表示认同：“天价过路费案”的探讨，至少涉及诈骗罪、非法使用武装部队专用标志罪、招摇撞骗罪以及著名经济学家郎咸平教授坚持的无罪观点。问题在于，法学家（刑法学者）如何与其他学科的学者（如经济学家）有效沟通？至少在法学界，我们看到学者们坚持认为时建锋有罪，而社会影响力颇大的经济学家（如郎咸平），至今认为其无罪，[③]这显然是一个极不正常的现象！刑法、民法，刑法、行政法之间的界限在哪里，[④]如何跨学科的有效沟通，在中国现阶段社会转型期，值得刑法学者（特别是用心于解释论的学者）深思。

魏东教授提出应“保守解释刑法分则条文的竞合现象”，还特别指出“主要是应当准确、谨慎地评价法条竞合犯，只能适用‘特别法排斥普通法规则’，而不宜适用所谓的重法优于轻法规则（如合同诈骗罪与诈骗罪）”。对此观点，笔者有不同见解：

1979年《刑法》适用期间，东北某国有林场曾发生了“盗伐红豆杉案件”，盗伐面积很大，盗伐树木很多，而且很多还是异常珍贵的红豆杉母

---

① 国内学者李银河教授曾提及“性学三原则”：成人之间、自愿、私下的性活动，不应受到国家法律的干涉，其属于纯粹的私人道德领域。参见李银河：《性学心得》，时代文艺出版社2008年版；林来梵：《自由主义的败家女？》，载《浙江社会科学》2013年第1期。

② 参见马克昌：《受贿罪客观要件探析》，载《武汉大学学报（社会科学版）》1992年第1期；张有义：《中国性贿赂现状调查》，载《北京纪事（纪实文摘）》2006年第12期。

③ 参见财经郎眼：《“天价过路费”的背后》，载优酷视频网，http://v.youku.com/v_show/id_XMjM5NDAxMDY4.html，2013年12月26日访问。

④ 参见赵丽：《利益驱动：民事纠纷刑事化呈蔓延趋势》，载《法制日报》2010年4月30日版。

树。红豆杉被誉为“植物活化石”,我国已将其列为一级珍稀濒危保护植物,联合国也明令禁止采伐。如果按1979年《刑法》第128条的规定“违反保护森林法规,盗伐、滥伐森林或者其他林木,情节严重的,处三年以下有期徒刑或者拘役,可以并处或者单处罚金”,显然法定最高刑3年;而如果按1979年《刑法》第152条的规定“惯窃、惯骗或者盗窃、诈骗、抢夺公私财物数额巨大的,处五年以上十年以下有期徒刑;情节特别严重的,处十年以上有期徒刑或者无期徒刑,可以并处没收财产”,刑期甚至可达无期徒刑。因此,在刑罚畸轻、明显违背“罪责刑相适应”(罪刑均衡)原则时,应当优先适用重法。①

尽管2002年的《刑法修正案(四)》将《刑法》第345条修改为“盗伐森林或者其他林木,数量较大的,处三年以下有期徒刑、拘役或者管制,并处或者单处罚金;数量巨大的,处三年以上七年以下有期徒刑,并处罚金;数量特别巨大的,处七年以上有期徒刑,并处罚金。违反森林法的规定,滥伐森林或者其他林木,数量较大的,处三年以下有期徒刑、拘役或者管制,并处或者单处罚金;数量巨大的,处三年以上七年以下有期徒刑,并处罚金。非法收购、运输明知是盗伐、滥伐的林木,情节严重的,处三年以下有期徒刑、拘役或者管制,并处或者单处罚金;情节特别严重的,处三年以上七年以下有期徒刑,并处罚金。盗伐、滥伐国家级自然保护区内的森林或者其他林木的,从重处罚。”但该条款的刑期,与盗窃罪相比仍然存在较大差距。那么,当发生类似“盗伐红豆杉案件”,如果适用魏东教授提倡的“特别法排斥普通法规则”,“刑罚畸轻、罪刑严重不均衡”的情况将不可避免存在。② 难道遇到类似的案件,都必须等出台新的司法解释或立法解释,才能处理?有学者曾批判过司法实践中“唯司法解释马首是瞻”

---

① 相关讨论参见冯亚东:《论法条竞合的从重选择》,载《法学》1984年第1期;肖开权:《法条竞合不能从重选择——与冯亚东同志商榷》,载《法学》1984年第8期;冯亚东:《法条竞合可以从重选择——与肖开权同志再商榷》,载《法学》1984年第12期。

② 值得注意的是,原《森林法》(1984年9月20日公布,自1985年1月1日起实施)第34条第3款明文规定:“盗伐林木据为己有,数额巨大的,依照《刑法》第一百五十二条的规定追究刑事责任。”该款提到的《刑法》第152条乃1979年刑法条文,最高刑可判处无期。但1998年修订后的《森林法》第39条第3款却不再直接提示适用的刑法具体条文,而是模糊地规定:“盗伐、滥伐森林或者其他林木,构成犯罪的,依法追究刑事责任。”显然,这里的“‘依法’追究刑事责任”仍然需要司法者根据刑法解释论能动地做出判断与选择。

现象，认为这是司法解释架空了刑法典，是很不正常的现象。[①]

二、刑法解释与相关判例评析

“刑法解释的保守性”学术研讨会提供了“佛山组织手淫案”[②]作为重点研讨案例，本文初步认为，刑法中容留卖淫、组织卖淫等描述属于“空白罪状”，应由相应的治安法规界定其内涵。

笔者注意到，公安部在2001年对广西壮族自治区公安厅的批复中明确：“不特定的异性之间或者同性之间以金钱、财物为媒介发生不正当性关系的行为，包括口淫、手淫、鸡奸等行为，都属于卖淫嫖娼行为”；[③]2003年，浙江省法制办向国务院法制办就公安部批复的合法性进一步请示，国务院法制办对卖淫嫖娼的含义进行了解释：“卖淫嫖娼是指通过金钱交易一方向另一方提供性服务，以满足对方性欲的行为，至于具体性行为采用什么方式，不影响对卖淫嫖娼行为的认定。”[④]该复函征求了全国人大常委会法工委意见，全国人大常委会法工委认为“公安部对卖淫嫖娼的含义进行解释符合法律规定的权限，公安部公复字〔2001〕4号批复的内容与法律的规定是一致的”。所以，这“两个行政解释性文件”可以作为认定“容留卖淫罪”的依据。

类似的，2003年江苏省南京市首例同性卖淫案（李宁组织卖淫案）中，也是由于刑法对“卖淫”没有明文规定，而遭遇定性疑难。[⑤] 为了确定

① 参见刘艳红：《观念误区与适用障碍：新刑法施行以来司法解释总置评》，载陈兴良主编：《中国刑事司法解释检讨——以奸淫幼女司法解释为视角》，中国检察出版社2003年版。

② 参见舒锐：《组织手淫色情服务入罪不违反罪刑法定》，载《人民公安报》2013年7月10日版。

③ 参见《公安部对同性之间以钱财为媒介的性行为定性处理问题的批复》（公复字〔2001〕4号）。

④ 参见《国务院法制办对浙江省人民政府法制办公室〈关于转送审查处理公安部公复字〔2001〕4号批复的请示〉的复函》（国法函〔2003〕155号）。

⑤ 2003年1月至同年8月，南京“正麒”演艺吧老板李宁先后伙同刘某、冷某等人，采取张贴广告、登报招聘“公关”等手段，招募、组织多名男青年在其经营的“金麒麟”、“廊桥”及“正麒”演艺吧内，先后7次与男性消费者从事同性卖淫活动，从中牟取利益。法院认为其行为已构成组织卖淫罪，而对被告辩护人提出的“刑法及相关司法解释对同性之间的性交易是否构成卖淫无明文规定，因而李宁不构成犯罪”的辩护意见不予采纳。2004年2月江苏省南京市秦淮区人民法院经不公开开庭审理一审判决被告人李宁犯组织卖淫罪，处有期徒刑8年；二审驳回上诉，维持原判。

该案性质,江苏省高级人民法院向最高人民法院请示。最高人民法院接到请示后,又向全国人大法工委作了汇报。2003 年 10 月下旬,全国人大常委会法工委对此案作出口头答复:可以参照《刑法》第 358 条第 1 款第 1 项进行定罪量刑,该案的法律适用问题才得以解决。

由此可以看出,全国人大常委会法工委 2003 年先后向最高人民法院、国务院法制办做过答复,其对于"卖淫"一词如何界定、理解的观点是稳定、统一的,因此"卖淫"一词可以按照全国人大法工委的理解,将"口淫、手淫、鸡奸等行为"都视为"卖淫"行为。[①] 同时,由国务院法制办的复函可以看出,全国人大常委会法工委也认可"公安部对卖淫嫖娼的含义进行解释符合法律规定的权限",原因就是卖淫行为如何定义属于治安管理的范畴,应该由公安部门进行解释,而非"两高"等司法机关。

这给我们一个启示:做出一个司法判断(决断、解释),有时需要一个前置性的"行政判断(解释)"。

"卖淫"行为究竟该如何界定?过往的司法实践中已经承认容留、组织同性卖淫可以成立容留卖淫或者组织卖淫罪。尽管同性之间的"卖淫"并非传统意义上双方的性器官接触,是一方用性器官,另一方采用非性器官接触(如肛交、手淫等)方式进行的非常态性行为,甚至在女性同性卖淫中只可能采用手淫、口淫等方式进行,而不可能采用其他方式;如果同性之间采用非性器官接触方式可以入罪,那么异性之间采用非性器官接触方式入罪则不应该存在法律上的障碍;[②]否则,就直接排斥了女性或者男性之间同性卖淫的存在,这不符合刑法的体系性解释原则。

---

① 其中或许还隐藏了一个极易被忽视的问题——全国人大常委会法工委的解释或回复,究竟属于什么性质?《立法法》第 55 条对法工委进行了具体的授权:"全国人民代表大会常务委员会工作机构可以对有关具体问题的法律询问进行研究予以答复,并报常务委员会备案。"同时,《立法法》第 42 条规定:"法律解释权属于全国人民代表大会常务委员会。法律有以下情况之一的,由全国人民代表大会常务委员会解释:(一)法律的规定需要进一步明确具体含义的;(二)法律制定后出现新的情况,需要明确适用法律依据的。"依此规定,法工委有权对具体问题的法律询问进行解答,但这种经备案后的解答(对有关具体问题的法律询问进行研究予以答复)是否当然属于立法解释?

② 卖淫是指以营利为目的,满足不特定对方的性欲的行为,故向同性卖淫也属于卖淫;组织他人向同性卖淫的行为,同样侵害了刑法规定组织卖淫罪所意欲保护的法益。参见张明楷:《实质解释论的再提倡》,载《中国法学》2010 年第 4 期。

笔者注意到，我国台湾地区没有容留、介绍卖淫罪，刑法中也没有关于“卖淫”的界定。台湾地区“刑法”规定为“图利使人为性交或猥亵罪”：意图使男女与他人为性交或猥亵之行为，而引诱、容留或媒介以营利者，处5年以下有期徒刑，得并科10万元以下罚金。以诈术犯之者，亦同。台湾地区“刑法”总则第10条规定：性交者，谓非基于正当目的的所为之下列性侵入行为：其一，以性器进入他人之性器、肛门或口腔，或使之接合之行为；其二，以性器以外之其他身体部位或器物进入他人之性器、肛门，或使之接合之行为。

在台湾地区的类似行为中，以营利为目的的手淫、口淫均可以入罪。从解释论而言，卖淫的核心内涵应该是——以营利为目的，为他人提供性服务，凡满足此点，均可以解释为卖淫。

再回到前文提到的“做出一个司法判断（决断、解释）有时需要一个前置性的‘行政判断（解释）’”这一命题，可以说，对于刑法中出现的“色情、淫秽”等语词的判断、解释，乃是一个世界性难题。① 比如关于“淫秽”的界定，公安部1998年曾发文规定，需审查认定是否为淫秽物品的，可由县级以上公安机关治安部门负责鉴定，但要指定两名政治、业务素质过硬的同志共同进行，其他人员一律不得参加。当事人如果提出重新鉴定，由上一级公安机关治安部门会同同级新闻出版、音像归口管理等部门重新鉴定。② 于此，引出了一个所谓“专家鉴定”问题。新闻出版署在《关于认定淫秽及色情出版物的暂行规定》中对“淫秽物品”的界定是“整体上宣传淫秽行为……挑动人们的性欲，足以导致普通人腐化堕落，而又没有艺术价值或者科学价值”。③ 问题在于，专家之间也可能存在学理论争——到底应该采纳哪个专家的意见呢？

在美国，地方法院在审理色情文艺案件时，非常注重本地的民情民意，不预设一套全国统一的道德标准和风俗习惯，而是遵循“当前社区标准”（判例）以达到“转移压力与矛盾焦点”。这给我们以启示，如何才能

① 参见［美］理查德·A. 波斯纳：《性与理性》，苏力译，中国政法大学出版社2002年版，“序言”第18页，第275页；［美］理查德·A. 波斯纳：《超越法律》，苏力译，中国政法大学出版社2001年版，第408～410页。

② 参见《公安部对〈关于鉴定淫秽物品有关问题的请示〉的批复》（公复字〔1998〕8号）。

③ 参见《新闻出版署关于认定淫秽及色情出版物的暂行规定》（新出办字第1512号）。

实现一个好的“公共政策”？① 笔者认为：无论是司法判断（解释），还是行政判断（解释），基本出发点均应是社情民意；专家也好，陪审团也罢，应充分照顾、体谅、熨帖民意民情，但凡经过正当程序得出任何解释结论，都应该被普遍尊崇，这就是程序正义，是达到实质正义的必经甚至是唯一途径。

关于“刑法解释的保守性”学术研讨会提及的教唆自杀案，由于不熟悉案情，本文不做探讨。就与之相关的帮助自杀案，特别是对安乐死案件的讨论，笔者觉得可能存在一个误区，本文认为，关于积极、主动地协助他人实施安乐死的案件，刑法关注的要害不在于自杀者，而在于协助自杀者，即对于自杀者，讨论有无死亡权利之类，均无意义——民不畏死奈何以死惧之？自杀者连生命都可以放弃，还讨论刑法该不该管自杀者、能不能制裁自杀者，甚至讨论“自杀罪”立法问题，有何意义呢？刑法关注的要害在于，积极、主动协助、帮助他人自杀的人究竟对生命抱持怎样的态度，至于自杀者本人对生命抱持的态度，刑法在所不问。

成都武侯祠有一幅门楹（攻心联），上联是：能攻心则反侧自消，自古知兵非好战；下联是：不审势即宽严皆误，后来治蜀要深思。特别是下联，以刑事法律眼光来看，像极了所谓“宽严相济”刑事政策。本文愿以此作为结语——刑法解释论，保守或开放，应该是辩证统一的关系，解释者恪守的底线是罪刑法定，但解释的维度却是“宽严相济”。

① 公共政策的产生需要社会需求，这个需求不能只是政治家、学者、精英们的，还要有一群强大的赞成这个议题的老百姓。参见赵继成：《刑法学家黄京平：少了死刑判决 未见犯罪剧增》，载《新京报》2010 年 8 月 28 日版。

刑法目的解释三论

钟　凯

一、基本立场：目的解释方法的要与不要

从一个相对理想的视角来分析，要想最大限度地保障刑事法律的安全性和稳定性，最合理的解释方法应当是文义解释方法。做此论断的理由很明显：作为规则的刑法，其最基本的表现形式即是文字，立法者通过对社会现实的分析与观察，筛选出值得动用刑罚处罚的行为，并以文字的形式将自身对犯罪的态度、意志固定在法律文本之中，国民一般会借助于阅读等方式，理解、感知文本所描述的内容，从而预测何种行为可能构成犯罪并适用何种程度的刑罚，以明确自己行为的疆域。因此，无论是从便捷性、经济性进行考量，抑或是从立法的基本表现形式或思维逻辑来看，立足于法律条文语汇的字面含义本身，能够直接反映文本客观意义的解释方法是最有助于避免歧义、减少恣意，也最符合立法初衷的解释方法。贝卡里亚对此也曾做出过一个相对极端的判断，认为“不能把恪守刑事法规字句而可能引起的混乱同由于法律解释法规所引起的混乱相提并论，法典一经生效，就应当按字面意义去遵守。法官的唯一任务是判定某一行为是否合乎成文法”。①

然而，文义解释作为一种方法，其存在的价值并不意味着对其他解释方法尤其是对目的解释方法的怀疑乃至否定，因为，“法律是人用文字表述出来的思想或意志，但是，人的思想并不一定都能用文字表达出来，还可能有许多不能用文字表达的思想。同时，文字表达出来的意志是一种独立于人的思想。所以文字本身的含义或目的不可能与解释者所理解的

---

① 郭成华：《法律解释比较研究》，中国人民大学出版社1993年版，第27页。

目的绝对保持一致”。[①] 正如伽达默尔所言：“对于解释者来说，一个文本的真实意义并不依赖于其作者和原初读者的具体情形……因为它总是由解释者的历史状况因而也由整个历史的客观过程共同决定。”[②]“虽然文字都负载特定的含义，但它自身并不能说出法律的目的或价值。只有人才能在理解中识别法律的目的和意义。而人理解法律也都是有目的的理解，不可能绝对地忠诚于法律的文义，相反，文字含义与解释结论之间可能总是处于一种相互冲突且彼此博弈的一种状态之中。”[③]

事实上，文义并非总是明确和清晰的，刑法规范中的语词主要是以白纸黑字固定下来的日常用语，如“妇女”、“儿童”等，但在这些日常用语之外，还存在如“累犯”、“自首”、“不可抗力”等“法言法语”，这些语词尤其是日常用语在不同的语境中可能会呈现出不同的含义，而这就必然会给规则带来不确定性的问题，而“法言法语”则涉及如何由专业术语转化为日常用语并适用于具体案件的问题。正如哈特所言：“任何选择用来传递行为标准的工具——判例或立法，无论它们怎样顺利地适用于大多数普通案件，都会在某一点上发生适用上的问题，将表现出不确定；它们将具有人们称之为空缺结构（open texture）的特征。”[④]在语言、文字的“核心地带”，法律规则一般是明确和确定的，但是，在语言、文字的“边缘地带”，规则则可能变得不明确和模糊。而对于这些不甚明确的语汇，即便是运用文义解释方法也不意味着就必然能够排除歧义，因为“谁想理解某个文本，谁总是在完成一种筹划。一旦某个最初的意义在文本中出现了，那么，解释者就为整个文本筹划了某种意义，一种这样的最初意义之所以又出现，只是因为我们带着对某种特殊意义的期待去读文本”。[⑤] 因此，对于本就模糊的处于“边缘地带”的语汇所进行的文义解释，实际上就是代表解释者内心的某种期待的解释，而这种解释实际上并非是为了理解他者，而是为了理解自我，换言之，是为了实现解释者内心的某种目的。

---

① 陈金钊：《目的解释方法及其意义》，载《法律科学（西北政法学院学报）》2004 年第 5 期。

② 黄勇：《解释学的两种类型：为己之学与为人之学》，载《复旦学报（社会科学版）》2005 年第 2 期。

③ 陈金钊：《作为方法的目的解释》，载《学习与探索》2003 年第 6 期。

④ ［英］哈特：《法律的概念》，张文显译，中国大百科全书出版社 1996 年版，第 127 页。

⑤ ［德］汉斯·格奥尔格·伽达默尔：《真理与方法》（下卷），洪汉鼎译，上海译文出版社 1999 年版，第 343 页。

因此，将文义解释方法予以绝对化的严格法治立场只能是一种理想而无法成为一种现实。正如有学者所言：“如果正义是来自立法的规定，那么司法本身就成了一个与正义无缘的领域，因而如果将司法三段论贯彻到底，那就不需要法官本身的证明，而只需要一个懂逻辑的技术专家，并不需要有多高深的法理素养，司法工作只是一项逻辑工程，而不是一种匡扶正义的技艺。”[①]作为一种方法的目的解释，其存在既可以避免严格法治的僵化，使作为一般正义的严格的法律规则能与个别正义实现一致，也可以修复文义解释所可能存在的错误，消除条文的不确定含义。因此，无论是持形式刑法观的学者还是持实质刑法观的学者，都不可能对目的解释方法本身进行直接的否定，争议的焦点事实上主要应是刑法解释的目的到底是何指称以及适用于何种范围两个问题。

二、刑法解释的目的的指向——人权保障

“正确的解释，必须永远同时符合法律的文言与法律的目的，仅仅满足其中一个标准是不够的。”[②]法律不仅仅是一种僵化的文字表述，其体现的是立法的目的与价值，承载的是正义，要想将法律规则灵活地适用于具体的案件，就需要明确规则的目的是什么这一基本的问题，并以此作为刑法解释活动之目的。然而，目的本身就是一个复杂的问题，不同的主体基于其不同的文化背景、所处的历史时代和不同的价值评判标准，就同一个规则的目的会有不同的认识。正如波斯纳所言：“对什么是制定法或宪法的目的不存在共识。也许有了多种目的……不同的解释者对这些目的的各自分量会有不同的考虑。”[③]有人甚至断言：“目的说具有……理论上的脆弱性，真正的目的往往是不可知的，即使法律文本中存在立法目的，这个目的也往往过于宽泛而不可适用。”[④]那么，刑法解释的目的具体是指何种内容？

---

① 陈金钊：《目的解释方法及其意义》，载《法律科学（西北政法学院学报）》2004 年第 5 期。

② Claus Roxin, *Strafrecht, Allgemeiner Teil, Band* Ⅰ, 4. Aufl., C. H. Beck 2006, S. 151. 转引自程红：《论刑法解释方法的位阶》，载《法学》2011 年第 1 期。

③ ［美］波斯纳：《法理学问题》，苏力译，中国政法大学出版社 1994 年版，第 378 页。

④ 陈金钊：《目的解释方法及其意义》，载《法律科学（西北政法学院学报）》2004 年第 5 期。

在笔者看来，刑法解释的目的的确定不能沦为一种纯粹的理论假设，其确定必须立足于法律文本本身，即刑事法律本身的目的，否则，解释的结论无论在解释者眼中是多么的合理妥当，也难以为国民所真正接受，更无法让人心悦诚服。因此，在确定刑法解释的目的时，应立足于刑事立法的意图、法规目的、法条目的，并以此作为衡量解释结论是否符合刑法目的之标准。退一步讲，即便刑事立法未能清晰地表明其目的，也应在更宽泛的宪法目的、法律目的、司法目的中进行探寻，以防止法律规则在具体适用过程中失效，从而避免可能的不合理、不公正，保证规则与现实的协调一致。基于这种思路，刑法解释的目的在笔者看来就应指向这样一个关键词——人权保障。

以此作为刑法解释之目的，主要是基于如下理由：首先，尊重和保障人权是为我国《宪法》第 33 条第 3 款所明确规定的内容，经由这一形式所确定下来的内容较其他任何形式的载体都更为权威与稳定，而宪法所具有的地位决定了重视个人权利的保护、维护个人包括犯罪人的尊严必然要反映到刑法解释活动之中，从而也就必然导致其对刑法解释活动的拘束。其次，"刑法虽然是以剥夺生命、自由、财产、资格的形式对侵害法益行为予以惩处，即以恶报恶，但由国民意志所决定的刑罚正是法律之公平善良本质的凝结和体现。由此应剥去刑法是恶法的外衣，其光环不仅仅折射在强制性的惩处上，更应体现为刑法对被害人、被告人乃至全社会的人性保护和人性关怀"。[①] "事实上，刑法之所以成为一个独立的法律部门，绝不仅因为其有惩治犯罪这一特有的功能或者有刑罚这种特殊的调整手段。……刑法以特有的社会关系——公民个人的基本权利与国家的法律秩序之间的关系——为自己特有的调整对象，才是刑法能够与其他部门法一样成为独立的法律部门的根本原因。"[②]这就决定了刑法所调整的对象具有利益的整体性特征，"刑法所禁止的也正是那些对国家整体法律秩序造成根本威胁或者侵害的行为，判断是否对国家整体法律秩序造成根本威胁的标志就是这种行为是否令绝大多数人都'难以忍受'，也就是说犯罪实际上就是侵犯了包括犯罪人基本人权在内的全体公民基本人

① 徐岱：《刑法关怀与刑法解释》，载《当代法学》2004 年第 1 期。
② 陈忠林：《刑法学》（上），法律出版社 2006 年版，第 3 页。

权的行为。保护公民个人的基本人权（人权保障价值）与国家所保护的包括犯罪人的基本人权在内的全体公民的基本人权（社会保护功能）是完全统一的”。[①] 这一点从我国《刑法》第1条的表述亦可得以进一步的确证，该条表明我国《刑法》的立法目的是“惩罚犯罪，保护人民”，显然，“惩罚犯罪”并不是刑法的目标，更不可能成为解释者的目标，该段表述的落脚点在于“保护人民”，即之所以要“惩罚犯罪”，其目的就是保护全体公民的基本人权，“惩罚犯罪”所具有的是一种手段或工具价值，脱离了人权保障，就不可能实现对社会的保护。既然刑事立法的目的在于人权保障，那么受制于立法目的的刑法解释活动的目的也只能是人权保障，因为“刑事立法对人的关怀只是一种静态的、宏观的、使人无法触及的关怀，而人却生活在动感的社会生活中，需要的是一种动态的、微观的、可以触及的自由和安全，而这只能是把静态的刑事法律规定转变为动态的法律适用才能做到的。刑法适用包括直接引用刑事立法规定的适用，也包括在解释刑事立法规定的基础上的适用。因刑事立法规定的概括性、立法语言的歧义性、立法规定的漏洞性等因素的存在，直接引用刑事立法的规定只是实现刑法关怀的一个路径，另一个更为重要和常用的路径是刑法解释”。[②] 最后，从人权的概念来看，其是指人之为人所应享有的权利，而人的本质从其现实性来看就是一切社会关系的总和，囊括了生命、自由、财产、尊严等与人密切相关的所有权利，也必然会得到社会共同体一致的认可和拥护。因此，人权保障也就往往会成为社会公众所关注的刑事法律解释活动中最为重要、最为根本的部分。

三、目的解释的适用条件与适用场域——指南与法源

虽然笔者明确了刑法解释的目的是人权保障，但并不意味着只要目的正当，所进行的解释活动及其解释结论就是正当的。在笔者看来，目的解释方法仍然是一种危险的解释方法，这种危险表现在对解释者尤其是法官自由裁量权的扩充，而当法官基于其正当的目的突破了规则即文义

---

① 陈世伟：《刑法解释的良心之维》，载《社会科学研究》2007年第3期。

② 徐岱：《刑法关怀与刑法解释》，载《当代法学》2004年第1期。

之界限时,就预示着法治的危机,因为此时立法在其面前已然不具任何价值,真正操控裁判的是解释者而非立法本身。因此,当解释者基于人权保障之目的进行任意解释时,其实际上就是在逾越个人之身份进行二次造法。正如罗克辛所言:"一方面,立法者通过语言记载的刑法规范调整人们的行为,语言为人们提供了预测可能性的保障,'逸出'可能文义的解释损害了国民预测可能性,从而侵犯了公民的自由。另一方面,立法者通过语言记载的法律文本,为法官提供了具体填充的规则性框架。这个框架是由可能的文义标定的,在这个框架内,法官可以考虑最近的文义、历史解释、体系解释与目的解释,但超出可能文义的解释就是不被允许的类推,是司法权对立法权的僭越。"①所以,即便明确了刑法解释的目的是什么的问题,也并不意味着关于目的解释方法的研究已然大功告成,更为重要的问题是目的解释方法怎么运用和用在哪里。

就"怎么用"而言,事实上是要回答目的解释方法应该在什么条件下才能予以适用的问题。对此,有学者已有较为清晰的概括:"第一,只有在字面含义不能反映立法意图时方可适用目的解释方法。从一般意义上讲,立法者创立法律是要维护秩序、正义、自由等法律的基本价值,虽然人们对这些价值的认识并不一致,但起码通过文义解释不能导致荒唐的结论。第二,目的解释并没有消除法官遵守法律文本的义务,法官仍然要以法律文本为出发点,最后还必须回到法律文本上来。第三,目的解释更多地适用福利给付、人权保护等内容。第四,尽量避免做出使立法目的失效的解释。第五,合理处理几个立法目的相冲突的情况。"②基于此,目的解释方法就应作为刑法解释的一种辅助性方法,存活在文义解释这一前提之下,刑法始终是以文字为基础的文本,脱离文本可能具有的含义所形成的解释结论不可能是一种正当的结论。虽然"文本的意义的确需要结合当下的社会现实才能衍生出来,但是过度消解文本含义的确定性和客观性必然会走上法律解释的实用主义道路。法律解释的实用主义道路将法律解释的基础建立在法官对法律文本意义的理想判断上,但在当前中国

---

① Claus Roxin, *Strafrecht*, *Allgemeiner Teil Ⅰ*, C. H. Beck' sche Verlagsbuchhandlung Muechen, 1997, Auf 3, S. 105 - 106. 转引自苏彩霞:《刑法解释方法的位阶与运用》,载《中国法学》2008 年第 5 期。

② 陈金钊:《目的解释方法及其意义》,载《法律科学(西北政法学院学报)》2004 年第 5 期。

的司法裁判活动普遍存在判决理由不充分的事实背景下，实用主义的解释道路很可能会导致司法的合法化危机"。[①] 只有在文义与人权保障之间实现一种共生与平衡，才能保障解释结论既合法又合理，并最终以一种规则所许可的方式来保障人权。

就"用在哪里"而言，事实上是要回答目的解释方法可运用于何种场域的问题。理论上一般无争议地认为目的解释方法首先可作为解释的指南，即当法律的文义或事实的法律意义表现出多种含义时，借用目的来加以衡量。[②] "按后现代法学和现实主义法学的揭示，法律文本存在含义的不确定性是一种常态。但法学家和法官的任务不仅是对这一问题揭示，而且在于设法解决这一问题。按说目的与法条比较具有更大的不确定性，但正是由于其所具有的不确定性促成了它的内容可能更加丰富，所以，经过论证甄别后所确定的目的，恰恰又成了确定文本含义不清的标准。当法条含义发生冲突时，我们可以根据目的固定其在某一方面的含义，即法官可以对法律进行目的性限缩，或目的性扩张的解释。"[③]应该承认，作为解释指南的目的解释方法本身并未脱离法律文本，其实际上是在对立法所致的缺陷或错误进行一些修正，因此其仍能在最低的限度范围内保障法治，具有一定程度的合理性。较为复杂的问题是目的解释方法适用的第二种场域——充当法源。所谓充当法源，是指"法律出现漏洞时进行目的性补充或是由文义解释方法所解释出来的结论与法律的基本价值发生大的冲突，出现所谓恶的解释结果时，以目的作为标准进行衡量，也即对恶的解释结论进行修正。此时，目的实际上成为了判案的依据，司法过程成为了'没有法律的司法'"。[④] 显然，从理论上分析，由于目的具有多样性和风险性，故不应具有担任裁判依据的功能，否则，就可能导致人治的风险。但笔者认为，在法无明文规定的情况下，对于行为到底应做一个入罪的解释结论还是出罪的解释结论，主要取决于解释目的，若解释者更倾向于保护社会这一目的，则可能为了个案的正义牺牲一般的正义从而做出入罪的解释，但若解释者更倾向于保障人权这一目的，则可能为

---

① 冷月：《论司法裁判中法律解释的限度》，载《江海学刊》2007年第6期。

② 陈金钊：《作为方法的目的解释》，载《学习与探索》2003年第6期。

③ 陈金钊：《目的解释方法及其意义》，载《法律科学（西北政法学院学报）》2004年第5期。

④ 陈金钊：《作为方法的目的解释》，载《学习与探索》2003年第6期。

了保全一般的正义而放弃个案的正义从而做出出罪的解释。显然,若是文义本身已然缺失,再放弃人权保障目的所可能构成的对解释者的约束,不仅无助于维持法治,反而有害于法治。以“毒驾”为例,相较于醉酒驾车而言,吸毒后驾驶机动车所可能具有的法益侵害风险更高,但在我国刑法尚未将之纳入犯罪圈的当下,将不具有其他情节或结果的单纯毒驾行为作为犯罪论处显然有违国民预测可能性,也不符合罪刑法定原则之要求。故从人权保障之目的出发,仍应对该类行为以无罪论处;但若是从保护社会之目的出发,则但凡有害于社会之行为,即便法无明文规定,也有追究行为人之刑责的必要。因此,在刑法解释的目的为何尚未得以确认之前,不应允许将目的作为裁判的依据,但若目的已经经过甄别论证且无法可依的情况下,就应以此为准来引导解释者做出一个合理且不违反法律基本价值的解释结论,也即允许目的在特殊情况下充当法源。

刑法目的解释之“目的”探析

田　维

一、引言

目的论的解释,是指依可得认识的规整目的及根本思想而为之解释。[①] 作为法律解释学中的重要理论和方法,目的解释一直深受关注和推崇,早在古希腊时期,人们就开始关注“目的”在哲学世界中的重要性,亚里士多德认为,将事物视为必然是错误的,因为这样忽视了事情的目的、程序和背后的最终原因,目的应是事物发展的原因之一。“目的”理论经过了近现代的发展,已经成为哲学王冠上一颗耀眼的明珠,其光芒不仅照亮了现代人文科学的发展,也深深影响了自然科学的发展。现代的

① [德]卡尔·拉伦茨:《法学方法论》,陈爱娥译,商务印书馆2003年版,第210页。

目的论认为，事物的存在源于其“最终目的”，其中又可分为“外在最终目的”（某物的存在目的是他物的福祉）和“内在最终目的”（某物的存在是为了实现完善自我），对认识、分析世界具有指导和启发意义。

不论哲学、解释学还是法学，都无法回避“目的”在学科体系内的重要作用，刑法解释学更是如此。作为效力最强的一种社会规范，法律是特定历史时期人类意志的产物，是人类主观意识对客观现实的认识和反映，体现了人的主观能动性。法律的制定及其内容设置必然会受到哲学中的“目的律”支配，蕴含了立法者主观上强烈的意愿及鲜明的目的。目的法学的观点认为，解释法律必须先了解法律究竟欲实现何种目的，以此为出发点加以解释，始能得其真谛。① 在刑法解释学中，目的解释作为一种刑法解释方法尚存在较大的理论争议，不论是宏观的刑法解释观还是具体的解释方法都无法回避“目的”，如何对刑法目的解释中的“目的”进行解读并在刑法适用中对其加以合理适用成为经久不衰的命题。

二、刑法目的解释的上位“目的”

刑法目的解释是根据刑法规范的目的阐明刑法条文真实含义的解释方法。② 人类的行为可能存在多种目的，这些目的贯穿于人类的历史实践中，形成了客观、复杂的目的循环。在刑法解释中，“目的”既存在于宏观的解释行为外部，又存在于具体的解释活动内部。由于刑法解释中存在多种目的，各目的相互影响、相互制约，形成了复杂的辩证关系。要理解刑法目的解释中的“目的”，必须对与其相关的上位目的进行区分和解读。从目的论哲学的角度出发，对刑法目的解释的“目的”进行探寻，其外在最终目的在于实现刑法解释目的、刑法目的，实现人权保障和社会管理，满足人的自由和幸福；其内在最终目的在于构建和完善刑法目的解释理论，保证和促进其不断发展。

---

① 参见杨仁寿：《法学方法论》，中国人民大学出版社 1999 年版，第 63 页。

② 张明楷：《刑法学》（第 4 版），法律出版社 2011 年版，第 43 页。

（一）刑法解释目的

刑法解释的目的是对刑法规范进行解释，阐明刑法规范意蕴，得到合理的解释结果，使刑法规范在实践中得以适用，最终实现刑法目的。刑法解释的目的与其目标并不相同，从路径方法的角度出发，两者具有同一性：都需要合理运用多种解释方法进行刑法解释活动；但从价值实现的角度出发，两者又具有差异性：刑法解释的目的是适用刑法，实现刑法的目的，而刑法解释的目标是获得合法、合理的解释结果。“具体地说，法律解释的目标是指解释者在法律解释活动中所要理解和说明的法律文本的意思；法律解释的目的则是指法律解释活动及其结果所起的作用。”①

刑法目的解释是刑法解释的方法之一，其存在价值与直接目的都是为了实现刑法解释的目的，即通过刑法目的解释方法的合理运用，对运用文义解释、体系解释等解释方法而得出的解释结果进行检验与修正，得出刑法条文的“真实”含义，并使刑法条文在实践中得到适用。刑法解释的目的影响和规制了刑法目的解释的适用，也深刻影响着对刑法目的解释中“目的”的解读。刑法解释目的是上位的“目的”，而刑法目的解释中的“目的”是为实现刑法解释外部上位目的而选择的内部参照系，两者之间存在辩证的关系。如果没有对刑法目的解释中的“目的”形成合理认识，则刑法解释的目的也将难以实现。

（二）刑法目的

“目的是所有法律的创造者”（耶林语），刑法目的不仅决定了刑法的创制和立法发展，更进一步决定了刑法实践。关于刑法目的的论述，目前学界还存在争议，有保护法益、维护社会秩序等不同的解读。本文认为，刑法的直接目的是实现刑法的机能，主要是社会保护和人权保障机能，这不仅是刑法规范存在与发展的目的，也是一切刑法实践的目的；而将刑法所有的目的性价值归于一点，则应当是“人权保障”，这不仅在法理上可以得到逻辑论证，更在法律实践中逐渐得到了倾向性的确认。② 刑法目的贯穿于刑法解释的始终，刑法解释活动外部的刑法目的决定了刑法解

---

① 张志铭：《法律解释操作分析》，中国政法大学出版社 1999 年版，第 32 页。

② “保障人权”近年来在我国逐渐得到立法确认，2004 年的宪法修正案和 2013 年正式实施的新刑事诉讼法都将“尊重和保障人权”作为最大的亮点之一写入法典之中，这也为司法实践明确的做出了价值指引。

释的方向，并成为刑法解释结果合理性的重要标准；蕴含于解释活动内部的刑法目的则与具体的规范文本目的相结合，成为刑法解释活动开展与发展的内部动因。

刑法目的作为高于刑法解释目的的上位“目的”，其优先性在刑法解释中毋庸置疑，但是其本身也存在难以克服的理论难题，即社会保护机能与人权保障机能的冲突，两者的理论背景与两者之间复杂的辩证关系使其冲突不仅引起了刑法理论的争论，更对刑法解释理论形成了巨大的冲击，在解释立场、解释方法等方面引起了长久争议。社会保护机能与人权保障机能的矛盾是刑法学的基本矛盾，将二者有机结合是刑法实践的目标和理想，但是其本源性的冲突不可避免，这在刑法解释当中也得到了突出的体现。目前，大多数学者倾向于人权保障机能的优先性，但也有学者对此提出质疑，认为刑法的目的在于法益保护或维持社会秩序，应当在罪刑法定的前提下将这些目的置于优先地位。

本文认为，应当理性看待刑法的社会保护机能和人权保障机能，在正确理解人权保障价值优先性的前提下，充分实现法益保护价值，维持社会秩序。首先，现代法治与人类文明的发展要求确认人权保障的优先性，这已成为普世性价值，我国也将人权保障作为重要内容写入了国家根本大法——宪法，这理应成为我国刑法实践的准则与依据。其次，人权保障是罪刑法定原则的核心价值，其产生和发展都源于人权保障理论，鉴于刑法的谦抑性、人道性，应当将个人自由放在第一位，将社会秩序放在第二位，刑法应最大可能地保障个人自由，同时兼顾维护社会秩序的稳定。现代刑法的首要任务是维护个人自由，如果不把个人自由放在首位，那么刑法的现代文明特点将大打折扣。① 再次，人权保障在具体的刑法实践中可以被解读为对被害人的人权保障及被告人的人权保障，社会保护机能侧重于维护社会秩序，保护法益不受侵害，但其中也蕴含了对被害人人权保护的意味。而且刑法作为一种社会管理手段，从社会学的角度出发，其直接目的固然是维护社会秩序、实现社会管理，但是维护社会秩序和实现社会管理的目的是维护人的基本权利，实现人与社会的进一步发展。作为

① 参见曲新久：《个人自由与社会秩序的对立统一以及刑法的优先选择》，载《法学研究》2000 年第 2 期。

社会机体的有机组成部分，个体人的基本人权不容忽视，否则社会保护这一重要命题在出发点和落脚点上都会出现致命缺陷，最终会限制社会的发展。最后，强调人权保障的价值优先性并不是一味追求人权保障而忽视社会保护机能，刑法与其他部门法相比，其最突出的特点便是其强大的社会保护机能，如果不能有效地实现社会保护，与公民生存和发展相关的许多重要权利就会处于被犯罪侵害的风险之中，刑法规范的存在价值便会大打折扣。因此，应当在以人权保障为价值基础的前提下，充分发挥刑法的社会保护机能，在刑法解释中尽量实现二者的有效结合，从而得到合理的解释结果。

三、刑法目的解释中的"目的"

如何界定刑法目的解释中的"目的"是刑法解释中最为重要也最为疑难的问题之一，这不仅关系到刑法解释方法的运用，更从根源上影响乃至决定了刑法解释的立场。有学者专门提出了法律解释中的目的论观点："如果可以确定一项具体的法律规定或者其所在的整个法律的一般目的，那么在个案中对该规定的解释适用应当与其一般目的保持一致。"①也有学者专门对目的解释中的"目的"做出区分说明，即"系指某法律之整个目的而言，非如法意解释之'法意'，系指某法条之立法旨趣或立法本旨而言，宜分辨也"。②

就"目的"概念而言，从不同的角度出发可以得到多种解读，其复杂的分类方式及其背后不同学科的理论支撑，使"目的"成为贯穿于刑法解释的疑难问题。具体而言，目前对"目的"的理解包括立法者目的、起草者目的、法条客观目的（规范文本目的）、解释者目的、人民目的、统治阶级目的等。在不同的理论体系和法律体系中，法律解释中的"目的"之含义并不相同，既可能是指体现于制定法表面或立法准备材料中的历史目的，也可能是指一种可归诸于理性、客观的立法者目的③。

---

① 张志铭：《法律解释操作分析》，中国政法大学出版社 1999 年版，第 117 页。
② 杨仁寿：《法学方法论》，中国政法大学出版社 2013 年版，第 172 页注释。
③ 参见张志铭：《法律解释操作分析》，中国政法大学出版社 1999 年版，第 117 页。

近年来,解释学的主流观点早已摒弃了纯粹的“主观”解释立场,即无视解释对象的形式限制,完全以解释者个人的理解对解释对象进行解释,纯粹主观的解释在法律解释中更是受到了彻底的批判[①]。在法律解释中,解释者的目的必然会影响其对具体法律规范的理解和解释,这是“目的律”和人的历史性、主体性所决定的,在一切解释活动中都无法避免。但同样不容忽视的是,任何人都无法完全脱离客观的历史环境制约而进行纯粹主观的解释。一方面,解释者对法律规范的字面理解来源于他的生活经验及生存环境,即使其主观上想完全按照其个人意愿对法律进行解释,也无法完全摆脱经验和客观环境的限制,否则解释者也将丧失其在此特定时空状态下的解释能力,无法对法律进行解释;另一方面,解释者目的的主观性也是相对的,其目的必然会受到解释对象——刑法规范——自身目的的制约,并与刑法规范文本的目的、立法者目的等存在客观上的辩证关系,即使解释者有意识的偏离以上几种目的进行解释,但不同目的之间的客观联系及其潜意识中对其他目的的关注也是无法消解的。在刑法目的解释中,“立法者目的”理论与“法条目的”理论获得了最多的认可与支持,但同时也引发了一系列刑法解释问题的争论。

(一)立法者目的论

立法者目的是指立法者在制定法律时主观所持有的意图、目的,抑或立法者意图通过该法的实施而所要达成的结果。立法者目的常与立法目的、立法原意等概念混用。具体而言,立法原意有广义和狭义之分:广义的立法原意是指对于立法所欲调整的社会关系的所有立法者意识,包括关于此种社会关系的认识、判断、立法的目的、对规律的认识、存在的评价、将来的期望、所设计的目标、改变现状的意志、对风险的考虑,甚至对该社会关系的情感等。狭义的立法原意是指条文字面意思所隐含的立法者的意思表示,通常表现为立法目的。[②]

卡尔·拉伦茨认为,法律解释的最终目标是探求法律在今日法秩序

---

① 解释学中纯粹的主观解释是指完全以解释者对解释对象的主观感受和理解作为解释结果,而没有客观的标准加以参照,这与刑法解释学中的主观解释立场完全不同。

② 参见疏义红:《法律解释学实验教程——裁判解释原理与实验操作》,北京大学出版社2008年版,第139页。疏义红教授认为,“立法意图”最狭义的含义就是“立法目的”,但按法学的通常用法,立法意图还包括了立法目的以外的立法者意志。

中的标准意义，只有同时考虑历史上立法者的规定意向及其具体的规范想法，才能确定法律在法秩序上的标准意义。[①] 立法者目的不同于解释学上一般文本的作者目的，主要原因在于其创作的主体不同和承载主体目的的对象不同。法律是立法者目的的承载对象，作为一种特殊的社会规范，法律是由专门的立法主体（通常是经过选举而选出的代表所组成的立法机关）予以创作和制定的，其目的是调整和规范人们在社会活动中的行为。法律的内容必须是对国家权力或个人的权利义务具有重大意义的事项，并通过固定的文本形式表现出来。当法律文本被制定和通过之后，该法律文本就具有了普遍约束力。因此，法律应当具有明确性和安定性，并且由国家强制力保障实施。而解释学意义上的一般文本对其创作的主体和内容并无特别的要求，没有国家强制力的保障，对国家权力和公民的权利义务没有实质上的影响。因此，立法目的和一般文本的作者目的虽然具有解释学意义上的相似性，但是却存在本质上的不同。对立法者目的的探析及对法条的解释和适用会影响到不特定多数人的重要权利和义务，这决定了探寻立法目的的活动必须遵循比解释一般作者目的更为特殊和严格的规则，应到受到更多的限制。由于刑法具有最强的严厉性和谦抑性，因此对刑法的解释应当尤其慎重，这也限定了对刑法立法者目的进行探析的基本精神和立场，在刑法解释的过程中，解释者既应当明晰立法者目的理论的依据，又应当对其质疑进行充分考量。

1. 立法者目的论的依据

（1）哲学依据

立法者目的理论的哲学依据来源于方法论解释学（一般解释学、普遍解释学、古典解释学或传统解释学），施莱尔马赫认为，文本的意义是作者的原意，对文本解释就是要重构作者的意图。他主张运用语法解释和心理解释的方法，立足于客观的、共同的语言特性，通过主观的想象和心理角色的转换，使解释者跨越时空界限，进入作者创作文本时的时空环境，进入作者的角色和精神世界，从作者的角度出发重构其当时的意图，进而获取作者的目的。

方法论解释学的其他学者在探寻文本原意上基本持相同的观点，狄

---

① 参见［德］卡尔·拉伦茨：《法学方法论》，陈爱娥译，商务印书馆2003年版，第199页。

尔泰提出了“客观精神”和“移情”的概念,同样要求解释者从作品出发,通过想象将解释者自身消融在作者当时的环境中,进入作者的个性,在作者的角色中找到自己,进而向解释自己的意图一样解释作者的意图,得到作者的真实目的。方法论解释学理论极大地影响了法律解释理论,拉伦茨认为,“法律是立法者的意思表示……法律背后隐含了参与立法之人的规定意向、价值、追求以及对于事物的考量”。① 法律解释应当重视立法者的目的,这是其不可回避的命题。

(2)政治学依据

立法者目的论的政治学依据主要体现在人民民主理论、社会契约理论及三权分立理论之中。根据民主和社会契约理论,公民是国家的主人,国家权力应当为公民权利服务,“公意”是国家主权权威的唯一来源,公权力来自于公民权利的让与。现代民主政治主张自由、平等、人权,认为每个人都有参与公共事务和自由主张个人意愿的权利,而近代民主国家的法律就是“公意”的集中体现。由于客观条件的限制以及主观意愿的差异,不是每一个公民都能够切实地参与到国家的治理活动当中去。在立法上,公民通过代议制度选举能够表达自己意愿和立法目的的人作为自己的代表,组成国家的立法机关,行使立法权,在法律制定中表达其所代表的公民的意志。因此,现代民主国家中,立法者的目的代表着广大公民的目的,被赋予效力的法律实际蕴含的是高度集中和妥协的公民意志,而对立法者目的的探寻实际上是使法律含义重归“公意”的过程,如果在解释中不重视立法者目的,就是对“公意”的亵渎和对民主的侵犯。

三权分立理论将权力划分为立法权、司法权和行政权。洛克认为,立法权是最高的权力,只有地位在他人之上的人才能制定法律。立法权能够为社会的一切部分和每个成员制定法律,并在法律被违反时授权执行,因而立法权是最高的权力,其他的权力都应当从属于立法权。② 孟德斯鸠认为,权力应当分立和制衡,但是立法权具有优先于司法权的效力。立法权是制定、公布法律的权力,是司法权的前提,只有立法权被行使,制定出了法律,司法权才有机会出动,对法律进行适用。从此角度出发,法官

---

① [德]卡尔·拉伦茨:《法学方法论》,陈爱娥译,商务印书馆2003年版,第198页。

② 参见[英]约翰·洛克:《政府论》(下篇),叶启芳、瞿菊农译,商务印书馆1996年版,第92页。

只是"宣布法律之语词的喉舌",不能变动法律的效力,否则就成了造法。因此,法官在司法活动中解释法律应当尊重立法者目的,不能擅自变动。

(3)法理依据

法律是调整人们行为和社会关系的规范,为人们制定了行为的准则。法律的规范性是特殊的,与其他社会规范相比,法律在规范内容上具有更大的确定性。法治要求法律具有安定性,使人们可以根据已经生效的法律评价和指引自己的行为,同时评价、预测他人的行为,从而使法律的作用得以实现。如果不维护法的安定性,人们将无法通过法律正常地规范自己的行为,也无法正常进行社会活动,这会造成法律秩序的混乱和社会的不安定。刑法作为规定犯罪与刑罚的法律,是国家和社会的保障法,具有严厉性和谦抑性的特征,保护社会关系中具有公共性和重要性的利益。刑法的安定性对于保障人权、维护社会秩序、惩罚犯罪行为具有重大的现实意义,这也是刑法正当性的重要体现。

在刑法解释中探寻立法目的可以保障刑法的安定性,从而更好地实现刑法目的。立法者目的是历史上刑法条文制定时的立法者目的,因而这种历史的事实是客观的,而不是变幻莫测的,虽然其在具体刑法实践中的价值性、真实性和可识别性受到了普遍的责难,但是其对于刑法解释的巨大理论价值和逻辑作用不容辩驳,脱离了立法者目的的刑法解释既在实践中不具有现实性和前在的正当性,又在理论体系中难以获得逻辑自恰性和话语周延性,会使刑法解释理论的创新和发展受到巨大限制。更何况,在刑法解释实践中坚持立法者目的论的优先性,可以防止司法活动中的恣意解释,使刑法条文的意思确定、明确,保障刑法的安定性。

2. 立法者目的论的质疑与回应

立法者目的论是主观解释理论的核心思想,其理论深受刑事法学的推崇,但随着社会的发展,其观点也随之受到了现代法学的强烈冲击,许多质疑之声获得了广泛认可和支持。除解释学、语言学等维度的质疑之外,以下两个问题是立法者目的论所不能回避的。

(1)立法者没有统一的目的

一般个人创作的文本都有一个较为统一的作者目的或主旨,人们在解释文本的过程中也总是将文本具有统一的作者意图作为解释的前提。但是,现代民主国家的法律是由一个群体所组成的立法机关进行立法活动而产生的，不是某个特定人的个人意志的体现。作为一个群体的立法者，其中的每个成员无疑都因其代表利益、教育背景等个人情况的不同在立法过程中持有不同的目的。立法活动极为复杂，立法过程中，每一个立法成员的心理意思会出现交叉、融合和对抗的情形，探求每个立法成员具体、真实的目的进而把握立法者的统一的、整体的目的是难以实现的。

首先，如何理性地从一个群体的个人意思得出一个统一意思一直是一个难以解决的问题。德沃金认为，“只要我们认为立法意图是某人心之所思而用投票方式来传送的问题，我们就必须把一些具体的人的心理状态视为首要，因为立法机关本身并无思想，于是我们必然要为如何把个别的意图合成为一个集体的、虚幻的意图而发愁”。[①] 其次，如何对待对法条通过持否定意见的立法成员的意思和对法条具有个人的不同理解的成员的意思也是一个难题，这些非主流的意思肯定或多或少影响了立法者目的，一方面，最终的立法者目的是在这些意思的复杂交融、对抗中形成的，探寻立法者目的时是否应当考量这些意思；另一方面，完全、综合地考量这些意思是否可行，在相互冲突的意思中应当倾向于哪种意思，这些疑问都难以得到合理的解答。

本文认为，立法者目的是立法主体的根本价值意向，即立法主体中所有成员基本无异议、一致达成的目的。至于每个成员的具体想法，在通过查阅立法文件等途径可以知晓的情况下，我们在探寻立法者目的的过程中可以适当的予以考量，即使难以探知成员的具体想法，笔者也不认为这会影响到对作为一个独立整体的立法者目的的探寻。因为，立法者目的随着法条的生效已经成为一个历史的、固定的客观存在，我们在对刑法进行解释时，首先得到的是一个统一的、整体的立法原意，这是解释学规律所决定的。纠结于每个立法成员的具体意思不仅违背了法律解释的初衷，也不符合解释学规律，更对法条的实际适用没有实质的益处。因此，立法者目的即法条所表现出的立法者根本的价值意向，没必要本末倒置的通过立法主体成员的具体意思来探究立法目的，这应当是立法学所要考量的命题。

---

① ［美］德沃金：《法律帝国》，李常青译，中国大百科全书出版社1996年版，第299页。

(2)立法者目的不一定具有现实合理性

假设立法者有一个可以被探寻到的立法目的,经过复杂的解释活动,我们也确实找到了真实的立法目的,但是立法目的毕竟是历史的,会出现与解释时的社会客观情况相左的情形,不符合现实的需要,如果按照立法者目的进行法律解释会得出不合理的结果。这种情形在法律解释中是经常出现的,也是最为刑法客观主义解释论的支持者所诟病的。

在刑法解释过程中,当出现法条背后的立法目的确实不符合解释时的社会发展需要的情形时,解释者可以在已经过立法目的探寻、不违反罪刑法定原则的前提下,从客观解释、实质解释的立场出发,综合运用扩张解释、限缩解释等具体解释方法,做出合法的、具有合理性的解释。[①] 在许多情形下,立法者目的在刑法解释中的形式意义大于实质意义,但是并不能因此否定其形式意义,忽视立法者目的,否则有可能会损害罪刑法定原则,造成人权风险。最后,在社会发展确实需要的情况下,立法者须通过立法活动对现实中立法原意已不合理的法条进行修改,不能以司法取代立法。动辄对立法进行怀疑并要求修改立法的态度并不利于刑法学的再发展,也会在很大程度上扼杀刑法教义学和刑法解释理论的生命力。

(二)法条目的论

有学者认为,法律规范文本本身作为一个独立的客观存在,具有不同于立法目的的客观意义,由此引申出"规范文本目的"的概念,也有学者直接将其称为"法条目的"。目前,对法条目的的理解仍存在较大争议,许多学者在不同的语境之下对其进行使用。有学者认为,法条目的即法条的立法目的,两者并无区别;有的学者在"不同于立法目的的法条客观意义"的含义下使用法条目的;也有的学者认为"法条目的"一词包含了"法条立法目的"和"法条客观目的"两种意思。受刑法解释客观解释论和实质解释论的影响,主流的法条目的论将刑法目的解释中的"目的"解读为客观的刑法规范所承载的目的,即解释者根据解释时的客观需要所得出的法条在该具体的历史情境下所应当承载的目的,也有学者将其称

---

① 从人权保障的价值立场出发,此种做法仅适用于对行为出罪时的解释,对行为入罪时必须严格遵循主观解释和形式解释。

为法条的“社会目的”。[①] 法条目的论实际上是客观解释理论核心思想在刑法目的解释中的体现，表现了对法律客观目的的追求。维持和平、正当裁判、均衡规整（完善的考量受影响的全部利益）等是法条客观目的的具体体现，法条目的论要求对利益的规整应适合事理，该规整既要考量客观的“被规整之事物领域的结构”，又要探寻隐含于规整之中的“法伦理性原则”，在其他解释方法和标准无法得到合理解释结果时，这种观点对具体个案的解释具有决定性作用。[②]

1. 法条目的论的理论依据

（1）哲学依据

法条目的论带有浓厚的哲学解释学意味，现代哲学解释学代表人物保罗·利科尔认为，文本具有与作者意图、作者情境以及读者（解释者）相对应的独立性，文本的解释以此独立性为前提。文本、作者以及解释者之间的时空距离是达到真正解释的源泉和前提。利科尔还将解释的本质理解为文本—作者的“自得”，即文本的解释过程同时也是文本与作者自我更新的过程，在阅读中文本与作者各自需要对方来达成自身的实现，文本需要作者来激活、实现它的在书写文字中被悬搁起来的非形式化的生活的、生命的、历史的和文化的世界，而读者则需要文本并通过文本的激活来找到自身，丰富自身，甚至改变自身。[③]

法条目的论沿承了利科尔的“文本中心主义”，强调法条规范文本的客观独立性，在此基础上承认解释者与解释对象文本在解释过程中的主客一体性。同理，在进行刑法解释时，解释者应根据该法条规范在具体历史情境下所具有的客观目的进行解释，而不应拘泥于立法者目的，激活刑法规范文本的生命力，实现刑法真正的历史使命。

（2）法理依据

法条目的论的法理依据与立法者目的论针锋相对，这也是法哲学基本矛盾在刑法解释学中的体现。首先，成文刑法具有滞后性，历史上的立

---

① “社会目的论”是指在解释刑法规范的过程中，从现实需要出发进行考察，然后对刑法规范做出适合社会目的的阐释，这与本文所指称的“法条目的”一致。参见赵运锋：《刑法目的解释的作用、边界及规制》，载《北方法学》2011年第6期。

② 参见［德］卡尔·拉伦茨：《法学方法论》，陈爱娥译，商务印书馆2003年版，第211页。

③ 王庆节：《解释学、海德格尔与儒道今释》，中国人民大学出版社2009年版，第21页。

法者认识能力与立法能力有限，无法制定能够完全适应未来社会发展的完备规范，需要根据刑法解释时客观的法条目的进行补充，否则将无法实现刑法的社会保护机能。其次，刑法具有模糊性，由于文本语言和立法者立法能力的限制，刑法规范的语词无法完全准确地表达立法者的目的，会出现法条语意模糊的情形，需要借助客观的法条目的对法条进行解释和适用；而且，正因为成文法与立法者能力的客观局限性，高明的立法者往往会在立法过程中有意的对部分法条做出模糊性的规定，将未来该法条在实践中的解释导向解释时的法条目的。此外，现代司法能动主义要求法官在司法实践中具有自由裁量权，在开放的实践环境中对刑法条文进行实质的解读，实现条文文义与条文目的的有机结合，这为法条目的论提供了土壤。最后，应当承认法条具有一定的独立性，现代社会的立法者本身的主体性就不明确，其只是作为一个利益群体的代言人存在于法学的语境之下，立法者并非法律起草者，其意志也不是立法参与者的集体意志，而是高度抽象的国家意志，国家不会主张参与了法律制定的人的个人意志，而只会主张法律本身，所谓的立法者意志必须与法律意志统一，这意味着全部立法内容的人格化，法律内容也只反映在一种虚构的整体意识之中，而立法者目的也只存在于法律文本自身之中。①

2. 法条目的论的批判与回应

虽然刑法解释已经走向实质化，在形式解释、主观解释基础上吸收实质解释、客观解释的合理内容已经成为刑法解释学中深受推崇的理论，但对试图脱离立法者目的与规范形式限定的法条目的论的批判却没有因此而减少。

(1)法条目的论本体批判

首先，法条作为一种客观的文本形式，其最初承载的仍然是立法者在立法时所具有的意思，在法条作为一种客观存在正式产生和存在之时，立法者立法时的意思也同时以此客观的形式被固定下来，虽然需要通过对法条进行技术性的解释来进行探寻，但立法目的与法条的客观关系不会随着历史的演变而消逝。其次，所谓法条的客观“目的”，仍然来源于立法者的目的，法条的文字语言形式及其内部的语词逻辑结构

---

① 参见[德]拉德布鲁赫：《法哲学》，王朴译，法律出版社 2005 年版，第 114 ~ 115 页。

都是为了表达立法者的目的而进行创作和使用的，虽然法条的语词作为客观的存在会随着时间的变迁而出现与立法时不同的含义，但是这种变化是有迹可循的，可以通过语言学的规则和规律进行合理的解释，并不能因此就认为法条具有了完全不同于立法目的的客观意义。最后，完全不同于立法目的的“法条目的”来源于本体论解释学的理论思想，笔者理解甚至支持对一般文本进行创造性的客观理解，这能赋予文本新的生命力，赋予文学、艺术等学科无限的活力（但是仍然需要理解和探寻作者的意思）。但是，法条作为解释对象的特殊性要求我们不能将其按照一般文本对待。法条作为客观的存在，在时间的变迁中会与立法时的立法者意思出现偏差，受限于立法者的历史性、法律的滞后性和法律文本语言结构的空缺性，为了解释时的客观合理甚至可能被赋予与立法者目的完全不同的意义，这一点不可否认，但是，不能因此就将法条目的完全分离出立法者目的。规范中确定的规范目的因为有效的（符合宪法的）立法而具有约束力，规范和法律不具有自身独立的“意志”，其所表达的是立法机关的形成意志，法律颁布的本身目的就是实现其（立法机关的）形成目的，“法律的意志”这种说法具有误导性和神秘性。即使经历了法律规范生效后的陈旧化过程，进行现实分析的也不是那些可能甚或必定比立法者更聪明的法律（即规范文本）本身，而是法官。法律包含的信息不过是立法者希望怎样调整他们认为需要调整的具体情况，能够解释的不过是什么内容作为立法者的价值判断进入了（被添加进）规范文本，其中必定体现了评价的意志行为、立法机构的调整意志。①

虽然法条目的与立法目的的关系较为复杂，但是法条目的的相对独立性却是不应被盲目否定的，这也是法条目的论理论价值的根源所在。在现代法治社会的刑法实践中，刑法规范的立法者目的与其适用时的法条目的在多数情况下是基本一致的，其矛盾主要出现于涉及对社会高速发展和转型时期所产生的新事物与新关系的解释之中，此时由于立法漏洞或社会情境发生了重大变化，立法者目的出现了缺失或者不具有现实合理性的情形，在法条语义与罪刑法定原则的限定前提

---

① 参见［德］魏德士：《法理学》，丁晓春、吴越译，法律出版社2005年版，第310～312页。

下，相对独立的法条目的此时就彰显了其磅礴的生命力与巨大的价值。法条作为历史的存在，其语言形式决定了其语义、语用与语形三维是可以随着历史的演进而不断发展和变化的，这与历史上的立法者目的是存在本质区别的。在相当一段时间内，立法者目的与法条目的存在一致性，但是法条目的的相对独立性与巨大价值不应被掩盖于立法者目的的耀眼光环之下。

(2)法条目的论的法理批判与回应

对法条目的论法理层面的批判与对客观解释的批判基本一致，主要集中于其对刑法安定性、可预测性的冲击以及其可能违反罪刑法定原则的巨大风险。法的安定性和可预测性是其规范性和正当性的基础，是法治发展的前提基础。中世纪的罪刑擅断、刑法的恣意性和残酷性使人的自由与安全价值在近代以降受到了最大的珍视，司法专横等历史教训也迫切要求在近代的法治发展进程中树立刑法安定性及可预测性的价值优先地位。刑法涉及公民生命、自由等最基础的权利，其蕴含的谦抑、人道等价值更要求重视其安定性和可预测性，否则刑法的正义性价值也会因此被削弱，更会引起巨大的人权风险，使公民生活在未知与不安之中。此外，罪刑法定原则追求形式理性和人权保障价值，虽然罪刑法定原则也在随着历史的演进而不断变化发展，由绝对的罪刑法定走向了相对的罪刑法定，衍生出了许多派生原则与具体内容，但是其基本价值并未改变，特别是对形式理性与人权保障底线的坚守。法条目的论冲击了刑法规范的安定性与可预测性，将法条的意义诉诸于未来的司法实践，消解了成文刑法的规范意义，极大地破坏了形式理性价值，对罪刑法定原则形成了巨大冲击，如不加以限定，极有可能出现类推解释，导致侵犯人权的恶果。

对法条目的论的法理批判不可避免，这不仅是刑法解释学基本矛盾的体现，也是刑法学价值冲突的一个缩影。在刑法解释中，法条目的论的法理根源在于刑法的正义价值与社会保护机能。在具体的刑法实践中，正义价值与安定价值、社会保护机能与人权保障机能的矛盾是不可避免的，只能在法条的适用中进行具体的利益衡量。虽然刑法的安定性、可预测性及其人权保障机能是其最根本的价值所在，但是正义价值与社会保障机能同样十分重要，一旦将二者剥离出刑法，刑法本身的价值和功能也就存在致命的缺陷，甚至成为一纸空文，因此不能将法理批判作为否定法条目的论的理由。此外，法条目的论与罪刑法定原则不是必然对立的，刑法解释理论和实践均对这一命题做出了证明。虽然刑法价值的选择具有历史性的特点，但刑法解释对形式理性与实质理性有机结合的追求却从未改变，法条目的论正是实质理性价值的体现，当出现立法者目的缺失、不明或者不具有实践中的现实合理性时，解释时的法条目的便会大放异彩，此时运用法条目的论展开解释，可以得出满足社会实际需要的解释结果，保护社会的正常发展，这也是法的存在价值与生命力所在。只要设定了严格、合理的形式底线，法条目的论将不会对罪刑法定原则产生相当的实际冲击，甚至会推动罪刑法定原则的适用与发展。

四、结论

刑法目的贯穿于刑法解释的始终，刑法目的解释中的“目的”也必然无法脱离刑法目的的规制，不论如何解读都不会跳出“刑法目的”的藩篱。在刑法解释中，立法者目的与法条目的在多数情形下是一致的，二者可以作为刑法目的解释中的两个具体的“目的”之维度来理解。在目前的历史环境下，当二者在刑法目的解释中出现矛盾时，应当首先考量立法者目的，当其与刑法目的在解释实践中出现偏差时，通过由立法者目的而展开的目的解释将无法实现刑法目的，此时应在不违反形式理性与罪刑法定底线的前提下对法条的客观目的进行探寻，进而做出合理的解释，最终实现刑法解释与刑法之目的。

刑法目的解释在刑法解释中的重要性毋庸置疑，“解释方法的桂冠当属于目的论之解释方法……其他的解释方法只不过是人们接近法律意思的特殊途径”，[①]“任何解释方法都或多或少包含了目的论解释；当不同的解释方法得出多种结论或者不能得出妥当结论时，就要以目的论解释为最高准则”[②]。在对其中之“目的”得出合理认识后，还是有许多具体适用

---

① ［德］汉斯·海因里希·耶塞克等：《德国刑法教科书》，徐久生译，中国法制出版社2001年版，第193页。

② 张明楷：《刑法格言的展开》，法律出版社2003年版，第11页。

中的问题需要进一步探索。目的解释重在法律的安定性,在社会承平时扮演着重要角色,唯在社会急遽变化时以具体的妥当性为主导,以合乎公平正义。① 因此,将目的解释方法置于文义、体系、历史解释方法之后加以适用最为恰当,这样的位阶安排体现了形式理性价值与实质理性价值在刑法解释中的合理结合,能够维护刑法的安定性、谦抑性,利于对公民的人权保障。

在刑法解释中,目的解释方法的适用应当遵循一定的具体规则。首先,在刑法解释中,现实目的优于历史目的(在出现矛盾时)。其次,在疑难案件中,在不违反罪刑法定的前提下,实质目的优于形式目的。再次,在存在多种目的的情况下,目的的衡量要遵循一定的原则,如宪法至上;解释结果应在法律条文语义范围之内,体现形式理性的优先性;保护弱势群体权利,突出人权保障;在以公共利益为前提的基础上实现利益最大化,要求对具体利益进行规整;避免制定法缺陷,促进刑法社会管理效果的一致性与连续性,注重整体效果,避免不合理、不公正结果;保持总体平衡和相称性,强调目的解释的体系性;制定法滞后时应在解释中调和法律与情势;强调和谐性与优先性,上述原则冲突时应灵活适用。② 最后,刑法目的解释的适用应当符合一定的条件,如关于法律最终目的的证立无歧义;这种目的从法律表面(明显或蕴含)是清楚的;没有令人信服的证据证明立法者有意选择克减法律目的充分实现的实施性语言;法律语言与选定的解释比任何其他解释都更为一致。③

① 参见杨仁寿:《法学方法论》,中国政法大学出版社 2013 年版,第 173 页。

② 参见[美]森斯坦:《管理体制下的制定法解释》,管金伦译,载陈金钊、谢晖主编:《法律方法》(第 1 卷),山东人民出版社 2002 年版,第 227 ~ 260 页。

③ 张志铭:《法律解释操作分析》,中国政法大学出版社 1998 年版,第 137 页。

片面的刑法形式解释论与实质解释论之纠偏

李运才

形式解释论与实质解释论已成为刑法的立场和研究方法之争的一个重要方面。有学者指出，“对刑法规范的解释、运用，是从形式的角度还是从实质的角度进行？这既是刑法的立场问题，也是刑法方法论的路径问题”。[①] 事实是否果真如此？“形式与实质只是思维的范畴，它们并没有独立而坚固的实存。对于形式与实质的正当认识，并非要把它们一个个都镶嵌到一张图画中去，而是必须意识到：没有无实质的形式，更没有无形式的实质，两者是同一个东西。”[②]形式与实质本应是一对对应概念，但在我国当下的刑法解释研究中，往往将形式解释与实质解释视为彼此的对立面，进而相互排斥，片面提倡刑法形式解释或实质解释。这有违形式与实质相统一的哲学原理。陈兴良教授还指出，刑法的形式解释与实质解释的概念及冲突是我国学者创造出来的，在德日刑法学中并无形式解释论与实质解释论的对峙。[③] 那么，有无必要将刑法形式解释与实质解释作为对立的立场和方法呢？这需要从两者的概念、解释的标准以及解释的结论等方面进行检视。本文分析表明，我国刑法学界所提倡的形式解释或者实质解释无论是概念还是解释标准并无轩轾；二者的解释结论之争亦超出所谓的刑法形式解释与实质解释的范畴。刑法解释研究，如同其他任何事物的研究一样，都需要形式判断与实质判断。沿着形式与实质的对立思维从事刑法解释，刑法学理研究起到的作用似乎微乎其微，“几乎就是一件纯粹装饰性外衣，隐于其下的是对法律的一种普遍的怀疑

---

① 刘艳红：《实质刑法观》，中国人民大学出版社 2009 年版，第 235 页。

② 夏立安、钱炜江：《论法律中的形式与实质》，载《浙江大学学报（人文社会科学版）》2012 年第 5 期。

③ 陈兴良：《形式与实质的关系：刑法学的反思性检讨》，载《法学研究》2008 年第 6 期。

主义结论”。[①] 形式解释与实质解释之分类实不足取,片面的刑法形式解释论与实质解释论更不宜提倡。

一、刑法形式解释与实质解释的概念厘清

关于刑法形式解释与实质解释的概念,在我国刑法学界没有一个明确的界分,二者的界限是在相互比较的视域中逐渐明晰。

较早的观点认为,形式解释就是主观解释,实质解释就是客观解释。例如,有学者指出:“主观解释论强调探询立法者的立法原意,这是一种强调尊重和忠实于立法者通过法律文本表达的立法原意的解释论,因而亦称形式解释论。而客观解释论则着重发现法律文本现在应有的客观意思。简言之,这是一种强调法律文本的独立性、试图挣脱立法者的立法原意,而根据变化了的情势与适用的目标,挖掘法律文本现在的合理意思的解释论,因而又称为实质的解释论。”[②]显然,主观解释与客观解释是就刑法解释的目标或标准而言的,这与我国刑法学界所争论的形式解释与实质解释存在重大差别。

还有观点将形式解释与形式的犯罪论、实质解释与实质的犯罪论联系在一起,甚至在构成要件的判断上,认为形式解释与形式的犯罪论、实质解释与实质的犯罪论具有同一性。例如,有学者根据日本刑法学者大谷实和前田雅英的观点做出形式解释与实质解释对立的判断,即“形式的犯罪论者主张对犯罪构成要件进行形式的解释,在构成要件的解释上,在进行处罚的必要性或合理性的实质判断之前,应当从具有通常的判断能力的一般人是否能够得出该种结论的角度出发,进行形式的判断。实质的犯罪论者认为,强调形式上的罪刑法定原则是不充分的,构成要件符合性的判断,是从实质上判定是否存在达到值得科处刑罚的法益侵害。根据实质的犯罪论者的主张,对刑法中的犯罪构成要件的判断不可避免地含有实质的内容,即某种行为是否构成犯罪应从处罚的必要性和合理性的角度进行判断,因此,对刑罚法规和构成要件的解释应该从这种实质角

① [美]安德雷·马默主编:《法律与解释》,张卓明译,法律出版社2006年版,第4页。

② 梁根林:《罪刑法定视域中的刑法适用解释》,载《中国法学》2004年第3期。

度进行。总之，实质的犯罪论者主张的是实质的刑法解释。因此，应该建立以形式的、定型的犯罪论体系为前提，以实质的可罚性为内容的实质的犯罪论体系。相应地，对刑法规范应该从是否达到了值得处罚的程度进行实质的解释”。①

据此，形式解释似乎是单纯的事实与构成要件符合性的规范判断，实质解释或许是对事实处罚的必要性和合理性之价值判断。这亦是我国刑法形式解释与实质解释争论的核心。例如，主张形式解释论的学者指出，对构成要件作形式解释，是指对一个行为是否符合构成要件作形式上的判断，这是一种规范判断；而对构成要件作实质解释，是指对一行为是否符合构成要件作实质上的判断，这是一种价值判断。② 主张实质解释论的学者指出，对构成要件的解释必须以法条的保护法益为指导，而不能仅停留在法条的字面含义上。犯罪的实体是违法与责任，必须将字面上符合构成要件、实质上不具有可罚性的行为排除于构成要件之外。当某种行为并不处于刑法用语的核心含义之内，但具有处罚的必要性与合理性时，应当在符合罪刑法定原则的前提下，对刑法用语作扩大解释。实质解释论并非不讲形式，也并非反对形式的解释，而是反对在任何场合单纯由形式的解释起决定作用。③

但是，上述观点对日本刑法学界所谓的形式解释与实质解释含义的理解存在明显的误判。另外，上述论证并不能说明形式解释与实质解释应当对立，且只能择一而终。

首先，日本学者关于形式的犯罪论与实质的犯罪论之争，不是针对三阶层犯罪论体系中整个犯罪构成体系而言的，而是围绕构成要件的符合性、违法性、有责性三者的关系以及构成要件的含义、内容而产生的。主张形式的犯罪论的学者并不反对实质解释或实质判断，只是在构成要件的符合判断后在进行实质判断。例如，主张形式的犯罪论的日本学者大谷实指出：“与构成要件符合性判断是形式的、抽象的、非类型的判断相对，违法性以及责任的判断，必须是实质的、具体的、非类型的（个别的）

---

① 刘艳红：《走向实质解释的刑法学——刑法方法论的发端、发展与发达》，载《中国法学》2006 年第 5 期。

② 参见陈兴良：《形式与实质的关系：刑法学的反思性检讨》，载《法学研究》2008 年第 6 期。

③ 张明楷：《实质解释论的再提倡》，载《中国法学》2010 年第 4 期。

的判断。”“以处罚的合理性、必要性为基准的实质判断，只是在查清是符合构成要件之后，在违法性以及责任的阶段进行个别、具体判断就够了。”①因此，就整个犯罪构成体系而言，形式与实质是一个有机的统一体，不能将三阶层犯罪论体系论中的形式的犯罪论（形式解释）、实质的犯罪论（实质解释）与我国的犯罪构成要件的解释混为一谈。该论者对此亦有明确认识：“我国与大陆法系的犯罪论体系都是形式与实质相统一的犯罪论体系。”②

其次，即使在三阶层犯罪论体系中，对构成要件的符合性只作形式判断的观点亦受到广泛质疑。对构成要件仅作形式的、抽象的、非类型的判断，就否定了构成要件的违法推定机能，亦会支持在构成要件之外寻求法益侵害等根据，这会对罪刑法定原则形成冲击。日本学者山口厚指出：“那种将构成要件理解为记述的单纯的行为框架、类型的理解，其意义在于否定了构成要件的违法推定机能，但否定构成要件的违法推定机能本身的妥当性就是有疑问的。其理由如下：其一，为了肯定构成要件的该当性，能够承认引起该当构成要件的结果（法益侵害或其危险）是必要的，而既然引起了这样的结果，只要没有特殊的理由，就应肯定行为的违法性，这毋宁说是当然的事情。其二，既然否定了构成要件的违法推定机能，就会肯定构成要件该当性以外的理由（包摄进构成要件内的法益侵害、危险以外的事情）对违法性赋予积极的基础，这本身是不妥当的。这是因为，存在于构成要件框架之外的法益侵害、危险理当不能成为处罚奠定基础，要是承认其赋予违法性以基础意义的话，从罪刑法定主义的见地出发，这是个很大的问题。”③“只要没有被特别的不法阻却事由所适法化，符合构成要件的行为就是违法的。这一立场也被绍尔、齐默尔、黑格勒等很多德国学者所支持，在德国成为通说。”④因此，在三阶层犯罪论体系中，构成要件的符合性判断亦是形式判断与实质判断的有机统一体。

---

① [日]大谷实：《刑法总论》（新版第2版），黎宏译，中国人民大学出版社2008年，第87、88~89页。

② 刘艳红：《走向实质的刑法解释》，北京大学出版社2009年版，第5页。

③ [日]山口厚：《刑法总论》（第2版），付立庆译，中国人民大学出版社2011年版，第29~30页。

④ [日]大塚仁：《刑法概说（总论）》（第3版），冯军译，中国人民大学出版社2002年版，第127页。

再次，也是最为重要的，三阶层犯罪论体系中形式犯罪论主张的形式判断与实质判断和我国学者倡导的形式解释与实质解释的含义存在重要差异。形式犯罪论构成要件的形式判断也是一种实质判断，只是判断的角度不同而已。质言之，形式犯罪论所谓的形式判断，是指法官在进行处罚的必要性或合理性的个人实质判断之前，首先应当站在具有通常判断力的一般人的角度判断是否具有处罚的必要性或合理性。例如，日本学者大谷实指出："在构成要件的解释上，在进行处罚的必要性或合理性的实质判断之前，应当从具有通常的判断能力的一般人是否能够得出该结论的角度，进行形式的判断。"①据此，形式判断与实质判断都是对刑罚处罚的必要性或合理性判断；只不过，形式判断是从具有通常判断能力的一般人的角度判断，这是刑法作为行为规范的本质要求，否则，刑法会超出国民的预测而违背罪刑法定原则；实质判断是从法官的角度判断，这是刑法规范作为裁判规范的基本要求，避免将刑法作为滥用权力的正当借口。毋庸置疑，按照我国刑法学界所主张的刑事处罚的合理性或必要性判断系实质解释，三阶层犯罪论体系中的形式犯罪论或形式判断仍属实质解释。

最后，上述刑法形式解释与实质解释的概念分析表明，就犯罪构成而言，形式是指刑法条文对犯罪成立条件的规定，形式解释是对事实与犯罪构成的符合性判断；实质是指犯罪构成的合理性，实质解释是对事实作为犯罪处罚的合理性、必要性判断。但是，我国刑法学界反复提倡或批判的形式解释与实质解释，并非片面强调形式或实质的一面，对某种事实是否作为犯罪处理的判断或对刑法规定的犯罪构成的解释，均应进行形式判断与实质判断，并且形式判断是前提。因此，刑法形式解释与实质解释在概念上并不具有独立存在的实体性。"概念是自由的原则，是独立存在的实体性力量。概念又是一个全体，这全体中的每一环节都是构成概念的一个整体，而且被设定的概念有不可分离的统一性。"②据此，形式解释与实质解释之分离、对立思维方式不宜提倡。

---

① [日]大谷实：《刑法总论》（新版第2版），黎宏译，中国人民大学出版社2008年，第88页。

② [德]黑格尔：《小逻辑》，贺麟译，商务印书馆1980年版，第327～328页。

二、形式解释与实质解释的标准(目标)质疑

我们不能将探求刑法条文用语的真实含义视为形式解释。无论形式解释论还是实质解释论,其目的在于探寻刑法条文用语的真实含义,而且刑法条文的真实含义只能源于刑法文本的语词。“凡是解释,不管是形式解释还是实质解释,都是以文本为依据的,否则就谈不上是一种解释。”① “解释一个犯罪的构成要件,首先必须明确该犯罪的保护法益,然后在刑法用语可能具有的含义内确定构成要件的具体内容。”②因此,刑法解释的根据只能是刑法文本本身。

但是,以语言作为刑法的表述形式时,总是缺乏其他符号那样的精确度,不能避免刑法条文的字面含义与刑法规范的真实含义的冲突。因为,“在所有经验领域,不只是规则领域,都存在一般语言所能提供的指引上的限度,这是语言所固有的”。③ “语词是其所提示的,意图通过联想唤醒特定观念内容的符号。使用一个语词的人赋予该语词的观念内容(意义)常常与其对话的对象对该语词的理解有所不同;另一方面,一个群体中的大多数成员对该语词又可能有不同的理解。因此,语词可以是‘多义’的;这意味着,不同的人赋予同一词语的观念内容,可能或多或少彼此不同。换句话讲,不同的人有不同的观念视野,在这些观念视野里,同一词语可能获得不同的意义。与价值有关的观念内容也往往与高度个人性的立场联系在一起。由此就产生出这样的问题,即应根据哪一种观念视野来确定某一语词在特定情况下的意义呢?这一问题显而易见对于法律解释具有重要意义。”④

自19世纪后半叶以后,法哲学及方法论的文献就法律语言之解释标准已经形成两种见解:一方面是——以探究历史上立法者心理意愿为解释目标的——“主观论”或“意志论”;另一方面是——以解析法律内存的

① 陈兴良:《形式解释论的再宣示》,载《中国法学》2010年第4期。

② 张明楷:《实质解释论的再提倡》,载《中国法学》2010年第4期。

③ [英]哈特:《法律的概念》,张文显译,中国大百科全书出版社1996年版,第126页。

④ [德]齐佩利乌斯:《法学方法论》,金振豹译,法律出版社2009年版,第31页。

意义为目标的——“客观论”。①

主观解释论认为，法律是有约束力的宣示，它以参与做出立法决议的人的意图为基础，因此，对法律文本的解释必须尽可能与参与立法决议的人的观念相一致。客观解释论认为，法律永远是人的观念的表达，因此，标准的法律含义应以人的观念视野为基础。只诉诸参与立法决议的人的高度个人化的观念是不可能的，也是不可欲的，人们应以其他观念视野为依据，如多数人共有的对法之宗旨的具有法律政策性的看法或者正义观念。这种观念构成人们对该法律的共同理解，因而在这个意义上是“客观性”的。②

在我国，主张形式解释论和实质解释论的学者大多反对主观解释，而主张客观解释。

刑法形式解释论者指出：主观解释论与客观解释论和形式解释论与实质解释论之间，虽然存在某种重合，但还是两个不同的范畴。例如，在刑法解释的立场上，应主张客观解释论的，但在刑法解释的限度上，应是主张形式解释论的，两者并不相悖；其实，主观解释论与客观解释论的问题，在我国基本上已经得到解决，即客观解释论几成通说，我国最高人民法院在有关的指导性案例中，也明显地倡导客观解释论。③

刑法实质解释论者对客观解释进行深入论证并认为，刑法解释是一种创造性的活动，而不是消极地、被动地去发现立法者的原意。刑法解释的目标是存在于刑法规范中的客观意思，而不是制定刑法规范时的主观意思或立法原意。其理由在于：(1)立法者不是一个人，而是一个集体，因此，立法原意并不十分明确，而且，它不比其他解释容易。(2)面对立法时未曾发生过的案件，立法者不可能有立法原意。(3)刑法是成文法，它通过语词表达立法精神与目的，而不是根据立法者的事前或事后的想法发现立法精神与目的。(4)刑法一经制定，就是一种客观存在，与立法原意产生距离，需要根据用语的客观含义做出解释。(5)刑法具有稳定性，但它同时必须适应社会发展的需要，追求立法原意必然不能适应社会

---

① [德]卡尔·拉伦茨：《法学方法论》，陈爱娥译，商务印书馆2004年版，第197页。

② 齐佩利乌斯：《法学方法论》，金振豹译，法律出版社2009年版，第33页。

③ 陈兴良：《形式解释论的再宣示》，载《中国法学》2010年第4期。

发展的需要,从而影响刑法的生命力。(6)探求立法原意,往往导致探求起草者的原意,起草者成为刑法的有效解释者,但这容易形成人治,而不利于法治。(7)立法原意也可能存在缺陷,探求立法原意则不利于克服立法原意的缺陷;只有进行客观解释,才有利于刑法的完善。(8)进行客观解释,并不违反罪刑法定原则。因为具有法律效力的是用文字表达出来的、具有外部形式的刑法,而不是存在于立法者大脑中的内心意思。总之,应当采取客观解释论。①

笔者认为,上述刑法形式解释论与实质解释论对刑法文本解释的标准——客观解释的界定及证成也容有质疑:

我国形式解释论者断言的"主观解释论与客观解释论的争议,在我国基本上已经得到解决,即客观解释论几成通说",这种论断的可信度值得怀疑。在国外司法实践与理论研究中,主观解释与客观解释两种学说的对立在现代仍然继续存在,甚至在同一本著作中,在最高审级的各法院判例之间也不乏其例。② "立法意图的追寻在美国的法官中间以这样那样的形式出现是十分普遍的现象,而且在有关美国宪法性法律的政治问题中诉诸于'原始意图'也是屡见不鲜的。"③就国内刑法学理解释来说,主观解释论、客观解释论以及折中论三种学说各有主张者。④ 就我国司法实践而言,刑法解释应以立法精神为根据,即主观解释的标准。例如,2006年4月18日通过的《最高人民检察院司法解释工作规定》第3条指出:司法解释应当以法律为依据,不得违背和超越法律规定。2007年4月1日起施行的《最高人民法院关于司法解释工作的规定》第3条更为明确地规定,司法解释应当根据法律和有关立法精神制定。

前述客观解释论的理由(1)认为,立法原意不明确、立法原意探寻的困难以及立法者是集体而非个人,从而主张刑法解释的目标不能是探寻立法原意。但是,刑法解释的目标探寻不能以难易为标准,更不能以解释对象的明确性为原则。既不能因为立法原意不明确,也不能因为立法原

---

① 张明楷:《刑法学》(第4版),法律出版社2011年版,第33~34页。

② [德]卡尔·拉伦茨:《法学方法论》,陈爱娥译,商务印书馆2004年版,第197页。

③ [美]安德雷·马默主编:《法律与解释》,张卓明译,法律出版社2006年版,第413~414页。

④ 赵秉志:《刑法解释研究》,北京大学出版社2007年版,第366页。

意探寻的困难，而否认刑法解释的目标是探寻立法原意。因为，如果那些在法律中所使用的所有概念是精确的，我们就根本不需要去解释法律。[①]法律适用本身就是一件不容易的工作。因为，法律适用是没有精确的方法可以依循的。不管是在法律解释方面，还是在事实认定方面，其一定程度的模糊性是无法完全消除的。[②] 而且，将认定的事实归属于法律规范适用范围的过程的归纳能力，需要教导，更需要训练才能造就。客观解释论否定立法意图探讨的主要理由之一在于：立法者是一个集体，而不是一个人。在这个集体中不同的个人意图并不相同，即使立法者是一个人，其意图亦难以明确。但是，“当大多数立法者对他们所制定的法律共有某一特定意图时，立法原意即存在。至少在当前的宪政实践框架内，多数人模型似乎特别合适。立法大会的立法行为是一项复杂的、涉及周密的政治协同行为。力图让法律的规范结构发生一定变化的立法行为，是一种看得见的意图实现一定目标的行为，否则很难理解立法者是如何完成立法行为的”。[③] 总之，立法意图是能够探寻的。

前述客观解释论的理由(2)认为，立法者不可能想象到刑法适用过程中发生的形形色色的案件，面对立法时未曾发生的案件，立法者不可能有立法原意。与此相关的理由(3)、(4)、(5)、(7)认为，立法原意或因时过境迁或因存在缺陷而不能适应社会发展的需要。因此，为了维护刑法的安定性和实效性，解释者在面临某种崭新的生活事实或者立法漏洞时，应根据正义观念反复斟酌刑法用语的真实含义，使现行刑法规定满足一个处在永久运动中的社会的所有新需要。[④] 但是，上述论证容有质疑。

第一，每个立法者都不能与其时代的法律观及当时的表达方式分离。因时间的演进，某些问题的重要性泯灭，某些新问题日益重要。因此，除非现行法律抵触现今的宪法原则或普遍承认的法律原则，否则，历史上的

---

① [德]英格博格·普珀：《法学思维小学堂：法律人的6堂思维训练课》，蔡圣伟译，北京大学出版社2011年版，第53页。

② [德]卡尔·拉伦茨：《法学方法论》，陈爱娥译，商务印书馆2004年版，第197页。

③ [美]安德雷·马默主编：《法律与解释》，张卓明译，法律出版社2006年版，第188～189页。

④ 张明楷：《刑法学》(第4版)，法律出版社2011年版，第33页。

立法者的规定意向及其明白的价值决定,解释不容弃置不问。如若不然,我们就不能称之为“解释”,称其为“置入”或更妥当。假使解释时可以完全忽视立法者的意向的话,法官应受法律的拘束的要求会付之流水。[①]

第二,在民主法治时代,质疑立法原意的缺陷以及立法漏洞,对于刑法解释来说是不合时宜的。作为客观解释论力推者的张明楷教授也指出:刑事立法是将正义理念与将来可能发生的事实对应,从而形成刑法规范。尽管刑法用语可能出现失误,尽管法条表述可能产生歧义,但解释者应相信立法者不会制定非正义的法律。所以,解释者与其在得出非正义的解释结论后批判刑法,不如合理运用解释方法得出正义的解释结论;与其怀疑刑法规范本身,不如怀疑自己的解释能力与解释结论。[②] 从张明楷教授的这些论述中可以看出,刑法解释者动辄质疑立法原意的缺陷和立法漏洞并不能当然获得正当性。

第三,当然,事实存在应该被规范的世界产生了变动,这些变动往往是立法者在公布规范时所没有料想到,甚至在大部分的情形根本就不可能预想得到。[③] 所以,“所谓的刑法缺陷,大体上都是解释者解释出来的,而不是刑法本身就存在的”,[④]这种论断是不符合实际的。对于立法者没有想象到的变动而形成的法律漏洞,根据其法律属性及性质,在解释论中应得到不同的处理。对于民事法律中存在的漏洞,可以根据国家政策或民事习惯予以填补。《民法通则》第 6 条明确规定:“民事活动必须遵守法律,法律没有规定的,应当遵守国家政策。”对于刑事法律中存在的漏洞,刑法解释者首先应认清法律漏洞的性质并区别对待。当存在“目的性”漏洞时,应当按照已经确认的规范目的对刑法用语进行扩张或限缩解释。对于法律保持沉默的“有意识”的漏洞,刑法解释论者不应粉饰、掩盖漏洞的存在,而应及时发现漏洞并做出完善立法的建议。如果法律中没有这个答案,解释者也不可能像魔术师变戏法一样变出客观法。也就是说,解释走到了尽头。否则,此时的解释是一种解释性的立法,不再具

---

① [德]卡尔·拉伦茨:《法学方法论》,陈爱娥译,商务印书馆 2004 年版,第 197 页。

② 张明楷:《刑法分则解释原理(上)》(第 2 版),中国人民大学出版社 2011 年版,第 1、3 页。

③ [德]英格博格·普珀:《法学思维小学堂:法律人的 6 堂思维训练课》,蔡圣伟译,北京大学出版社 2011 年版,第 66 页。

④ 张明楷:《刑法分则解释原理(上)》(第 2 版),中国人民大学出版社 2011 年版,第 24 页。

有解释的意义。[①]

前述客观解释论的理由(6)认为,探求立法原意,容易形成人治,而不利于法治。因为,在我国人们不可能了解全国人民代表大会的立法原意,所以,常常将全国人大常委会常设机构中的工作人员的意思或其他参与起草人员的意思理解为立法原意。于是某些结论是否合适,就由参加起草人员决定。不能不认为,这是人治的反映与表现。[②] 该论述存在三个方面的瑕疵:第一,立法原意并非不能被了解。刑法规范本身是立法原意的典型证明,刑法条文的用语可以帮助解释者了解立法意图。“刑法是成文法,它通过词语表达立法精神与目的,因此,解释者应当通过立法者所使用的词语的客观意义来发现立法精神与目的。”[③]第二,全国人大常委会常设机构中的工作人员或其他参与起草人员的论述,并非代表其对刑法用语含义的理解,在某些场合,毋宁说是对立法原意的说明。因此,符合立法原意的说明在解释刑法时应当值得借鉴。第三,刑法主观解释并不容易形成人治,相反,客观解释容易形成人治。因为,客观解释论强调秉持正义观念,对刑法做出符合时代变化的需求。然而,无论从事刑事立法还是刑事司法工作或进行学理解释的任何人,没有人否认正义观念,但是正义不是鼓噪者根据个人理解而推导出来的。任何正义问题可由两个方向来考虑:其一,什么是正义?其二,我们如何认识及实现正义?正义常被想象为一实质的对象,但正义以及“正确的法”还应当作为法律发现程序的产物来被理解。[④] 刑法客观解释论容易导致正义的个人判断,而刑法主观解释探寻的是经过严格的立法程序而产生的正义。“法律与正义的内容是极为重要的,因而不容许将其单独赋予政治人物来决定。”[⑤]当然,法律与正义的内容也不能被单独赋予个别学者来决定。

前述客观解释论的理由(8)认为,客观解释并不违反罪刑法定原则。因为具有法律效力的是用文字表达出来的、具有外部形式的刑法,而不是

---

① [德]魏德士:《法理学》,丁晓春、吴越译,法律出版社 2005 年版,第 343 页。

② 张明楷:《刑法分则解释原理(上)》(第 2 版),中国人民大学出版社 2011 年版,第 34 页。

③ 张明楷:《刑法学》(第 4 版),法律出版社 2011 年版,第 34 页。

④ [德]考夫曼:《法律哲学》,刘幸义等译,法律出版社 2003 年版,第 230 页。

⑤ [德]考夫曼:《法律哲学》,刘幸义等译,法律出版社 2003 年版,第 399 页。

存在于立法者大脑中的内心意思。然而，任何刑法解释，包括主观解释，均不会直接依据立法者大脑中的意思而做出，而是根据体现立法者意思的客观外部表现形式的刑法条文而做出的。所以，任何刑法解释均明白地表述对罪刑法定原则的尊重。

综上所述，我国刑法形式解释与实质解释的提倡者认为刑法解释不应根据储存于立法者大脑中的内心意思，而应根据正义观念，结合社会发展的时代精神推导刑法用语的含义。两种刑法解释学说追求的目标及解释的标准具有一致性，并无冲突。当然，片面追求符合时代变化的刑法客观解释，其是否符合罪刑法定原则，是否僭取立法权，值得反思。

三、形式解释与实质解释结论冲突的根源分析

关于刑法文本的解释结论，主要需要解决两个问题：第一，刑法条文的表述未包含值得科处刑罚的行为，能否通过刑法解释将其入罪？第二，刑法条文的表述包含了不值得科处刑罚的行为，是否通过刑法解释将其出罪？形式解释论者认为，在对刑法进行解释的时候，先进行形式判断，然后再进行实质判断。因此，对于第一个问题的回答是否定的；对于第二个问题的回答是肯定的，因为有利于被告人的解释并不违反罪刑法定原则，也不违反形式解释论的宗旨。[①] 实质解释论认为，在刑法解释的过程中，既不是绝对的形式优先，也不是绝对的实质优先，而是取决于冲突的内容。在行为不能被构成要件的表述所包含（不处于刑法用语可能具有的含义内）时，当然形式优于实质，即不得违反罪刑法定原则；在构成要件的表述包含了不值得科处刑罚的行为时，当然实质优于形式，即不得处罚不当罚的行为。[②]

简言之，对于刑法条文的表述未包含值得科处刑罚的行为，形式解释与实质解释均否定通过刑法解释将其入罪。对于刑法条文的表述包含了不值得科处刑罚的行为，形式解释与实质解释均主张通过刑法解释将其出罪。因此，刑法形式解释论与实质解释论的解释结论本无冲突。但是，

---

① 陈兴良：《刑法的知识转型（方法论）》，中国人民大学出版社 2012 年版，第 322 页。
② 张明楷：《实质解释论的再提倡》，载《中国法学》2010 年第 4 期。

在面临具体个罪构成要件的解释时，二者的结论可能会截然相反。

例如，根据《刑法》第263条的规定，冒充军警人员抢劫的，应处10年以上有期徒刑、无期徒刑或死刑，并处罚金或者没收财产。但是，如何理解“冒充军警人员”？真军警人员显露身份并抢劫是否适用该规定？对此，形式解释论与实质解释论的解释结论就存在龃龉。

形式解释论认为，冒充军警人员抢劫是指假冒现役军人、武装警察、公安机关和国家安全机关的警察、司法警察等身份。例如，无业人员冒充人民警察，或者是有此种军警人员身份冒充另一种军警人员的身份，如士兵冒充警察；冒充与自己职业相同的高级职务人员，如士兵冒充军官。形式解释论指出，以上解释是符合立法本意的，也符合社会公众对这一规定的预测可能性。因此，冒充就是假冒，根据简单的语义解释就可以排除对真正的军警人员适用加重处罚的可能性。①

实质解释论认为，刑法将“冒充军警人员抢劫”规定为法定刑的升格条件，主要是基于两个理由：其一，由于军警人员受过特殊训练，其制服他人的能力高于一般人，故冒充军警人员抢劫给被害人造成的心理强制更为严重，因而易于得逞。其二，冒充军警人员，会严重损害国家机关的形象。显示身份的真军警人员抢劫，同样具备上述特征。非军警人员抢劫，经事后查明其系假冒军警人员，可以挽回国家机关的形象；而真正的军警人员抢劫，对国家机关形象的损害更为严重。根据举轻以明重的当然解释原理，对真正的军警人员抢劫适用“冒充军警人员抢劫”的规定具有实质合理性。② 另外，刑法条文在此表述中使用的是“冒充”，也有刑法条文使用“假冒”一词。因此，对上述规定中的“冒充”应解释为“假冒与充当”，真军警人员抢劫适用“冒充军警人员抢劫”的规定，是因为其充当了军警人员。③

申言之，形式解释论认为，显露身份的真军警人员抢劫不适用“冒充军警人员抢劫”的法定刑，符合立法本意，也符合社会公众的预测可能性。实质解释论认为显露身份的真军警人员抢劫适用于“冒充军警人员抢

---

① 陈兴良：《形式解释论的再宣示》，载《中国法学》2010年第4期。

② 张明楷：《刑法分则解释原理（上）》（第2版），中国人民大学出版社2011年版，第40页。

③ 张明楷：《刑法学》（第3版），法律出版社2007年版，第717页。

劫”的法定刑,具有实质的可采理由。

根据前述分析,形式解释与实质解释的结论本应完全一致,为什么在此种情况下解释结论却存在如此差异呢?毋庸置疑,对于“冒充军警人员抢劫”的理解,关键性意义不在于前述实质理由而在于“冒充”的语义解释,即“冒充”是否能够包涵“假冒”与“充当”两层含义。当然,实质解释的结论是否超出人们的预测可能性、是否为罪刑法定原则所允许,是值得思考的。张明楷教授对此亦进行质疑:“从实质上说,军警人员显示其身份进行抢劫比冒充军警人员抢劫,更具有提高法定刑的理由。然而,刑法使用的是‘冒充’一词。如果说‘冒充’包括假冒与充当,其实质是使被害人得知行为人为军警人员,则可以将军警人员的抢劫认定为‘冒充军警人员抢劫’,但这样的解释是否超出了国民的预测可能性,是否属于类推解释,还大有研究的余地。”①如果其没有超出罪刑法定原则所要求的人们预测可能性、文字射程范围,形式解释论亦完全赞同前述实质解释论对“冒充军警人员抢劫”的解释方法与结论。

所以,形式解释论与实质解释论的真正分歧还在于:对于刑法条文的术语解释结论,怎样判断其是否违背罪刑法定原则?是否超出人们的预测?是否超出文字的射程范围?但是,这些问题的判断标准本身已超越形式解释论与实质解释论所谓的立场。如果说,刑法解释必须坚守刑法条文用语本身的含义,任何一种解释都是形式解释。但是,如果对刑法条文用语含义的解读不能仅仅探究文字的字面含义,任何一种解释都是实质解释。由此,任何一种刑法解释,只要还属于法律解释的领域,而非探索立法漏洞的刑事政策判断领域,那么,刑法解释必须坚持形式解释与实质解释的统一。显然,刑法解释的载体或者说对象是明确的,即刑法条文的语词表述,但如何理解这些语词的真实含义却需要研判。“刑法释义学的任务正是把制定法里可能想象到的解释空间,运用逻辑上稳定一致的形式来填补它,对与上位阶宪法所保障的内容(罪刑法定主义——笔者注)抵触的法律,则尽可能的拒绝服从之。”②至于根据刑事政策而判断具

---

① 张明楷:《刑法学》(第2版),法律出版社2003年版,第758页。

② 许玉秀、陈志辉主编:《不移不惑献身法与正义——许迺曼教授刑事法论文选集》,新学林出版股份有限公司2006年版,第48页。

有可罚性的行为，如果超出刑法用语本身的含义范围，则不能通过举轻以明重的解释方法，将该行为类推适用刑法的惩罚领域，“因为我们不可能依据刑事政策之基础，将构成要件该当性与违法性这个只是便于思维及检验案例之技术性区分予以功能化”。[①] 就冒充军警人员抢劫而言，不能根据举轻以明重的当然解释原理，将显露身份的军警人员抢劫适用于冒充军警人员的抢劫。因为，即使真军警人员抢劫具有加重处罚的实质性抑或刑事政策性理由，并允许这种刑事政策的价值选择进入刑法体系，实现刑事政策和刑法之间体系的统一与和谐，必须以该价值选择的法律基础、明确性和可预见性为前提。[②]

四、结语

生硬地将刑法条文内容的形式与实质予以分离，并创造出形式解释与实质解释的立场，并不具有科学性与合理性。而且，两种立场的主张并非根据各自的观点去批判对方，而是用双方均不认可的观点相互攻击。这种攻击并不能击败对方，反而使对方的观点“日益繁荣”。正如黑格尔所言：“真正的否定必须渗透进对方的据点，用自己的理由来否定他自己；如果从别的什么地方来攻击他，则就会引起不便，并且不是真正地击败他”。[③] 刑法术语经过若干人共同实践，其词意、内容联系和使用规则在社会交往中达成一致。然而，长期以来，一些法学家在与同行打交道时有使用多余的概念从而引起误解的嗜好。他们使用除他们之外的无人能懂的行话，用这些话撰写法律书籍期待扩大法律的规模。因此，他们将事实和谎言、法与恶法编织在一起。[④]

由于立法者所使用的语言在语意上具有可渗透性，所以法官的判断空间是绝不会被夺走的，但其中的问题是如何对法官“断人是非生死的大

---

① 许玉秀、陈志辉主编：《不移不惑献身法与正义——许迺曼教授刑事法论文选集》，新学林出版股份有限公司2006年版，第130页。

② ［德］克罗斯·罗克辛：《刑事政策与刑法体系》（第2版），蔡桂生译，中国人民大学出版社2010年版，第15页。

③ ［美］丹尼斯·M．帕特森：《法律与真理》，陈锐译，中国法制出版社2007年版，第31页。

④ ［德］魏德士：《法理学》，丁晓春、吴越译，法律出版社2005年版，第72、93页。

权"予以合理限制,以及该如何避免个别公职人员恣意行事而破坏市民的自由,这是更为迫切的。法官所作之刑罚判决透过立法者获得必需的合法性,在社会心理上极为重要。没有一个人道思考的法官会认为,破坏站在他面前的被告的生活是合法的,除非他认识到,他对此应当执行立法意志。① 法律诠释与其他的诠释不同,其他学科的诠释为促动社会发展,可能追求新意,追求不同的见解。但由于法律诠释主要是解决日后的争议事实,因而,法律诠释追求的主要是法律文本中的原意。只有这样,人们才能相信法律的可预测性,才能相信在法律范围内活动的安全性,社会才能以此获得法治秩序。②

但是,法律的安定性或安全性的要求,即使在法治国中,也绝不可能以几乎毫无漏洞的实证立法全然予以实现,因为鉴于构成要件的多样性,始终必须保留给司法对概括条款的裁量空间和价值补充空间。③ 这种裁量空间和价值补充空间本身是法律出于安定性和前瞻性的要求,在一定程度上允许赋予司法裁判和法学解释按照时代价值填补概括条款的含义。法律解释的最终目标只能是:探求法律在今日法秩序的标准意义(其今日的规范性意义),而只是同时考虑历史上的立法者的规定意向及其具体的规范想法,而不是完全忽视它,如此才能确定法秩序上的标准意义。这个意义是一种思考过程的结果,过程中,所有因素不论是"主观的"或是"客观的"均应列入考量,而且这个过程原则上没有终极的终点。④

然而,法学者不能充当法律解释的杂技演员,公开地从不变的法律条文中表演魔术似地变出各种答案。这也许就可以解释为什么市民对司法和法学者越来越不满。⑤ 因此,根据时代的精神的客观解释,只有在立法原意所赋予的条件下,才能被许可。从本质上说,在解释的目标,客观解释只有具备授权性与补充性等特征时,才具有正当性与合法性。

---

① 许玉秀、陈志辉主编:《不移不惑献身法与正义——许迺曼教授刑事法论文选集》,新学林出版股份有限公司 2006 年版,第 10 ~ 11 页。

② 谢晖、陈金钊:《法律:诠释与应用》,上海译文出版社 2002 年版,第 122 页。

③ [德]考夫曼:《法律哲学》,刘幸义等译,法律出版社 2003 年版,第 275 ~ 276 页。

④ [德]卡尔·拉伦茨:《法学方法论》,陈爱娥译,商务印书馆 2004 年版,第 199 页。

⑤ [美]安德雷·马默主编:《法律与解释》,张卓明译,法律出版社 2006 年版,第 5 页。

后　记

写作完成本书，应当说仅是笔者进行刑法解释论之学术研讨的开端，后续大量的研究工作还有待进一步深入展开。正如本书“前言”所述，本书副标题是在听取了四川大学法学院首席科学家龙宗智教授意见后添加的，而除本书副标题所论刑法解释的保守性命题之外尚有太多的刑法解释论问题值得深究。

其实，仅就本书所宣示和论证的“刑法解释的保守性”命题而言，其中关涉的理论言说与逻辑论证同样意犹未尽且争议难消。据笔者所知，目前针对笔者所提出的“刑法解释的保守性”命题提出批评意见的学者不少，其中尤以陈兴良教授和劳东燕教授具有代表性。陈兴良教授指出：“魏东教授就将实质解释论称为双面的实质刑法观，即入罪与出罪均采实质解释，魏东教授提倡单面的实质刑法观或者保守的实质刑法观，即在出罪时采实质解释论，入罪时采形式解释论……如此一来，各取形式解释论与实质解释论之利而去形式解释论与实质解释论之弊，超然于上述两说之上，由此获得学术的正当性。其实，这一立场与我所主张的形式解释论是完全相同的，以为形式解释论只要形式判断不要实质判断，这纯粹是一种误解。”“因此，形式解释论与实质解释论之争就在于入罪时是采形式解释还是实质解释之争，与出罪无关。否则,必将模糊了或者转移了论争的焦点。因此,笔者认为,尽管我的立场与单面的或者保守的实质刑法观,以及构成要件二分性说等观点实际上是相同的,但我并不赞同上述观点的论述径路。换言之,上述观点的论证是以对对形式解释论的误解为前提的。”①劳东燕教授也提出了相同的疑问:“比如,魏东教授自称持保守的实质刑法观,但从其解读来看,既然保守的实质刑法观指的是坚守刚性化、形式化的入罪底线,仅在出罪的场合允许适用实质解释,同时坚持立法漏洞由立法填补的刑法漏洞补充原则,则实在很难说他与形式论者的立场有什么本质区别。然而,他将自己归入实质论的阵营,而不认同形式论者的标签。”②那么,陈兴良教授和劳东燕教授所共同提出的这个疑问可能还值得深入检讨。对此,笔者在本书中指出:在解释论上主张“谨慎地准许例外的、个别的且可以限定数量的实质解释、客观解释、目的解释、体系解释对被告人入罪”之立场,是刑法解释的保守性立场不完全等同于形式解释论立场的根本点之一;陈兴良教授和劳东燕教授对笔者所提出的保守的实质解释与“刑法解释的保守性”命题本身可能也缺乏周全的认识,最终导致了学术上的误读误判(详见本书第六章的相关论述)。可见,笔者在本书中仅简单指出了症结所在,但是应当说尚缺乏深入细致的说明和论证,而这正是今后需要深度对话研讨的问题。

值得庆幸的是,2012 年的幸运之神特别眷顾我,当年我同时申报成功了三个课题,除本项目课题《中国当下刑法解释论问题研究》之外,还有国家社科基金项目重点课题《刑法解释原理与实证问题研究》(项目批准号:12AFX009)和中国法学会重大课题《非法集资犯罪研究》[课题编号:CLS(2012)A07]。目前,教育部一般课题和中国法学会重大课题均已完成,接下来我将专注于国家社科基金项目重点课题《刑法解释原理与实证问题研究》的研究工作,而这正好契合了我下一步深化研究刑法解释论问题的学术规划。

我希望在本书研究成果的基础上,进一步更加体系化地系统研讨刑

① 陈兴良主编:《刑事法评论》(第 28 卷),北京大学出版社 2011 年版,“主编絮语”第 2 ~ 3 页。

② 劳东燕:《刑法解释中的形式论与实质论之争》,载《法学研究》2013 年第 3 期。

法解释原理，其中包括体系化地研究论证刑法解释的保守性命题，力争在3至5年内拿出更加像样的、理论水平更高的、实用价值更大的刑法解释论学术论著。

这是我的心愿，但愿心随人愿。

魏 东

2014年1月1日

图书在版编目(CIP)数据

中国当下刑法解释论问题研究/魏东主编.—北京:法律出版社,2014.8

ISBN 978-7-5118-6757-5

Ⅰ.①中… Ⅱ.①魏… Ⅲ.①刑法—法律解释—研究—中国 Ⅳ.①D924.05

中国版本图书馆 CIP 数据核字(2014)第 193021 号

中国当下刑法解释论问题研究
——以论证刑法解释的保守性为中心
魏东 主编

编辑统筹 法律应用出版分社
策划编辑 聂 颖
责任编辑 聂 颖
装帧设计 李 瞻

出版 法律出版社
总发行 中国法律图书有限公司
经销 新华书店
印刷 北京北苑印刷有限责任公司
责任印制 翟国磊

开本 720 毫米×960 毫米 1/16
印张 19.5
字数 291 千
版本 2014 年 8 月第 1 版
印次 2014 年 8 月第 1 次印刷

法律出版社/北京市丰台区莲花池西里 7 号(100073)
电子邮件/info@lawpress.com.cn
网址/www.lawpress.com.cn
销售热线/010-63939792/9779
咨询电话/010-63939796

中国法律图书有限公司/北京市丰台区莲花池西里 7 号(100073)
全国各地中法图分、子公司电话:
第一法律书店/010-63939781/9782
重庆公司/023-65382816/2908
北京分公司/010-62534456
西安分公司/029-85388843
上海公司/021-62071010/1636
深圳公司/0755-83072995

书号:ISBN 978-7-5118-6757-5
定价:39.00 元
(如有缺页或倒装,中国法律图书有限公司负责退换)